에듀윌을 선택한 이유는 분명합니다

4년 연속 취업 교육
1위

합격자 수 수직 증가
2,557%

취업 교재 누적 판매량
180만부

베스트셀러 1위 달성
1,824회

에듀윌 취업을 선택하면 합격은 현실이 됩니다.

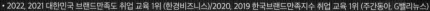

- 2022, 2021 대한민국 브랜드만족도 취업 교육 1위 (한경비즈니스)/2020, 2019 한국브랜드만족지수 취업 교육 1위 (주간동아, G밸리뉴스)
- 에듀윌 취업 수강생 공기업/대기업 서류, 필기, 면접 전형별 합격자 인증 건수 (총집계/총합계) 2015~2019년도/2020년도
- 에듀윌 취업 교재 누적 판매량 합산 기준 (2012.05.14~2021.10.31)
- 온라인4대 서점(YES24, 교보문고, 알라딘, 인터파크) 일간/주간/월간 13개 베스트셀러 합산 기준 (2016.01.01~2021.11.03, 공기업 NCS/직무적성/일반상식/시사상식 교재)

4년 연속 취업 교육 1위!*
합격자 수 2,557%* 수직 증가

에듀윌 취업은
취준생이 아닌 합격생을 만듭니다.

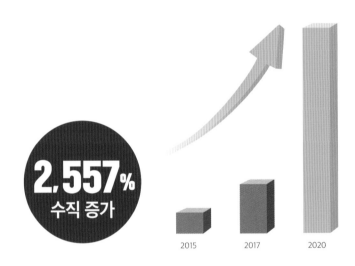

2,557%
수직 증가

2015   2017   2020

에듀윌 취업만의 체계적인 커리큘럼

STEP 1		STEP 2		STEP 3
1:1 스펙분석		기업별, 전형별 커리큘럼		최종점검 모의고사
정확한 데이터 기반의 객관적 가이드 제공	▶	서류, 필기, 면접, 각 전형별 전문 강의	▶	엄선된 문항, 최상의 퀄리티, 실제 유형/난이도 반영

누적 판매량 180만 부 돌파*
베스트셀러 1위 1,824회 달성*

공기업, 대기업, 취업상식
수많은 취준생이 선택한 합격 교재

공사 공단 NCS 베스트셀러 1위

삼성 GSAT 베스트셀러 1위

취업상식 86개월 베스트셀러 1위

더 많은
에듀윌 취업 교재

취업 대세 에듀윌!
Why 에듀윌 취업 교재

No 뻔한 정보!
에듀윌 취업 노른자

기업별 최신 채용정보부터 기출패턴 분석까지
취업에 필요한 알짜정보 수록

No 가짜기출!
100% 찐기출복원

6대 출제사, 주요 공기업 3개년 기출복원 문제 확보
100% 기출복원 출처 반영*

No 재탕!
업계최다 100% 새 문항*

올해도, 이번에도, 이 교재도, 특별판도
쏟아지는 100% 새 문항

에듀윌 공기업 합격 커리큘럼

공기업 NCS 통합   기본서

공기업 NCS 통합 기본서   NCS 직업기초능력평가 BASIC   공기업 NCS 모듈형 통합 기본서   NCS 모듈학습 2021 Ver. 핵심요약집   PSAT형 NCS 수문끝 자료해석 실전 400제

NCS, 59초의 기술 (의사소통능력)   NCS, 59초의 기술 (수리능력)   NCS, 59초의 기술 (문제해결능력)   NCS 자소서&면접 22대 공기업 기출분석 합격서   실제 면접관이 말하는 NCS 자소서와 면접(인문·상경계)   실제 면접관이 말하는 NCS 자소서와 면접(이공계)

공기업 NCS 통합   기출문제

NCS 10개 영역 찐기출문제집   NCS 6대 출제사 찐기출문제집   PSAT 기출완성 (의사소통능력)   PSAT 기출완성 (수리능력)   PSAT 기출완성 (문제해결·자원관리능력)

공기업 NCS 통합   모의고사

공기업 NCS 통합 봉투모의고사   NCS 피듈형 봉투모의고사   행동과학연구소 NCS 봉투모의고사   휴노형 NCS 봉투모의고사   매일 1회씩 꺼내 푸는 NCS   매달 만나는 100% 새 문항, 에듀윌 월간NCS

한국철도공사

NCS+전공
기본서

NCS+전공
봉투모의고사

ALL NCS 최최종
봉투모의고사

한국수력원자력

한수원+5대 발전회사
봉투모의고사

한국수력원자력 ALL NCS
최최종 봉투모의고사

교통공사

서울교통공사
NCS+전공 봉투모의고사

부산교통공사
NCS+전공 봉투모의고사

5대 철도공사·공단
NCS+전공 봉투모의고사

한국수자원공사

NCS+전공
봉투모의고사

한국토지주택공사

NCS+전공
봉투모의고사

한국전력공사

NCS+전공
기본서

NCS+전공
봉투모의고사

한국전력+7대 에너지공기업
NCS+전공 봉투모의고사

IBK 기업은행

NCS+전공
봉투모의고사

인천국제공항공사

NCS
봉투모의고사

국민건강보험공단

NCS+법률
기본서

NCS+법률
봉투모의고사

국민건강보험법
법률 문제집

취업상식

월간 취업에 강한
에듀윌 시사상식

공기업기출
일반상식

eduwill

에듀윌 취업 교재
동영상 강의 무료

교재 연계 맞춤형 강의가 무료

이시한의 적중 최신 월간NCS 특강

IBK기업은행 기출변형 문제풀이 무료특강

LG인적성 기출유형 무료특강

지역농협 6급 대표유형 문제풀이 무료특강

LH 한국토지주택공사 기출복원 모의고사 주요 문제풀이 무료특강

2020년 9월 시행 국민건강보험공단 기출복원 모의고사 주요 문제풀이 무료특강

5대 철도공사/공단 NCS 주요 문제풀이 무료특강

대기업 인적성 수리·추리 영역 대표유형 무료특강

한국수력원자력+5대 발전회사 PSAT형/피듈형 주요 문제풀이 무료특강

롯데 L-Tab 실전모의고사 문제풀이 무료특강

한국수자원공사 기출복원 모의고사 주요 문제풀이 무료특강

국민건강보험공단 NCS 대표기출 유형 문제풀이 무료특강

2020년 10월 시행 한전 기출변형 모의고사 주요 문제풀이 특강

공기업 NCS 통합 PSAT형/모듈형 주요 문제풀이 무료특강

GSAT 기출변형 무료특강

면접관이 말하는 NCS 자소서와 면접 사무행정/전기 직렬 무료특강

2020년 7월 시행 부산교통공사 기출복원 모의고사 주요 문제풀이 무료특강

NCS 입문자를 위한, 최소 시간으로 최대 점수 만들기 무료 특강

2020년 10월 시행 코레일 기출복원 모의고사 주요 문제풀이 무료특강

한국전력공사 최신기출복원 모의고사 풀이 무료특강

이시한의 NCS 모듈형 완전정복 무료특강

PSAT형 NCS 자료해석 문제풀이 무료특강

끝까지 살아남는 대기업 자소서 무료특강

6대 출제사 빈출유형 무료특강

SKCT 최신 기출분석 무료특강

GSAT 개념 완성 무료특강

코레일 NCS 대표 기출유형 문제풀이 무료특강

NCS 10개 영역 기출유형 무료특강

이 교재 강의 대표 공기업 자소서 작성 전략 무료특강

| 수강 경로

에듀윌 홈페이지 (www.eduwill.net) 로그인 ▶ 공기업/대기업 취업 클릭 ▶ 무료특강 클릭

무료특강 수강신청

※ 강의는 1월 28일에 오픈될 예정이며, 강의명과 강의 오픈일자는 변경될 수 있습니다.

1:1 학습관리
교재 연계 온라인스터디 무료

스터디 전용 인강+데일리 추가 문제 100% 완전무료

이런 분이라면,
꼭 신청하세요!

- 올해 처음 공기업 NCS를 시작하는 취준생
- 혼자 공부할 의지가 부족해서 공부가 잘 되지 않는 취준생
- 단기간에 집중적으로 NCS 학습 전략을 배우고 싶은 취준생

에듀윌 취업! 온라인스터디
반드시 참여해야 하는 세 가지 이유

- 체계적인 단기 완성 커리큘럼과 유료강의 무료 제공
- 취업 전문 연구진의 실시간 질문답변
- 확실한 단기 합격 보장을 위한 추가 학습혜택 제공

| 참여 방법

네이버카페 '딱공기업(https://cafe.naver.com/gamnyang)' 접속 → 온라인 스터디 게시판 신청 후 참여

STEP 1	STEP 2	STEP 3
신청서 작성	스터디 교재 구매 후 인증 (선택)	오픈채팅방 입장 및 스터디 학습 시작

온라인스터디
신청

※ 온라인스터디 진행 및 혜택은 교재 및 시기에 따라 다를 수 있습니다.

신청자 25,573명[*]의 극찬!
온라인모의고사&성적분석 무료

교재를 사면 실전문제가 더 따라온다!

- ☑ 매 시즌 업데이트 기업별 유형 맞춤 최신 문항
- ☑ 실제와 동일한 유형·난이도로 확실한 실전 대비
- ☑ 실제 시험과 동일한 환경을 적용하여 실력 측정 및 시간관리 연습 가능

| 응시 방법

에듀윌 홈페이지 (www.eduwill.net) 로그인	▶ 공기업/대기업 취업 클릭	▶ 우측 [취업 온라인모의고사 무료] 배너 클릭
해당 온라인모의고사 [신청하기] 클릭	▶ 대상 교재 내 쿠폰번호 입력	▶ [응시하기] 클릭

※ '온라인모의고사&성적분석' 서비스는 교재마다 제공 여부가 다를 수 있으니, 교재 뒷면 구매자 특별혜택을 확인해 주시기 바랍니다.

온라인모의고사
신청

에듀윌 취업 아카데미에서
제대로 공부하세요!

공기업·대기업 수준별 맞춤 커리큘럼
온종일 밀착 학습관리부터 전공&자격증 준비까지 케어

고품질 영상 및 음향 장비를 갖춘 최고의 강의실

언제나 전문 학습 매니저와 상담이 가능한 안내데스크

1:1 대면 첨삭 및 전문 컨설팅이 가능한 일대일 상담실

공용 PC, 프린터, 충전기 등 편의시설을 갖춘 휴게실

강남 캠퍼스	운영시간 [월~금] 09:00~22:00 [토/일/공휴일] 09:00~18:00
	주　　소 서울 강남구 테헤란로 8길 37 한동빌딩 1, 2층
	상담문의 02)6486-0600

취업 아카데미
바로가기

적중!으로 검증

2020 하반기 서울교통공사 실제 출제 문제

지난 시험에서 출제된 문제는 의사소통능력 부문에서 철도국 예산안 및 운전면허 갱신, 정지, 취소 등에 관한 철도안전법 조항 관련 문제와 4차 산업혁명과 철도기술혁신 국제세미나 관련 지문 등이 출제됐다. 수리능력에서는 철도 운임 원가정보 총괄표 및 국가 철도 개량 투자계획 등이 자료로 출제되었다. 특히 정보능력 부문에서 시스템 모니터링 코드 입력 문항이 등장해 눈길을 끌기도 했다.

2021.06.16. 더퍼블릭

▲ 218~219쪽 18~20번

2019 하반기 GSAT 실제 출제 문제

추리 영역에서는 '괄시하다'의 반대말 (후대하다)을 묻는 문항을 비롯해 어휘의 관계를 구분하는 질문과 도형의 규칙을 찾는 문제 등이 출제된 것으로 알려졌다. 언어논리 영역은 '세다' '가다' 등 단어의 정확한 뜻을 묻는 문제 등이 출제됐고 블록체인, 파블로프의 개 실험 등 과학 · IT · 시사상식과 관련한 지문이 다소 등장해 체감 난도가 높았다는 평가가 나왔다.

2019.10.20. 매일경제

▲ 1회 49쪽 18번

▲ 2회 3쪽 3번

▲ 300쪽 1번

합격!으로 검증

2021년 상반기 코레일 토목직 최종합격 곽○헌

올해 졸업했고 공기업을 준비하기 시작한 지는 5개월 정도 되었습니다. 처음 공부를 시작할 때는 어떤 기업이 있고 어떤 공부를 해야 하는지 모르는 막막한 상황이었습니다. 그래서 이시한 강사의 공기업 NCS 정석 강의를 수강했고 막막했던 취준 생활에서 공부 길잡이 역할을 톡톡히 해준 것 같습니다.

2021년 상반기 한국전력공사 사무직 최종합격 박○호

에듀윌 봉투모의고사에 수록된 문제들의 질이 굉장히 좋습니다. PSAT와 NCS의 유형에 맞게 출제자의 의도를 파악하면 문제를 빨리 풀 수 있도록 만든 좋은 문제들이라 실력 쌓기 좋을 겁니다. 개인적으로 에듀윌의 봉투모의고사가 한국전력공사 실제 시험과 비슷했다고 생각합니다.

2021년 상반기 한국서부발전 전기직 최종합격 최○영

공기업 준비가 처음이어서 무작정 좋고 유명하다는 NCS 교재 모두 사서 혼자 다 풀며 하반기 지원했다가 모두 필탈하고 에듀윌 NCS 학원이 있는 걸 알고 바로 등록했습니다. 무엇보다도 수험생들이 많이 헷갈리거나 잘 틀리는 이론을 정리해 주고 시간 단축을 위한 노하우를 많이 알려주셔서 도움이 많이 되었습니다. '혼자서 성적이 너무 안 오른다', '많이 하는데 불구하고 성적이 제자리걸음이다' 이런 분들에게 강추합니다!

2021년 상반기 삼성전자 최종합격 이○혜

수리 영역, 자료 해석을 푸는 데 시간도 오래 걸리고, 정답률도 좋지 않아 많이 낙심했었는데 에듀윌 교재를 먼저 풀고, 함께 강의를 1개씩 들으며 풀이를 이해하고 반복하였더니 실제 인적성 시험에서 수월하게 풀려 GSAT뿐만 아니라 SKCT, LG인적성 모두 통과할 수 있었습니다. 고품질의 에듀윌 교재와 강의 덕분에 생각보다 빠르게 취준을 끝낼 수 있었습니다.

다음 합격의 주인공은 당신입니다!

더 많은
합격스토리

최고의 에듀윌 취업 콘텐츠
후기가 증명합니다!

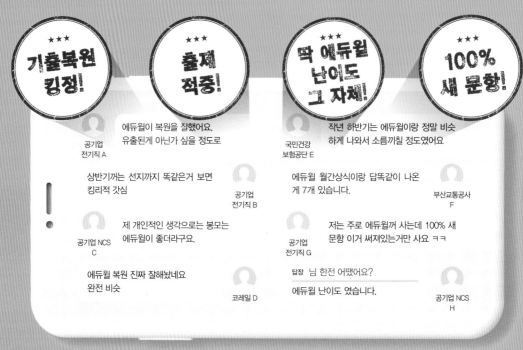

★★★ 기출복원 킹정!

★★★ 출제 적중!

★★★ 딱 에듀윌 난이도 그 자체!

★★★ 100% 새 문항!

공기업 전기직 A
> 에듀윌이 복원을 잘했어요.
> 유출된게 아닌가 싶을 정도로

공기업 전기직 B
> 상반기꺼는 선지까지 똑같은거 보면
> 킹리적 갓심

공기업 NCS C
> 제 개인적인 생각으로는 봉모는
> 에듀윌이 좋더라구요.

코레일 D
> 에듀윌 복원 진짜 잘해놨네요
> 완전 비슷

국민건강 보험공단 E
> 작년 하반기는 에듀윌이랑 정말 비슷
> 하게 나와서 소름끼칠 정도였어요

부산교통공사 F
> 에듀윌 월간상식이랑 답똑같이 나온
> 게 7개 있습니다.

공기업 전기직 G
> 저는 주로 에듀윌꺼 사는데 100% 새
> 문항 이거 써져있는거만 사요 ㅋㅋ

공기업 NCS H
> 답장 님 한전 어땠어요?
> 에듀윌 난이도 였습니다.

[주요 공기업 단톡방의 100% 실제 수험생 대화 재구성]

에듀윌은 완벽한 콘텐츠 제공을 위해 항상 노력하고 있습니다.
에듀윌과 함께 최고의 콘텐츠를 만들 여러분을 모십니다.

에듀윌 취업 콘텐츠 지원단 모집

| 모집기간
상시

| 모집대상
공기업 취업 준비생 / 공기업 취업 합격생

| 활동내용
에듀윌 취업교재 내 문제풀이 및 콘텐츠 검수 등

| 신청방법
QR 코드 스캔 → 신청서 작성

| 콘텐츠 지원단 혜택
· 활동비 지급
· 취업교재 지원

※ 신청서 확인 후 내부 기준에 따라 선정하여 개별 연락드립니다.

콘텐츠 지원단 신청
바로가기

에듀윌 공기업
실제 면접관이 말하는
NCS 자소서와 면접

이공계

면접에 합격할 수 있도록

1:1 맞춤형 코칭을 받을 수는 없을까?

내가 지원하는 기업과 직렬에 딱 맞는 1:1 밀착 코칭

실제 면접관에게 듣는 에피소드

나만의 특별함으로 합격 전략을 세울 수 있습니다.

머리말

지금, 이 순간에도 잠을 못 이루며, 취업으로 걱정하고 있는 취업준비생 여러분…

우리의 삶은 항상 경쟁의 연속입니다.

4년제 대학의 평균 입시 경쟁률은 2:1,

수도권 주요 대학의 평균 입시 경쟁률은 14:1입니다.

그리고 주요(Major) 공기업의 취업 경쟁률은 무려 100:1입니다. 우리는 이제 기업에 입사하기 위해 100:1 내외의 경쟁률을 뚫어야 합니다.

이러한 무한 경쟁 시대에서 살아남기 위해서는 남들과 다르게 차별화된 전략이 필요합니다. '지피지기백전백승(知彼知己百戰百勝)'으로 공기업 취업을 준비하는 여러분들과 함께 100:1의 경쟁률을 뚫어보겠습니다.

공기업 성공 취업 전략 PART I: 지피(知彼) – 상대(기업)를 알아야 한다!

'직무중심(능력중심) 채용시장'이라는 공기업의 NCS 블라인드 채용을 대비하기 위해서는 목표 직무에 대한 이해가 필요합니다. 공기업의 이공계 직렬을 목표로 하고 있다면 직무에 필요한 핵심 역량을 분석하여 상대(기업)가 무엇을 원하고 있는지 정확하게 인지하는 것이 먼저입니다.

이를 위해 PART 1에서는 NCS 블라인드 채용에 대한 최신 트렌드와 공기업 취업을 위해서 왜 10대 직업기초능력을 이해해야 하는지 상세하게 설명했습니다. 그리고 PART 2에서는 NCS 블라인드 채용 프로세스에 따라 채용공고 분석, 직무기술서 분석, 기업분석 방법론 등을 구체적으로 설명했습니다.

공기업 성공 취업 전략 PART II: 지기(知己) – 자신의 직무 역량을 제시하자!

다음으로 나를 알면 백 번 싸워도 위태롭지 않습니다. 하지만 우리는 상대가 원하는 자신을 알아야 합니다. 철저히 분석한 이공계 직렬의 필요역량에 따라 여러분들이 준비한 역량(스펙/경험/경력)을 매칭시키고, 자신만의 경쟁력을 확보할 수 있도록 최적화된 전략을 수립해야 합니다. 그런 관점에서 이력서와 자소서를 작성할 수 있는 비책을 알려 드리도록 하겠습니다.

PART 3에서는 목표 기업에 대한 분석을 바탕으로 자신만의 직무 역량을 제시할 수 있는 입사지원서 작성 방법을 알아보겠습니다. 그리고 PART 4에서는 자소서 유형을 분류하여 유형별 작성 전략에 대한 비책을 제시합니다.

공기업 성공 취업 전략 PART Ⅲ : 백전백승(百戰百勝) − 승리할 수 있는 비책을 쓰자!

본서는 공기업 이공계 직렬을 목표로 하는 취업준비생들에게 대표적인 10대 공기업을 중심으로 직무 역량을 효과적으로 어필할 수 있는 자소서와 면접 대비 비책을 제시합니다. 그래서 PART 5에서는 실제 서류전형에서 취업준비생들이 자소서를 작성하는 방법을 제시합니다. 그리고 PART 6에서는 전기공학을 전공한 지원자 A와 화공신소재공학을 전공한 지원자 B가 공기업 이공계 직렬 중 전기직에 지원하기 위해 작성할 자소서 문항을 분석하고, 실제 자소서 작성 사례 중심으로 방법론을 알아보겠습니다.

PART 7에서는 평균 2:1의 면접 전형 경쟁률을 뚫기 위해 1분 자기소개, 역량구조화 면접, 인성 면접, PT 면접, 토론 면접 등 다양한 공기업 면접 유형별 접근 방법에 대해 알아보겠습니다. 그리고 PART 8에서는 작성된 자소서를 기반으로 한 면접 대비 방법론을 제시하며 여러분의 성공 취업의 비책을 전수합니다.

취업은 참으로 어려운 문제입니다. 하지만 우리는 그 어려운 문제를 반드시 풀 수 있습니다. 지금도 공기업 취업을 위해 자소서와 면접 때문에 고민하는 여러분들에게 비책을 전수하겠습니다.

항상 여러분과 같이 고민하고 해결책을 찾기 위해 연구하는 저자로서 성공 취업을 응원하겠습니다. 취준생 여러분 힘내세요!

윤장섭   윤성훈

왜 이 책을 보는가?

■ 2021년 하반기 대표 기업별 모집 직무 한눈에 보기

기업명	직렬별							기타
	사무행정	전기	ICT/IT	기계	화학	토목	건축	
한국철도공사	O	O		O		O	O	전기통신, 운전 등
한국전력공사	O	O						
국민건강보험공단	O	O		O			O	요양직 등
국민연금공단	O							기술직, 심사직
한국전기안전공사	O	O						IT, 건축, 기계(경력직)
한국토지주택공사	O	O	O	O		O	O	2022 상반기 기준, 조경/환경 등
한국수력원자력	O	O	O	O	O	O	O	
한국도로공사	O	O		O		O		채용형인턴 기준
한국공항공사	O		O					2021년 상반기 기준, 시설, 기술
한국서부발전	O	O		O	O	O	O	2021년 상반기 기준, 시설, 기술
한국남동발전	O	O	O	O	O	O	O	2021년 상반기 기준
한국동서발전	O	O	O	O	O	O	O	2021년 기준
한국중부발전		O		O				2021년 제2차 기준
	O		O		O			2021년 제1차 기준
근로복지공단	O		O				O	2021년 기준, 재활, 기술직 등
신용보증기금	O		O					기술평가 등
한국산업인력공단	O							

많은 주요 공기업들이 전기·ICT·IT·기계·화학·토목·건축 등 이공계 직렬의 지원자들을 모집합니다.
'이공계' 지원자들에게 서류부터 면접까지 합격 가이드를 주기 위해 주요 10대 기업을 선정했습니다.

10대 공기업 이공계 직렬 #HOT_키워드

면접에서 꼭 물어본다!
기업 이슈 #HOT_KEYWORD

기업명	면접에서 꼭 물어보는 기업 이슈 HOT 키워드
한국전력공사	# 에너지플랫폼 # 디지털 전력 시스템 # Grid-ESS # 신재생에너지 # 에너지효율향상 # 청정융복합발전 # 슈퍼그리드 # Active 전력망 # 해외사업 # 스마트그리드사업 # P2G기반 KEPCO MG 프로젝트 # 탄소중립
한국수력원자력	# 신한울 1,2호기 # 신고리 5,6호기 # 해외수력 발전설비 현대화사업 # 소수력발전사업 # O&M 및 M&A사업 개발 # 수소융복합사업 # SMR # ESG경영 # 탄소중립
한국동서발전	# 당진에코1,2호기 # 연료전환(LNG) # 해외사업 # 신재생에너지사업 # 수상태양광 # 육 · 해상풍력 # 에너지효율화 # 탄소중립 # 에너지전환
한국서부발전	# 안정적 · 경제적 전력공급 # IoT기반 재난안전관리 통합플랫폼 개발 # 사회적 가치 실현 # 인권 중심 친환경 · 청렴문화 선도 # 미래성장 동력확보 # IGCC # 신재생에너지 # 에너지 전환 # 탄소중립 # ESG경영 # 해상풍력개발 # 가스터빈 실증사업
한국남동발전	# 국내 민자발전 사업 참여 # IPP사업 # 칠레 태양광사업 # 탄소중립 # 에너지전환 # 해외신재생에너지사업
한국중부발전	# 신규 발전소 건설 # 전력의 적기공급 # 미래성장동력 # 옥내저탄장 설치 # 신서천화력 건설사업(1,000MW) # 최고수준의 엄격한 환경기준 # ESG경영 # 탄소중립 # 무탄소에너지 # 재생에너지
한국남부발전	# LNG발전소 # 신재생에너지 # 풍력발전 # RPS제도선도 # ICT 융합형 다용도 드론체계 개발 # VR기술을 활용한 교육시스템 개발 # 탄소중립 # HPS제도 # 에너지전환 # 나일스복합화력발전소 # ESG경영
한국철도공사	# 안전한 철도 # 서비스 혁신 # 사회적가치 실현 # 수익사업 강화 # 기술경쟁력 향상 # 대화와 공감의 문화 # ESG경영 # 탄소중립 # 스마트 혁신 # O&M 사업확장
한국전기안전공사	# 통신시설 전기안전 확보 # 전기안전 융합플랫폼 구축 및 신성장동력 확보 # 기술지원 서비스 강화 # 더불어 사는 사회 실현 # 전기안전정보시스템 고도화 # 진단업무 광역화 # 디지털뉴딜
한국토지주택공사	# 경제 활성화 # 사업 플랫폼 구축 # 재무 건전성 확보 # 조직시스템 정착 # 홍보와 데이터의 비축 및 개방 # ESG경영 # 제로에너지도시주택확대 # 스마트도시조성

자기소개서 & 면접과 직업기초능력

직업기초능력은 인력을 채용하고 인사관리의 기준으로 삼거나 근로자의 경력 개발, 직무기술서 등의 도구로 활용되고 있다. 이는 총 10개 영역, 하위 34개 영역으로 구분된다.

■ 자기소개서 및 면접에서 특히 자주 묻는 직업기초능력

의사소통 능력
· 문서이해 능력
· 문서작성 능력
· 경청 능력
· 의사표현 능력
· 기초외국어 능력

문제해결 능력
· 사고력
· 문제처리 능력

자원관리 능력
· 시간관리 능력
· 예산관리 능력
· 물적자원관리 능력
· 인적자원관리 능력

대인관계 능력
· 팀워크 능력
· 리더십 능력
· 갈등관리 능력
· 협상 능력
· 고객서비스 능력

자기개발 능력
· 자아인식 능력
· 자기관리 능력
· 경력개발 능력

조직이해 능력
· 경영이해 능력
· 조직체제이해 능력
· 업무이해 능력
· 국제 감각

직업 윤리
· 근로윤리
· 공동체윤리

기술 능력
· 기술이해 능력
· 기술선택 능력
· 기술적용 능력

정보 능력
· 컴퓨터활용 능력
· 정보처리 능력

수리 능력
· 기초연산 능력
· 기초통계 능력
· 도표분석 능력
· 도표작성 능력

공기업 채용 바로 알기

■ 공사 채용과정에 대한 이해와 준비사항

❶ 서류전형

자기소개서 작성의 과정은 면접과 최종합격으로 가기 위한 가장 기본 단계이자 열쇠이다. 비록 서류전형에서 많은 비중이 들어가지 않는 기업이라고 할지라도 결국 면접에서는 나를 뽑게 하는 무기가 될 수 있기 때문이다. 따라서 충분한 고민을 하고, 시간을 들여 자기소개서를 작성해 두는 것이 필요하다. 대다수 지원자는 서류접수 기간 동안 자기소개서 작성에 올인하는 것이 아닌, 다음 단계에 등장하는 NCS 직업기초능력 시험공부를 병행한다. 따라서 자기소개서 작성에 많은 시간을 투자하지 못하는 우를 범하는 경우가 많기 때문에, 미리미리 자기소개서를 작성해 두고, 기업에 따라 변형하여 자기소개서를 수정할 수 있어야 한다.

❷ 필기시험
(인성포함)

직무를 수행할 때 필요하다고 판단되는 직업기초능력을 확인하는 단계의 시험이다.
10개의 직업기초능력을 모두 출제하는 기업도 있지만, 주로 의사소통능력, 수리능력, 문제해결능력의 시험이 주를 이룬다.

❸ 면접시험

면접은 최종합격을 앞둔 단계이기 때문에 지원자에게 많은 부담이 된다. 면접을 준비하는 시간 자체가 짧을 경우 티가 나기 마련이다. 면접의 답변이 자연스럽지 못하거나 외워 말하는 인상을 주기도 한다. 또한 두괄식으로 답변을 만들지 못해 면접관의 이목을 집중시키지 못하기도 하고, 자신의 말버릇이 나와 당황하기도 한다.
자신이 지원하는 기업별 면접 형태에 대한 정확한 숙지, 기출 문항에 대한 답변, 자신의 자기소개서를 바탕으로 예상 질문을 준비하여 충분한 대비를 하는 것이 필요하다.

❹ 최종합격

위의 모든 과정 및 채용 신체검사까지 마무리되고 나면, 최종합격을 할 수 있다.
위의 모든 과정이 제로베이스에서 시작하는 회사들도 있지만, 때에 따라서는 누적점수로 최종합격자를 가르기도 하므로, 어느 한순간도 소홀히 해서는 안 된다.

교재구성 및 활용

■ **최종합격으로 가는 길, 교재 따라가기!**

PART 1~4

공공 기관 채용의 이해 및 입사지원서 작성의 이해

PART 5

이공계 직렬 대표 10대 공기업의 채용공고, 직무기술서, 기업분석

HOW TO USE 직렬별 맞춤이지만 누구나 알아야 하는 서류전형의 이해

HOW TO USE 내가 합격할 기업의 자기소개서 작성을 위한 전략적 접근

☑ **밀착 코칭** ┃ 면접관이 바로 옆에서 말하듯 합격 Tip 전수

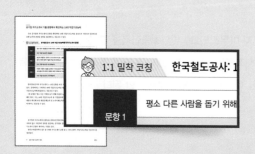

맞춤형 밀착 코칭
핵심만 딱딱! 알짜배기만 쪽쪽!
완승하는 자기소개서, 면접을 만들자!

PART 6

전공자와 비전공자의 공기업 자기소개서 작성 사례 학습

PART 7~8

블라인드 면접의 이해 및 면접 유형별 전략 수립

6

전공/비전공에 따른
자기소개서 작성 사례

⋮

01 10대 공기업 자기소개서 문항 분석
02 전기공학을 전공한 지원자 A의 7대 공기업 자기소개서 작성 전략
03 화공신소재공학을 전공한 지원자 B의 4대 공기업 자기소개서 작성 전략

8

효과적인 면접
스터디 방법

7

면접 유형별
대응 전략

⋮

`HOW TO USE` 자신의 상황과 딱 맞는 자기소개서 작성

`HOW TO USE` 면접관 출신이 들려주는 면접 유형별 전략

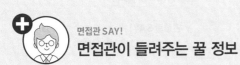

면접관 SAY!
면접관이 들려주는 꿀 정보

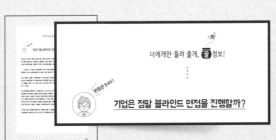

면접관 출신에게 듣는,
어디에서도 들을 수 없었던 실제 에피소드 속
합격 전략으로 자기소개서 & 면접 대비하기

차 례

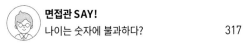

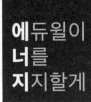

에듀윌이
너를
지지할게
ENERGY

운명은 우연이 아닌, 선택이다.
기다리는 것이 아니라, 성취하는 것이다.

– 윌리엄 제닝스 브라이언(William Jennings Bryan)

1

NCS 공공 기관
채용의 핵심

01

2022년 공사·공기업의 채용 트렌드

　직무 중심 NCS 채용에서부터 블라인드 채용까지 정부의 공공 기관 채용방식은 매년 조금씩 변화해 왔다. 변화보다는 최고를 위해 수정되었다고 표현하는 것이 더 맞을 수도 있다. 다만 이러한 채용의 변화가 정부의 정책을 중심으로 주도적으로 수정되는 모습은 어느 정도 예측이 가능한 부분들이 있었다.

　그동안 글로벌 금융위기, 팬데믹 등 다양한 대외적 환경 변화에 따라 채용 시장도 변화하고 있다. 변화와 성장, 안정과 도약 등 다양한 이슈를 바탕으로 기업의 변화하는 채용방식에 우리는 유연하게 대처해야 한다. 특히 기존의 취업 준비와는 다른 전략을 취해야 할 만큼 변화의 정도가 생각보다 컸고, 공공 기관의 취업을 준비하는 취업준비생으로서는 당황스러운 과도기를 걷고 있다.

"높아진 서류 전형의 허들"

　블라인드 채용의 시작과 함께 공기업 서류전형은 과거보다 통과하기 쉬운 전형이었지만 2020년 전 세계의 다양한 분야에서 변화를 강제로 요구한 글로벌 팬데믹은 공기업 서류전형의 허들을 높게 만들었다. 물론 한국전력공사 등 과거에도 높은 서류전형의 허들을 제시하고, 한정된 인원에게만 시험 볼 기회를 제공한 기관들은 분명히 존재했었다. 반면에 한쪽에서는 꽤 많은 공공 기관이 서류의 적부만 확인되면 시험 볼 기회를 제공했었다. 그런데 바이러스와의 싸움이 사회의 일상이 된 지금, 깐깐한 서류전형을 통해 시험을 볼 수 있는 인원을 통제하는 서류전형이 'New Normal'이 되는 것은 시간문제이다.

　앞으로 지원자들은 공공 기관의 특수성에 맞춰 기존에 준비하지 않았던 취업 스펙을 다시 준비해야 하는 상황이 될 것이다. 블라인드 채용의 취지에 맞게 학력/나이/성별은 중요한 채용 스펙이 아닐 수 있으나, 전공/자격증/자기소개서는 지원자의 변별력을 가르는 중요한 요소가 될 가능성이 크다.

　누구나 채용 시험을 볼 수 있는 기회가 줄어든다는 것은 서류상으로 남들보다 경쟁우위에 서야한다는 이야기가 될 수 있다. 또한, 아직은 어학 점수를 확인하지 않는 공공 기관이 많지만, 서류전형의 허들이 높아진다면 변별력을 위해 어학 점수를 기재해야 할 수도 있으니 미리 준비하면 좋다.

"이공계 취업 준비생들은 OO공공기관을 노리자!"

공기업 채용은 공공기관 채용 안에 포함되어 있다. 공공기관 분류는 SOC, 고용보건복지, 금융, 농림수산환경, 문화예술외교법무, 산업진흥정보화, 에너지, 연구교육 등을 기준으로 구분하게 된다. 공공기관 직무를 크게 기술직과 사무직으로 구분하게 되며, 이공계를 전공한 취업 준비생들은 대부분 공공기관 기술직으로 취업을 준비한다.

공공기관 중 다른 분야와 비교하여 상대적으로 기술직[전기, 기계, 전산(IT), 토목, 건설 등] 채용 규모가 큰 곳은 SOC와 에너지 분야라 할 수 있다. 1년 기준 채용인원이 1,000명 내외로 규모가 가장 큰 대표적인 공기업인 한국전력공사(에너지)와 한국철도공사(SOC)도 관련 분야에 속해 있는 공기업이라 할 수 있다. 매년 1월이 되면 기획재정부에서 주최하고 한국조세재정연구원에서 주관하는 공공기관 채용 박람회가 열린다. 채용박람회에 참여하는 주요 공공기관들을 분야별로 정리하여 확인하면 다음과 같다.

구분		참여기관명
SOC	22	(재)우체국물류지원단, 국가철도공단, 국토안전관리원, 도로교통공단, 부산항만공사, 새만금개발공사, 울산항만공사, 여수광양항만공사, 인천국제공항공사, 인천항만공사, 주식회사 에스알, 제주국제자유도시개발센터, 코레일유통(주), 한국공항공사, 한국교통안전공단, 한국국토정보공사, 한국도로공사, 한국부동산원, 한국수자원공사, 한국철도공사, 한국토지주택공사, 한국해외인프라도시개발지원공사
고용보건복지	18	건강보험심사평가원, 공무원연금공단, 국민건강보험공단, 국민건강보험공단 일산병원, 국민연금공단, 근로복지공단, 대구경북첨단의료산업진흥재단, 사립학교교직원연금공단, 오송첨단의료산업진흥재단, 한국건강가정진흥원, 한국고용정보원, 한국보건의료인국가시험원, 한국보훈복지의료공단, 한국사회보장정보원, 한국산업안전보건공단, 한국산업인력공단, 한국식품안전관리인증원, 한국장애인고용공단
금융	18	기술보증기금, 농업정책보험금융원, 서민금융진흥원, 신용보증기금, 예금보험공사, (재)우체국금융개발원, 주택도시보증공사, 중소기업은행, 한국무역보험공사, 한국산업은행, 한국수출입은행, 한국예탁결제원, 한국자산관리공사, 한국장학재단, 한국재정정보원, 한국조폐공사, 한국주택금융공사, 한국투자공사
농림수산환경	16	가축위생방역지원본부, 국립공원공단, 국립생태원, 농림수산식품교육문화정보원, 농림식품기술기획평가원, 농업기술실용화재단, 축산물품질평가원, 한국농수산식품유통공사, 한국마사회, 한국산림복지진흥원, 한국수목원정원관리원, 한국수산자원공단, 한국환경공단, 한국환경산업기술원, 해양수산과학기술진흥원, 해양환경공단
문화예술외교법무	10	㈜강원랜드, 그랜드코리아레저㈜, 서울올림픽기념국민체육진흥공단, 시청자미디어재단, 재외동포재단, 한국공정거래조정원, 한국관광공사, 한국국제협력단, 한국법무보호복지공단, 한국소비자원

산업진흥정보화	24	(재)한국우편사업진흥원, 대한무역투자진흥공사, 소상공인시장진흥공단, 연구개발특구진흥재단, 정보통신산업진흥원, 중소벤처기업진흥공단, 창업진흥원, 한국기상산업기술원, 한국데이터산업진흥원, 한국디자인진흥원, 한국문화예술교육진흥원, 한국보건산업진흥원, 한국사회적기업진흥원, 한국산업기술진흥원, 한국산업기술평가관리원, 한국산업단지공단, 한국소방산업기술원, 한국승강기안전공단, 한국언론진흥재단, 한국인터넷진흥원, 한국임업진흥원, 한국지능정보사회진흥원, 한국콘텐츠진흥원, 한국해양교통안전공단
에너지	22	㈜한국가스기술공사, 한국가스공사, 한국가스안전공사, 한국남동발전㈜, 한국남부발전㈜, 한국동서발전㈜, 한국서부발전㈜, 한국석유공사, 한국석유관리원, 한국수력원자력㈜, 한국에너지공단, 한국원자력통제기술원, 한국원자력환경공단, 한국전기안전공사, 한국전력거래소, 한국전력공사, 한국전력기술주식회사, 한국중부발전㈜, 한국지역난방공사, 한전KDN, 한전KPS㈜, 한전원자력연료주식회사
연구교육	21	국가수리과학연구소, 국립낙동강생물자원관, 국립호남권생물자원관, 국방과학연구소, 녹색기술센터, 한국과학기술연구원, 한국과학기술원, 한국과학창의재단, 한국교육과정평가원, 한국교육학술정보원, 한국교통연구원, 한국생산기술연구원, 한국세라믹기술원, 한국연구재단, 한국원자력연구원, 한국조세재정연구원, 한국천문연구원, 한국표준과학연구원, 한국해양과학기술원, 한국핵융합에너지연구원, 한국화학연구원
계	151	※ 밑줄: 부설기관

*출처: 2022년 공공기관 채용 디렉토리북

자신에게 맞는 채용조건을 가진 공공 기관을 목표로 하여 시작단계에서부터 정확한 취업준비 로드맵을 가지고 시작한다면 당연히 빠르게 결과를 만들어 낼 수 있다. 또한 자신이 지원하는 분야가 매년 어느 정도의 인원을 뽑고 있는지 정확히 이해하고 준비한다면, 조금은 수월한 경쟁을 하게 될 것이다.

취준생에게 중요한 것은 공공 기관의 분류 구조가 아닌 자신에게 유리한 공공 기관이다. 기관의 속성을 잘 살펴보면 자신이 목표로 할 공공 기관의 유형이 보인다. 이공계 전공자는 '공기업'을 목표로 채용을 준비하는 것이 보다 효과적이다. 반면에 경영/행정 관련 전공을 한 자는 '준정부기관'의 채용을 목표로 해야 준비가 수월하다. 직무중심의 채용이 이루어지는 현 시점에서 전공을 살리기에는 모집분야의 인원이 줄어드는 문제가 있다. 따라서 전공을 유지하되 직무에 맞는 수업을 수강하는 것이 유리하다.

비대면이 일상이 되다

2020년 상반기에 진행된 모 공공 기관의 인턴 면접은 'AI 면접'이 아닌 '온라인 면접'으로 운영되었다. 기존에 AI 면접으로 대표되던 비대면 면접이 일반면접까지 확대된 것이다. AI 면접은 보통 키워드 중심으로 기계에 데이터를 주는 과정이었는데, 온라인으로 바뀌면서 사람과 사람이 온라인에서 면접을 보는 새로운 채용의 흐름이 나타난 것이다.

비대면으로 보게 되는 면접은 기존의 면접과는 다른 접근 전략을 요구하게 된다. 물리적인 공간이 다르므로 기존에 말과 행동, 외모 등으로 만들어지던 이미지는 더욱더 언어적인 부분에 의존하게 될 것이다. 각자가 가진 인터넷을 위한 소프트웨어나 하드웨어가 다르므로, 화법이나 외형보다는 전달하고자 하는 말의 내용에 집중할 수밖에 없다. 조금 더 논리적으로 문장을 구사하고, 청자의 관점에서 정확히 들리는 발음과 속도가 면접의 중요 판단사항이 될 수밖에 없다. 기존의 많은 외국계 기업들이 진행해 왔던 온라인 면접처럼 답변의 내용이 질문과 조금은 더 정확히 연결되고, 직무 이해도가 높은 사람들이 각광받을 수밖에 없다.

온라인 면접의 경우에는 사회적인 문제가 해결되면 다시 대면 면접으로 돌아갈 수 있지만, AI 면접은 새로운 시대적 흐름으로 보인다. 공공 기관이 AI 면접에 별도의 평가점수를 부여하지는 않지만 계속해서 채용의 도구로 활용하는 중이고, 관련 데이터가 누적되고 있다. 어느 시점부터 AI 면접을 활용하여 점수를 부여하고 평가의 잣대로 활용할지 아무도 모르는 상황이기에 사전에 준비해 두는 것이 유리하다.

AI 면접은 기존에 대면 면접에서 활용되는 질문 목록을 기반으로 한다. 이때, 답변 과정에 기관이 제시한 직무기술서상의 [필요지식], [필요기술], [직무수행태도]를 많이 활용하는 방법이 현재로서는 가장 합리적인 접근방식이다. 필자는 앞으로의 서류전형은 언젠가 AI 면접이 대체할 것이라 보고 있다. 기술의 발전이 만든 새로운 채용의 흐름을 간과하면 목표 달성은 더 어려워진다.

1인 심층 면접

최근 공공 기관 면접장의 가장 큰 특징은 1명의 면접자를 여러 명의 면접관이 검증하는 1인 심층 면접이 활성화되고 있다는 것이다. 필자가 다녀온 모 공공 기관의 면접 역시 소수의 인원을 집중적으로 검증하는 구조였다. 해당 공공 기관의 경우에는 1차 면접을 PT 면접으로 진행했다고 하니 여러 명의 면접자가 함께하는 면접은 없었다는 이야기가 된다. 이럴 경우에는 누군가와의 비교로 인해 발생하는 이득이나 손해가 사라지는 장점이 있다. 하지만 많은 사람을 면접장에 부를 수 없기에 서류와 시험의 높은 허들을 통과한 소수의 인원만이 면접을 보게 될 것이다. 완전한 비대면이 불가능한 현재 상황에서는 당분간 공공 기관의 면접이 1인 심층 면접으로 진행될 가능성이 크다.

1인 심층 면접에 임하는 지원자들은 전체적인 대화의 중심에서 자신감을 가지고 임할 필요가 있다. 지원자들은 모르지만, 면접관은 지원자의 대답 시간이 자신의 질문 시간보다 길어야 좋은 면접을 운영했다는 평가를 듣는다. 최대한 주어진 시간이 지원자를 위해서 활용되기를 원하는 면접관의 입장에서 단답형 대답으로 꾸준히 추가 질문을 발생시키는 지원자는 곤혹스러운 대상이다. 30초 안팎의 적절한 대답을 통해 면접관과 적극적으로 소통하고 있다는 인상을 남겨야 한다. 압박 면접의 느낌을 받았다는 지원자 대부분은 답변의 과정에서 본인이 압박을 이끌어내고 있었는지도 모른다.

다시 한번 말하지만, 공공 기관 채용을 시작하게 되면 어디서부터 어떻게 해야 할지 막연함이 앞서는 것은 당연하다. NCS 채용구조를 기반으로 한다지만 기관별로 채용의 방법이 다르고, 전형단계별 배점이 다르기 때문에 정확한 채용구조를 이해하고 접근해야 한다. 그렇지 않으면 남들보다 두 배 이상의 시간과 노력이 동반되는 힘든 경쟁을 하게 된다. 따라서 '내가 무엇을 할 것인지', '어느 기관의 채용이 유리한지' 정확한 접근 전략을 세우고 채용에 대비하는 것이 굉장히 중요하다는 점을 기억하자.

이공계 전공자의 공기업 성공 전략

공기업 채용은 직무 중심 채용이라 할 수 있다. 특히 이공계 전공자들이 주로 지원하는 공기업 기술직의 경우 사무행정직보다 직무와 관련된 분야의 전문 지식 및 이론 등을 채용 과정에서 평가하는 경우가 많다.

얼마 전 진행된 모 공기업의 면접은 직무별로 발표면접과 토론면접이 진행되었다. 특히 발표면접의 경우 직무별로 다른 주제가 출제되었으며, 기업 실무에서 진행될 것 같은 상황에서 다양한 자료들이 제공되고 이를 요약 정리하는 형태의 면접으로 진행되었다. 이러한 면접에 효과적으로 대응하기 위해서는 관련 분야에 대한 기본 이론과 기술 등에 대한 이해력을 갖추고 있어야 한다.

따라서 이공계 전공자들의 공기업 취업 준비의 시작은 NCS 기반 직무기술서 분석에서 출발해야 한다. 자신의 전공과 관련된 직무를 기준으로 NCS의 표준 직무기술서를 정확하게 파악하고 그동안 자신이 준비된 능력과 부족한 능력이 무엇인지 구분하여 체계적인 취업 준비 전략을 수립하는 것이 중요하다.

또한 목표로 하고 있는 공기업의 기술직 분야에서 진행되고 있는 사업 현황을 파악하고 관련 직무에서 진행하고 있는 최신 기술 등에 대해 파악해야 한다. 이를 위해서는 기업분석도 함께 진행되어야 한다.

결론적으로 이공계 기술직 취업 준비는 전공과 관련된 직무에 대한 이해와 기업의 최신 기술 현황을 정확하게 파악하는 것이 핵심이며, 이 같은 준비가 철저하게 선행되었다면 향후 서류전형과 면접전형을 효과적으로 대응할 수 있을 것이다.

NCS/블라인드 채용의 이해

NCS 채용에서 블라인드 채용까지

2015년 정부에서 개발된 NCS(National Competency Standards)는 우리나라의 대표 직업 및 직무 능력에 대한 표준을 정리한 것이다. 이후 모든 공기업이 정부가 개발한 NCS 기반의 직무 능력 중심의 채용 프로세스를 개발하여 운영해 왔다.

이후 2017년 말 정부는 채용과정에서 편견이 개입될 수 있는 항목을 요구하지 않고, 실력(직무 능력)을 평가하여 인재를 채용하는 방식을 의미하는 블라인드 채용을 몇몇 공공 기관에서 시범 운영한다고 발표했고, 2018년부터는 모든 공공 기관(공기업/공사 등)에서 블라인드 채용을 의무화했다.

특히 2018년 채용시장에서 취업준비생은 블라인드 채용이 발표되면서 기존 NCS 채용과 별개의 새로운 채용방식이 적용된다고 오해하는 때도 있었지만, 블라인드 채용은 기존 NCS의 직무 능력 중심 채용을 기반으로 더욱 편견을 배제한 채용방식으로 발전한 모델이라 할 수 있다. 따라서 필자는 블라인드 채용이라는 용어보다는 'NCS 블라인드 채용'이라는 표현이 더욱 정확한 표현이라고 생각한다.

● 블라인드 채용 운영 방식

*출처: NCS 블라인드 채용 '취업준비생을 위한 블라인드 채용 가이드 북'

공기업 중심으로 운영되고 있는 NCS 기반 블라인드 채용은 기존 채용방식(채용공고 → 서류전형 → 필기전형 → 면접전형)과 같은 구조로 되어 있지만, 지원자에게 최대한 정확하고 상세한 채용 정보를 제공하기 위한 구조로 되어 있다.

특히 채용공고에서는 선발 인원, 지원 자격, 우대사항, 가산점, 지원 직무에 대한 정보 등이 사기업의 채용공고보다 자세하게 안내되고 있으며, 채용과정의 투명성을 증명하기 위해 '공공 기관 채용 정보시스템: 잡 알리오'를 통해 채용과정을 상세하게 공개하고 있다.

잡 알리오에는 모든 공공 기관의 채용공고와 채용 기준, 지원자 현황 및 합격 현황, 경쟁률 등을 자세하게 공지하고 있어, 취업준비생이 목표로 하는 공기업의 채용 기준이나 경쟁률 등을 사전에 파악하여 더욱 효과적인 취업 준비를 할 수 있도록 정보를 제공하고 있다.

● 공공 기관 채용 정보시스템: 잡 알리오

■ 잡 알리오 홈페이지: job.alio.go.kr

■ 채용공고 현황 안내 사례: 한국철도공사(코레일) 2021년도 하반기 신입사원 공채

공공기관 채용정보

제목	2021년도 하반기 한국철도공사 신입사원 채용 공고 (일반공채,고졸전형,보훈추천,장애인,체험형인턴)
기관명	한국철도공사
채용분야	사업관리,경영.회계.사무,운전,운송,영업판매,건설,기계,전기,전자,정보통신
고용형태	정규직,청년인턴(체험형),청년인턴(채용형)
대체인력여부	아니오
학력정보	학력무관,고졸
채용구분	신입
근무지	서울,인천,대전,대구,부산,광주,울산,경기,강원,충남,충북,경북,경남,전남,전북,세종
채용인원	600
우대조건	국가유공자등예우및지원에관한법률에 의한 취업지원대상자, 장애인고용촉진및직업재활법에서 정한 장애인, 공통직무 및 해당직무의 기능사 이상 자격증 소지자, 한국철도공사 체험형 인턴으로 채용되어 평가 통과 및 수료자
공고기간	21.08.04 ~ 21.08.19

능력 중심 채용을 위해서는 그에 맞게 준비해야 한다

NCS 블라인드 채용에서 또 하나의 큰 특징은 바로 지원자에게 직무에 대하여 상세한 설명 자료를 제공한다는 것이다. NCS 홈페이지(www.ncs.go.kr)에는 공기업 및 공공 기관의 해당 직무에서 어떤 일을 수행해야 하며, 각각의 업무를 수행하는 데 필요한 요구 능력을 표준으로 정립하여 안내하고 있을 뿐 아니라, 우리나라 대표 직업도 소개하고 있다. 또, NCS 표준 직무기술서를 바탕으로 각각의 공기업들은 해당 기업에서 운영하고 있는 직무기술서를 개발하였고, 이를 지원자에게 공개하여 채용과정에서 직무 역량을 평가하기 위한 기반을 구축했다.

따라서, 공기업 취업준비생은 NCS 표준 직무기술서를 먼저 파악한 후 목표 기업 및 직무에 맞는 직무기술서를 꼼꼼하게 파악해야 한다. 그리고 각각에 필요한 능력을 분석한 후 자신이 준비한 역량과 비교하여 부족한 능력을 새롭게 개발해야 한다.

앞으로 이 책에서는 NCS 블라인드 채용을 준비하는 과정에서 채용공고 분석, 직무기술서 분석, 기업분석, 블라인드 입사지원서 작성, NCS 기반 자기소개서 작성, NCS 블라인드 면접 등 채용 단계별로 취업준비생들이 더욱 더 효과적으로 쉽게 취업을 준비할 수 있도록 다양한 방법론과 전략을 상세하게 전달할 것이다.

03

10대 직업기초능력과 채용

'10대 직업기초능력'은 모두 다 중요하다?

2015년 학생 지도를 위해 면접 응시자가 되어 경험했던 공공 기관의 면접은 기존에 알고 있던 면접의 모습과 크게 다르지 않았다. 하지만 2018년부터 공공 기관의 외부면접관으로 참여하여 경험한 면접은 응시자가 아닌 평가자의 입장이었기에 많은 것들이 달라졌음을 알게 되었다. 특히 가장 인상적이었던 것은 대부분 기관이 10대 직업기초능력을 적극적으로 채용시스템에 반영하였던 부분이었다.

채용공고와 함께 첨부된 기관별 직무기술서상의 직업기초능력란을 보면 4~10개까지 10대 직업기초능력의 항목들을 제시해 놓았다. 그런데, 1차 서류전형과 2차 필기시험 등을 거치다 보니 제시한 직업기초능력이 모두 활용되지 않는다는 생각이 들었다. 하지만 면접장의 평가 시트에 제시된 직업기초능력을 보면서 지원자의 직업기초능력을 다양한 방법으로 확인하고 있다는 것을 알 수 있었다. 예를 들면, 직업윤리 영역의 경우에는 필기시험으로는 확인이 어려우니, 최종면접에서 직업윤리에 관련하여 지원자에게 2~3개의 질문을 던지고 평가하는 면접관을 지켜보면서 합리적인 채용방식이라는 생각이 들었다. 면접장에서 수리영역에 대한 구체적인 확인이 어려우므로 필기시험을 통해 검증하는 것 또한 올바른 방법이었다.

기관에 따라 다른 부분들이 있겠지만 직무기술서상에 제시된 10대 직업기초능력을 어떠한 방법으로든 확인한다고 생각하고 준비해야 한다. 다만, 시험으로 준비해야 할 것과 '글' 또는 '말'로 준비해야 할 것을 구분해야 과정의 효율성을 높일 수 있다. 두 가지의 준비가 다 필요한 직업기초능력도 있지만, 분리하였을 때 효과가 좋다.

10대 직업기초능력	자기소개서 & 면접	필기전형(NCS 기반 필기)
의사소통능력	○	◎
수리능력		◎
문제해결능력	○	◎
자기개발능력	◎	
자원관리능력	○	○
대인관계능력	◎	
정보능력		○
기술능력		○
조직이해능력	◎	
직업윤리	◎	

◎: 활용 빈도 높음, ○: 활용 빈도 보통, 빈칸: 활용 빈도 낮음

10대 직업기초능력에 대한 검증 준비를 다르게

NCS 필기시험의 경우에는 의사소통능력, 수리능력, 문제해결능력을 중심으로 공부하며 준비하는 것이 유리하다. 여러 미디어 및 서적을 통해 10대 직업기초능력을 모두 다루는 것을 자주 보았다면, 어느 정도 준비가 되어 합격 확률을 높이고자 하는 지원자에게는 효과적일 수 있다. 하지만, 처음 준비를 시작하는 지원자에게는 방향성을 잡기도 힘들고 선택과 집중이 되지 않아 비효율적이다. 대부분 기관이 위의 세 가지 능력과 더불어 전공에 대하여 필기시험 전형을 진행하니, 우선 범주를 좁혀 집중하는 것이 좋다. 기존의 일반기업 인적성검사와 비교할 때 정확히 같지는 않지만 '의사소통능력'='언어영역', '수리능력'='수리영역', '문제해결능력'='추리영역'이라고 생각하면 대략적으로 의미가 같아진다.

반면에 1차 서류전형에서는 직업윤리, 조직이해능력, 대인관계능력, 자기개발능력을 중심으로 준비하는 것이 좋다. 위의 능력은 문제를 풀어가며 해결하는 것이 아니라, 나의 경험을 바탕으로 상대방에게 능력을 증명해 보이는 과정이라고 생각하면 된다. 따라서 전형이 시작되기 전에 관련 능력에 맞는 학창 시절의 경험을 미리 준비하여, 자기소개서에 이야기를 서술하듯이 기재하는 것이 중요하다. 이때, 급하게 자기소개서를 작성하기보다는 사전에 해당 능력별 스토리보드를 만들어서 학창 시절의 경험을 배분하는 것이 효과적이다.

학년	학기	경험	관련능력	하위 키워드
1학년	1학기	ex) ○○복지관 봉사활동	직업윤리	솔선수범
	2학기			
		⋮ (중략) ⋮		
4학년	2학기			

스토리보드 작성 시에는 직업기초능력에 연관된 하위 키워드를 정리해 두는 것이 좋다. 글을 작성하는 데 있어 직업윤리와 관련된 질문을 할 때, "저는 직업윤리가 우수한 사람입니다."라는 표현보다는 "○○복지관 봉사활동에서 팀을 향한 솔선수범으로 인하여 모두가 자발적으로 행동하는 윤리의식을 경험한 적이 있습니다."라는 표현이 인상적일 수밖에 없기 때문이다.

📝 ✏️ 💼 🕐

3차 면접전형에서는 1차 서류전형과 동일하게 직업윤리, 조직이해능력, 대인관계능력, 문제해결능력을 중심으로 준비하되, 그 방법을 다르게 해야 한다. 공공 기관의 면접은 기본적으로 '인성 면접', 'PT 면접', '토론 면접'을 중심으로 다른 유형이 추가되거나 간소화된다. 면접관은 해당 기관이 정해준 면접평가표에 정량적/정성적으로 지원자를 평가한다. PT 면접을 예로 들면, 주어진 발표 시간 동안 적극적인 아이 콘택트(Eye Contact)로 대인관계능력이나 의사소통능력의 평가 항목에 대하여 정량평가 점수를 높여야 한다. 또한 PT 작성에 있어 해당 주제에 대한 적극적인 대안 제시와 질의응답 과정에서 위험 요소에 대비하는 모습으로 면접관의 문제해결능력에 관한 정성평가 점수를 높이면 결과가 좋을 수밖에 없다. 이러한 과정에 대한 준비는 취업준비생의 상황에 따라 취업 스터디나 학교에서 진행하는 모의 면접을 통해 반복 연습하면 분명히 효과가 있다.

기관의 채용방식이나 의도에 따라 선택되는 10대 직업기초능력은 다를 수 있다. 하지만 지난 몇 년간의 채용과정을 살펴보면 전형 단계별로 자주 활용되는 능력이 있고, 그에 따라 준비의 방향성을 잘 잡아 나가면 짧은 시간에 효과적으로 준비할 수 있다. 10대 직업기초능력에 따른 구체적인 취업 준비는 앞으로 진행되는 내용을 활용하면 답을 찾을 수 있다.

 1:1 밀착 코칭   **채용 프로세스 내 10대 직업기초능력 검증 가이드**

> 정량평가: 수치화된 지표로 평가하는 것
> 정성평가: 면접장에서 보이는 이미지나 역량을 점수화하여 평가하는 것

송배전 담당자와 홍보 담당자는 모두 실무자!

공기업 취업 준비의 시작은 NCS의 개념과 구조를 명확하게 이해하는 것이다. 취업준비생은 NCS에서 제시하고 있는 다양한 정보들을 수집하고 분석해야 하니, 준비해야 하는 일들이 참으로 많다. 그중에서 가장 기초적이면서도 핵심이 되는 것이 10대 직업기초능력을 이해하는 것이다.

한국전력공사 전기 직렬의 송배전 담당자는 전력 계통을 분석하고 효율적인 전력 공급을 위한 구조를 만들거나 개선해야 한다. 이를 위해서는 지역별 전력 생산량과 소비량에 대한 데이터를 수집하고 분석해야 한다. 또한, 송배전 설비를 운영하는 과정에서 발생한 설비 고장 등의 다양한 문제를 해결하고, 이를 상급자에게 알리기 위한 보고서를 작성하기도 한다.

한국전력공사 홍보 담당자는 기업에서 진행하는 다양한 사업이나 새롭게 개발된 기술, 정책, 서비스 등을 대내외적으로 여러 경로를 통해 알리는 일을 진행한다. 새롭게 개발된 기술이 있다면 관련 부서의 실무 담당자에게 기술 개발에 대한 성과와 적용 사례 등에 관한 내용을 전달받아 보도 자료를 작성하고, 각 언론사에 배포하게 된다.

📄 ✏️ 💼 🕐

이렇듯 이들은 실무자로서 업무를 수행하면서 다양한 능력을 발휘하게 된다. 송배전 담당자는 위에서 언급한 업무를 수행하기 위해 데이터 수집 및 분석을 위한 수리능력, 설비 고장을 해결하기 위한 문제해결능력, 보고서 작성을 위한 의사소통능력 등이 필요하다. 홍보 담당자도 관련 부서에 자료를 요청할 때 필요한 조직이해능력, 보도 자료를 작성하기 위한 의사소통능력 등이 필요하다.

NCS 10대 직업기초능력은 바로 어느 직무에서 업무를 수행하던지 직장인으로서 업무수행과정에 필요한 공통의 능력을 정의한 것이다.

● 10대 직업기초능력

직업기초능력모듈	J. 직업윤리
	I. 조직이해능력
	H. 기술능력
	G. 정보능력
	F. 대인관계능력
	E. 자원관리능력
	D. 자기개발능력
	C. 문제해결능력
	B. 수리능력
	A. 의사소통능력

*출처: NCS 직업기초능력 학습자료

특히 대부분 공기업은 채용 과정(서류전형, 필기전형, 면접전형)에서 NCS 10대 직업기초능력을 기반으로 평가 시스템을 개발했기 때문에 취업준비생은 직업기초능력을 명확히 이해하는 것이 매우 중요하다.

채용과정에서 10대 직업기초능력은 어떻게 활용되는가?

원하는 기업에 취업하기 위해서는 기업이 만들어 놓은 3단계의 허들을 넘어야 한다. 취업준비생은 단계별 허들에 설정된 기준을 이해하고, 이를 넘기 위한 자질(능력)을 갖추어야 한다.

먼저, 채용공고문과 직무기술서를 자세히 분석하면 전기 직렬에는 어떠한 직업기초능력이 요구되는지 알 수 있다. 특히 3단계 중 2단계인 필기전형이 10대 직업기초능력을 중심으로 평가하는 단계라는 것을 명확하게 확인할 수 있어, 많은 지원자가 2단계인 필기전형에 집중한다. 하지만 모든 채용 단계가 기본적으로 지원자의 직무 능력과 직업기초능력을 평가하기 위한 구조로 설계되기 때문에 1단계인 서류전형과 3단계인 면접전형도 직업기초능력을 중심으로 준비하는 것을 추천한다.

● **필기시험 출제 범위 및 세부 평가 요소**

■ 필기시험(전형별 문항수 상이)

채용전형	필기시험 출제범위
일반공채	• NCS 25문항(의사소통능력, 수리능력, 문제해결능력)+전공 25문항
보훈 · 장애인	• NCS 50문항(의사소통능력, 수리능력, 문제해결능력)

※ 보훈 · 장애인 전형의 경우 필기전형은 직업기초능력평가만 시행

*출처: 2021년 하반기 한국철도공사(코레일) 채용공고문

■ 주요 전형별 세부 평가 요소

구 분	사무	전기
직무능력검사	(공통) 의사소통능력, 수리능력, 문제해결능력, 자원관리능력	
	정보능력	기술능력(전공문항)
인성 · 인재상 · 조직적합도검사	한전 인재상 및 핵심가치, 태도, 직업윤리, 대인관계능력 등 인성 전반	
직무면접	전공지식 등 직무수행능력 평가	
종합면접	인성, 조직적합도 등 종합평가	

*출처: 2021년 하반기 한국전력공사 채용공고문

10대 공기업 중 연간 전체 채용 인원이 가장 많은 한국철도공사와 한국전력공사의 최근 채용공고문 내용을 확인하면 2단계인 필기전형 관련 안내에서 직업기초능력에 관한 내용을 확인할 수 있다.

예를 들어 한국전력공사의 경우 전체 직무에서 의사소통능력, 수리능력, 문제해결능력, 자원관리능력을 공통 능력으로 정의하고, 전기 직렬에서는 기술능력을 직무와 연관성이 높은 능력으로 판단하여 차별화했다. 이는 채용 프로세스를 설계하는 과정에서 해당 공기업에 속한 주요 직무를 분석한 후, 빈도가 높은 직업기초능력을 기준으로 설정하기 때문이다.

실제로 한국산업인력공단에서 기업의 채용 담당자들에게 제공하고 있는 '블라인드 채용 확산을 위한 직무 중심 채용 가이드 북'에서는, 채용 계획을 수립할 때 채용 단계별로 능력 단위와 직업기초능력을 기준으로 설계할 것을 권고하고 있다.

영역		채용공고	서류전형				필기전형			면접단계전형			
			입사지원서	자기소개서	경험기술서	경력기술서	직무수행능력필기	직업기초능력필기	인적성검사	경험면접	상황면접	발표면접	토론면접
가치체계	인재상	●		●	●	●					●	●	
	핵심가치	●			●					●			
직무	인사직무정의	●	●										
능력단위 A (책무)	내외부 환경분석기법		●		●		●					●	●
	노사관계법						●					●	
	:	:	:	:	:	:	:	:	:	:	:	:	:
능력단위 B (책무)	사업기획 및 보고서 작성 기술				●	●	●					●	
	시스템 활용				●	●				●			●
직업기초능력 (역량)	문서작성능력			●	●				●			●	
	:	:	:	:	:	:	:	:	:	:	:	:	:
	기초외국어능력		●					●				●	●
자격	공인노무사	●	●										
지식	:	:	:	:	:	:	:	:	:	:	:	:	:

*출처: 한국산업인력공단 '블라인드 채용 확산을 위한 직무 중심 채용 가이드 북'

이렇듯 공기업의 채용 프로세스는 채용 직무에 대한 직무별 능력을 정의하고 NCS 10대 직업기초능력을 기반으로 단계별 평가 기준을 설정한다. 따라서 취업준비생은 직업기초능력을 명확히 이해하고 자신의 준비된 능력이 얼마나 직업기초능력에 부합하는지 정리하는 것이 중요하다.

공기업 자기소개서 기출 문항에서 확인하는 10대 직업기초능력

주요 공기업의 자기소개서 문항을 확인하면 10대 직업기초능력을 중심으로 지원자가 업무에 필요한 능력과 관련된 경험을 질문한다는 것을 알 수 있다.

1:1 밀착 코칭   한국철도공사: 10대 직업기초능력평가(자기소개서 문항)

문항 1	평소 다른 사람을 돕기 위해 꾸준히 노력하는 점과 그런 노력을 하게 된 계기를 작성해 주십시오.(800byte)
	10대 직업기초능력: 직업윤리
문항 2	본인의 역할이나 존재가 크게 드러나지 않는 상황에서 팀을 위해 자발적으로 노력한 경험을 구체적인 상황 및 이유와 함께 기술해 주십시오.(800byte)
	10대 직업기초능력: 대인관계능력
문항 3	다양한 유형의 사람을 상대하기 위해 필요한 역량은 무엇인지 서술하고, 지원자가 해당 역량을 발휘하여 상대방을 만족시켰던 경험에 대해 구체적으로 작성해 주십시오.(800byte)
	10대 직업기초능력: 조직이해능력

한국철도공사의 자기소개서 1~3번 문항을 보면 지원자에게 자신의 경험을 기술하라고 요구하고 있다. 문항에서는 구체적인 10대 직업기초능력을 명시하지는 않았지만, 내용을 확인해 보면 10대 직업기초능력에 매칭된다는 것을 알 수 있다.

1번 문항은 '평소 다른 사람을 돕기 위해 꾸준히 노력하는 점과 그런 노력을 하게 된 계기'를 기술해야 한다. 이는 10대 직업기초능력 중 직업윤리에 해당하는 내용이다. 이처럼 2번과 3번 문항의 내용도 확인해 보면 대인관계능력 및 조직이해능력과 관련된 자신의 노하우(경험)에 대하여 기술해야 한다는 것을 알 수 있다.

공기업의 자기소개서 문항들을 살펴보면 한국철도공사와 같이 구체적인 10대 직업기초능력을 명시하지 않고 지원자의 경험을 질문하는 공기업도 있지만, 구체적인 직업기초능력을 명시하면서 자기소개서 문항이 제시되는 기업도 있다.

한국수력원자력의 경우 총 5개의 자기소개서 문항 중 2~5번 문항이 직업기초능력을 기준으로 출제되었다.

1:1 밀착 코칭 　　　**한국수력원자력: 10대 직업기초능력평가(자기소개서 문항)**

문항 2	정직, 남을 위한 봉사, 규칙 준수 등 윤리적인 행동으로 좋은 결과를 얻었던 경험을 아래 세부 항목에 따라 구체적으로 작성해 주십시오. 2-1. 언제, 어디서 있었던 일이며, 본인이 맡았던 역할은 무엇이었는지 기술해 주십시오. (300자) 2-2. 구체적으로 한 행동과 그렇게 행동하셨던 이유는 무엇인지 기술해 주십시오. (300자) 2-3. 그러한 행동이 당신과 타인에게 미친 영향은 무엇인지 기술해 주십시오. (200자)
	10대 직업기초능력: 직업윤리
문항 3	집단(학교, 회사, 동아리, 동호회 등)의 원만한 화합, 또는 공동의 목표 달성을 위해 남들보다 더 많이 노력하고 헌신했던 경험을 아래 세부 항목에 따라 구체적으로 작성해 주십시오. 3-1. 언제, 어디서 있었던 일이며, 당시 갈등 상황이나 목표는 무엇이었는지 기술해 주십시오. (200자) 3-2. 당신의 역할은 무엇이었으며, 집단의 화합 또는 목표 달성을 위해 구체적으로 어떤 노력을 하셨는지 기술해 주십시오. (400자) 3-3. 본인이 노력한 결과는 어떠하였고, 이 일이 집단 혹은 공동체에 미친 영향은 무엇인지 기술해 주십시오. (200자)
	10대 직업기초능력: 대인관계능력
문항 4	본인이 한국수력원자력의 인재상에 맞는 인재가 되기 위해 어떤 면에서 준비가 되어있으며, 해당 능력을 개발하기 위해 어떠한 노력을 하였는지 구체적인 사례를 아래 세부 항목에 따라 작성해 주십시오. 4-1. 어떤 능력을 개발하였고, 이러한 능력 개발을 위해 어떤 목표를 세웠는지 기술해 주십시오. (200자) 4-2. 목표 달성을 위해 어떤 계획을 세웠고, 계획을 실천하는 과정에서 가장 어려웠던 점과 이를 어떻게 극복하였는지 기술해 주십시오. (400자) 4-3. 향후 자신의 능력을 향상시키고 이를 잘 활용하기 위해 어떻게 노력할 것인지 기술해 주십시오. (200자)
	10대 직업기초능력: 자기개발능력
문항 5	단체(학교, 회사, 동아리, 동호회 등)에서 대화나 토론을 통해 상호 입장과 상황을 정확히 이해함으로써 건설적으로 문제를 해결해 본 경험에 대해 아래 세부 항목에 따라 작성해 주십시오. 5-1. 구성원들이 의견 차이를 보였던 견해에는 어떤 것들이 있었고 그 이유는 무엇인지, 그리고 본인의 입장은 어떠했는지 기술해 주십시오. (200자) 5-2. 상대방을 이해하기 위해 어떤 노력을 하셨는지, 상대방을 설득하기 위해 본인이 사용한 방법이 무엇이고 그 결과는 어떠했는지 기술해 주십시오. (400자) 5-3. 대화를 진행하는 과정에서 가장 중요하게 생각한 점은 무엇이었는지 기술해 주십시오. (200자)
	10대 직업기초능력: 문제해결능력

　　위의 표에 제시된 것처럼 한국수력원자력은 4개의 자기소개서 문항에서 각각 직업윤리, 대인관계능력, 자기개발능력, 문제해결능력과 관련 있는 지원자의 경험을 평가하고 있다.

　　앞에서 확인한 것과 같이 공기업은 채용 과정에서 단계별로 업무에 필요하다고 결정한 직업기초능력을 기반으로 지원자의 업무 능력을 평가하기 위해 노력하고 있다.

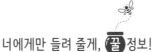

너에게만 들려 줄게, 꿀정보!

⋮

면접관 SAY!

기업은 정말 블라인드 면접을 진행할까?

최근 몇 년 동안 채용 비리에 대한 사회적 문제가 이슈화되면서 공기업이나 금융권을 중심으로 외부 전문가를 면접관으로 섭외하여 진행하는 기업이 늘어나고 있다.
실제 외부면접관을 경험한 저자로서 취업준비생들이 궁금해했던 질문에 대한 답을 하겠다.

○○기업의 1차 면접은 지원자들이 5가지 면접 유형을 종일 로테이션 방식으로 수행하는 형식으로 진행되었다. 당시 외부면접관으로 섭외가 되어 발표(PT) 면접의 면접관으로 참여했었다.

최근 채용시스템을 디지털화하는 기업이 늘면서 면접관들에게는 노트북이 지급되었고, 개별적으로 부여된 ID와 PW를 통해 시스템에 접속한 면접관은 당일 평가해야 하는 지원자의 정보만 확인할 수 있었다.
시스템에는 성명, 나이, 성별, 학교, 전공 등에 대한 사항은 모두 삭제된 상태였으며, 수험 번호만 확인할 수 있었다.

1번 지원자를 선택하면 시스템에서는 자기소개서와 이력서를 확인할 수 있는 메뉴가 있었지만, 발표(PT) 면접관으로 참여했기 때문에 해당 면접관은 지원자의 수험 번호 이외에는 다른 정보를 확인할 수 있는 권한이 없었다. 발표(PT) 면접은 주제에 대한 지원자의 문제해결능력과 발표 능력을 평가하는 것이 핵심이기 때문에 면접관의 평가에 영향을 줄 수 있는 다른 정보는 일절 제공되지 않았다.
하지만 인성/직무 면접을 수행하는 면접관은 해당 지원자의 자기소개서와 이력서를 확인할 수 있는 권한이 있었으며, 지원자가 제출한 서류를 중심으로 질문을 진행하였다.

이처럼 실제 기업들은 블라인드 채용을 위해 시스템을 개발하고 각 전형에서 최대한 지원자의 정보를 면접관에게 제공하지 않고 순수한 직무 역량을 평가하기 위한 채용 방법을 활용하고 있다.

도중에 포기하지 말라.
망설이지 말라.
최후의 성공을 거둘 때까지 밀고 나가자.

– 헨리 포드(Henry Ford)

2

직무 중심 채용시험
대비 전략

. . . . .

01

채용공고문 분석

PART 1에서 간략하게 설명한 것과 같이 NCS 블라인드 채용이 기존 채용방식과 크게 다른 점 중 하나가 바로 지원자 중심의 상세한 채용 안내라는 것이다. 공기업마다 약간의 차이는 있겠지만 기본적으로 공기업 채용공고는 채용 직무별 선발 인원, 근무 지역, 지원 자격, 우대사항, 가산점 등을 상세하게 안내하고 있다.

모집 분야 및 선발 인원 안내

채용공고문에서 가장 먼저 안내되는 것이 모집 분야(직무) 및 선발 인원에 대한 안내이다. 특히 모집 분야에서는 한국철도공사처럼 일반 채용(일반 공채), 국가유공자(보훈대상자), 장애인 등을 기준으로 분류하여 채용하는 공기업도 있고, 한국전력공사처럼 일반 채용을 전국권과 '지역인재(지역전문사원)'를 기본으로 공고하고 국가유공자(보훈대상자), 장애인 등에게 가점을 부여하여 진행하는 기업도 있다.

공공 기관은 균형적인 지역 발전을 위해 전체 채용 인원 중 20~30%를 지역인재로 선발하고 있으며, 주요 지방에 혁신도시를 개발하여 대표적인 공기업이나 공사 등 공공 기관들이 지방으로 이전하면서 지역인재에 대한 별도의 채용방식이 확대되고 있다. 따라서 취업준비생은 전국구로 진행되는 일반 채용으로 지원하거나 지역인재로 지원할 수 있으므로, 자신에게 유리한 전형을 꼼꼼히 파악하여 지원하는 것도 취업 성공률을 높이는 좋은 방법이다.

만약 대졸 수준 공채에서 지역인재로 지원할 때는 학사학위를 취득한 대학의 최종 소재지를 기준으로 지역인재를 인정하기 때문에, 채용 인원과 선발 기준 등을 정확하게 인지하고 지원하는 것이 중요하다. 추가로, 석사나 박사학위를 취득한 대학이 학사학위를 취득한 대학과 다르다면 지역인재 전형에서는 학사학위 취득 대학을 기준으로 지역인재를 선발한다. 대부분의 공기업 채용공고문에서는 지역인재에 대한 정의 및 기준을 상세하게 안내하고 있으니 채용공고문을 정확하게 확인하기 바란다.

● **한국토지주택공사 채용공고문 사례(지역인재 안내)**

■ [상세보기 #6] 지역인재 상세내역

□ 경남 이전지역인재 상세내역

1. 경남 지역인재 개념

○ (정의) 최종학력(대학원 이상 제외) 기준 경상남도 소재 학교 졸업(예정)자

   – 이전지역에서 고등학교를 졸업한 후 다른 지역에서 대학을 졸업(예정)인 자는 제외

   – 이전지역에서 고등학교를 졸업한 후 다른 지역 대학에 재학(휴학)중인(졸업예정자 제외) 자는 포함

   ※ 대학 졸업예정자의 범위: '22.08월까지 졸업예정인 자에 한하여 인정하며, 4년(4년제의 경우 4년=8학기, 5년제의 경우 5년=10학기, 전문대학의 경우 2년=4학기)이상 등록하고, 최종학기 수강신청학점을 포함해서 졸업학점에 도달된 자로서, 재학 중인 학교의 학칙에 따라 졸업예정자로 인정되어 서류접수 마감일 기준 졸업예정증명서 발급이 가능해야 하고, 공사에서 요구하는 시점에 제출할 수 있어야 함.

   ※ 이전지역: 본사 이전지역인 경상남도를 말하며 부산광역시 및 울산광역시를 제외함.

*출처: 2022년 상반기 한국토지주택공사 채용공고문

지원 자격을 통해 확인하는 서류전형 VS 원서접수

　대부분의 공기업 채용공고문에서는 모집 분야 및 선발 인원에 대한 안내 다음으로 지원 자격에 대한 안내가 제공된다. 사무직의 경우 거의 모든 공기업이 지원 자격에서 전공 제한을 두지 않는다 (단, 기술직의 경우 직무에 따른 전공 이수나 기사 수준의 자격증으로 지원 자격을 제한한다).

　블라인드 채용이 본격적으로 진행되면서 최근 공기업 채용공고문의 서류전형에 대한 안내에서 '원서접수'라는 표현을 쓰는 공기업도 있다. 이는 서류 평가를 진행하지 않고, 진행 중인 채용에서 해당 지원자가 학력(졸업자/졸업 예정자), 지역인재, 전공(기술직) 등의 자격만 갖추고 있는지 확인하는 '적/부 판정'으로 서류를 판단하는 기업이다.

📄 ✏️ 🗄 🕐

　대표적인 기업이 한국철도공사이며, 이러한 곳은 소위 취업준비생들이 고민하는 취업 스펙을 배제하고 기업이 정한 지원 자격 기준에만 부합하면 서류전형을 통과하는 기업들이다. 실제로 한국철도공사 2021년 하반기 신입 공채 전기통신직(일반 공채)의 경우 3,187명이 서류를 제출했으며, 서류 합격자는 3,147명으로 약 98.7% 이상의 서류 합격률을 기록했다.

● 한국철도공사 채용공고문 사례(지원 자격)

■ 지원자격(①~④ 조건에 모두 적합해야 지원가능 / 운전_전동차는 ⑤ 포함)
 ① 공사 채용 결격사유에 해당되지 않는 자 ☞ 【붙임6】
 ② 면접합격자 발표일 이후부터 근무가 가능한 자
 ③ 남성의 경우 군필 또는 면제자에 한함
   * 전역 예정일이 면접합격자 발표일 이전인 경우 지원 가능(다만, 각 시험일에 참석 가능자)
 ④ 만 18세 미만자 및 정년(만 60세) 초과자는 지원할 수 없음
 ⑤ "수도권_운전_전동차" 지원은 철도차량운전면허 中 제2종전기차량 운전면허 소지자에 한함
 ※ ①, ④, ⑤는 입사지원 마감일 기준임

하지만, 일정 수준의 스펙을 지원 자격으로 설정한 공기업도 있다. 한국전력공사의 경우 전공에 대한 자격 기준은 다른 공기업처럼 기술직에 적용되며, 일정 수준의 어학 능력(TOEIC 기준 700점 이상)을 보유하고 있어야 지원 자격을 충족시킬 수 있다.

서류전형으로 일부 스펙을 평가하는 기업들은 채용 단계별 선발 인원에 대해서 서류전형 선발 인원의 ○배수, 필기전형 선발 인원의 ○배수, 면접전형 선발 인원의 ○배수와 같이 안내하는 경우가 많다.

● 한국전력공사 전형 절차별 선발배수 안내

구분	전형단계	평가기준	배점	선발배수		동점자 처리기준
1차	서류전형	외국어성적 자격증가점 자기소개서	100 사무20, 기술40 적·부	사무 전기 기타	70배수 15배수 20배수	① 자격증 ② 어학
2차	필기전형	직무능력검사 점수 한전 인재상·핵심가치 등 적합도 결과	100 적합/부적합	사무·전기 기타	2.5배수 4배수	동점자 전원합격
3차	직무면접	직무면접 점수 2차 직무능력검사 점수	100 50	사무·전기 기타	1.5배수 2배수	① 취업지원대상자 ② 장애인 ③ 직무면접 ④ 2차 전형 ⑤ 1차 전형
4차	종합면접	종합면접 점수	100	채용분야별	1배수	① 취업지원대상자 ② 장애인 ③ 3차 전형 ④ 2차 전형 ⑤ 1차 전형
최종	신체검사 및 신원조사		적·부			

*출처: 2021년 상반기 한국전력공사 채용공고문

따라서 채용공고를 확인할 때 지원하는 공기업이 일정 수준의 스펙을 요구하고 있는지를 확인하는 것이 중요하며, 지원 자격에서 스펙을 요구하는 경우에는 서류전형에서 별도의 가산점을 부여하기 때문에 채용공고문 내에 가산점 기준을 정확하게 숙지하여 최대한 많은 가산점을 받을 수 있도록 해야 한다.

이 책 PART 5의 10대 공기업 자기소개서 작성 전략에서 기업별 채용공고문을 분석한 내용이 설명되어 있으므로, 자세한 것은 PART 5 내용을 참고하기 바란다.

직무기술서 분석

지원 직무는 어떻게 정의되는가?

지원자의 직무 능력을 평가하는 것이 최근 취업 시장의 핵심이다. 특히 공기업은 NCS 기반 채용을 도입하면서 '능력 중심 채용'이라는 슬로건을 걸어, 채용시장에서 객관적이고 정확한 평가를 통해 채용의 투명성을 확보하고자 노력하고 있다.

이러한 상황에서 지원하는 공기업의 전기 직렬 직무에서는 어떤 일을 수행하며, 이를 위해서 어떤 능력이 필요한지 정확하게 이해하고 있는 취업준비생이라면 취업의 성공 확률은 높아진다. 그러므로 취업준비생은 지원 직무의 이해도를 높이기 위해 직무기술서를 분석하여 직무에 필요한 능력과 자신의 준비된 능력을 연결해야 한다.

2015년부터 도입된 NCS는 우리나라의 대표 직업 및 직무들에 대해서 해당 직무는 세부적으로 어떤 업무를 수행해야 하는지 '능력단위'로 정의하고 각각의 능력단위별로 필요한 능력을 '지식/기술/태도'에 따라 정의했다.

정부에서 도입한 NCS를 기반으로 공기업들은 각자 기업 내 직무별로 직무 분석과 NCS 표준 직무기술서를 바탕으로 기업에 적합한 직무기술서를 다시 정의했다.

따라서 직무기술서를 분석하기 위해서는 두 가지 측면에서 접근해야 한다. 먼저 정부에서 제시한 NCS 표준 직무기술서를 파악하고, 그 다음으로 목표 기업의 직무기술서를 분석하는 것이다.

직무기술서 분석 방법

● 1단계: NCS 표준 직무기술서 분석

NCS 홈페이지(http://www.ncs.go.kr)에 접속하여 'NCS 및 학습모듈검색'을 선택하면 직무 분류 기준인 대-중-소-세분류 중 먼저 대분류 기준을 확인할 수 있다.

NCS 홈페이지 (http://www.ncs.go.kr)에 접속

만약 전기직과 관련하여 송배전 관련 업무를 확인한다면, 먼저 NCS에서 정의한 대분류 24가지 중 '19번 전기ㆍ전자'를 선택한다. 다음으로 중분류 〉 소분류 〉 세분류 기준을 다음과 같이 선택하면 최종적으로 해당 직무의 세부 업무인 능력단위를 확인할 수 있다.

대분류 [19. 전기ㆍ전자] 선택

중분류 [01. 전기], 소분류 [03. 송배전설비], 세분류 [02. 송변전배전설비운영] 선택

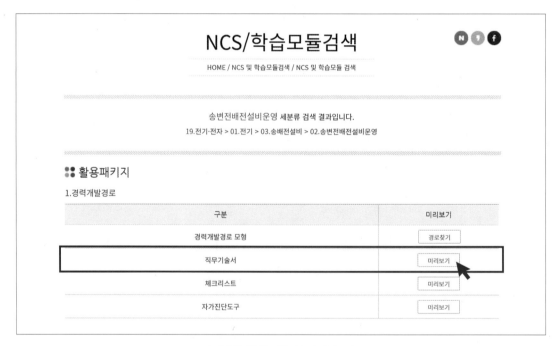

송배전설비운영 직무기술서 미리보기

세분류 기준의 '송변전배전설비운영' 직무를 선택했다면 새로운 페이지가 노출되며, '활용패키지' 상의 '1. 경력개발경로' 메뉴에서 해당 직무의 직무기술서를 확인할 수 있다.

직무기술서는 능력단위를 중심으로 업무에 대한 정의와 더불어 주요 업무를 진행하는 과정에서 필요한 책임과 역할을 상세하게 설명하고 있다. 또한, 주요 업무를 진행하는 데 필요한 지식, 기술, 태도, 관련자격사항, 사전직무경험, 직무숙련기간을 기준으로 상세 내용을 안내하고 있다.

■ **직무 기본정보**

직　　무	송변전배전설비운영	능력단위분류번호	1901030201_20v3
		능 력 단 위	계통계획
직무 목적	계통계획은 전력수급 기본계획과 지역별 전력수요 예측결과에 따라 전력수요 포화 연도의 최적 계통구성을 상정하고, 정해진 계획기간에 대하여 기술적, 환경적 제 요건을 충족시키면서 공급신뢰도와 경제성이 조화된 송변전, 배전설비를 연도별로 계획하기 위함.		
개발날짜(개선날짜)	2020. 11. 06.	개발기관(개선기관)	한국전기기술인협회

■ **직무 책임 및 역할**

주 요 업 무	책임 및 역할
지역별 전력수요 예측하기	• 향후 지역별 전력수요 예측을 위하여 과년도 변전소 운전실적을 활용하여 과거와 현재 전력부하를 분석한다. • 지역을 구분하기 위하여 전국을 몇 개의 권역과 소지역으로 세분한다. • 전력수급을 검토하기 위하여 향후 지역별 부하 점유율을 산출한다. • 154kV 이상 송전선로의 신증설 검토를 위하여 부하예측 프로그램을 활용하여 공급단 부하를 산출한다. • 154kV 이상 변전소의 신증설 검토를 위하여 변전소별, 배전선로별 최대 부하를 산출한다.
전력계통 시뮬레이션하기	• 전력계통 모의 해석 프로그램을 활용하여 모선 및 부하 데이터를 입력한다. • 발전력을 모의하기 위하여 발전기 데이터를 입력한다. • 회로의 고장전류, 조류산정 등을 위하여 송전선로와 변압기의 임피던스 값을 입력한다. • 권역별 부하분포를 검토하기 위하여 지역관련 데이터를 입력한다. • 정격전압 유지를 위하여 무효 전력 보상 장치 데이터를 입력한다. • 고압 직류 송전(HVDC), FACTS 등 신기술 활용을 위해 관련 데이터를 입력한다.
기술계산하기	• 선로의 과부하, 저전압, 과전압 등을 분석하기 위하여 첨두부하, 경부하 시전력 흐름계산을 한다. • 발전량에 따른 선로의 운전능력을 분석하기 위하여 발전기 출력조건별 전력 흐름계산을 한다. • 차단기 정격차단용량 초과 여부를 분석하기 위하여 전력계통 고장전류 계산을 한다. • 전력계통의 붕괴를 방지하기 위하여 전압안정도와 과도안정도를 계산한다.
경제성 검토하기	• 송변전설비 건설에 대한 투자비의 경제성을 검토하기 위하여 비용에 관한 이자(연복리,매년지불의 경우)공식을 적용한다. • 송변전설비 손실평가를 위하여 발전원별 건설비, 연료비, 운전유지비 등을 적용한다. • 송변전설비 투자비에 대한 적합성 검토를 위하여 발전설비, 송변전, 배전설비의 연간 고정비/고정비율을 적용한다. • 송변전설비 투자대안에 대하여 연간 전력손실을 평가 · 비교한다. • 전력 손실평가를 위하여 건설비용(Demand Charge)/유지보수비용(Energy Charge)을 적용한다.

구 분	상 세 내 용
계통계획 수립하기	• 지역 간 융통전력을 확인하기 위하여 연도별, 지역별 전력수급을 고려한다. • 각종 기술계산 결과를 확인하고 계통운영 조건을 만족하거나 대안을 고려한다. • 부하 증가율을 1% 미만 달성시점을 고려하여 종합 마스터플랜을 수립한다. • 경제성과 환경제약을 고려하여 연도별 송변전 · 배전설비 계획(안)을 수립한다. • 설비계획(안)의 효율적인 건설물량, 투자비 등 검토를 위하여 연도별 투자비와 설비물량을 조절하고 설비계획을 확정한다.

■ 직무수행 요건

구 분	상 세 내 용
지식	• 각 대안에 대한 연간 전력손실 평가방법 • 기존 발전 및 송변전 · 배전 설비와 신규건설 착수된 설비현황에 대한 지식 • 돈의 시간적 가치로 연간 지불에 대한 이자계수에 대한 지식 • 발전기 전기적/기계적 특성(임피던스, 조속기, 여자기 등)에 대한 지식 • 발전기, 여자기, 조속기 특성에 대한 지식 • 발전설비와 송변전 · 배전설비의 연간 고정비/고정비율에 대한 지식 • 발전소 계통연계 시 기본적 고려사항 • 발전소 전원입지 정보 및 발전기별 출력 정보에 대한 지식 • 발전원별 건설비용에 대한 지식 • 발전원별 연료비, 운전유지비 개념 • 변압기 전기적/기계적 특성에 대한 지식 • 변전소별 최대부하실적 자료 등 주요 통계 • 부하수준별 수요예측 자료 및 부하역률에 대한 지식 • 산업단지, 대규모 주택단지 개발 계획에 대한 지식 • 송배전용 전기설비 이용규정 • 송변전 · 배전설비의 건설비용에 대한 지식 • 송전선로 임피던스 특성에 대한 지식 • 송전선로의 송전능력 산출원리 • 수요관리 정책기본방향에 대한 지식 • 신기술(고압 직류 송전(HVDC), 분산형전원, 초전도 등) 및 정책에 대한 지식 • 연 평균 전력수요 증가율 실적에 대한 지식 • 인구증가, GNP 성장 전망, 과년도 실적 등의 통계자료에 대한 지식 • 전기사업법령 • 전력 손실평가를 위한 건설비용/유지보수비용 개념 • 전력 흐름계산 원리와 이론 • 전력계통 고장전류, 전압안정도, 과도안정도 계산 원리와 이론 • 전력계통 구성원칙에 대한 지식 • 전력계통 보호계전기 동작이론 • 전력계통 신뢰도와 전기품질 유지기준 • 전력수요와 경제성장의 함수관계 • 정부의 주요 경제지표에 대한 지식 • 차단기, 보호계전기 특성에 대한 지식 • 환경적 평가 제약에 대한 지식

기술	• 154kV 이상 직거래고객 부하자료 조사 능력 • 각종 기초자료에 대한 분류, 통계처리 기술 • 각종 데이터 입력 및 처리 수행 능력 • 각종 데이터 입력과 처리 수행 능력 • 건설 대상 발전소의 발전원가 계산 능력 • 계절별 전력수요 증가 패턴 분석 능력 • 과년도 실적 데이터를 이용 향후 미래 예측 경향분석 능력 • 기술계산을 하기 위한 컴퓨터 S/W, H/W 활용 능력 • 동시/비동시 최대 전력수요 예측 기술 • 모선별 고장전류 정격초과개소 여부 조사 능력 • 발전력 부족 시 저주파계전기(UFR) 부하차단 가능성 조사 능력 • 발전소 계통연계방안 검토기준 적용 능력 • 발전소 소내 및 부하수준별 역률 입력 능력 • 발전소 전원입지 정보와 발전기별 출력 정보 활용 능력 • 변전소, 송전선로 건설 주변여건 조사 능력 • 송전선로, 변압기 임피던스 계산 능력 • 송전전압 유지목표 조사 능력 • 시뮬레이션을 하기 위한 컴퓨터 S/W, H/W 운영 능력 • 연도별 송배전 설비물량과 투자비용의 안배 능력 • 자료수집 절차도 작성 능력 • 자본 회수계수 정리 능력 • 자본 회수비용 및 자본 회수기간 분석 기술 • 전력 손실평가 계산 능력 • 전력계통 안정도(전압안정도, 과도안정도) 계산 능력 • 전력계통 정격 주파수 유지목표 조사(정상상태에서 60 ± 0.2Hz) 능력 • 전력수요 포화시기에 대하여 Top-down방식으로 전국수요를 지역별로 배분하며, 345kV 및 154kV 변전소 수와 개략적인 위치 선정 능력 • 전원개발계획 자료 분석 기술 • 정적 및 동적 부하구성과 특성 분석 능력 • 지역별 부하 수준별 입력 데이터 조사 능력 • 지역별 수요예측용 전산 프로그램 활용 능력 • 지중 송전선로 건설용 기존 전력구 여유 및 신규건설 환경 조사 능력 • 투자 대안에 대한 종합분석 능력 • 투자기회의 순 현금흐름의 분석 기술 • 하계/동계 최대 전력수요 예측 기술 • 할인율의 의미와 선택 능력

태도	• 각종 기술계산의 원리와 이론습득에 대한 인내심 • 각종 입력 데이터에 대한 정확성 • 경제성장과 국민 생활수준 향상에 따라 전력소비가 어떤 패턴으로 증가하는가를 주의 깊게 관찰 • 계산 결과 검증을 위한 과학적인 사고 • 과학적이고 체계적인 자료수집과 관리의 치밀성 • 관련 부문 전문가의 의견수렴을 통한 유연성 • 국토의 효율적 개발에 관한 관리자적 태도 • 발전원가와 설비 건설비용의 정확성 • 새로운 정책 방향에 귀를 기울이는 태도 • 송배전 설비물량과 투자비용에 대한 장기적 균형감각 • 연도별, 계절별 기온 상승에 따른 치밀한 전력수요 변동 파악 • 인구증가, 가구 수 증가, 소비 패턴 등의 정확한 통찰력 • 전력 손실평가를 위한 논리적 사고 • 전력계통 구성방향에 대한 종합적인 비전 제시능력
관련자격사항	–
사전직무경험	• 계통운영
직무숙련기간	• 2~4년

● 2단계: 목표 기업 직무기술서 분석

목표로 하는 공기업의 채용 홈페이지에서 최신 채용공고나 직무소개 카테고리를 통해 주요 직무에 대한 직무기술서를 확인할 수 있다. 예를 들어, 한국전력공사에서 제시하는 전기직과 ICT 직무기술서는 다음과 같다.

한국전력공사 전기직 직무기술서					
근무처	본사	지역본부	지사	전력지사	기타
	V	V	V	V	V
채용분야	대분류	19. 전기전자			
	중분류	01. 전기			
	소분류	01. 발전설비 설계	03. 송배전설비	04. 지능형전력망설비	07. 전기공사
		02. 발전설비 운영			

	세분류	02. 화력발전
		    설비설계 · 운영
		03. 원자력발전
		    설비설계 · 운영
			01. 송변전배전
			    설비설계
			02. 송변전배전
			    설비운용
				01. 지능형전력망 설비	01. 내선공사
					02. 외선공사
					03. 송변전 · 배전
					    설비공사감리

직무수행내용	○ 전력설비 신증설, 운영, 개선, 운영자동화 ○ 전력계통 해석 및 안전성 유지 ○ 전력품질 및 안전관리 ○ 전력설비사고 조사, 보고 및 예방대책 수립 ○ 기술 및 연구개발 관련 업무 ○ 건설 관련 대관 업무 및 용지 · 환경업무 ○ 전력계통 접속방안, 송전요금 관련 업무 ○ 해외 화력 · 신재생발전사업 · 원자력사업 개발, 계약협상 및 체결
필요지식	○ 전력공학 · 회로이론 · 제어공학 · 전기자기학 · 전기기기공학 · 전기응용 · 재료공학 분야 지식 ○ 전기설비 기술기준 및 배선설비 기준에 관한 지식, 전기품질에 관한 지식, 전력설비 지중화 관련 법규에 관한 지식, 배전 기자재에 관한 지식, 코로나 · 낙뢰 · 미세전류 등을 포함한 기자재 고장 기본 원리에 관한 지식, 전력량계 원리에 관한 지식 ○ 배전 시공 및 공사 관리에 관한 지식, 공가 업무 처리 지침에 관한 지식, 굴착 · 포장 등을 포함한 토목 공사에 대한 기초 지식, 대규모 프로젝트 관리 기법에 관한 지식, 감리업무에 관한 지식 ○ 신재생에너지 및 스마트그리드 개발 동향에 관한 지식, 분산형 전원 기술 기준에 관한 지식, 전기 안전 규범에 관한 지식 ○ 설계도면 해독지식, 전기회로도 설계지식, 전기설비 기술기준 등 관련 법규, 자동 제어 기본 이론에 관한 지식, 변압기 · 차단기 등 변전기기에 관한 지식, 전선 · 케이블 · 철탑 · 애자 등 송전설비에 대한 전기응용 · 재료공학 지식, 시퀀스 제어분야를 포함한 제어공학 지식, 로직 회로 해석 등을 포함한 회로이론 지식, 전력계통 해석 · 운용, 고장계산, 보호계전 방식 등을 포함한 전력공학 지식, 전기자기학 · 전기기기공학 지식
필요기술	○ 설득 및 협상 기술, 수리통계기법, 예산관리기법, 외국어 구사능력, 컴퓨터 활용능력, 문서 작성 및 관리 능력, 자료 검색 능력, 법규이해 활용능력, 초음파 진단 장비 등 측정기 사용 기술, 해외 미팅 안내 · 레터 회신 · 브리핑 등에 필요한 외국어 구사 능력, 법규 이해 및 활용 능력, 자동화 시스템 구축 및 운영 기술, 단위 기기별 조작 능력, 프로젝트 관리기법, 도면판독 기술, 계측기 사용능력, 계통해석 프로그램 운용능력, 위기대응능력 등
직무수행태도	○ 분석적 · 개념적 사고 태도, 세밀한 일처리 태도, 효율적 시간 관리, 원활한 커뮤니케이션 창출 의지, 정보 수집 · 관리 노력, 조직이해 태도, 현장지향적 태도, 즉각적 대응 노력, 안전 사항 준수 의지, 청렴하고 공정한 업무 처리 태도, 원만한 대인관계를 맺으려는 의지, 기기 운전 절차 준수 등
직업기초능력	의사소통능력, 수리능력, 문제해결능력, 자원관리능력, 기술능력
필요자격	○ 관련분야 전공자 또는 관련분야 산업기사이상 자격증 소지자(붙임 2 참조) ○ 유효한 공인어학성적 700점(토익기준) 이상 성적 보유자 　– 해외 배전 · 송변전 사업개발 및 수행, 해외사업소 안전 · 보건 · 환경업무, 전력산업 수출, 국제 협력 · 교류, 국제표준 인증관련 업무, 신사업 추진 등의 직무수행을 위한 최소한의 어학성적임
관련자격	전기(산업)기사, 전기공사(산업)기사, 전기기능장 등
참고	www.ncs.go.kr

한국전력공사 ICT직 직무기술서

근무처	본사	지역본부	지사	전력지사	기타
	v	v	v	v	v

채용분야	대분류	20. 정보통신		
	중분류	01. 정보기술		
	소분류	01. 정보기술전략, 계획	01. 유선통신구축	02. 방송플랫폼기술
		02. 정보기술개발	02. 무선통신구축	
		03. 정보기술운영	03. 통신서비스	
	세분류	01. 정보기술전략 03. 정보기술기획	01. 교환시스템구축 02. 구내통신구축 03. 네트워크구축	05. 인터넷멀티미디어방송
		06. 보안엔지니어링	02. 전송시스템구축 03. 무선통신망구축	
		01. IT시스템관리	10. 주파수공용통신 13. 인터넷지원서비스	

직무수행내용

○ 전력통신 / 정보통신분야에 대한 다음 업무

• 설비/시스템 도입, 운영계획 수립	• 사내 기술규격, 실제기준, 운영절차 수립	• 정보보안, 품질 및 안전관리	• 정보통신 운영 및 관리	• 전력통신 분야 해외사업 자원 등

○ 전력 통신: 송배전 전력설비를 운영하기 위한 정보통신 인프라/서비스
  • SCADA(송변전, 전력제어), DAS(배전지능화 통신망), AMI(지능형 원격검침), 급전지령통신, 계통보호통신 등 전력제어 인프라
  • 광케이블/광통신, TRS(주파수공용통신) 등 유무선 통신망
○ 정보통신: 일반 업무용 네트워크, 전화, 방송, 멀티미디어 인프라/서비스
  • 전력포탈, 전자결재, 모바일 오피스, 고객센터(123) 등 업무용 서비스
  • 정보보안, 네트워크(LAN, WAN) 등 업무용 인프라
  • 사내방송, 출입관리, 화상회의 등 멀티미디어 서비스 등

필요지식

○ 네트워크 및 컴퓨터 구조개념 원리에 관한 지식, C·JAVA 등 프로그램망에 관한 지식, 디지털 전파회로 이론, 무선통신기기 이론, 무선통신시스템 이론, 정보통신시스템 이론, 네트워크 이론, 정보전송공학 이론, IEC / IEEE / JIS 등 국제규격 및 국내표준(KS)에 관한 지식, 정보보안이론, 기초 전기이론 등 전자공학 지식, 전파법 등 정보통신시설비기준에 관한 지식, 정보통신설비공사(설계·시공·감리) 이론에 관한 지식, 주요 선행 특허의 특징 및 내용에 대한 공학 지식

필요기술

○ 문제 해결을 위한 분석적 사고 능력, 프로젝트 관리 능력. 중요도 및 시급성을 고려한 업무조정 능력, 기술 분석·솔루션 발굴·정보통신 설비 운영 등 다중적 업무수행 능력, 기술 변화에 따른 시장 수요 파악 능력, 경쟁기업 중장기 기술전력 변화 분석 능력, 네트워크 장비 등 정보통신기기 운영 능력, 측정용 장비 사용·조작 능력, 프로토콜 분석 도구 활용 능력, 원활한 의사표현력, 커뮤니케이션을 위한 문서화 능력, 문서작성·통계처리·인터넷 검색 등을 위한 컴퓨터 활용 능력, 외국 기술자료 이해를 위한 외국어 구사능력, 분석 및 통계 프로그램 운영 능력, 정보통신 설비공사(관리·시공·감리) 관리 능력

직무수행태도	○ 벤치마킹·주기적 정보 수집 및 선임자 의견 수렴 등을 통한 계약서 약정 사항 준수의지, 안전사항·기술기준 보안사항 준수 의지, 기술적 위험에 대한 적극적 대비 노력, 기술과 비즈니스의 상호 관련성 수용 의지, 현장 지향적 태도, 세밀한 일처리 태도, 업무수행 관련 긍정적 태도, 원활한 커뮤니케이션 창출 의지, 정보수집관 리 노력, 프로세스 개선 노력, 효율적 시간관리	
직업기초능력	의사소통능력, 수리능력, 문제해결능력, 정보능력, 기술능력	
필요자격	○ 관련분야 전공자 또는 관련분야 기사이상 자격증 소지자 (붙임 3 참조) ○ 유효한 공인어학성적 500점(토익기준) 이상 성적 보유자 　• 해외사업 지원 및 수행, 전력산업 수출, 국제협력교류, 해외현장 ICT 장비 운영 및 정보 보안 업무 ICT 분야 　 신사업 추진 등의 직무수행을 위한 최소한의 어학성적임	
관련자격	정보통신, 무선설비, 전자, 방송통신, 정보처리, 전자계산기, 전자계산기조직응용, 정보보안기사 등	
참고	www.ncs.go.kr	

그리고, 한국철도공사에서 제시하는 전기통신직 직무기술서는 다음과 같다.

한국철도공사 전기통신직 직무기술서				
채용분야	대분류	09. 운전 · 운송	19. 전기 · 전자	
	중분류	02. 철도운전 · 운송	01. 전기	
	소분류	02. 철도시설 유지보수	09. 전기철도	10. 철도신호제어
	세분류	04. 철도정보통신 시설물 유지보수	03. 전기철도 시설물 유지보수	03. 철도신호제어 시설물 유지보수
기관 주요 사업	○ 국유 철도를 기반으로 한 여객 및 물류 운송, 역 시설 개발 및 운영, 국유철도 및 관련 시설 유지보수			
직무수행내용	○ 전기통신 분야에 대한 전문 지식과 기술을 바탕으로 전철전력설비, 정보통신설비, 신호제어 설비 시설물에 대한 유지보수, 사고 장애 복구, 운용 및 관리 업무 수행			
필요지식	○ (철도정보통신 시설물 유지보수) 통신이론, 정보통신공학, 정보통신설비 유지보수/정보통신설계/정보통신설 비 기술 기준에 대한 지침 및 지식, 통신네트워크 및 정보통신에 대한 지식, 통신용 전원설비 및 장치 관련 지 식 등 ○ (전기철도 시설물 유지보수) 전기철도공학, 전기전자공학, 구조물공학, 송변전 및 전력 계통 관련 지식, 전철 전력설비 유지보수 지침 및 유지보수 점검 관련 지식, 송전 · 수전선로의 운영 및 유지보수 점검 관련 지식, 전철전력설비 설계편람 및 지침 이해, 전철전력 설비 및 기기 관련 지식 등 ○ (철도신호제어 시설물 유지보수) 철도신호공학, 전자공학, 신호제어설비 유지보수 지침 관련 지식, 철도신호설 계편람 및 지침 이해, 전자기 유도에 대한 지식, 무선통신기반 철도신호기술, 고속철도신호설비 관련지식 등			

직무수행내용	전기철도 시설물 유지보수		※ 열차 및 역사내 전원공급을 위한 전기설비 유지보수 – 송변전 설비 정밀진단 및 유지보수 – 역사내 전원설비 정기점검 및 유지보수 – 전차선로 기술적 점검 및 유지보수 – 고장 · 장애 시 조치 및 안전대책 수립
	정보통신설비 유지보수		※ 열차운행 관련 DATA 전송, 열차무선 및 고객 안내설비 등 유지보수 – 광전송설비, 무선설비, 여객안내설비 역무 자동화설비 등 정기점검 및 유지보수 – 고장 · 장애 시 조치 및 안전대책 수립
	신호제어설비 유지보수		※ 열차의 진행, 정지, 속도 및 진로 등을 제어하는 신호제어설비 유지보수 – 선로전환기, 연동장치, 궤도회로, 열차집중 제어장치 등 정기점검 및 유지보수 – 고장 · 장애 시 조치 및 안전대책 수립
직무수행내용	고장 및 장애이력 등 분석관리		※ (공통) 전기설비 고장 · 장애이력 등 데이터 분석 및 이력관리 등
직무수행태도	○ 규정/법규/기술기준/안전수칙 준수, 업무 및 작업에 성실한 태도, 안전사고 발생 예방을 우선시 하는 태도, 민첩하고 정확하게 작업을 수행하는 태도		
직업기초능력	○ 의사소통능력, 문제해결능력, 대인관계능력, 정보능력, 기술능력, 수리능력		

NCS 표준 직무기술서와 공기업별 직무기술서를 확인해보면, 우선 채용분야에서 대−중−소−세 분류로 구분된 것을 알 수 있다. 따라서, 직무기술서 분석 시 목표 기업의 직무기술서상에서 채용분야에 대한 기준을 먼저 확인한다. 그다음으로 직무수행내용을 확인하면서 지원 직무에서 어떤 일을 수행하게 되는지 파악한다.

이후 직무기술서상의 해당 직무를 수행하는 데 필요한 지식, 기술, 태도를 확인한다. 이때, 자신이 그동안 학습한 전공과목, 직무 관련 교육, 팀 과제, 공모전, 자격증, 인턴, 현장실습, 아르바이트 등에서 비슷한 에피소드가 있는 항목은 별도로 체크해 놓는 것이 좋다.

직무기술서상에 제시된 [지식], [기술], [태도]는 향후 자기소개서를 작성하는 과정에 있어서 자신이 가지고 있어야 할 역량에 해당한다. 자기소개서의 주목적이 역량(Keyword)을 제시하는 것에 있기에, 사전에 제시할 키워드를 직무기술서와 일치시킬수록 서류 통과의 확률이 높아진다.

"조별 실험설계 과제 이야기로 자기소개서를 작성한다면?"

조별 과제를 소재로 자기소개서를 작성할 때, 제시할 수 있는 키워드는 매우 다양한 곳에서 발견된다. 사전에 가져갈 에피소드가 정해졌다면 다음과 같이 키워드를 추출할 수 있다.

1:1 밀착 코칭   스토리 내 키워드 추출

조별 실험설계 과정에서 추출할 수 있는 역량(Keyword)들		
1) 조별 과제의 주제 설정	▶	기획력, 발상의 전환
2) 업무 분장 및 팀 운영 방향 설정	▶	조율, 리더십, 기준제시
3) 자료 조사 및 분석	▶	분석력
4) 과제물 작성 및 프레젠테이션	▶	추진력, 솔선수범
5) 전체 조별 과제 운영 과정	▶	소통, 협업, 포용력

과제의 주제를 설정하고 고민하는 과정에서는 제안서를 그리는 '기획력'이나 전에 없는 '발상의 전환' 등을 역량으로 선정하는 것이 가능해진다. 일반적인 기업의 자기소개서를 작성한다고 가정하면 문제가 없어 보이지만, 공공 기관 자기소개서의 경우 위와 같이 직무기술서의 키워드 중심으로 바꿔주는 것이 좋다.

● **한국전력공사 전기직 직무기술서(직무수행태도)**

직무수행태도	분석적 · 개념적 사고 태도, 세밀한 일 처리 태도, 효율적 시간 관리, 원활한 커뮤니케이션 창출 의지, 정보수집 · 관리 노력, 조직이해 태도, 현장 지향적 태도, 즉각적 대응 노력, 안전 사항 준수 의지, 청렴하고 공정한 업무처리 태도, 원만한 대인관계를 맺으려는 의지, 기기 운전 절차 준수 등

한국전력공사 전기직의 직무기술서를 확인하면 사전에 추출한 키워드를 찾기 어렵다. 따라서 직무기술서의 직무수행태도를 참고하여 추출된 키워드로 바꿔주는 것이 효과적이다.

1:1 밀착 코칭   한국전력공사 전기직 직무기술서 기반 키워드 추출

조별 실험설계 과정에서 추출할 수 있는 역량(Keyword)들		
1) 조별 과제의 주제 설정	▶	원활한 커뮤니케이션 창출 의지
2) 업무 분장 및 팀 운영 방향 설정	▶	조직 이해 태도 청렴하고 공정한 업무 처리 태도 원만한 대인관계를 맺으려는 의지
3) 자료 조사 및 분석	▶	분석적 · 개념적 사고 태도 세밀한 일 처리 태도 정보수집 · 관리 노력
4) 과제물 작성 및 프레젠테이션	▶	분석적 · 개념적 사고 태도 세밀한 일 처리 태도
5) 전체 조별 과제 운영 과정	▶	세밀한 일 처리 태도 효율적 시간 관리

직무기술서를 기반으로 나의 경험을 역량으로 바꿔주는 사전 작업과 연습이 진행된다면, 앞으로 자기소개서에서 면접에 이르기까지 기관이 가지고 있는 키워드를 중심으로 채용 프로세스에 참여할 수 있게 된다. 당연히 불확실한 평가 방법에 대한 대응도 가능하고, 충분히 설득력 있는 글과 말을 만드는 이점을 가질 수 있다. 또한, 수만 명이 지원하는 서류전형과 면접에서 평가위원이 모든 것을 평가한다는 것은 불가능하기에 채용 대행사가 구성해 놓은 프로그램에 맞서서 결과를 만들어 낼 수 있는 경쟁력을 가지게 되는 것이다.

즉, 두괄식 첫 문장의 시작이 "팀원들과 원만한 관계를 형성하고 각자 맡은 일을 성실히 수행하면서 성공적으로 조별 과제를 마무리한 경험이 있습니다."가 아닌 "조직 구성원의 역량을 고려하여 원활한 커뮤니케이션을 통해 정보수집, 데이터 분석 등의 업무 분장으로 실험설계 프로젝트를 성공적으로 수행해낸 경험이 있습니다."가 더 높은 합격 확률을 가진다는 것이다.

03

기업분석 방법론

취업 준비 과정에서 목표 기업에 대한 분석은 자기소개서 작성이나 면접 대응에서 중요한 부분을 차지한다. 기업을 분석하기 위해서는 경영 실적, 주요 사업, 방향, 추진사업, 운영 조직 등의 자료가 필요하다. 이러한 자료를 쉽게 찾는 방법에 대해서 알아보도록 하자.

공공 기관 경영공시 시스템_알리오

먼저 공기업은 국민의 세금으로 운영되는 기업이다. 따라서 기업의 경영 상태와 주요 사업 내용에 대해서 국민에게 알려야 하는 의무가 있다. 공기업들은 '공공 기관 경영공시 시스템 ALIO(All Public Information In-One)'를 통해서 분기별 사업 보고서를 제공하고 있다.

● **공공 기관 경영공시 시스템 알리오(ALIO)**

알리오 사이트(www.alio.go.kr)에 접속한 후 상단 메뉴에서 '경영공시 → 기관별 공시'를 선택하면 공공 기관을 검색할 수 있는 화면으로 전환되며, 검색창에 목표 공기업이나 기관을 입력하면 해당 공기업 경영공시 자료를 확인할 수 있는 페이지로 이동한다.

● 기관별 경영공시 검색 사례(한국전력공사)

검색한 공기업이나 기관을 선택하면 분기별 보고서 이미지를 확인할 수 있고, 화면을 아래로 내리면 항목별 보고서를 열람할 수 있는 메뉴를 확인할 수 있다.

● 사례: 한국전력공사 분기별 보고서

● 사례: 한국전력공사 항목별 보고서

I. 일반현황	III. 주요사업 및 경영성과	IV. 대내외 평가
1. 일반현황	19. 요약 재무상태표	32. 국회지적사항
	20. 요약 손익계산서 (또는 요약 포괄손익계산서)	33. 감사원 / 주무부처 지적사항
II. 기관운영	21. 수입·지출현황	34. 경영실적 평가결과
2. 임직원 수	22. 주요사업	35. 경영평가 지적사항
3. 임원 현황	23. 투자집행내역	36. 고객만족도 조사결과
4. 신규채용 현황	24. 자본금 및 주주현황	37. 감사직무실적 평가결과
5. 임·직원 채용정보	25. 장단기 차입금현황	38. 이사회회의록
6. 임원연봉	26. 투자 및 출자·출연 현황	
7. 직원 평균보수	- 퇴직 임원 재취업 현황	V. 정보공개
8. 기관장 업무추진비	- 퇴직 직원 재취업 현황	39. 경영혁신사례
9. 복리후생비	- 대규모 거래내역	40. 계약정보
10. 그밖의 복리후생제도 등의 운영현황	- 신규시설 투자	- 공개입찰
11. 임원 국외출장 내역	- 출연현황	- 혁신조달 구매실적
12. 노동조합 관련현황	27. 경영부담비용추계	- 중증장애인 생산품 구매실적
- 단체협약 정보	- 기타 경영상 부담이 될 사항	41. 연구보고서
- 임금협약 정보	28. 중장기 재무관리계획	
- 노조 운영비 지원	29. 12개 주요기관의 상세부채 정보	
13. 정관 및 내부규정	30. 납세정보현황	
14. 징계현황	- 세무확정내역	
- 징계처분 결과	- 조세포탈현황(유죄판결 확정내역)	
15. 소송 및 법률자문 현황	31. 감사보고서	
- 고문변호사 및 법률자문현황	- 내부감사보고서	
16. 일·가정 양립 지원제도 운영현황		
- 유연근무 현황		
- 가족돌봄휴가 운영현황 및 사용자 수		
- 가족돌봄휴직 운영현황 및 사용자 수		
- 직장어린이집 운영비		
17. 안전관리 및 환경 보호		
- 안전경영책임보고서		
- 녹색제품 구매실적		
- 온실가스 감축실적		
18. 사회공헌 활동		

항목별 보고서에서는 'I. 일반현황', 'II. 기관운영', 'III. 주요사업 및 경영성과', 'IV. 대내외 평가', 'V. 공지사항'으로 구분된 목차를 통해 해당 범주의 내용을 확인할 수 있다. 항목별 보고서 내용을 확인할 때에는 먼저 '22. 주요사업', '39. 경영혁신사례', '41. 연구보고서'를 선택하여 해당 공기업이나 기관의 사업 현황에 관한 보고서를 자세히 파악한다.

특히 직무에 맞는 자료를 선택하여 조사하는 것이 효과적이며, 전기직의 경우 '41. 연구보고서'를 선택하여 최신 연구개발 활동에 대한 현황 파악을 추천한다. 게시판 형태로 확인할 수 있는 연구보고서에서는 해당 공기업이나 기관이 개발한 기술에 대하여 최신 현황을 확인할 수 있다.

● 사례: 한국전력공사 분기별 보고서_연구보고서

번호	제목	등록일	원문공개
221	지중 송전구조물의 신뢰성 기반 설계 지침 개발	2021.12.31	공개
220	MMC 기반 전압형 HVDC 시스템 설계기술 개발	2021.12.16	공개
219	70kV 가공케이블 적용방안에 관한 연구	2021.12.16	공개
218	BIPV용 반투명 고효율 페로브스카이트 태양전지 개발	2021.12.16	비공개
217	자산관리를 위한 투자 최적화 기술의 적용 타당성 검토	2021.12.02	비공개
216	GW급 대규모 해상풍력 단지개발 전략수립	2021.12.02	비공개
215	빅데이터 기반 발전소 터빈 블레이드 고장감시 시스템 개발	2021.11.16	비공개
214	폐지 석탄화력발전소 매몰자산 평가 기술개발	2021.10.22	비공개
213	수직구 기계식 굴착 설계기준 수립	2021.09.10	비공개
212	농업용 대체에너지 개발 및 온실가스 배출저감을 위한 A.C.E-Farm 모델개발	2021.08.18	비공개
211	Laser peening을 이용한 고온부품 피로수명향상 타당성 조사	2021.08.09	비공개
210	HVDC MI-PPLP 케이블 부분방전 특성분석 및 진단시스템 개발	2021.07.22	공개
209	송변전설비 지진피해 예측 및 시뮬레이션 기술 개발	2021.07.22	공개
208	15MWth급 CO2 가스화-순산소 가압유동층 복합발전 기술개발[Phase I]	2021.07.22	비공개
207	전력망 보안성 강화를 위한 양자암호통신 기반기술 연구	2021.06.30	비공개

연구보고서 내용에서 최신 개발된 기술이나 시스템 등에 대한 현황을 파악하면서 자신이 심층적으로 연구했거나 관련 프로젝트 경험이 있는 주제에 대해서는 꼼꼼히 살펴보는 것이 효과적이다.

예를 들어 한국전력공사의 연구보고서 중 210번 게시물 'HVDC MI−PPLP 케이블 부분방전 특성분석 및 진단시스템 개발'을 선택하면 해당 기술 개발사업에 대한 간략한 소개 내용과 첨부파일을 통해 상세한 관련 자료를 확인할 수 있다.

● 사례: 한국전력공사 분기별 보고서_연구보고서

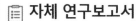

ALIO 공공기관 경영정보 공개시스템 All Public Information In-One 한국전력공사	📋 **자체 연구보고서**

제목	HVDC MI-PPLP 케이블 부분방전 특성분석 및 진단시스템 개발
발간일	2021.07.22
저자	정채균 외 6명
내용	○ 주요 연구내용 - 장기과통전시험(PQ)시험시 부분방전 현장측정 방안 수립 및 시스템 구성 - 장기과통전시험시 부분방전 현장 측정(실 데이터 확보) - HVDC 부분방전(PD) 패턴 S/W 분석 - HVDC MI-PPLP 케이블 부분방전 측정 및 패턴분석 모의실증시험 - HVDC MI-PPLP 케이블 부분방전 진단 기법 및 장치 개발
원문공개	공개
첨부파일	
원문 URL	http://home.kepco.co.kr/kepco_alio/front/NC/D/A/NCDA001List.jsp
등록일	2021.07.22

'21본배연 - 단001   TR.R18TA22.P2021.

HVDC MI-PPLP 케이블 부분방전 특성분석 및
진단시스템 개발
(최종보고서)
(Analysis on Partial Discharge Characteristics and Development of
Diagnosis System for HVDC MI-PPLP Cable)

2021. 7.

(로고표시) 한국전력공사
전력연구원
대전광역시 유성구 문지로 105

Project 사업자 선정을 완료하고 2026년 상업운전을 예정하고 있다. 국내의 경우 2017년 ±320kV XLPE 케이블 개발을 완료했으며, 현재 2021년 6월 완료를 목표로 전류형 ±500kV XLPE 케이블 개발이 진행중이다. MI 케이블은 해외에서 다수의 ±500kV급 실계통 적용 사례가 있으며, 국내에서는 ±250kV 제주-진도간 해저케이블에 MI 케이블을 사용하고 있다. MI 케이블 같은 국내에서도 ±500kV급 생산이 가능하다. MI-PPLP 케이블은 영국 ±600kV Western Link 사업에 처음 실계통 활용이 되었으며, 국내에서도 2020년 준공한 ±500kV 북당진-고덕 HVDC 케이블에 세계에서 두 번째로 MI-PPLP 케이블을 사용하고 있다. MI-PPLP 케이블은 Prysmian사에서 HVDC 케이블 중 가장 높은 전압인 ±700kV까지 개발을 완료했다. 그림 1-3에서는 전 세계 제작사별 개발현황을 도표로 정리하였다. 그림에서처럼 전 세계 주요 케이블 제작사는 HVDC 케이블 종류에 관계없이 ±500kV급 이상의 케이블 개발을 완료했으며, 국내에서도 2021년 ±500kV급 전류형, 전류형 XLPE 케이블 제조 기술을 확보할 예정이다.

표 1-2 HVDC 케이블 국내외 현황

	XLPE		MI	OF
	VSC	LCC		
Max. Voltage (Service, Construction)	320kV (INELFE, '14) 525kV (GanSO(A, '21)	250kV (Hokkaido-Honshu, '12) 600kV (NEMO, '18)	MI-Kraft : 500kV (SAPEI, '11) MI-PPL : 600kV (Western Link, '18)	JP : 500kV (KII Channel, '00)
Max. Voltage (S.Korea) (Service, Construction)		80kV (Jeju Tani-Jndo2, '11)	250kV (Jeju-Jindo, '14) MI-PPL : 500kV (Bukdangjin, '20)	
Development	640kV (NKT, '17)	500kV (Sumitomo, '17)	700kV (Prysmian, PPL, '16)	500kV (J-Power)
Development (S. Korea)	320kV (LS, '15)	500kV (LS, '19)	500kV (LS, '19) (LS, PPL, '15) (SH, PPL, '17)	
Temp.	70℃	90℃	55℃(MI)/ 80℃(PPL)	85℃
Insulation	XLPE (LS425BDCE), EU	XLPE (Nano Filled), JP	High Viscosity	Low Viscosity
	PR (over hundred km)	PR (over hundred km)	PR (over hundred km)	PR (less than 50km)

그림 1-3. 국내외 제작사별 HVDC 케이블 개발현황

- 9 -

신년사와 키워드 검색

기업들은 새해가 되면 경영자가 신년사를 통해 대내외적으로 기업의 사업 방향이나 경영방침에 대해 알리는 행사를 한다. 신년사를 분석하면 앞으로 추진할 전략 과제나 핵심 사업에 관한 내용을 확인할 수 있으며, 취업준비생은 목표로 하는 기업에 대한 사업 현황 분석을 통해 자기소개서나 면접에서 어필하여 기업에 대한 이해 수준이 높다는 것을 증명할 수 있다.

다양한 검색 엔진이 있지만, 키워드 중심의 검색이 용이한 구글(www.google.co.kr)을 통해 검색하는 것을 추천한다. 다음과 같이 구글 검색창에 목표 기업명과 신년사를 함께 검색한다.

● 사례: 구글을 활용한 '한국전력공사 신년사' 검색

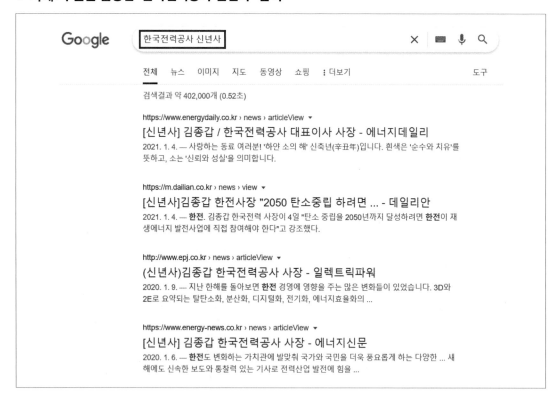

해당 기업의 신년사를 검색하면 경영자의 최신 신년사 내용을 확인할 수 있으며, 해당 공기업이나 공단의 홍보팀에서 언론사를 통해 공표한 신년사 내용도 확인할 수 있다.

신년사와 관련된 언론 뉴스를 확인한 이후에는 각각의 사업 추진 현황에 관한 내용을 정리한 후, 자기소개서 문항 중 지원동기 문항이나 목표 기업에 대한 사업 현황을 설명하는 문항에 활용하면 효과적이다.

● **사례: 2022년 한국전력공사 신년사 요약**

첫째, 올해가 한전이 재무안정성을 통한 지속가능경영을 시작하는 원년이 되도록 합시다.

둘째, 친환경 저탄소 사업을 보다 적극적으로 이끌어 가십시다.

셋째, 상장기업에 걸맞은 전력그룹사 전체의 바람직한 거버넌스를 확립해야 합니다.

넷째, '주식회사 한전'의 새 기업문화를 만들어 가십시다.

다섯째, 한전은 더 안전한 일터를 만들고, 지역사회와도 함께 성장해야 합니다.

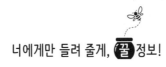

너에게만 들려 줄게, 꿀정보!

면접관 SAY!

자꾸 질문을 던지고 싶은 자기소개서는 제목부터 다르죠! (1)

☑ **자기소개서 내용**

학창 시절 기숙사 자치위원회 임원으로 활동하면서 기숙사생들의 불만을 줄이기 위해 이벤트를 기획하였다. 기숙사 생활에서의 어려운 점을 해결하기 위한 이벤트를 기획하게 되었고, 그중 생일날 기숙사 생활로 인해 가족에게 생일상을 받지 못하는 아쉬움을 달래기 위한 생일상을 기획하여 좋은 반응을 얻었다.

☑ **자기소개서 제목 구성**

기숙사생 불만을 줄이기 위한 핵심 활동은 생일상 이벤트였기 때문에 이를 키워드로 도출하여 제목을 구성한다.

⬇

"혼자 맞이한 생일상"

에듀윌이
너를
지지할게
ENERGY

나쁜 날씨란 없다.
서로 다른 종류의 좋은 날씨가 있을 뿐이다.

– 영국 속담

3

블라인드 입사지원서
작성 전략

· · · · · ·

01

블라인드 채용 입사지원서

블라인드 채용이 시작되면서 가장 큰 변화 중 하나는 입사지원서이다. 정부에서 제공하고 있는 '블라인드 채용 가이드북'에서 블라인드 채용 표준 입사지원서가 제시되었고, 이를 기반으로 각 공기업이 채용 기준이나 성격에 따라 조금씩 변화시켜 운영하고 있다.

블라인드 채용 시 입사지원서에 출신 지역, 가족관계, 키 또는 몸무게 같은 신체적 조건, 학력 등의 인적사항을 원칙으로는 요구할 수 없다. 학점은 물론 TOEIC 같은 어학 점수도 직무와 관련이 없다면 기재하지 않는 것을 원칙으로 한다.

사진 부착은 외국 사람들이 한국의 채용 문화를 말할 때 가장 이해하기 힘든 것 중의 하나라고 한다. 그래서 이런 인적사항 요구 금지 기조 때문에 앞으로는 입사지원서에 사진 붙일 일은 많지 않을 것 같다. 단, 응시자 모두 서류전형 없이 필기시험을 볼 수 있는 경우 입사지원서에는 요구 가능하다고 하니, 기업들은 굳이 응시자들의 얼굴이 보고 싶다면 서류전형을 그냥 서류지원 단계로 바꾸어야 할 것이다.

물론 인적사항 확인이 필요할 때가 있다. 지역인재 채용이나 필기시험 대상자를 확인하는 경우와 같이 일부 한정하여 제출할 수 있게 되었다. 가령 지역인재 채용을 위해서는 아예 지역인재 채용 인원을 따로 편성하여 지원하는 방법과 서류 단계에서는 요구하지 않고 나중에 면접 전에 요구하는 방법으로 우회하고 있다. 정리하면, 입사지원서에서 인적사항 때문에 탈락시킬 수 있는 요소를 대부분 배제한 것이다.

블라인드 채용에서 입사지원서에 주로 기재해야 하는 것은 직무능력에 관한 것이므로, 지원 직무와 관련된 교육사항, 자격사항, 경험 및 경력사항의 세 가지 항목에 집중하는 것이 좋다.

1:1 밀착 코칭   블라인드 채용 입사지원서 구성 항목

▶ 교육사항: 학교와 학교 이외의 기관에서 이수한 과목 내용 기입
▶ 자격사항: 해당 직무와 관련 있는 자격만을 명시
▶ 경험 및 경력사항: 지원하는 직무와 연관성이 있는 사항을 기입

* 경험: 금전적 보수를 받지 않고 수행한 연구회, 온라인 커뮤니티 등의 활동
* 경력: 금전적 보수를 받고 수행한 활동

블라인드 채용 입사지원서 예시

1. 인적사항

지원구분	신입 ( ), 경력 ( )		지원직무		접수번호	
성명	(한글)					
현주소						
연락처	(본인휴대폰)		전자우편			
	(비상연락처)					
최종학교 소재지	*지역인재 응시자 확인		가점항목		□ 장애대상 □ 보훈대상	

2. 교육사항

*지원직무 관련 과목 및 교육과정을 이수한 경우 그 내용을 기입해 주십시오.

교육구분	과목명 및 교육과정	교육시간
□학교교육 □직업훈련 □기타		

직무관련 주요내용

3. 자격사항

*지원직무 관련 국가기술/전문자격, 국가공인민간자격을 기입해 주십시오.

자격증명	발급기관	취득일자	자격증명	발급기관	취득일자

4. 경험 혹은 경력사항

*지원직무 관련 경험 혹은 경력사항을 기입해 주십시오.

구분	소속조직	역할	활동기간	활동내용
□ 경험 □ 경력				

*직무활동, 동아리/동호회, 팀 프로젝트, 연구회, 재능기부 등의 주요 직무경험을 서술하여 주십시오.

직무관련 주요내용

위 사항은 사실과 다름이 없음을 확인합니다.

지원날짜 :

지 원 자 : _____ (인)

교육사항 작성법

지원 직무 관련 교육 이수 내용 작성

먼저 지원 직무와 관련하여 NCS 직무기술서를 바탕으로 자신이 지원하는 직무에 대한 필요지식 및 기술을 확인해야 한다. 취업준비생은 자신이 목표로 하는 공기업이나 공공 기관이 복수일 가능성이 크기 때문에 우선 NCS에서 제공하고 있는 직무별 표준 직무기술서를 확인하여 직무별 필요역량을 이해해야 한다.

다음으로 PART 2에서 설명한 것과 같이 지원하고자 하는 기업과 직무에 대한 채용공고문을 확인하여 직무 설명 자료를 통해 지원 직무에서 필요로 하는 역량을 확인한다. 그래야 직무별 필요역량에 적합한 교육사항을 작성할 수 있기 때문이다.

교육사항에는 '학교교육, 직업훈련, 기타' 등으로 구분하여 작성하게 되어 있다. 먼저 대학에서 자신의 전공과목 중 지원 직무와 관련성이 높은 전공을 선택하는 것이 중요하다.

2. 교육사항

* 지원직무 관련 과목 및 교육과정을 이수한 경우 그 내용을 기입해 주십시오.

교육구분	과목명 및 교육과정	교육시간
□학교교육 □직업훈련 □기타		

직무 관련 주요내용

예를 들어 A 대학의 전기공학을 전공한 지원자가 한국전력공사의 전기직에 지원한다면 전기직 직무기술서 세분류 중 2~3개 직무(송변전배전설비설계, 송변전배전설비 운영 등)를 선택하여 직무 수행내용, 필요지식, 필요기술 항목을 확인한다. 그리고 자신이 이수한 전공이나 교육 등을 기준으로 적합도가 높은 내용을 도출해서 정리한다.

● 한국전력공사 전기직 직무기술서: 직무수행내용 적합 업무 도출 사례

직무수행내용	○ 전력설비 신증설, 운영, 개선, 운영자동화 ○ 전력계통 해석 및 안전성 유지 ○ 전력품질 및 안전관리 ○ 전력설비사고 조사, 보고 및 예방대책 수립 ○ 기술 및 연구개발 관련 업무 ○ 건설 관련 대관 업무 및 용지 · 환경업무 ○ 전력계통 접속방안, 송전요금 관련 업무 ○ 해외 화력 · 신재생발전사업 · 원자력사업 개발, 계약협상 및 체결

예를 들어 직무수행내용 중 전력계통 해석 및 안전성 유지, 전력품질 및 안전관리, 전력설비사고 조사, 신재생발전사업 · 원자력사업 개발 등의 영역에서 직무수행내용이 자신의 교육 이수 내용과 적합도가 높다면 따로 정리해 둔다.

내용을 정리할 때에는 키워드 중심으로 정리하는 것이 효과적이다. 전력계통 해석과 관련된 세부 업무는 '전력계통 분석을 통한 결과 해석 및 운영계획 수립', 신재생발전사업 · 원자력사업 개발과 관련된 세부 업무는 '발전 시장의 최근 동향 분석 및 신기술 트렌드 분석, 사업 운영을 위한 전략 도출 및 기술 연구' 등으로 실제 실무자로서 진행할 내용으로 도출하여 정리하면 향후 자기소개서 작성에 주요 내용으로 활용할 수 있다.

● 한국전력공사 전기직 직무기술서: 직무수행내용 적합 업무 도출 정리 사례

업무 내용	세부 업무 도출
전력계통 해석 및 안전성 유지	전력계통 분석을 통한 결과 해석 및 운영계획 수립
전력품질 및 안전관리	송 · 변전 배전 설비 점검을 통한 품질 및 안전관리
전력설비사고 조사	설비의 설계변경, 부품손상 등의 이상 유무 점검 및 파악
신재생발전사업 · 원자력사업 개발	발전 시장의 최근 동향 분석 및 신기술 트렌드 분석 사업 운영을 위한 전략 도출 및 기술 연구

위에서 설명한 내용과 같이 직무기술서상의 필요지식, 필요기술 등에 대하여 자신의 교육 이수 내용을 키워드 중심으로 정리하여 도출한다. 다음으로는 직무기술서 내용을 기준으로 정리된 내용을 자신의 교육 사항과 연결하는 작업이 필요하다. 우선 학창 시절 이수한 전공과목, 외부 교육 등에 대해서 다음과 같이 정리한다.

A 대학 전기공학과 지원자 교육 사항 정리 사례

학교교육	공업수학, 전기기초실험, 전자기학, 현대물리학, 회로이론, 신호와 시스템, 전자회로, 회로망이론, 수치해석, 시스템해석, 전력공학, 확률통계론, 신호처리, 전기기기, 전력시스템공학, 전력전자, 제어공학, 에너지변환공학, 전기공학세미나, 산업플라즈마공학, 신재생분산전원
직업훈련	전기설비 설계 및 운용 전문가 양성과정(384시간) Six Sigma Green Belt 과정(24시간) 비즈니스 엑셀 데이터 분석 과정(16시간)
기타	2019 추계 한국신재생에너지학회

그래서 학교교육, 직업훈련, 기타 등의 항목을 기본으로 자신이 이수한 교육 사항을 정리한 다음에는 전기직 직무기술서 내용에서 직무수행내용, 필요지식, 필요기술과 자신의 교육 사항 정리 내용을 연결하여 아래와 같이 매칭한다.

1:1 밀착 코칭   **자신의 교육 사항과 직무기술서 매칭 사례**

구분	직무기술서 내용	구분	교육사항 매칭
직무 수행 내용	○ 전력설비 신증설, 운영, 개선, 운영 자동화 ○ 전력계통 해석 및 안전성 유지 ○ 전력품질 및 안전관리 ○ 전력설비사고 조사, 보고 및 예방대책 수립 ○ 해외 화력ㆍ신재생발전사업ㆍ원자력사업 개발, 계약협상 및 체결	학교 교육	전자기학, 회로이론, 회로망이론, 전기기초실험, 시스템해석, 전자회로, 전력시스템공학, 제어공학, 에너지변환공학, 전력공학, 전기공학세미나
		직업 훈련	전기설비 설계 및 운용 전문가 양성과정(384시간) Six Sigma Green Belt 과정(24시간)
		기타	2019 추계 한국신재생에너지학회
필요 지식	○ 전력공학ㆍ회로이론ㆍ제어공학ㆍ전기 자기학ㆍ전기기기공학ㆍ전기응용ㆍ재료공학 분야 지식 ○ 전기설비 기술기준 및 배선설비 기준에 관한 지식, 배전 기자재에 관한 지식, 전력량계 원리에 관한 지식 ○ 설계도면 해독지식, 전기회로도 설계지식	학교 교육	전자기학, 회로이론, 전력전자, 회로망이론, 신호와 시스템, 전자회로, 전력시스템공학, 제어공학, 에너지변환공학, 전력공학, 전기기기
		직업 훈련	전기설비 설계 및 운용 전문가 양성과정(384시간)
		기타	2019 추계 한국신재생에너지학회
필요 기술	○ 설득 및 협상 기술, 수리통계기법, 컴퓨터 활용능력, 문서작성 및 관리 능력, 자료검색 능력, 법규이해 활용능력, 프로젝트 관리기법, 도면판독기술, 계측기 사용능력, 계통해석 프로그램 운용능력	학교 교육	공업수학, 수치해석, 시스템해석, 확률통계론, 전기공학세미나
		직업 훈련	비즈니스 엑셀 데이터 분석 과정(16시간)

직무수행내용, 필요지식, 필요기술 기준으로 중복된 교육 사항을 체크하면서 입사지원서를 작성하면, 기업이 요구하고 있는 교육 사항을 효과적으로 제시할 수 있다.

기업마다 입사지원서 작성 시스템에서 교육 사항을 작성할 수 있는 곳의 수가 다를 수 있다. 만약 지원하는 기업에서 교육 사항을 기재해야 하는 곳의 수가 자신이 정리한 내용보다 적다면 우선순위를 정하여 작성하는 것도 좋은 방법이다.

지원 직무 관련 주요 내용

블라인드 채용 입사지원서에는 지원 직무와 관련하여 주요 내용을 작성하는 란이 별도로 있다. 이곳에는 자신이 앞서 작성한 교육 이수 내용에 대해서 구체적으로 무엇을 학습했는지 기술해야 한다.

교육 이수를 통해 학습한 이론, 방법론, 실습 내용 등을 자세하게 작성하는 것이 중요하다. 여기서 주의할 점은 입사지원서나 자기소개서는 자신이 어떠한 역량을 갖추었는지 설명하는 내용을 기술하는 것이지만, 제시한 역량이 향후 기업에서 어떻게 활용될 수 있는지 설득형으로 마무리하는 것이 효과적이다.

 1:1 밀착 코칭   **교육 사항의 '직무 관련 주요 내용' 작성 사례**

□ 회로이론
– 회로망 해석을 위한 소통소자 기반 해석과 능동소자 모델링 해석 방법론 학습
– 회로망의 전기소자에 의해 연결되는 구성 이론학습
– 저항, 인덕터, 캐패시터, 전압소스, 전류소스, 전송라인, 스위치 등의 구성 요소 이해
⇨ 송배전 업무에 필요한 전력계통 및 회로 운영에 대한 전반적 이론학습을 통해 효율적인 전기회로 운영방안을 수립하는데 활용할 수 있음.

⋮
⋮

□ Six Sigma Green Belt
– 문제해결 프로세스 DAMIC를 기반으로 다양한 문제해결 기법 학습
– 데이터분석 프로그램 Minitab을 활용한 공정능력, 측정시스템, DOE 등 데이터 분석
– 공정 최적화를 위한 실험계획 기법 학습 및 공정 관리를 위한 관리도 학습
⇨ 기업에서 활용되는 경영혁신 및 문제해결 현황을 이해하고 데이터 분석 능력을 확보하여 향후 업무에서 발생할 수 있는 다양한 문제를 해결하기 위한 프로젝트 운영에 활용할 수 있음.

03

자격사항 작성법

자격증은 자신의 직무 역량을 어필할 수 있는 효과적인 증명서이다. 블라인드 채용 입사지원서에서는 지원자가 기재할 수 있는 자격증을 국가기술/전문자격과 국가공인민간자격증으로 정의하고 있다. 특히, 자격사항 작성 시 주의할 부분은 자신이 지원하는 직무와 관련성 있는 자격증을 기재하는 것이다.

3. 자격사항					
* 지원직무 관련 국가기술/전문자격, 국가공인민간자격을 기입해 주십시오.					
자격증명	발급기관	취득일자	자격증명	발급기관	취득일자

자격사항을 기재할 때에는 자격증명과 발급기관, 취득일자를 기준으로 작성하며 대부분의 공기업은 서류전형이나 필기전형 합격자에 한하여 해당 서류(졸업증명서, 자격증, 어학 점수, 인턴 증명서, 공모전 증명서 등)를 제출해야 하므로, 사전에 취득한 자격증서를 미리 준비하는 것도 중요하다.

대부분의 공기업 채용공고에서는 해당 직무별로 필요한 자격증이나 가산점을 부여하는 자격증에 대해 상세하게 안내하고 있다. 공기업 채용에서 사무 직렬은 지원 자격에서 전공에 대한 제한이 없지만, 기술직이나 전문직은 관련 전공이 일치하거나 관련 자격증을 취득해야 하는 제한이 있다. 이에 따라 전기 직렬에서는 지원 직무와 관련된 전공 사항을 충족시켰을 경우 자격증은 가산점을 부여받을 수 있으며, 전공 사항이 충족되지 않으면 지원 자격을 충족시키기 위한 자격증과 직무 역량을 어필하여 가산점을 받는 목적으로 준비해야 한다.

지원하는 기업의 전기직에서 어떤 가산점 제도를 운용하고 있는지 먼저 파악하는 것이 중요하다. 이를 위해서는 채용공고문에 있는 PART 2의 '채용공고문 분석'이나 PART 5의 '10대 공기업 자기소개서 작성 전략'의 채용공고 분석 사례를 참고하길 바란다.

● 한국전력공사 우대 자격증

■ 계열공통 자격가점

분야	배점	종 류
한국사	5점	한국사능력검정시험 3급 이상
국어능력	5점	국어능력인증 3급, KBS한국어능력 3+급, 한국실용글쓰기 준2급 이상
IT분야	5점	정보처리기사, 정보처리산업기사, 사무자동화산업기사, 컴퓨터활용능력 1급
외국어	5점	TOEIC 스피킹 7등급, OPIc IH등급, FLEX(말하기) 1C 등급 이상

※ 국어능력 분야의 경우 '18. 11. 16. 이후(한국실용글쓰기는 '15. 11. 16. 이후) 응시하고 접수마감일('20. 10. 8.)까지 발표한 성적만 인정

> 〈'코로나19 상황 下 공공 기관 채용관련 대응조치 지침'에 따른 유효기간 경과 어학성적 인정〉
> □ 대상 어학: 한국실용글쓰기
> − '20. 4. 10.~12. 31. 기간 중 유효기간이 만료되었으나, 한전 채용홈페이지를 통해 사전제출하여 검증이 완료된 어학성적

■ 계열별 자격가점(전기)

배점	종 류
10점	[기사] 전기, 전기공사 [기능장] 전기
8점	[기사] 전자, 품질경영, 산업안전, 소방설비(전기) [기능장] 전자기기
5점	[산업기사] 전기, 전기공사
3점	[산업기사] 전자, 품질경영, 산업안전, 소방설비(전기)

한국전력공사 전기직의 경우 공통 자격증은 한국사(한국사능력검정시험 3급 이상), 국어능력(국어능력인증 3급, KBS 한국어능력 3+급, 한국실용글쓰기 준2급 이상), IT분야(정보처리기사, 정보처리산업기사, 사무자동화산업기사, 컴퓨터활용능력 1급), 외국어(TOEIC 스피킹 7등급, OPIc IH등급, FLEX(말하기) 1C 등급 이상) 등 4개 분야에서 5점의 가산점을 부여한다. 또한, 계열별 자격가점은 전기/전기공사 관련 기사와 기능장 자격증이 10점, 전자/품질경영/산업안전/소방설비(전기)/전자기기 관련 기사와 기능장이 8점, 전기/전기공사 산업기사 5점, 전자/품질경영/산업안전/소방설비(전기) 산업기사 3점의 가점이 부여된다.

특히 동일 분야 내 중복 자격증은 1개만 인정되며, 컴퓨터활용능력 1급은 대한상공회의소에서 발급하는 자격증만 인정된다. 또한, 자격증은 최대 2개까지 인정되며, 같은 종류의 자격증은 상위등급 자격증만 인정한다.

채용공고문에서 안내하고 있는 자격증 가산점 내용은 직무기술서상에도 함께 안내되고 있으므로 직무기술서의 안내 내용도 함께 확인해 보기 바란다.

● 한국전력공사 전기직 직무기술서 관련 자격

관련 자격	전기(산업)기사, 전기공사(산업)기사, 전기기능장 등

실제로 채용공고문의 우대 자격증과 직무기술서상의 관련 자격증이 똑같은 것을 알 수 있다. 블라인드 채용 입사지원서 작성 시 위에서 설명한 것과 같이 채용공고문과 직무기술서상에 안내하고 있는 자격증을 중심으로 기재하는 것이 효과적인 방법이다.

추가로, 취업준비생이 채용공고문이나 직무기술서상에 안내하고 있는 자격증 외에 추가적인 자격증 취득을 준비하고자 할 때는 한국산업인력공단에서 운영하는 국가 자격증 운영사이트(www.q-net.or.kr)에서 자격증 현황을 확인할 수 있으니, 자신의 직무와 관련성 있는 자격증을 준비하는 것도 좋은 방법이다.

● 국가 자격증 운영 사이트: 큐넷

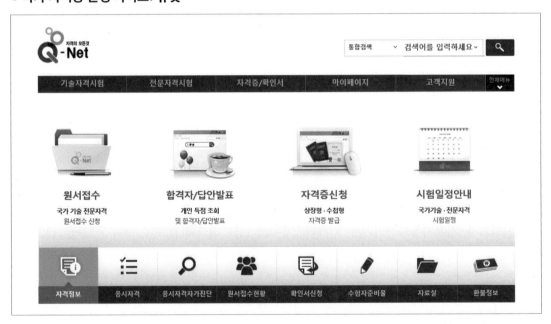

'Q-Net' 사이트에 접속하여 '자격정보'를 클릭하면 국가자격증과 국가공인민간자격증 현황을 확인할 수 있다. 특히 국가자격증은 직무 기준으로 정리된 '국가기술자격'과 발급기관 기준으로 정리된 '국가전문자격'으로 구분하여 확인할 수 있다.

● 국가기술자격 현황(직무 기준)

● 국가전문자격 현황(직무 기준)

'자격정보' 메뉴를 클릭하면 우측 메뉴 중 '민간자격' 메뉴에서 '민간자격종목별상세정보'를 통해 국가공인민간자격증 현황도 확인할 수 있다. 특히 민간자격증은 국가자격증보다 자격시험 시행 빈도가 높으므로 자격증을 준비해야 하는 취업준비생에게는 국가자격증보다 조금 더 쉽고 빠르게 자격증을 취득할 수 있는 기회가 생긴다.

● **국가공인 민간자격증**

경험/경력사항 작성법

경험과 경력의 차이는 무엇인가?

취업준비생들이 NCS 채용과 관련하여 많이 궁금해하는 것 중 하나는 경험과 경력의 차이이다. 먼저 경험과 경력에 대한 사전적 정의는 다음과 같다.

● 경험과 경력의 사전적 정의

'어떤 사건을 직접적으로 관찰하거나 행동에 참여함으로써 얻어진 결과로서의 기술·지식·실천 등으로 개인의 삶을 형성하는 의식적인 사실. 경험에는, 경험하는 주체로서의 마음과 경험되는 대상으로서의 객체인 사물이 다 포함된다. 그러나 경험에 대한 정의는 학자에 따라 차이가 있다.'

(교육학용어사전, 1995. 6. 29., 하우동설)

'한 개인의 평생을 걸친 직업 혹은 직무 관련 경험으로서 개인의 직업 발달과 그 과정을 가리키는 포괄적인 용어이다. 경력은 개인이 몰입하는 대상이 되는 특정 전문영역 또는 직종을 의미하는 동시에 개인이 직업 생활을 영위하면서 겪게 되는 동일한 혹은 상이한 일의 경험, 일에 대한 전문성 또는 장기간 수행한 일의 과정 등을 모두 포괄하는 개념이다.'

(HRD 용어사전, 2010. 9. 6., (주)중앙경제)

요약해 보면, 경험이란 목적을 갖고 지식 및 기술을 실천한 행동이라 할 수 있고, 경력이란 직무 관련된 경험으로 정의할 수 있다. 취업과 관련하여 보다 쉽게 경험과 경력의 차이를 설명하자면, 자신이 어떠한 일을 수행한 이후 대가를 받았으면 경력, 그렇지 않으면 경험으로 구분 지을 수 있다.

기업은 성과를 창출하기 위해 만들어진 조직이다. 그래서 채용 담당자가 지원자를 평가할 때 경험보다는 경력을 선호할 수밖에 없다. 따라서 지원자는 경력을 우선으로 하여 자신이 지원하는 직무와 관련성이 깊은 이야깃거리를 정리하고 작성할 필요가 있다.

경험/경력기술서는 어떻게 작성해야 하는가?

우리는 의사소통을 하는 과정에서 상대가 누구냐에 따라 소통의 방법을 달리 적용한다. 똑같은 주제로 대화하더라도 상대가 초등학생인 경우, 또래 친구인 경우, 나이가 많은 어르신인 경우에 따라 다른 대화 방법을 구사해야 한다.

이력서나 자기소개서는 지원자가 기업의 채용 담당자와 처음으로 진행하는 소통이라 할 수 있다. 그러므로 경험 또는 경력기술서를 작성할 때, 기업의 문서 구조로 작성하는 것이 효과적이다.

일반적인 문서 구조는 '서론 → 본론 → 결론'순으로 작성되는 미괄식 구조를 따른다. 하지만 기업의 문서 구조는 결론 또는 주장을 먼저 제시하고 이를 뒷받침할 수 있는 근거를 제시하는 두괄식 구조로 되어있다. 또한, 서술형으로 작성하는 것이 아니라 목차에 따라 정리된 구조로 작성한다.

1:1 밀착 코칭 기업의 문서 구조에 따른 전개

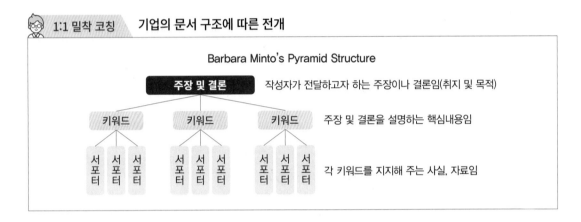

두괄식으로 전개되는 기업의 문서 구조는 위와 같이 피라미드 형태로 구성된다. 만약 전기공학을 전공한 지원자가 공기업에서 인턴 경험이 있다고 할 때, 보다 구체적인 기업의 업무 보고서 작성 순서를 기반으로 경력기술서를 작성하면 아래와 같다.

1:1 밀착 코칭 경험/경력기술서 작성 프로세스

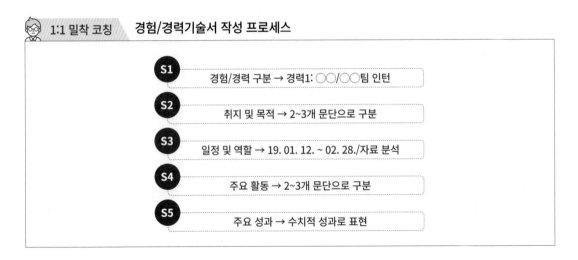

특히 기업은 성과 중심으로 사업을 관리하기 때문에 자신의 경험 또는 경력에 대하여 작성할 때, 마지막 성과 부분은 수치가 드러나도록 표현하는 것이 효과적이다.

위에서 정리된 공기업 인턴 경력기술서 작성 프로세스를 기반으로 실제 작성된 사례를 보면 다음과 같다.

 1:1 밀착 코칭　　**경험/경력기술서 작성 사례**

S1. 경험/경력 구분 → 경력1 : ○○/○○팀 인턴

\#경력1: ○○공사 ○○팀 인턴

S2. 취지 및 목적 → 2~3개 문단으로 구분

1. 취지 및 목적
 － 태양광 발전 사업의 해외 진출을 위한 시장 조사
 － ○○, ○○ 지역 발전량 현황 조사를 통한 사업 타당성 분석

S3. 일정 및 역할 → '19. 01. 12. ~ 02. 28./자료 분석

2. 일정 및 역할
 － 2019. 01. 02. ~ 02. 28.
 － 지역별 발전량 조사 및 정리, 기획서 작성 지원

S4. 주요 활동 → 2~3개 문단으로 구분

3. 주요 활동
 － ○○, ○○팀 협조 공문 발송을 통한 현지 네트워크 구축
 － 지역별, 월별 발전량 자료 정리 및 시계열 분석(수요예측)
 － ○○, ○○ 기술의 현지화 구축을 위한 필요 자원 예측

S5. 주요 성과 → 수치적 성과로 표현

4. 주요 성과
 － 수요 예측 분석 모델 적용을 통한 업무시간 3일 단축
 － 기존 대비 현지 관련 업체 리스트 1.5배 확보

경험/경력기술서의 경우에는 자기소개서의 형태처럼 서술형으로 작성하는 것보다는 기업의 문서 구조를 활용하여 간결하게 활동내용을 정리하는 것이 좋다. 과거에는 경험기술서/경력기술서로 분리하여 작성하였으나, 사회생활을 처음 하는 졸업생과 형평성을 맞추기 위해 합쳐져 있으니, 경험만 있더라도 자신감을 가지고 작성하면 된다.

많은 내용을 작성해야 한다는 욕심보다는 최대한 빠르게 평가위원이 확인할 수 있도록 간결하게 핵심 위주로 구성한다. 또한, 직무기술서를 참고하여 비슷한 표현이 있다면 직무기술서의 표현으로 바꿔주는 것이 좋다. 그리고 경험/경력기술서 작성 시에는 아래의 주의사항을 꼭 유의해야 한다.

🧑‍🏫 1:1 밀착 코칭　　경험/경력기술서 작성 시 주의사항

❶ 이력 사항에 작성된 내용을 중심으로 기술한다.

❷ 시간의 흐름이 아닌 '중요도의 흐름'으로 정리한다.

❸ 경험의 의미를 이해하고 직무기술서상의 관련 경험 모두 작성한다.

❹ 구체적 역할과 활동이 있어야 한다.

특히 경험의 경우 구체적인 역할에 대해 명확히 제시하지 못하는 경우가 많은데, 과제에서 역할 분담을 하였다면 '자료 조사', 'PT 작성 및 발표' 등 본인의 역할을 명확히 제시하는 것이 좋다.

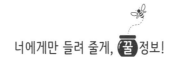

너에게만 들려 줄게, 꿀 정보!

면접관 SAY!

자꾸 질문을 던지고 싶은 자기소개서는 제목부터 다르죠! (2)

☑ **자기소개서 내용**

(입사 지원동기 마지막 부분)

입사 후 효율적인 발전설비 운영을 위한 체계적인 관리 시스템을 구축하여, 고객이 원하는 시기에 원하는 양만큼의 전력을 공급하여 고객 만족 향상에 기여하겠다.

☑ **자기소개서 제목 구성**

고객이 원하는 시기에 원하는 양만큼의 전력공급이 핵심 내용이며, 이를 효과적으로 표현하기 위해 도요타 생산시스템의 기본 구조인 JIT(Just In Time: 고객이 원하는 시기에 원하는 양의 제품을 원하는 곳에 전달하기 위한 시스템 구축)를 활용하여 제목을 구성하면 된다.

⬇

"Just In Time"

낮에 꿈꾸는 사람은
밤에만 꿈꾸는 사람에게는 찾아오지 않는
많은 것을 알고 있다.

– 에드거 앨런 포(Edgar Allan Poe)

자기소개서
작성 전략

자기소개서 문항별 작성 전략

활용하지 않는 서류를 낼 필요가 있을까?

공공 기관 자기소개서를 작성하면서 취업준비생이 첫 번째로 가지게 되는 의문은 "자기소개서가 나의 채용 과정에 정말로 영향을 미칠까?"이다. 채용 프로세스에 따라 서류전형에서 자기소개서의 중요도는 달라질 수 있지만, 면접을 거치는 과정에서 기관은 어떤 방법으로든 지원자의 자기소개서를 활용하게 된다. 즉, 필요 없는 서류를 받을 일은 없으니 정성을 기울여 작성해야 한다.

대부분 공공 기관은 서류심사 과정에서 별도의 외부평가위원을 초빙하여 지원자의 자기소개서 주요 내용을 검토한다. 직무기술서와 연계된 키워드가 자기소개서 및 취업 서류의 주요 항목들과 관련 있는지 전산 프로그램으로 확인하고, 심사위원이 직접 평가하는 과정을 한 번 더 거친다. 이후에도 면접 과정에서 주요 도구로 활용된다. 기관별 차이는 있겠지만 서류 점수와 필기시험 점수의 합산에 면접평가 점수가 누적되고, 면접 형태별로 점수를 합산한다.

자기소개서에서 중요한 문항은?

취업준비생에게 많이 듣는 질문 중의 하나가 "자기소개서에서 어떤 문항이 가장 중요한가요?"이다. 자기소개서를 작성하다 보면 기관별 자기소개서의 문항 개수와 유형들이 다양하기에 궁금증이 생길 수밖에 없다. 그런데 그들에게 들려주는 답변은 항상 "가장 먼저 나오는 1번 문항이 제일 중요합니다."이다.

채용 프로세스에는 용두사미가 발생하기 힘들다. 짧은 시간에 자기소개서를 평가하는 평가자로서는 첫 문항에 대하여 기재된 내용이 좋았을 때, 뒤의 문항들에 대해서도 답변이 잘 쓰였다는 착면에 걸리게 된다. 사람들의 일반적인 습관이지만 어떤 기업이든 자기소개서의 첫 문항에 대한 답변을 잘 쓴다면 좋은 평가를 받을 가능성이 커지게 된다.

다만 첫 문항이 무엇이 될지 모르기에 자기소개서 유형별 작성 전략을 세우고, 절차에 맞춰 해당 기관이 원하는 자기소개서를 작성하는 것이 중요하다.

자기소개서 작성을 위한 3가지 Tip

공채 시즌이 되면 취업준비생들은 이력서와 자기소개서를 작성하느라 정신이 없다. 하루에 제출해야 하는 입사지원서가 서너 개는 된다. 특히 자기소개서 작성에 많은 어려움을 겪고 있는데, 효과적으로 기업이 원하는 자기소개서를 작성할 수 있는 Tip을 알아보도록 하겠다.

Tip 1 　자기소개서 문항을 유형별로 구분하여 작성 전략을 세워라!

최근 기업들은 지원자의 직무 역량과 회사 이해 수준을 알아보기 위해 자기소개서 질문 문항을 구체화하고 다양한 각도에서 평가하려고 한다. 공기업의 자기소개서 문항은 평균 3~5개 정도로 구성되어 있으며, 기업마다 차이가 있을 수 있지만 큰 틀에서 보면 크게 3가지 유형으로 나눌 수 있다.

거의 모든 기업의 자기소개서 문항은 위의 3가지 유형에서 출제되며, 유형별로 작성 방법이 달라서 지원할 기업의 자기소개서를 작성하기 전에 각 문항이 어떠한 유형인지 구분하는 것이 중요하다.

1:1 밀착 코칭　**한국전력공사 자기소개서 유형 분류**

What?형 스토리텔링	한국전력공사의 4가지 인재상 중 본인과 가장 부합된다고 생각하는 인재상을 두 가지 선택하여 그렇게 생각하는 이유를 본인의 가치관과 연계하여 교육사항, 경험/경력 등 구체적인 사례를 들어 기술하여 주십시오. (700자)
Why?형 동기 + How?형 포부	한국전력공사에 지원하게 된 동기, 희망 직무를 선택한 이유 그리고 입사 후 포부를 본인의 교육사항, 경험/경력 등과 연계하여 구체적으로 기술하여 주십시오. (700자)
What?형 스토리텔링	다른 사람들과 함께 일을 했던 경험에 대해 설명하고, 팀의 목표를 달성하는 과정에서 팀원들과 의견 차이를 보였던 사례와 갈등을 해결하기 위해 기울인 노력과 방법, 결과를 구체적으로 서술해 주십시오. (600자)

한국전력공사 자기소개서는 3개의 문항으로 구성되어 있다. 1번은 'What?형(스토리텔링)'의 문항으로 기업이 요구하는 인재상과 지원자의 경험 또는 경력이 일치하는지 확인하기 위한 문항이다.

2번은 'Why?형(지원동기)'의 문항과 'How?형(포부)'이 결합하여 출제되었다. 먼저 기업과 직무에 대한 지원 이유를 작성하고 한국전력공사의 사업 이슈와 관련된 자신의 견해와 입사 후 업무 계획을 자신의 역량을 기준으로 제시해야 하는 문항이다. 3번은 1번과 같은 'What?형(스토리텔링)'의 문항이며, NCS 10대 직업기초능력 중 대인관계능력과 관련된 문항이다. 이처럼 사전에 지원 기업의 자기소개서 문항을 유형별로 분류하고, 문항별로 필요한 자신의 이야기와 기업 및 직무분석 관련 정보를 정리하면 효과적인 자기소개서 작성이 가능하다.

Tip 2 구조화하고 단계별로 구분하여 작성하라!

자기소개서 문항에 대한 유형을 확인하였다면, 다음으로는 유형별로 작성 방법에 따라 단계별로 구분하여 작성하는 것이 효과적이다. 단계별로 구분하여 작성하면 하나의 자기소개서를 기준으로 여러 기업에 대하여 한꺼번에 대응할 수 있는 장점이 있다.

예를 들어, 'Why?형'인 입사 지원동기의 작성 프로세스는 'Step 1. 기업과 직무를 선택한 이유', 'Step 2. 지원 직무의 강점 또는 준비상태', 'Step 3. 입사 후 업무 계획 제시' 순으로 정리된다. 기업분석을 바탕으로 한 기업 선택 이유에 나의 경험을 키워드 중심으로 묶어 제시하면 좋은 결과를 얻을 수 있다.

Tip 3 자신만의 차별화된 Story를 Design하라!

최근 기업의 자기소개서 문항은 지원자의 다양한 경험을 통해 직무 역량을 평가하는 추세이다. 그러므로 지원자의 경험을 묻는 문항이 많이 출제된다. 공기업 자기소개서는 10대 직업기초능력을 기반으로 출제되기 때문에 자기소개서를 작성하기 전에 학창 시절을 중심으로 자신의 경험과 경력을 스토리보드에 정리한다. 그리고 각 스토리에서 경험한 에피소드를 도출한 후, 에피소드를 통해 확보한 역량을 10대 직업기초능력을 기반으로 정리하면 다른 지원자와 차별화된 자기소개서를 작성할 수 있다.

특히 출제 빈도가 높은 직업기초능력(문제해결능력, 대인관계능력, 자기개발능력, 자원관리능력, 조직이해능력, 직업윤리)을 중심으로 정리하는 것을 추천한다. 또한, 대부분은 경험들이 특별하지 않은 경우가 많기에 스토리 내에서 구체적인 에피소드를 중심으로 글을 풀어나가면 더 좋은 결과를 얻을 수 있다.

[Why?형] 지원동기 작성법: "왜 지원하였습니까?"

선호하는 지원동기 VS 싫어하는 지원동기

최근 기업별 서류전형에서 자기소개서 문항의 특징을 보면, 1번 문항으로 지원동기에 관한 질문이 많아지고 있다. 과거 마지막 문항으로 등장하던 동기와 포부가 채용 프로세스에서 중요한 위치로 바뀌고 있다는 것이다.

1:1 밀착 코칭 주요 공기업 지원동기 문항 사례

문항 1	지원 직무에 대한 지원 동기와 해당 직무를 수행하기 위해 어떠한 준비를 해왔는지 아래 항목에 따라 작성해 주십시오. 1-1. 지원한 직무에 관심을 갖게 된 계기는 무엇이며, 한국남부발전에서 해당 직무를 하고자 하는 이유에 대해 작성해 주십시오. (400자) 1-2. 지원 직무를 수행하기 위해 준비한 과정과 경험을 작성해 주십시오. 해당 경험을 통해 준비한 역량을 입사 후 어떻게 향상시킬 것인지 작성해 주십시오. (400자)
	한국남부발전: TYPE 1 – Why?형
문항 1	귀하가 동서발전에 지원하게 된 계기는 무엇입니까? 가) 우리 회사에 관심과 흥미를 갖게 된 계기와 나) 입사를 위한 노력을 포함하여 작성해 주십시오. (최소 150자, 최대 500자 입력 가능)
	한국동서발전: TYPE 1 – Why?형
문항 1	지원자가 한국중부발전 및 지원분야에 관심을 가지게 된 계기는 무엇이며, 이를 위해 그동안 어떤 노력을 했는지 기술하여 주십시오. (500자)
	한국중부발전: TYPE 1 – Why?형

문항 1	(지원포부) LH 경영목표 중 어떤 부분에 관심이 있으며 입사 후 어떻게 기여하고 싶은지, 본인의 주요 직무 역량 및 강점을 기반으로 기술해 주십시오. (500자)
	한국토지주택공사: TYPE 1 – Why?형

 1:1 밀착 코칭   **공공 기관이 지원동기에서 보고자 하는 관점 3가지**

❶ 기관과 직무에 대한 이해
❷ 관련 직무를 수행하기 위한 노력과 준비
❸ 직무 수행 시 활용 계획

지원자는 자기소개서를 통해 위의 세 가지에 대한 답을 보여주면 된다. 아래는 관련 사례이다.

떨어지는 자기소개서

【지원동기 사례 1】

　공무원이셨던 아버지를 보고 자라 어릴 적부터 공익을 위해 일하며 살아야겠다고 생각했습니다. 그래서 자연스레 사익보다는 공익을 위한 일에 더 많은 가치를 두게 되었습니다. 국민에게 안정적인 전력 공급을 위해 언제나 노력하는 한국○○발전은 누구보다 공익을 위해서 힘쓰고 있는 것 같습니다. 저는 앞으로 세상이 화석 연료의 고갈과 환경오염 등으로 인하여 신재생에너지의 중요성이 더욱 강조될 것으로 생각합니다.

　세계적 수준의 에너지 발전 회사로서 신재생에너지 개발로 저탄소 녹색성장을 이끌어가는 한국○○발전에서 저의 가치와 오랜 꿈을 이루고 싶습니다. 부산 동해조선소에서 4주간의 안전인턴십을 수료하였습니다. 안전공학이라는 전공을 실제 산업 현장에 접목해 실무경험을 쌓을 수 있었고, 기계에 대한 이해도를 높이는 데 도움이 되었습니다. 그동안의 준비를 바탕으로 한국○○발전과 함께 성장하는 직원이 되겠습니다.

딱! 붙는 자기소개서

【지원동기 사례 2】

'K-장보고 시장개척단'에서 '재생에너지 3020'까지 ○○발전이 꿈꾸는 상생의 경영에 동행하고 싶습니다. 학창 시절 만든 세 가지 준비를 바탕으로 발전 기계 분야의 일원이 되어 기계 설계에서 기계 조달과 설비 운영까지 산업의 기초를 튼튼히 하겠습니다.

• Ready 1. 기계를 알다.
　기계공학을 배우며 기계 설계와 선행 기술에 대한 학문적 깊이를 만들고, 인턴 활동을 통해 IOS와 KS의 현장 활용을 배우고 확인하였습니다.

• Ready 2. 기업을 경험하다.
　모 조선소의 인턴으로 재직하며 현장의 문제를 경험하였습니다. 생산 자료 관리에서부터 완벽한 정비를 통한 품질 향상을 이해하였습니다. 특히 산업안전을 주제로 PT를 만들어 기업의 방식으로 커뮤니케이션하였습니다.

- Ready 3. 함께 성과를…
  여러 대외활동과 아르바이트에서 책임감과 적극성으로 팀원들에게 신뢰를 얻었습니다. 팀원들과 함께 문제를 해결하여 '스폰서 시스템'을 만든 '애드파워'는 저만의 자랑입니다. '지원과 상생' ○○발전의 비전을 함께하고 싶습니다. 기회를 주신다면 준비된 것들을 바탕으로 함께 가치를 실천하겠습니다.

두 지원동기는 한 학생의 자기소개서 사례이다. 지금은 공공 기관의 직원이 되어 직장인으로서의 꿈을 이루었지만, 처음 자기소개서 첨삭을 부탁하러 찾아왔을 때는 당혹스러움을 감출 수 없었다. 대부분 취업준비생이 가지게 되는 고민은 자신의 글이 잘못되었다는 것을 잘 알고 있음에도 불구하고 수정하기 힘들다는 것이다. 위의 학생 또한 문제가 있음에도 해결방법을 몰라 나를 찾아왔었고, 답을 알고 난 후에는 놀라울 정도로 글이 바뀌었다.

1:1 밀착 코칭 　 공공 기관이 원하는 지원동기 작성 요령

기업과 직무를 선택한 이유(기관과 직무에 대한 이해)	기업분석을 바탕으로 한 구체적 명시
확보한 직무 역량 제시(관련 직무를 수행하기 위한 노력과 준비)	지식, 기술, 태도 기반의 경험 구조화
향후 업무 계획(직무 수행 시 활용계획)	직무기술서 기반 업무수행계획

공공 기관이 원하는 지원동기를 적기 위해서는 세 가지 판단 관점에 대한 답을 내놓아야 한다. 취업준비생들은 순수한 의미의 지원동기를 작성하다 보니 의도와는 다르게 감성적이거나 지나칠 만큼 순수하게 지원동기를 기술하는 경우가 많다. 서류 심사위원의 입장에서 지원한 이유를 묻는 것은 지원자에게 이 기관이 마음에 드는 이유를 묻는 것과 동일하다. 단순히 좋아 보여서가 아닌 적극적인 기업분석을 통해 해당 기관의 사업이나 비전 또는 공공서비스에서 지원의 이유를 찾아야 한다.

기업분석 과정을 거치며 기관에 대한 이해도를 높이고, 구체적인 사업 운영 방향성을 이해해 두면 나중에 진행되는 면접전형에서도 수월하게 소통하며 합격의 확률을 높일 수 있다. 특히 최근 1년 이내의 사업이나 서비스를 중심으로 검색하여 활발히 진행되는 사업의 내용이 언급될 때, 채용담당자나 서류 심사위원이 원하는 지원동기의 시작이 완성된다.

기업분석의 내용을 바탕으로 기본적인 지원동기가 정리되면, 해당 기관에 입사하기 위해 준비한 나의 노력이 나열되어야 한다. 단, 깔끔하게 정리하여 나열하면 더 높은 효과를 볼 수 있다. 이 과정에서 정돈된 모습을 보이기 위해서는 직무기술서에서 구조화한 지식, 기술, 태도를 기반으로 경험이 정리되어야 한다.

지원동기의 마지막 부분에는 글자 수가 허락한다는 전제하에 구체적인 포부를 제시하는 것이 좋다. 보통 500~600자 정도의 자기소개서에서 학창 시절에 준비한 내용을 어떻게 활용할 것인지 구체적으로 녹여내기가 쉽지는 않겠지만, 포부를 끝으로 글이 마무리될 수 있도록 해야 한다.

지원동기(Why?형) 문항 작성 프로세스

기업이 원하는 지원동기에 대하여 기본적인 이해가 되었다면, 지원동기 작성 프로세스에 따라 필요한 내용을 기반으로 작성하면 된다. 앞에서 설명한 지원동기 문항에 대하여 작성 방법을 프로세스 기반하에 단계별로 확인하면 다음과 같다.

단계	세부 내용
Step 1. 기업과 직무를 선택한 이유	S1-1. 산업 특성 및 시장의 이슈 제시 S1-2. 기업의 주요 사업 및 활동 제시(직무연계) S1-3. 지원 직무의 중요성 제시(성과 중심)
Step 2. 확보한 직무 역량 제시	S2-1. 지식: 전공 수업, 외부교육, 자격증, 저널, 박람회, 논문 등 S2-2. 기술: 인턴, 단기계약직, 아르바이트, 현장실습, 팀 과제(프로젝트), 공모전, 자격증 등 S2-3. 태도(대외활동): 학생회, 동아리, 봉사활동, 해외연수 등
Step 3. 향후 업무 계획	S3-1. Step 2에서 제시한 역량을 기반으로 입사 후 목표와 업무 계획 제시 S3-2. 소제목 달기: S3-1에서 키워드 발굴

Step 1. 기업과 직무를 선택한 이유

지원동기 작성 시 목표 기업에 대한 이해 수준을 어필하는 것이 중요하다. 이 과정에서 기업의 주요 사업이나 활동에 관한 내용을 언급하기 전에 목표 기업이 속해 있는 산업의 특성이나 시장의 이슈를 먼저 제시한다.

이를 통해 관련 산업이나 시장에 대한 관심과 이해도가 높다는 것을 간접적으로 어필할 수 있다. 예를 들어, 한국전력공사 전기직에 지원한다면 발전 산업이나 에너지 산업의 특징과 시장의 이슈를 먼저 제시하는 것이다.

S1-1. 산업 특성 및 시장의 이슈 제시
재생에너지 3020 정책에 따라 재생에너지 비중을 확대하여 전력계통의 안정성을 유지하기 위한 새로운 계통 운영 방법이 강구되고 있습니다.

다음으로는 목표 기업의 주요 사업이나 활동을 제시하는 데 지원 직무와 관련성 높은 이슈를 중심으로 작성한다. 전기직에 지원하는 경우에는 주요 발전사업, 신기술, 시스템 등을 중심으로 작성하는 것이 바람직하다.

S1-2.에서 지원 직무와 연계한 주요 발전 산업이나 신기술, 시스템 등에 대해 어필했으므로, 마지막으로 지원 직무의 중요성을 성과 중심으로 작성한다.

만약 한국전력공사의 송배전설비 관련 전기직을 선택하여 역량을 어필한다고 가정하면, 설비 운영을 위한 송배전 담당자로서 '체계적인 전력계통 분석을 통한 통합 시스템 개발' 등을 통한 전력 생산량 증가라는 성과를 제시할 수 있다.

Step 2. 확보한 직무 역량 제시

NCS 기반의 공기업 채용에서는 직무기술서상에 해당 직무에 필요한 역량을 지식, 기술, 태도로 정리하고 있다. 따라서 지원 직무와 관련하여 확보한 역량도 지식, 기술, 태도를 기반으로 작성한다.

1,000자 정도 글자 수에 여유가 있는 경우에는 확보한 역량을 최대한 많이 제시하는 것이 효과적이겠지만, 글자 수가 500~600자 정도로 적을 때는 선택적으로 제시할 수밖에 없다.

3가지 기준의 확보 역량에 대한 우선순위는 '기술 〉 지식 〉 태도'이다. 만약 600자 정도의 입사 지원동기를 작성할 때는 확보한 지식(전공, 외부교육 등)을 간략하게 제시하고 기술(인턴, 단기계약직, 아르바이트, 팀 과제, 공모전 등)을 중점적으로 제시한다. 태도에 대한 역량은 글자 수가 적은 경우 제외해도 좋다.

예를 들어, 한국전력공사의 경우 입사 지원동기가 700자로 글자 수가 적기 때문에 선택적으로 지식, 기술, 태도를 자신의 준비 상태에 따라 선별하여 작성하는 것을 추천한다.

지식은 전공 수업 지식 역량을 어필하는 것이 기본이므로 2~3개 정도를 제시한 후 수업을 통해 확보한 이론이나 방법론을 간략하게 언급한다.

S2-1. 지식: 전공 수업, 외부교육, 자격증, 저널, 박람회, 논문 등

효율적인 송배전설비 운영 담당자가 되기 위해 먼저 회로이론, 전력공학, 송배전공학 등을 수강하여 계통의 구조와 규정 전압 구성에 대해 배웠습니다.
이를 바탕으로 한국전력거래소교육원의 '초급계통운영반'과 '초급계통보호반' 교육을 통해 실제 계통 운영 방법, 고장 발생 시 복구 방법 등을 배워 효율적인 송배전설비 운영에 대한 역량을 키웠습니다.

기술은 알고 있는 지식을 현실에 적용할 수 있는 능력이다. 따라서 기업에서는 지원자가 학창 시절 습득한 지식을 현실에 어떻게 적용했는지를 확인하여 입사 후 업무 능력을 간접적으로 판단할 수 있다. 특히 기술은 경력과 경험을 기준으로 구분하여 판단할 수 있는 역량이며, 평가자는 경험보다는 경력을 선호한다. 따라서 기술과 관련된 역량을 제시할 때에는 경력에 해당하는 사항을 먼저 작성하는 것이 효과적이다.

S2-2. 기술: 인턴, 단기계약직, 아르바이트, 현장실습, 팀 과제(프로젝트), 공모전, 자격증 등

다음으로 발전연구 회사의 인턴 활동을 통해 현장의 설비를 전산화하였습니다. 당시 아두이노를 활용하여 실제 계통을 축소한 회로에서 계통 고장 시 차단기가 작동하여 최적의 상태로 계통을 운영하도록 하였습니다.

끝으로 업무 수행에 필요한 마음가짐에 해당하는 태도 부분을 제시해야 한다. 태도는 기업 인재상에 많이 등장하는 '도전, 소통, 협력, 혁신, 창의' 등을 어필할 수 있는 경험을 제시하는 것이 효과적이다. 이러한 기업의 인재상과 관련된 역량은 혼자서 일을 할 때보다는 여러 사람과 함께 공동작업을 진행할 때 주로 발휘될 수 있으므로, 대외활동 중심으로 제시한다.

S2-3. 태도(대외활동): 학생회, 동아리, 봉사활동, 해외연수 등

끝으로 다양한 대외활동을 통해 여러 사람과 소통하고 함께 일하는 것의 중요성을 인식하게 되었습니다. 봉사활동을 하며, 다양한 계층의 사람들과 소통하고 다양성과 개방성이 조직을 이루는 중요한 요소라는 것을 느꼈습니다. 6개월간의 해외연수 경험에서는 다른 문화, 다른 계층의 사람들과 생각을 공유하고 소통할 수 있는 글로벌마인드를 키울 수 있었습니다.

위에서 언급한 사례는 소통과 글로벌 역량을 대외활동인 봉사활동과 해외연수 경험으로 제시한 사례이다. 하지만 글자 수가 부족하거나 지식 또는 기술을 어필할 수 있는 사례가 많은 경우에는 태도 부분을 생략하는 것을 추천한다.

Step 3. 향후 업무 계획

자기소개서는 자신의 역량과 관련된 경험을 설명하는 구조로 작성된다. 하지만 마무리는 설명형이 아닌 설득형으로 전개해야 한다. 입사 지원동기 항목에서 설득형 마무리는 Step 2에서 설명한 자신의 직무 역량을 입사 후 어떻게 발휘할 것인지에 대해서 업무 추진 계획을 간략하게 제시한다.

S3-1. Step 2에서 제시한 역량을 기반으로 입사 후 목표와 업무 계획 제시
이러한 저의 준비를 기반으로 안정적인 계통 운영 관리자로서 우리나라 계통의 배전 정보를 담은 NDIS와 TDAS의 습득을 통해 배전 자동화 통신 프로토콜 등 배전 점검의 자동화로 고장을 예방하겠습니다. 안정적인 전력의 공급과 사고 예방을 최우선시하여 전력계통을 최상의 상태로 운영하는 관리자가 되겠습니다.

위의 사례를 통해 알아본 것처럼 입사 지원동기는 크게 3단계로 구분하여 세부 항목에 대해 자신이 지원하는 기업의 이해 수준과 직무 관련하여 준비된 역량을 중심으로 작성한다. 그러면 기업과 직무에 대한 이해 수준을 어필하는 데 효과적이다. 이렇게 단계별로 구분하여 입사 지원동기 항목에 관한 내용을 모두 작성했다면 끝으로 소제목을 만든다.

소제목은 채용 담당자(인사담당자, 면접관)가 궁금증을 유발할 수 있는 형태로 만드는 것이 효과적이며, 입사 지원동기는 마지막에 작성한 업무 계획에서 키워드를 도출하여 단어 형태로 표현하는 것을 추천한다.

S3-2. 소제목 달기: S3-1에서 키워드 발굴
~ 계통의 배전 정보를 담은 NDIS와 TDAS의 습득을 통해 배전 자동화 통신 프로토콜 등 배전 점검의 자동화로 고장을 ~ 소제목: NDIS & TDAS를 통한 자동화

03

[What?형] 스토리텔링 작성법: "어떤 역량을 가지고 있습니까?"

기업이 원하는 스토리 발굴

PART 1의 '10대 직업기초능력과 채용'에서 설명한 것과 같이 서류전형에서는 지원자의 다양한 경험을 평가하는 것이 최근 채용의 흐름이다. 따라서 취업준비생들은 학창 시절 자신이 활동한 경험이나 경력을 스토리보드에 정리하고, 지원 기업에서 요구하는 스토리텔링형 자기소개서 문항에 적절하게 연결하여 작성하는 것이 중요하다.

스토리보드를 작성할 때에는 경험과 경력으로 구분하여 우선 정리하고, 각 스토리에서 발생한 에피소드 2~3개를 도출한 후 에피소드를 통해 확보한 능력을 10대 직업기초능력 중심으로 정리하는 것이 효과적이다.

1:1 밀착 코칭   **스토리보드 작성 사례**

활동명	기관	기간	역할	주요 에피소드	확보능력	경험/경력
인턴	○○ 화학㈜	2019. 07. ~ 2019. 08.	연구보조	장비 조립 및 관리 실험데이터 정리 제품 품질검사	조직이해능력 – 1 수리능력 – 2 문제해결능력 – 3	경력
	○○ 기술연구원	2019. 01. ~ 2019. 02.	행정보조	발전산업 시장 조사 다른 조직의 행사 지원 교육프로그램 진행 업무 매뉴얼 작성	문제해결능력 – 4 조직이해능력 – 5 자원관리능력 – 6 의사소통능력 – 7	경력
아르바이트	○○ 마트	2017. 01. ~ 2017. 02.	사은품 지급	불편사항 접수 및 관리 사은품 재고관리	의사소통능력 – 8 자원관리능력 – 9	경력
	○○ 마트	2016. 07. ~ 2016. 08.	영수증 발급	고객관리 및 행정 처리	문제해결능력 – 10	경력
	○○ 식당	2018. 12. ~ 2019. 02.	서빙	매장 및 고객관리 마감 정리	의사소통능력 – 11 자원관리능력 – 12	경력

098   PART 4·· 자기소개서 작성 전략

교내활동	○○ 학술단	2016. 03. ~ 2016. 12.	설명회	전공 설명 및 질의응답	대인관계능력 – 13	경험
	○○ 실험실	2017. 10. ~ 2018. 12.	연구보조	회로 설계 및 제작	수리능력 – 14	경험
	○○ 동아리	2016. 03. ~ 2018. 12.	기획	동아리 행사기획	자원관리능력 – 15	경험
	○○ 팀과제 발표수업	2019. 03. ~ 2019. 06.	정보 수집 및 발표	에너지시스템설계	대인관계능력 – 16	경험

정리된 스토리와 세부 역량별 키워드 도출

자신의 학창 시절 주요 경력이나 경험을 스토리보드에 10대 직업기초능력과 관련지어 정리하였다면, 다음으로는 목표 기업의 자기소개서 문항 중 'What?형'인 스토리텔링 자기소개서 문항에서 요구하는 직업기초능력과 에피소드를 관련지어 해당 문항에 적합한 것을 결정해야 한다.

만약에 한국중부발전 지원자의 경우 5번 문항은 조직이해를 확인하기 위한 스토리텔링 문항이라는 것을 확인하고 나면 다음과 같이 에피소드를 결정할 수 있다.

 1:1 밀착 코칭 에피소드 매칭 사례

자기소개서 문항 유형 분류: What?형 → 조직이해능력

문항 5	지원자 본인이, 자신의 소속 집단뿐만 아니라 주변 사람/집단까지 고려하고 배려하는 사람임을 가장 잘 나타내는 최근 5년 이내의 사례를 기술해 주시기 바랍니다. (500자)
	10대 직업기초능력: 조직이해능력

스토리보드상 적합한 에피소드 매칭

활동명	기관	기간	역할	주요 에피소드	확보능력	경험/경력
인턴	○○ 화학㈜	2019.07 ~ 2019.08	연구보조	장비 조립 및 관리 실험데이터 정리 제품 품질검사	조직이해능력 – 1 수리능력 – 2 문제해결능력 – 3	경력
	○○ 기술연구원	2019.01 ~ 2019.02	행정보조	발전산업 시장 조사 다른 조직의 행사 지원 교육프로그램 진행 업무 매뉴얼 작성	문제해결능력 – 4 조직이해능력 – 5 자원관리능력 – 6 의사소통능력 – 7	경력

다음으로는 에피소드에서 어필할 수 있는 직무 역량을 직무기술서 내용에서 자신의 준비된 역량과 적합한 내용을 키워드 중심으로 도출하여 정리한다.

"○○화학 인턴 경력을 자기소개서에 작성한다면?"

자기소개서를 작성할 때 인턴 활동에서 제시할 수 있는 역량은 매우 다양할 것이다. 자신이 경험한 인턴 활동에서 확보할 수 있었던 역량을 다음과 같이 키워드 중심으로 도출한다.

1:1 밀착 코칭　스토리 내 키워드 추출

○○화학 연구보조 인턴 과정에서 추출할 수 있는 역량(Keyword)들

장비 조립 및 관리	시스템/설비 이해, 부서별 업무 이해
실험데이터 정리	정보 활용, 수리능력, 분석력
제품 품질 검사	직업윤리, 업무 표준 이해, 규격 분석

연구 보조 인턴 활동 중 장비 조립 및 관리 업무를 수행하는 과정에서는 시스템 및 설비를 이해하면서 부서별 업무 프로세스를 보다 심도 있게 이해했다고 어필할 수 있을 것이다. 또한 실험 데이터 정리 업무를 통해 정보 활용능력, 수리능력, 분석력 등을 키울 수 있었다는 내용을 어필할 수도 있다. 이렇듯 다양한 활동을 통해 어필할 수 있는 역량 키워드 등을 미리 도출하여 정리한다면 훨씬 효과적이고 빠르게 자기소개서를 작성할 수 있을 것이다.

스토리텔링(What?형) 문항 작성 프로세스

자기소개서는 기업의 채용 담당자와 첫 번째로 진행하는 의사소통이므로 기업의 실무자들이 익숙한 소통 방법으로 대응하는 것이 효과적이다. 실무자들은 업무 추진 과정에서 다양한 문서를 작성하게 되는데, 기업의 문서 구조는 평소 우리에게 익숙한 구조와 다른 경우가 많다. 기업의 채용 담당자가 익숙한 구조로 자기소개서를 작성하는 것이 효과적인데, 그 구체적인 작성 프로세스는 다음과 같다.

단계	세부 내용
Step 1. 자신의 역량을 먼저 제시	S1-1. 자기소개서 문항 분석 후 스토리보드에서 정리된 역량 매칭 S1-2. 자신의 준비된 역량을 구체적으로 제시(두괄식)
Step 2. 설득력 향상을 위한 스토리 전개	S2-1. 스토리텔링의 시작: 자신이 경험한 상황 소개 S2-2. 스토리텔링의 이슈: 어떠한 문제/과제가 발생했는지 기술 S2-3. 스토리텔링의 핵심: 자신의 주요 행동 기술(구체적) S2-4. 스토리텔링의 결과: 성과(수치화), 느낀 점 기술
Step 3. 직무 관련 업무 수행 계획	S3-1. 지원 직무에서 자신의 역량을 어떻게 발휘할 것인지 제시 S3-2. 제목 달기 → S2-3 or S2-4에서 키워드 발굴

Step 1. 자신의 역량을 먼저 제시

앞서 말한 바와 같이 우리는 '서론 → 본론 → 결론' 순으로 글을 작성하는 미괄식 구조에 익숙하지만, 기업의 문서 구조는 결론을 먼저 제시하는 두괄식 구조로 작성된다.

따라서 스토리텔링 문항을 작성할 때에는 자기소개서 문항 분석과 스토리보드 매칭을 통해 역량과 에피소드를 결정한 다음, 자신이 확보한 역량을 먼저 결론으로 제시하고 상대방에게 자신이 확보한 역량에 대한 믿음을 주기 위해 스토리를 전개하는 과정으로 작성하는 것이 효과적이다.

만약 한국중부발전에 지원하는 지원자가 5번 문항에 대응한다면 위에서 사례로 설명한 것과 같이 자신의 스토리보드에서 에피소드를 결정한다.

S1-1. 자기소개서 문항 분석 후 스토리보드에서 정리된 역량 매칭

* 5번 문항: 조직이해능력 → 스토리보드(에피소드 조직이해능력 1번)
* 세부 에피소드: 제조 설비의 저항/전류/전압 측정, 측정 장비 관련 회로 설계, 측정 오차 발생에 대한 원인 분석

이후부터 본격적으로 자기소개서 작성을 위해 매칭된 '조직이해능력-1번'을 바탕으로 더욱 구체적인 조직이해능력에 필요한 세부 능력을 중심으로 자신의 역량을 먼저 두괄식으로 표현한다.

S1-2. 자신의 준비된 역량을 구체적으로 제시(두괄식)

자신의 맡은 업무에 대한 사명감과 주인의식을 갖고 성실히 임한다면 조직이 함께 발전할 수 있는 원동력이 된다고 확신합니다.

Step 2. 설득력 향상을 위한 스토리 전개

스토리를 전개할 때에는 'STAR' 구조를 활용하는 것이 효과적이다. STAR 구조는 'S(Situation: 상황) → T(Task: 문제/과제) → A(Action: 행동) → R(Result: 성과)'로 구성된다. 특히 STAR 구조에서 자신이 경험을 통해 확보한 역량을 가장 잘 표현할 수 있는 곳이 A(Action: 행동) 부분이기 때문에 당시 상황에서 발생한 문제나 과제를 해결하기 위한 구체적인 활동을 최대한 상세하게 작성하는 것이 효과적이다.

S2-1. 스토리텔링의 시작: 자신이 경험한 상황 소개
○○화학에서 인턴으로 근무할 당시 ○○부품 제조에 필요한 ○○설비의 저항, 전류, 전압을 측정하게 되었습니다.
S2-2. 스토리텔링의 이슈: 어떠한 문제/과제가 발생했는지 기술
해당 장비에서 오류 발생 시 회로를 재설계하여 측정하는 일이 빈번했습니다.
S2-3. 스토리텔링의 핵심: 자신의 주요 행동 기술(구체적)
이를 해결하기 위해 측정 전에 ○○에 간단한 회로를 설계한 후 시뮬레이션을 먼저 진행하고, 예상 결과를 얻지 못하는 경우 ○○팀에 요청하여 장비를 교체하여 측정 오류를 줄이기 위해 노력했습니다.
S2-4. 스토리텔링의 결과: 성과(수치화), 느낀 점 기술
그 결과 측정 오차를 기존보다 90% 이상 줄일 수 있었고, 주인의식을 갖고 적극적으로 업무에 임하는 것이 조직의 발전에 기여할 수 있다는 것을 알게 되었습니다.

일반적으로 기업들의 스토리텔링 자기소개서 문항은 400자에서 700자 내외로 구성되는 경우가 많다. Step 1에서 설명한 두괄식 표현이 보통 100자 내외로 작성되고, 다음에서 설명할 Step 3의 직무 관련 향후 업무 계획을 작성하는 내용도 100자 내외로 구성된다. 만약 사례로 설명하고 있는 한국중부발전의 자기소개서를 작성한다면 500자 이내로 작성해야 하므로 나머지 300자 정도로 Step 2의 스토리 전개가 이루어져야 한다.

300자 정도의 글은 상당히 짧은 글이다. 따라서 STAR 구조로 작성할 때 상황, 문제/과제, 성과는 최대한 간략하게 작성하고 행동 부분을 중점적으로 작성하는 것이 중요하다는 것을 다시 한번 강조한다.

추가로, STAR 구조의 마지막 구성인 성과 부분은 수치적 성과로 표현하는 것이 효과적이다. 기업은 성과 관리를 중요하게 생각하고 있으며, 특히 성과 관리는 수치로 관리된다. 따라서 자신의 경험이나 경력을 통해 어필하고 있는 스토리에서 성과는 수치적 표현이 가능한 내용으로 작성하는 것을 추천한다.

Step 3. 직무 관련 업무 수행 계획

입사 지원동기 문항의 작성 프로세스에서도 설명한 것과 같이 자기소개서는 어떤 문항이든 대부분 설명형 구조로 작성된다. 하지만 마무리는 역시 설득형으로 전개되어야 한다. 두괄식 표현으로 시작한 자신의 역량을 입사 후 어떻게 활용할 것인지 업무 수행 계획을 제시하는 것이 바로 설득형 마무리라 할 수 있다.

S3-1. 지원 직무에서 자신의 역량을 어떻게 발휘할 것인지 제시
앞으로 적극적인 자세로 업무상 발생하는 다양한 문제를 해결하기 위해 노력할 것이며, 특히 부서 간 소통과 협력을 최우선으로 하는 실무자가 되겠습니다.

입사 후 자신의 역량을 어떻게 발휘할 것인지 제시하면서 자기소개서 작성이 마무리되었다면, 끝으로 소제목을 만들어야 한다. 입사 지원동기 문항은 마지막 업무 추진 계획을 제시한 부분에서 키워드를 뽑아 단어 형태로 소제목을 만들 것을 추천했다. 스토리텔링 자기소개서에서는 STAR 구조로 이루어진 Step 2에 해당하는 스토리 전개 부분이 가장 중요한 내용이며, 그중에서도 행동 부분이 가장 중요하다. 따라서 소제목을 구성할 때에는 스토리에서 제시한 문제나 과제를 해결하기 위한 구체적인 행동 부분에서 키워드를 뽑아 제목을 만드는 것이 효과적이다.

S3-2. 제목 달기 → S2-3 행동에서 키워드 발굴
~ ○○에 간단한 회로를 설계한 후 시뮬레이션을 먼저 진행하고, 예상 결과를 얻지 못하는 경우 ○○팀에 요청하여 장비를 교체하여 측정 오류를 ~
소제목: [○○팀 장비 교체]

[How?형] 입사 후 포부 작성법: "어떻게 생각하십니까?"

직장인이면 당연히 해야 하는 업무 내용을 기술한다면…

그동안 취업 컨설팅에서 만났던 수많은 취업준비생들이 입사 후 포부 문항을 서로 약속이나 한 것처럼 같은 형식에 같은 내용으로 작성하는 경우가 많았다. 예를 들면, 입사 후 상황을 1년, 5년, 10년으로 구분하여 작성하는 것이다.

👎 떨어지는 자기소개서

【입사 후 포부】

○○분야 전문가로 성장하겠다는 목표를 갖고 업무를 성실히 수행하여 기업과 함께 성장해 나가겠습니다.

이를 위해 입사 1년 차에는 신입사원으로서 업무를 빠르게 습득하기 위해 남들보다 먼저 출근하여 업무를 준비하고 선배들의 업무 수행 내용을 자세히 노트에 기록하며 업무를 익히는 데 집중하겠습니다.

5년 차가 되면 실무자로서 기업의 성과를 높이는 데 기여하기 위해 새로운 사업을 제안하거나 업무에서 발생한 다양한 문제를 적극적으로 해결하여 부서의 성과를 높이는 데 기여하겠습니다.

끝으로 10년 차가 되면 해당 ○○분야 전문가로 성장하여 후배 양성에 힘쓰고 회사가 요구하는 전문 인재를 발굴하는 데 앞장서는 따뜻한 멘토가 되겠습니다. ~

대다수 취업준비생들이 위의 사례처럼 입사 후 포부 문항을 작성하는 이유는 바로 직무에 대한 이해력이 낮기 때문이라 판단된다. 입사 후 포부 항목은 자신이 지원하는 직무에 대해서 철저한 직무분석을 통해 이루어져야 한다. 지원 직무에 대한 구체적인 업무 목표를 먼저 제시하고 목표 달성을 위해 실무자 관점에서 구체적인 업무 추진 계획을 제시하는 것이 중요하다.

전기 직렬 지원자가 구체적인 업무 추진 계획을 제시하기 위해서는 먼저 NCS 기반의 표준 직무기술서상의 능력단위를 기준으로 지원 직무의 업무 흐름을 파악해야 한다. 다음으로는 지원 기업의 직무기술서를 확인하여 더욱 구체적인 지원 기업의 직무 내용을 파악하고, 업무 흐름에 따라 추진 계획을 작성하는 것이 효과적이다.

앞에 PART 2-02 '직무기술서 분석 내용'을 참고하여 직무 분석을 통한 직무 이해력을 높인 상태에서 입사 후 포부 문항을 작성하기 바란다.

입사 후 포부 문항이 변화하고 있다!

최근 공기업의 자기소개서 문항을 분류하면 입사 지원동기 문항이나 스토리텔링 문항보다 입사 후 포부 문항이 많이 출제되지는 않는다. 이후 PART 6-01 '10대 공기업 자기소개서 문항 분석'에서도 입사 후 포부 문항을 출제한 기업이 많지 않다는 것을 확인할 수 있다. 다음은 한국동서발전에서 출제된 입사 후 포부 문항이다.

한국동서발전 입사 후 포부(How?형) 문항을 자세히 살펴보면 특이점을 발견할 수 있다. 2번 문항은 우리에게 익숙한 입사 후 목표와 업무 추진 계획을 물어보는 전통적인 형태이지만, 3번 문항은 조금 낯설다. 미래 성장 동력을 제시하고 이에 기여할 수 있는 방법을 제시해야 한다. 3번 문항처럼 최근에 몇몇 기업에서는 기업의 사업 이슈나 사회적 이슈를 선택하고, 이러한 이슈에 대해 어떻게 회사에 기여할 수 있는지를 물어보는 형태의 문항들이 등장한다.

이에, 어떻게 일할 것인지에 대해 묻는 문항을 'How?-1형', 어떻게 생각하는지에 대해 묻는 문항을 'How?-2형'으로 구분하기로 하자.

문항 2	귀하가 공기업인 동서발전에서 이루고 싶은 목표는 무엇입니까? 가) 우리 회사에서 귀하의 목표를 달성하기 위한 계획을 포함하여 작성해 주십시오. (최소 150자, 최대 500자 입력 가능)
	한국동서발전 – 입사 후 포부: Type 3. How?-1형
문항 3	우리 회사의 미래 성장 동력은 무엇이라고 생각하십니까? 가) 우리 회사에서 미래 성장을 위해 준비하고 있는 것과 나) 지원자는 우리 회사의 성장에 기여할 수 있는 방법을 포함하여 작성해 주십시오. (최소 150자, 최대 500자 입력 가능)
	한국동서발전 – 입사 후 포부: Type 3. How?-2형

동서발전 3번 문항처럼 한국전력공사도 비슷한 형태의 입사 후 포부 문항을 출제했다. 기업이나 사업의 이슈 한 가지를 선택하여 본인의 견해(문제의 원인, 개선방안 등 포함)를 기술해야 한다. 이같은 문항은 이슈를 먼저 제시하고 관련 이슈가 기업에 어떤 영향을 줄 것인지 언급한 다음, 마지막으로 실무자로서 자신이 어떻게 대응할 것인지를 기술해야 한다.

기존에 전통적인 입사 후 포부 문항에서 더욱 구체적으로 실무자 관점에서 어떻게 업무를 추진할 것인지 제시해야 하는 문항으로 발전된 형태이다.

문항 3	최근 한국전력공사 또는 한국전력공사의 사업과 관련된 주요 이슈에 대해 한 가지를 언급하고, 그것에 대한 본인의 견해(문제의 원인, 개선방안 등 포함)를 기술하여 주십시오. (600자)
	한국전력공사 – 입사 후 포부: Type 3. How?–2형

    결론적으로 말하면 기업들의 자기소개서 문항에서 입사 후 포부 문항은 과거와 비교해 봤을 때 출제 빈도가 낮아지고 있다. 또 한 가지는 몇몇 기업에서 등장하는 입사 후 포부 문항처럼 기업의 사업 현황을 얼마나 이해하고 있는지와 지원 직무에 대해 실무자 입장에서 어떻게 업무를 추진할 수 있는지를 평가하기 위한 문항으로 변화하고 있다는 것이다.

직무기술서를 통해 입사 후 업무 계획을 수립한다!

    한국동서발전 전기직을 지원할 경우, 입사 후 포부 문항을 작성하기 위해 직무기술서를 바탕으로 직무 분석을 통한 업무 수행 계획을 작성하는 방법에 대해 알아보도록 하겠다.

● 한국동서발전 발전(기계전기) 직무기술서: 직무수행내용 적합 업무 도출 사례

직무수행내용	○ (화력발전설비설계) 화석연료를 사용하여 경제적인 전력을 생산하기 위한 안전하고 신뢰성 있는 화력 발전소를 설계함 ○ (화력발전설비운영) 화력발전설비운영은 연료를 사용하여 전기를 생산하고 안정적으로 공급하기 위하여 발전설비를 운전 · 점검 · 유지 · 정비 · 진단과 보전을 함
필요기술	○ (화력발전설비설계) 단선도 · 논리도 · 전개접속도 작성기술, 계통도 · 보호 · 감시 · 제어논리 등 설계문서 작성기술, 계통해석 전산프로그램 운영 및 해석기술, 소내 전력계통 주요기기 용량 산출 ○ (화력발전설비운영) 기계, 전기, 계측제어 설비 등 종합적 운영 관리 기술, 기기별 정비비용 및 경제성 분석 평가 기술, 주설비 및 보조설비의 기기별 점검 기술, 관련기기 도면 해독 기술

    입사 후 포부 문항을 작성하기 위해서는 직무기술서상에 '직무수행내용'과 '필요기술' 등을 기반으로 작성하는 것이 중요하다. 먼저 직무기술서상의 세분류 중 자신의 준비된 역량과 연계성이 높은 내용을 선택한다.

    한국동서발전 발전(기계전기) 직군 중 화력발전설비설계와 화력발전설비운영 직무 내용이 자신의 준비된 역량과 연계성이 높다면 주요 키워드를 선택하고 실제로 진행할 수 있을 업무 내용을 정리한다.

1:1 밀착 코칭 **직무기술서 분석을 통한 업무 계획 도출 사례**

구분	경영기획/경영평가 업무	업무 계획
직무수행내용	안전하고 신뢰성 있는 화력발전소를 설계	화력발전 최신 기술 동향 파악 발전설비에 대한 설계 프로그램 운영
	발전설비 운전 · 점검 · 유지 · 정비 · 진단 · 보전	설비점검 관련 각종 표준 설정 운영계획에 따른 설비 안정성 진단
필요기술	계통해석 전산프로그램 운영 및 해석기술	발전설비별 생산 현황 자료 수집 및 분석 최적화된 계통 설계를 운영 데이터 분석
	주설비 및 보조설비의 기기별 점검 기술	설비별 다양한 예측정비 방법론 도입 설비 고장 발생에 대한 대응전략 수립
	관련기기 도면 해독 기술	Auto CAD 등을 활용한 설비별 도면 해독 주요 항목별 이슈 정리 및 관리

입사 후 포부(How?-1형) 문항 작성 프로세스

입사 후 포부(How?-1형) 문항도 앞서 설명한 입사 지원동기와 스토리텔링 자기소개서 문항처럼 단계별로 구조화하여 작성하는 것이 효과적이다. 우선 지원 직무를 기준으로 자신이 이루고 싶은 업무 목표를 제시하고, 다음으로 목표 달성을 위한 구체적인 업무 계획을 제시해야 한다.

단계	세부 내용
Step 1. KPI 관점에서 목표 제시	S1-1. 직무 관련 업무 성과를 파악하여 목표를 KPI로 제시 S1-2. 목표 달성 시 회사에 어떠한 영향을 줄 것인지 제시
Step 2. 목표 달성 계획 제시	S2-1. 신입사원으로서 업무 파악을 위한 수행 계획 제시 S2-2. 주요 업무에 대한 조사를 통한 업무 계획 제시 S2-3. 향후 이루고 싶은 업무 성과 제시 → 성과 창출을 위한 업무 개선 방향 제시 S2-4. 제목 달기 → S2-3의 업무 성과에서 키워드 발굴

Step 1. KPI 관점에서 목표 제시

스토리텔링 자기소개서 문항 작성 프로세스에서 기업의 문서 구조에 맞게 두괄식으로 자신의 역량을 먼저 제시하는 것이 효과적이라고 설명했었다. 입사 후 포부(How?-1형) 문항도 지원 직무와 관련된 업무 성과에 대한 목표를 제시하는 것이 입사 후 포부에서의 두괄식 표현이라 할 수 있다.

1:1 밀착 코칭 　핵심성과지표(KPI: Key Performance Indicator) 정의

조직의 목표 달성 정도를 계량하는 지표이다. 경영정보학에서 현재의 비즈니스 상태를 나타내는 것으로 사용되어 향후의 대응책에 대한 성과 예측에 사용한다.

특히 목표를 제시한 경우 기업이 관리하는 수치적 성과인 핵심성과지표(KPI: Key Performance Indicator)를 사전에 파악하여 작성하는 것이 효과적이다. 아래 주요 기술직과 관련된 KPI 사례와 정의 내용을 참고하여 자신이 지원한 직무와 연계한 KPI를 사전에 파악하는 것도 좋은 방법이다.

 1:1 밀착 코칭 　기술직 관련 핵심성과지표(KPI) 사례

구분	업무성과지표(KPI)	KPI 정의
생산/품질	생산계획 리드 타임	생산계획 수립에 필요한 평균 소요 시간
	생산 리드 타임	원재료 출고부터 완제품 입고까지 걸린 시간
	생산계획 준수율	계획물량 대비 목표 달성 정도
	개선 달성률	실적 건수/목표 건수
	생산성(수율)	투입재료 기준 완성품 환산량 대비 실제 생산 수량
	제품 불량률	계획 수량 대비 불량 정도
	설비 가동률	단위 기간 총 설비 중 설비가동 정도
	작업표준 준수도	총 작업 표준 준수공정 대비 작업표준 준수 정도

S1-1. 직무 관련 업무 성과를 파악하여 목표를 KPI로 제시

설비 운영에서 발생할 수 있는 다양한 변수들을 체계적으로 관리하고 운영하는 시스템을 구축하여 설비 고장률을 낮추어 가동률 향상에 기여하는 전문 엔지니어로 성장해 나가겠습니다.

다음으로, 글자 수에 여유가 있다면 업무 목표가 달성되면서 회사에서 발생할 수 있는 성과를 제시하는 것도 좋은 방법이다.

S1-2. 목표 달성 시 회사에 어떠한 영향을 줄 것인지 제시

이 같은 업무 성과는 안정적인 전력 생산을 위한 기반이 될 것이며, 한국동서발전의 전력 생산량 증가를 통한 매출 증대 및 사업 안정성 확보에 기여할 것입니다.

Step 2. 목표 달성 계획 제시

목표와 기업 입장의 성과가 작성되었다면 자신이 제시한 목표를 달성하기 위한 구체적인 업무 계획을 제시해야 한다. 업무 계획은 위에서 설명한 것과 같이 직무기술서상의 직무수행내용이나 필요 기술 등을 통해 미리 정리한 실제 업무 추진 계획을 제시하는 형태로 작성한다.

먼저, 신입사원으로서 업무 파악을 위한 수행 계획을 작성해야 하며, 구체적으로 업무를 파악하는 방법을 제시하는 것이 효과적이다.

S2-1. 신입사원으로서 업무 파악을 위한 수행 계획 제시
이 같은 목표 달성을 위해 먼저 발전소 설비별 설계 기준, 계통, 적용 기술, 필요 자원 등을 바탕으로 운영 현황을 파악하여 설비 운영 프로세스에 대한 이해력을 높이겠습니다.

다음 단계에서는 실무자로서 더욱 구체적인 업무 수행 계획을 제시해야 하며, 특히 사전에 분석한 직무기술서 내용과 기업 분석 내용을 적절히 키워드로 제시하면서 작성해야 한다.

S2-2. 주요 업무에 대한 조사를 통한 업무 계획 제시
다음으로, 효율적인 설비 운영을 위해 최근 발생한 주요 설비 고장 이슈를 파악하고, 빈도가 높은 변수에 대해서는 구체적인 원인 분석을 통해 체계적인 고장 예측 시스템을 갖추도록 하겠습니다. 이를 통해 설비 점검 표준 매뉴얼을 보완하여 현장 중심의 점검 계획을 수립하고 운영하겠습니다.

마지막으로 처음 제시한 업무 목표 이외에 추가로 진행하고 싶은 새로운 업무 목표를 제시하면서 기업과 동반성장하는 전문가가 되겠다는 어조로 마무리하는 것이 효과적이다.

S2-3. 향후 이루고 싶은 업무 성과 제시 → 성과 창출을 위한 업무 개선 방향 제시
앞으로 설비 안정성 확보를 최우선의 목표로 하고, 화력발전의 생산성 향상을 위해 한국동서발전에 최적화된 설비 관리 및 운영 시스템을 개발하는 데 기여하겠습니다.

자기소개서 본문 내용 작성이 완료되었다면, 끝으로 소제목을 만들어야 한다. 입사 후 포부(How?-1형) 문항에서는 Step 2-3에서 주요 키워드를 뽑아 단어 형태로 제목을 구성한다.

S2-4. 제목 달기 → S2-3의 업무 성과에서 키워드 발굴
~ 화력발전의 생산성 향상을 위해 한국동서발전에 최적화된 설비 관리 및 운영 시스템을 개발하는 데 기여 ~
소제목: 최적화된 설비 시스템 개발

입사 후 포부(How?-2형) 문항 작성 프로세스

지원자의 견해를 묻고 업무 추진 계획을 알아보기 위한 논술형 구조의 입사 후 포부(How?-2형) 문항도 단계별로 구조화하여 작성하는 것이 효과적이다.

단계	세부 내용
Step 1. 기업 이슈 제시	S1-1. 기업 분석을 통한 직무 연계성 높은 이슈 발굴 S1-2. 이슈 제시 후 이유 및 근거 등을 제시(두괄식)
Step 2. 기업의 영향 및 대응 제시	S2-1. 이슈(사건, 사고, 정책, 전략) 등이 기업에 미치는 영향 제시 S2-2. 제시한 영향(문제)에 대한 구체적 대응 방안 제시 　→ 자신의 입장이 아닌 기업의 주요 사업 활동으로 제시 　→ 전기 직렬의 경우 관련된 최근 연구개발 실적으로 제시
Step 3. 관련 업무 수행 계획	S3-1. 제시한 이슈 관련하여 향후 업무 추진 방향 제시 S3-2. 제목 달기: S2-2에서 제시한 기업 활동에서 키워드 발굴

Step 1. 기업 이슈 제시

입사 후 포부(How?-2형)를 효과적으로 작성하기 위해서는 기업분석을 통한 사업의 이슈를 선택해야 한다. 사업 이슈를 선택할 때에는 지원 직무와 관련성이 높은 이슈를 선택하는 것이 중요하다. 앞서 PART 2에서 설명했던 기업분석 방법론을 참고해서 목표 기업의 사업 현황을 파악해야 한다. 특히, 전기직 같은 기술직의 경우 '알리오' 사이트를 통해 해당 기업의 사업보고서 내용 중 '연구보고서' 내용을 꼼꼼히 파악하고, 제시된 연구 과제 중 해당 직렬과 관련성인 높은 이슈를 선택하는 것을 추천한다.

\# **S1-1. 기업 분석을 통한 직무 연계성 높은 이슈 발굴**			
번호	제목	첨부	등록일
133	파일럿급 CO2 활용 고부가화합물 생산 및 MW 급 기본설계	PDF	2020. 03. 19.
132	중국 화능집단과의 연소후 습식 CO2 포집기술 국제공동연구	PDF	2020. 03. 19.
⋮	⋮	⋮	⋮
125	태양광발전 저출력 구간 효율 향상을 위한 능동형 온라인 모듈 PCS 기술 개발	PDF	2020. 01. 20.
124	AC-DS 복합전력망 정밀해석을 위한 시뮬레이터 구축 및 해석기술 개발	PDF	2020. 01. 15.

'S1-2. 이슈 제시 후 이유 및 근거 등을 제시(두괄식)'하는 것부터 본격적으로 자기소개서를 작성해야 하는 부분이다. 자신이 선택한 이슈를 두괄식 형태로 먼저 제시하고 그에 대한 근거를 설명하면서 자신의 의견에 대한 설득력을 높이는 것이 중요하다.

S1-2. 이슈 제시 후 이유 및 근거 등을 제시(두괄식)

발전소 전기 설비의 실증 인프라 구축과 과열 감시 기술 개발을 통하여 고장 발생에 대한 전력 생산성 저하의 리스크를 줄여야 합니다. 최근 ○○제철소는 정전으로 인해 화재가 발생하면서 막대한 재산 피해가 발생하였으며, 제철소 인근 주민들에게 피해 보상이 이루어지는 중입니다.

Step 2. 기업의 영향 및 대응 제시

다음으로 처음 제시한 이슈가 회사에 어떠한 영향을 미칠 것인지에 대해 언급해야 한다. 직무와 관련성이 높은 이슈를 선택하였기 때문에 실무자 관점에서 받게 될 영향(문제)에 대해 먼저 제시하고, 다음으로 회사 차원에서의 영향(문제)을 설명하는 구조가 바람직하다.

S2-1. 이슈(사건, 사고, 정책, 전략) 등이 기업에 미치는 영향 제시

현재 발전소에 설비 고장이 발생하면 원인 파악 후 이에 적합한 조치를 통해 재가동하지만, 원인이 불분명하여 장기간 정지될 경우 안정적인 전력 공급에 차질이 발생합니다.

기업에 미치는 영향을 제시한 다음에는 구체적인 대응 방안을 제시한다. 영향(문제)에 대한 해결 방안(대안)을 제시하는 것이 입사 후 포부(How?-2형) 작성의 가장 중요한 핵심이 된다.

해결 방안을 제시할 때에는 자신이 알고 있는 이론이나 방법, 아이디어 등을 제시할 수도 있지만, 기업의 관련 이슈를 해결하기 위해 어떤 활동을 하고 있는지를 언급하는 것이 더욱 효과적이다. 기업의 사업보고서 중 연구보고서에서 확인한 주요 연구 실적을 바탕으로 해결책을 제시해야 한다.

S2-2. 제시한 영향(문제)에 대한 구체적 대응 방안 제시

최근 한국전력공사에서 개발한 'AC-DS 복합전력망 정밀해석을 위한 시뮬레이터 구축 및 해석기술 개발' 등은 안정적인 전기 공급을 가능하도록 하는 기술로서 발전소의 전기설비와 유사한 인프라를 구축하고 고장 시험 등을 통해 발전소의 신뢰를 확보할 수 있습니다.

Step 3. 관련 업무 수행 계획

마지막은 기존의 입사 후 포부(How?-1형) 유형과 같은 구조로 작성되는 부분이다. 앞부분에서 언급한 현재 기업의 이슈와 주요 활동을 중심으로 입사 후에 자신이 어떤 식으로 업무를 추진할 것인지 계획을 제시하고 마무리한다. 특히, 수치적 성과를 업무 목표로 제시하면서 마무리하면 효과적이다. 예를 들어, 아래 사례에 표현한 것처럼 설비 사고율을 낮추겠다는 표현에서 사고율은 수치적으로 표현할 수 있는 성과이기 때문에 지원 업무와 관련된 목표를 수치화하여 제시한다.

S3-1. 제시한 이슈 관련하여 향후 업무 추진 방향 제시
앞으로 문제 발생 시 해결이 가능한 스마트 센서 기술을 더욱 발전시켜 AI를 통한 문제 진단과 해결 방법을 사용한다면, 작업자의 안전과 전기 설비의 고장 예방으로 설비 사고율을 낮추어 더욱더 안정적인 전력 공급이 가능할 것입니다.

자기소개서 작성이 완료되었다면 마지막으로 소제목을 만든다. 입사 후 포부(How?-2형) 문항에서는 Step 2-2에서 주요 키워드를 뽑아 단어 형태로 제목을 구성한다.

S3-2. 제목 달기: S2-2에서 제시한 기업 활동에서 키워드 발굴
~ 개발한 'AC-DS 복합전력망 정밀해석을 위한 시뮬레이터 구축 및 해석기술 개발' 등은 발전소의 전기설비와 ~
소제목: AC-DS 복합전력망 정밀해석

너에게만 들려 줄게, 꿀정보!

면접관 SAY!

첫인상에 속지 말아주세요~

공공 기관뿐 아니라 금융기업 면접관 OT에서 자주 듣게 되는 말이다. 인사담당자로서는 지원자의 역량과 조직적합도를 중심으로 역량이 진행되기를 희망한다. 다만 어려운 점은 사람과 사람이 커뮤니케이션하며 이루어지는 것이 면접이기에 질문과 답변이라는 본질적인 요소 이외에 다른 여러 가지가 영향을 미치게 된다.

그중 가장 크게 영향을 미치는 것은 지원자의 '첫인상'이다. 누군가의 첫인상은 목소리, 외모, 행동 등이 합쳐졌을 때 만들어진다고 보면 된다. 면접관에게 각인된 지원자의 첫인상은 짧은 시간에 바뀌지 않기 때문에 전체 면접장의 흐름을 좌우하는 요소가 된다.

특히 인성 면접의 경우에는 토론/PT 면접 등과 달리 특정한 주제를 가지고 커뮤니케이션하는 것이 아니기에 사람 자체에 집중하게 된다. 이때, 준비가 잘된 20%의 면접 인원과 준비가 부족한 20%의 면접 인원에 대해서는 평가하기가 쉽다. 다만 서로 비슷한 60%의 면접 인원은 면접이 종료되고 면접관들끼리 모여 합의를 하게 된다. 이때 좋은 첫인상을 심어준 지원자가 대부분 최종 관문을 통과하게 된다.

지원자 또한 사람이기에 발생하는 어쩔 수 없는 상황에 대해 전략을 세워야 한다. 솔직히 우리의 삶에서도 누군가를 판단할 때, 초반에는 첫인상이 중요할 수밖에 없다. 물론 일정 시간이 지나가면 그 사람의 본질적인 모습을 확인하게 되지만, 면접은 짧은 시간에 결정된다.

좋은 첫인상을 만들어 주는 요소는 앞의 내용에 힌트가 있다. 목소리, 외모, 행동이 합쳐지는 시점을 미리 준비하면 된다. 교재에 있는 '1분 자기소개' 스터디를 통해 열심히 준비하는 것이 가장 좋은 방법이다.

⬇

"좋은 첫인상으로 면접관을 속이자!"

에듀윌이
너를
지지할게

ENERGY

기회가 있다고 믿는 사람은 반드시 기회를 붙들고
기회가 없다고 생각하는 사람은 눈앞의 기회도 놓칩니다.

기회는 오고 가는 것이 아니라 내가 눈 뜨는 것입니다.

– 조정민, 『고난이 선물이다』, 두란노

5

10대 공기업
자기소개서 작성 전략

. . . . .

한국전력공사

한국전력공사 채용 이슈 분석

한국전력공사는 기술직의 경우 지원 자격이 해당 분야 전공자 또는 해당 분야 기사 이상 자격증 보유자로 한정되어 있는데, 그중에서도 전기 분야의 경우 산업기사 이상 소지자에 한한다.

자기소개서는 적/부 판정으로 진행되는데, 그렇다고 해서 자기소개서를 대충 작성한다면 면접 전형에서 어려움을 겪을 수 있다. 따라서 적/부 판정이라 하더라도 자신의 직무 역량을 최대한 어필할 수 있도록 자기소개서를 작성해야 한다.

● 전형 절차

구분	전형단계	평가기준	배점	선발배수		동점자 처리기준
1차	서류전형	외국어성적 자격증가점 자기소개서	100 사무20, 기술40 적·부	사무 70배수 전기 15배수 기타 20배수		① 자격증 ② 어학
2차	필기전형	직무능력검사 점수 한전 인재상·핵심가치 등 적합도 결과	100 적합/부적합	사무·전기 2.5배수 기타 4배수		동점자 전원합격
3차	직무면접	직무면접 점수 2차 직무능력검사 점수	100 50	사무·전기 1.5배수 기타 2배수		① 취업지원대상자 ② 장애인 ③ 직무면접 ④ 2차 전형 ⑤ 1차 전형
4차	종합면접	종합면접 점수	100	채용분야별 1배수		① 취업지원대상자 ② 장애인 ③ 3차 전형 ④ 2차 전형 ⑤ 1차 전형
최종	신체검사 및 신원조사		적·부			

*출처: 2021년 상반기 한국전력공사 채용공고문

서류전형에서 외국어 성적은 TOEIC 기준 850점을 100점 만점으로 부여한다. 또한 자격증 가산점이 있으므로 꼼꼼하게 확인하여 사전에 취득할 수 있는 자격증을 최대한 준비하는 것이 좋다.

🗅 ✐ 🖽 🕒

● 자격증 보유 가점표

■ 계열공통 자격가점[4]

분야	배점	종류
한국사	5점	한국사능력검정시험 3급 이상
국어능력	5점	국어능력인증 3급, KBS한국어능력 3+급, 한국실용글쓰기 준2급 이상
IT분야	5점	정보처리기사, 정보처리산업기사, 사무자동화산업기사, 컴퓨터활용능력 1급[5]
외국어	5점	TOEIC스피킹 7등급, OPIc IH등급, FLEX(말하기) 1C 등급 이상

※ 국어능력 분야의 경우 '19. 12. 2. 이후(한국실용글쓰기는 '16. 12. 2. 이후 응시하고 접수마감일까지 발표한 성적만 인정

■ 기술(전기) 직렬 자격가점[6]

배점	종류	
10점	[기사] 전기, 전기공사	[기능장] 전기
8점	[기사] 전자, 품질경영, 산업안전, 소방설비(전기)	[기능장] 전자기기
5점	[산업기사] 전기, 전기공사	
3점	[산업기사] 전자, 품질경영, 산업안전, 소방설비(전기)	

> 4) 동일분야 내 중복 자격증이 있을 경우 1개만 인정 [예시] 토익스피킹 7등급, OPIc IH등급 ⇒ 5점
> 5) 컴퓨터활용능력1급은 대한상공회의소 자격증만 인정
> 6) 최대 2개까지 인정(단, 동일종류 자격증은 상위등급 자격증만 인정)
>   [예시] 전기: 전기기사, 전기산업기사 ⇒ 10점(전기기사만 인정) / 전기기사, 전기공사기사 ⇒ 20점(둘 다 인정)

*출처: 2021년 하반기 한국전력공사 채용공고문

다음으로 주요 전형별 세부 평가 요소를 확인하면 2차 필기전형의 문제 출제 내용을 확인할 수 있다.

● 주요 전형별 세부 평가 요소

구분	사무	전기
직무능력검사	(공통) 의사소통능력, 수리능력, 문제해결능력, 자원관리능력	
	정보능력	기술능력(전공문항)
인성 · 인재상 · 조직적합도검사	한전 인재상 및 핵심가치, 태도, 직업윤리, 대인관계능력 등 인성 전반	
직무면접	전공지식 등 직무수행능력 평가	
종합면접	인성, 조직적합도 등 종합평가	

※ 직무능력검사 과락제 시행
 – 영역별 풀이 제한시간 구분 없음(평가시간 70분 내에 응시자가 자율적으로 시간 안배)
 – 5개 영역 중 1개 이상의 영역에서 과락점수*이하 득점 시 총점과 관계없이 탈락
  * 과락점수: 모집단위별(직군, 권역) 대상인원의 성적 하위 30%(상대점수)
※ 전기 분야 기술능력(전공문항)은 전기(공사)기사의 필기 및 실기 수준으로 출제(15문항)
 – NCS 40문항(70점) + 전공 15문항(30점)

*출처: 2021년 하반기 한국전력공사 채용공고문

🗐 ✎ 💼 🕐

기술능력은 10대 직업기초능력 중 다른 직무와 차별화되는 부분이다. 이는 전기직무 업무를 수행하는 과정에서 기술능력이 다른 직무와 비교했을 때 중요하다는 뜻이다. 따라서 자기소개서를 작성하는 과정에서 의사소통능력, 수리능력, 문제해결능력, 자원관리능력을 중심으로 어필하면서도 기술능력에 대한 부분을 간접적으로 어필하는 것이 효과적이다.

한국전력공사 직무기술서 분석

한국전력공사 기술직무에서 채용 규모가 큰 전기직의 직무기술서에서 가장 먼저 확인해야 하는 것은 채용분야이다. NCS 직무표준에 따라 전기 직무는 대분류[19. 전기전자] 〉 중분류[01. 전기] 〉 소분류[01. 발전설비설계, 02. 발전설비운영, 03. 송배전설비, 04. 지능형전력망설비, 07. 전기공사] 등으로 분류되어 있다. 특히 채용 시 필요한 직무를 별도로 구분하여 채용 공고문 첨부 자료로 직무기술서를 제공하고 있으므로 각 채용마다 직무기술서 내용은 조금씩 다를 수 있다.

● 한국전력공사 전기직무 직무기술서(채용분야)

근 무 처	본사	지역본부	지사	전력지사	기타
	V	V	V	V	V
채용분야 대분류	19. 전기전자				
중분류	01. 전기				
소분류	01. 발전설비 설계	03. 송배전설비	04. 지능형전력망설비		07. 전기공사
	02. 발전설비 운영				
세분류	02. 화력발전 설비설계 · 운영 03. 원자력발전 설비설계 · 운영	01. 송변전배전 설비설계 02. 송변전배전 설비운용	01. 지능형전력망 설비		01. 내선공사 02. 외선공사 03. 송변전 · 배전 설비공사감리

직무기술서상에서 지원자는 세분류 기준의 업무를 파악하여 자신의 직무 역량을 이력서와 자기소개서에 제시해야 한다. 한국전력공사 전기직무 담당자의 주요 업무는 세분류에 표시된 것처럼 8개로 구분된다는 것을 알 수 있다. 하지만 지원자로서는 8개 업무 전체에 대한 직무 역량을 모두 어필하기 쉽지 않다. 따라서 자신이 이수한 전공 수업이나 준비된 경험, 경력 등을 통해 연계성이 높은 직무 2~3개를 선택하고, 이를 기준으로 직무 역량을 어필하는 것이 효과적이다.

📄 ✎ 💼 🕐

ICT 직무의 경우 NCS 직무표준에 따라 대분류[20. 정보통신] 〉 중분류[01. 정보기술, 02. 통신기술, 03. 방송기술] 〉 소분류[01. 정보기술전략기획, 02. 정보기술개발, 03. 정보기술 운영] / 소분류[01. 유선통신구축, 02. 무선통신구축, 03. 통신서비스] / [02. 방송플랫폼기술] 등으로 분류되어 있으며, 세분류 기준 12개의 업무로 세분화된다.

● 한국전력공사 ICT직 직무기술서(채용분야)

근 무 처	본사	지역본부	지사	전력지사	기타
	∨	∨	∨	∨	∨

채용분야	대분류	20. 정보통신		
	중분류	01. 정보기술		
		02. 통신기술		
		03. 방송기술		
	소분류	01. 정보기술전략 · 계획	01. 유선통신구축	02. 방송플랫폼기술
		02. 정보기술개발	02. 무선통신구축	
		03. 정보기술운영	03. 통신서비스	
	세분류	01. 정보기술전략 03. 정보기술기획	01. 교환시스템 구축 02. 구내통신구축 03. 네트워크구축	05. 인터넷멀티미디어 방송
		06. 보안엔지니어링	02. 전송시스템구축 03. 무선통신망구축	
		01. IT시스템관리	10. 주파수공용통신 13. 인터넷지원서비스	

다음으로는 선택한 세분류 직무를 기준으로 직무기술서상에 명시된 직무수행내용, 지식, 기술, 태도를 기준으로 연계성 높은 내용을 선택하여 표시한다.

● 한국전력공사 전기직 직무기술서(직무수행내용/지식/기술/태도) 도출 사례

직무수행내용	○ 전력설비 신증설, 운영, 개선, 운영자동화 ○ 전력계통 해석 및 안전성 유지 ○ 전력품질 및 안전관리 ○ 전력설비사고 조사, 보고 및 예방대책 수립 ○ 기술 및 연구개발 관련 업무 ○ 건설 관련 대관 업무 및 용지 · 환경업무 ○ 전력계통 접속방안, 송전요금 관련 업무 ○ 해외 화력 · 신재생발전사업 · 원자력사업 개발, 계약협상 및 체결

필요지식	○ 전력공학 · 회로이론 · 제어공학 · 전기자기학 · 전기기기공학 · 전기응용 · 재료공학 분야 지식 ○ 전기설비 기술기준 및 배선설비 기준에 관한 지식, 전기품질에 관한 지식, 전력설비 지중화 관련 법규에 관한 지식, 배전 기자재에 관한 지식, 코로나 · 낙뢰 · 미세전류 등을 포함한 기자재 고장 기본 원리에 관한 지식, 전력량계 원리에 관한 지식 ○ 배전 시공 및 공사 관리에 관한 지식, 공가 업무 처리 지침에 관한 지식, 굴착 · 포장 등을 포함한 토목 공사에 대한 기초 지식, 대규모 프로젝트 관리 기법에 관한 지식, 감리업무에 관한 지식 ○ 신재생에너지 및 스마트그리드 개발 동향에 관한 지식, 분산형 전원 기술 기준에 관한 지식, 전기 안전 규범에 관한 지식 ○ 설계도면 해독지식, 전기회로도 설계지식, 전기설비 기술기준 등 관련 법규, 자동 제어 기본 이론에 관한 지식, 변압기 · 차단기 등 변전기기에 관한 지식, 전선 · 케이블 · 철탑 · 애자 등 송전설비에 대한 전기응용 · 재료공학 지식, 시퀀스 제어분야를 포함한 제어공학 지식, 로직 회로 해석 등을 포함한 회로이론 지식, 전력계통 해석 · 운용, 고장계산, 보호계전 방식 등을 포함한 전력공학 지식, 전기자기학 · 전기기기공학 지식
필요기술	○ 설득 및 협상 기술, 수리통계기법, 예산관리기법, 외국어 구사능력, 컴퓨터 활용능력, 문서 작성 및 관리 능력, 자료 검색 능력, 법규이해 활용능력, 초음파 진단 장비 등 측정기 사용 기술, 해외 미팅 안내 · 레터 회신 · 브리핑 등에 필요한 외국어 구사 능력, 법규 이해 및 활용 능력, 자동화 시스템 구축 및 운영 기술, 단위 기기별 조작 능력, 프로젝트 관리기법, 도면판독 기술, 계측기 사용능력, 계통해석 프로그램 운용능력, 위기대응능력 등
직무수행태도	○ 분석적 · 개념적 사고 태도, 세밀한 일처리 태도, 효율적 시간 관리, 원활한 커뮤니케이션 창출 의지, 정보 수집 · 관리 노력, 조직이해 태도, 현장지향적 태도, 즉각적 대응 노력, 안전 사항 준수 의지, 청렴하고 공정한 업무 처리 태도, 원만한 대인관계를 맺으려는 의지, 기기 운전 절차 준수 등

이렇게 자신이 선택한 세분류 기준의 직무와 준비된 역량 사이에 관련된 내용을 도출한 이후 직무와 실무 관점에서의 키워드를 다시 도출하여 정리한다. 이후 자기소개서 작성 과정에서 정리된 키워드들이 자기소개서상에 단어로 표현되면 직무기술서 기준의 직무 역량을 효과적으로 어필할 수 있다.

직무 연계 키워드	실무 연계 키워드
전력계통 해석	설득 및 협상 기술
전력품질	자료 검색 능력
전력설비사고	프로젝트 관리기법
신재생발전사업 · 원자력사업 개발	계통해석 프로그램
전기설비 기술기준	분석적 · 개념적 사고
배선설비 기준	원활한 커뮤니케이션
배전 기자재에 관한 지식	조직이해
전력량계 원리	원만한 대인관계

한국전력공사 기업 이슈 분석

최근 환경문제에 대한 사회적 관심이 높아지면서 에너지, 발전 산업은 친환경 에너지 개발에 대한 투자와 연구를 지속해서 확대하고 있다. 이러한 상황에서 한국전력공사의 신재생에너지 추진 현황을 조사하고, 자기소개서 작성 시 이러한 내용을 언급하여 시장 현황과 기업의 사업추진 내용을 이해하고 있다는 것을 어필하는 것도 중요하다.

● 한국전력공사 신재생사업 추진 현황

사업명 (SPC설립)	사업개요	설비규모(MW)	참여사 현황(지분율)
서남해 해상풍력(실증) ('12. 12.)	○정부 서남해 2.5GW 해상풍력 종합추진계획 발표('11~) ○터빈 3호기 상업운전 개시('19. 6.) ○실증단지 최종 준공(총 20호기)('19. 11. 예정)	해상풍력(60)	한전(25%), 한수원 등 발전6사(각각 12.5%)
밀양 희망빛태양광 ('15. 6.)	○765kV 송전선로 건설 반대 민원해소(지역주민지원) ○준공('19. 6.), 운영(~'36)	태양광(2.5)	한전(50.04%), 한수원 등 발전6사(각각 8.326%)
학교 태양광 ('16. 6.)	○전력분야 10대 프로젝트('16) 선정 - 600여개 학교, 공공 기관, 지자체 등 ※ 195개교 참여중 ○건설(~'21), 운영(준공 후 20년간)	태양광(110)	한전(50%), 한수원(8.375%), 발전 5사(각 8.325%)
제주한림해상풍력 ('17. 12.)	○자체 사업개발(전력그룹사, 민간사와 협력) ○인허가 및 터번기종 선정 진행중('18~)	해상풍력(100)	한전(29.0%), 중부발전(28.0%), 한전기술(20.0%), 대림산업(20.0%), 바람(3.0%)

*출처: 금융감독원 전자공시 시스템 '한국전력공사 사업보고서'

또, 한국전력공사가 디지털시대 미래전략산업 주도권 확보를 위해 진행하고 있는 핵심전략을 확인하여 자기소개서 작성 시 전기 직무와 연계성이 높은 전략에 대해 어필하는 것도 효과적이다.

● 한국전력공사 5대 핵심전략기술 개발

구분	개발목표	개발성과
공급안전, 고장감소	계통 유연성 확보 및 고정밀 계통 감시제어	○ 디지털변전소 상호운용성 검증 기술 ○ 고정밀 BMS 개발 및 ESS 운영DB 분석 기술 ○ 그래핀 슈퍼커패시터 모듈 기술 ○ 표준정보모델 기반 ADMS 응용프로그램 인터페이스 개발 ○ IoT 서비스 개발 솔루션 및 영상분석기술 ○ 분해가스 정밀분석 기술 및 진단 알고리즘
CAPEX/ OPEX절감	회사 보유자원 효율적 배분 및 고효율 그리도 구현	○ HVDC Mi−PPLP 케이블 부분방전 측정기술 ○ 가스터빈 축 및 블레이드 통합 신호처리 및 감시시스템 기술 ○ 송전 AMS 데이터 정제 및 정확도 향상 기술 ○ 380MHz 대역 WSN(Wireless Sensor Network) 기술 ○ PMU 기반 전력계통 상황인지 기술 ○ 가스터빈 동압센서 건전성평가 기술 ○ 가스터빈 기동용 10MW급 속도제어 및 전력변환 기술 ○ 신재생에너지 출력예측 및 안정도 평가 기술
친환경/ 안전	깨끗하고 안전한 에너지 공급 및 운영체계 확보	○ 2MW급 초임계 CO2 발전시스템 설계 기술 ○ 순산소 가입유동층 보일러 설계 기술 ○ 맞춤형 분리막 공정 설계 기술 ○ PM−NOx 동시처리 촉매필터 기술 ○ 송전설비 전단 드론 자동 비행 제어 및 모니터링 기술
신재생/ 신사업	핵심역량 활용으로 부가가치 창출 신사업 기반 구축	○ 전자인증체계 기반 EV 충전인프라 보안인증 기술 ○ 재생에너지 출력 특성을 반영한 계통 안정도 해석 기술 ○ 해외수출형 MONS 데이터 분석 솔루션 ○ 클라우드 기반의 SW 개발 및 AI 분석 플랫폼
미개척 도전	산업파급 효과가 큰 미개척 기술 개발	○ BIPV용 페로브로스카이트 태양전지 핵심소재 및 공정 설계 기술 ○ 사이버 공격 정오탐 및 이상탐지 모델링 기술 ○ ESS용 망간 수계 이차전지 설계 기술

*출처: 금융감독원 전자공시시스템 '한국전력공사 사업보고서'

추가로, 한국전력공사의 최근 신년사를 조사하면 회사가 진행하고 있는 중점 추진사업에 대해 알아볼 수 있으며, 자기소개서 작성 시 한국전력공사의 최신 추진사업에 대해 언급하여 기업의 이해 수준이 높다는 것을 어필하는 것도 좋은 방법이다.

위에서 언급한 사업보고서에서 확인한 전략이나 운영 중인 사업, 신년사 조사를 통한 최신 추진사업 등을 파악한 것과, 자신이 학창 시절 학습한 전공 내용과 연계성이 있는 이슈에 대해서 자기소개서에 언급하는 것을 적극적으로 추천한다.

● 한국전력공사 2022년 신년사

첫째, '연대와 협력', '공유와 협업'입니다.
둘째, '빠르고 유연한 기업문화'입니다.
셋째, '안전경영과 업무효율화'입니다.
넷째, '전력산업 가치사슬 전 주기의 효율화'입니다.
탄소중립을 향한 국내 전력산업의 체질 전환을 성공적으로 이뤄 갑시다.

한국수력원자력

한국수력원자력 채용 이슈 분석

한국수력원자력은 발전 분야에서 가장 큰 공기업 중 하나이다. 최근 친환경 에너지 정책이라는 사회적 분위기에 맞춰 원전을 줄여 나갈 계획이지만, 현재 우리나라에서 가장 높은 효율로 전기를 생산하는 곳이다.

총 5개의 문항으로 구성된 자기소개서는 경험/경력기술서와 비슷한 유형의 1번 문항부터 5번 문항까지 모두 스토리텔링(What?형)으로 작성해야 한다. 800~1,000자로 구성된 5개의 문항에는 세부 문항이 추가되어 당황스러울 수 있지만, 스토리텔링을 기반으로 차분히 작성하면 된다.

● 한국수력원자력 자기소개서 문항 예시

[2번 문항] 정직, 남을 위한 봉사, 규칙 준수 등 윤리적인 행동으로 좋은 결과를 얻었던 경험을 아래 세부 항목에 따라 구체적으로 작성해 주십시오. (800자 이내)
2-1. 언제, 어디서 있었던 일이며, 본인이 맡았던 역할은 무엇이었는지 기술하여 주십시오. (300자 이내)
2-2. 구체적으로 한 행동과 그렇게 행동하셨던 이유는 무엇인지 기술하여 주십시오. (300자 이내)
2-3. 그러한 행동이 당신과 타인에게 미친 영향은 무엇인지 기술하여 주십시오. (200자 이내)

한국수력원자력의 채용은 매년 200~400명 정도의 인원으로 진행되며, 기술직 중심의 채용이 진행되는 대표적인 공기업이다. 특히 기계, 전기전자, 원자력 관련 직무가 채용 규모가 가장 크다.

기술직의 경우 분야별 선발인원의 40배수(단, 화학/전산 분야는 50배수)를 사전평가를 통해 선발한다. 사전평가에서는 자기소개서 '적/부' 판정과 외국어 성적 100점 만점, 자격/면허 가점 2~10점, 일반가점 등을 통해 평가한다.

● 1차 전형(사전평가)

구분	배경	내용
자기 소개서	적/부	○ 작성내용 적합성, 분량 적정성, 블라인드 관련사항 기재, 타인과 동일한 내용(표절률) 등을 종합적으로 판단 ○ 부적격 판정(1개 이상 기준 충족 시 부적격): 표절률 30%이상 / 중대결함 1건 이상 / 의심결함 3건 이상 　– 중대결함: 글자 수 미달(띄어쓰기 제외 글자 수 문항당 25% 미만), 의미 없는 단어 반복, 자기소개서 문항 복사, 블라인드 위배(성명, 출신학교명, 등 기재) 등 　– 의심결함: 반복 문장, 문항별 동일답변, 당사명 오기재 등
외국어 성적	100점	○ 인정 외국어: TOEIC, TEPS, JPT, HSK, TOETL (iBT) 또는 TOEIC스피킹, TEPS스피킹, 오픽(영어) 중 1개 ○ 점수: 토익기준 사무 850점, 기술 800점 이상인 경우 만점 　– 세부 점수기준 및 어학환산표 붙임6 참조 ○ 유효성적: 입사지원서 접수마감일 기준 최근 2년 內 발표한 성적 [국외 응시 · 조회불가 성적 · 특별시험 성적 등은 불인정(TOEFL은 외국 응시 성적 가능)] → 응시 자격 인정기준과 동일
자격 · 면허 가점	각 2~10점	○ 점수 중복 가능하며, 세부내용은 붙임6 참조
일반 가점	10점	○ 발전소주변지역 주민 중 10% 가점 해당자
	5점	○ 발전소주변지역 주민 중 5% 가점 해당자 ○ 방폐장유치지역 가점 해당자
	2점	○ '21년 1월 이후 입사한 당사 체험형 인턴 중 경진대회(성가평가) 성적우수자 　– 성적우수자 확정(수료일)로부터 2년간 유효(횟수 제안 無) 　　※ 가점적용 기준일: 입사지원서 접수 마감일 　　※ 적용범위: 사전평가만 적용 ○ '19년 1월 이전 체험형 인턴 장애인 전형 수료자(①) 및 '19년 6월 이후 체험형 인턴 사회형평전형(취업지원대상자, 장애인) 수료자(②) 　– 수료 시점 이후 3년간 1회에 한하여 가점 적용 　　※ 가점적용 기준일: 입사지원서 접수 마감일 　　※ 적용범위: ① – 1차수 채용과정 전체(사전평가, 1차 전형, 2차 전형) 적용 　　　　　　　② – 사전평가만 적용 ○ 본사이전지역 인재

*출처: 2021년 제2차 한국수력원자력 채용공고문

　한국수력원자력 채용은 입사지원서와 자기소개서를 제출하면 시험을 치르는 원서접수형 채용 형태를 가진다. 하지만 기술직의 경우 어학과 자격증을 통해 응시 자격을 주기 때문에, 사전에 응시를 위한 조건이 필요하다. 기술직의 경우 어학은 TOEIC 700점 이상이면 지원할 수 있고, 직무 관련 전공자나 산업기사 이상의 자격증을 확보해야 필기전형을 치를 수 있다. 전공자라면 어렵지 않은 조건이다.

● 기술직 응시자격

1. 학력
   - 기술: 응시 분야별 관련학과 전공자 또는 관련 산업기사 이상 국가기술자격증·면허 보유자
2. 연령: 제한 없음
3. 외국어
   - 일반모집(기술): TOEIC 기준 700점 이상 또는 TOEIC스피킹 기준 120점 이상
   - 인정 외국어: TOEIC, TEPS, NEW TEPS, JPT, HSK, TOEFL(iBT) 또는 TOEIC스피킹, TEPS스피킹, 오픽(영어) 중 1개
   - 유효성적: 접수마감일 기준 최근 2년 이내 국내정기시험 성적에 한하며, 국외응시·조회불가 성적·특별시험 성적 등은 불인정(TOEFL은 국외응시 성적 가능)

*출처: 2021년 제2차 한국수력원자력 채용공고문

● 기술직 필수 자격

구분	응시분야별 지원가능 학과
기계	(기계)자동차/공정(공정설계)/금속(시스템)/금속재료(금속신소재)/기계공학(기계과)/기계설계(자동화공학)/기계시스템(디자인)/기계재료(소재)/기계정보/기계제어/기관학/냉동(공조)/냉동공조에너지/농업기계/메카트로닉스(자동화)/무기재료/산업공학/산업기계/산업시스템/생물산업기계/생산(산업)자동화/생산가공/생산기계/선박공학/선박기계/소방설비/신소재(응용)공학/열 및 유체/재료공학/정밀기계/조선공학/지능기계/철도기계/컴퓨터(응용)기계(설계)/항공우주(기계/시스템/재료)/해양공학/해양기계 등
전기전자	광전자/기계제어/디지털정보/로봇시스템/멀티미디어통신/반도체공학/소방설비/위성(이동통신)/응용전자/의용전자/전기공학/전기공학교육/전기과/전기시스템/전기전자(제어)공학/전기전자전파공학/전기전자제어/전기정보(통신)/전기제어/전자공학/전자과/전자시스템/전자재료/전자전기(정보)전자제어/전자전기(정보)통신공학/전자전기컴퓨터공학/전자전산학/전자전파정보(통신)공학/전자컴퓨터/제어계측공학/제어계측시스템/제어계측자동화/제어계측컴퓨터/컴퓨터/컴퓨터(응용)전기시스템공학/컴퓨터멀티미디어/항공전자/항공통신/해양선박전자/해양선박통신 등
통신	광전자/기계정보/디지털정보/멀티미디어통신/위성(이동통신)/전기전자전파공학/전기정보(통신)/전자전기(정보)(통신)공학/정보제어/통신공학/항공통신/해양선박통신/ICT공학/IT공학 등
전산	전산학과/디지털정보/컴퓨터공학/전자상거래/컴퓨터멀티미디어/소프트웨어공학/전자전기컴퓨터공학/컴퓨터(응용)전기시스템공학/전자전산학 등

*출처: 2021년 제2차 한국수력원자력 채용공고문

    필기전형은 직업기초능력 5개 분야[의사소통능력, 수리능력, 문제해결능력, 자원관리능력, 직무별 평가능력(ICT−정보능력, 그 외 기술직−기술능력)]의 NCS 50문항과 직무수행능력인 전공 25문항, 회사 및 한국사 관련 일반상식 5문항으로 출제된다. 직무수행능력과 비교해 직업기초능력 시험의 난도가 높은 것으로 알려져 있기에 준비의 비중을 달리하는 것이 유리하다.

● 1차 전형(필기시험)

구분	배점	내용	비고
NCS 직무역량검사	100	○ 직업기초능력: 각 5개 분야(총 50문항) (공통) 의사소통, 수리, 문제해결, 자원관리 / (사무) 조직이해 / (ICT) 정보능력 / (그 외 기술*) 기술능력 *기술 중 ICT 제외(원자력, 수력·양수, 신·재생에너지, 토건) – 해당 영역의 근본적인 능력을 평가하는 간단한 문항부터 직무 맥락적인 상황을 포함하는 긴 문항까지 다양한 형태의 문제 출제 가능	70%
		○ 직무수행능력(전공): 응시분야별 해당 기초전공지식(총 25문항) • 사무: 법학, 행정학, 경제학, 경영학(회계학 포함) • 기술: 해당 전공분야 전공지식 ※신·재생의 경우 에너지, 신재생, 수소, 연료전지 관련 내용 출제 – 직무수행과 관련성이 있는 전공지식 중심의 문항출제	25%
		○ 직무수행능력(상식): 회사상식, 한국사 등 일반상식(총 5문항)	5%

*출처: 2021년 제2차 한국수력원자력 채용공고문

필기시험까지 이어지는 채용 프로세스에서 비중이 낮았던 자기소개서는 면접에서 활용된다. 면접은 총 100점 만점을 기준으로 인성 면접에 해당하는 직업기초능력 면접이 40점의 비중을 가지는데, 필자의 경험상 해당 면접은 자기소개서와 인성검사 내용을 바탕으로 이루어진다. 자기소개서의 비중이 높은 만큼 직무기술서의 키워드와 관련지어 잘 작성해야 면접에서 높은 점수를 얻을 수 있다.

● 2차 전형(면접)

■ 2차 전형(인성검사, 심리건강진단 적격자에 한해 면접 시행)
– 선발인원: 최종 선발 예정 인원의 1배수(예비합격자 별도 선발)
– 평가요소 및 평가방법

구분	배점	내용
면접	100	○ 직업기초능력 면접(40점) – 내용: 자기소개서 기반 직업기초능력(근로윤리, 자기개발능력 등) 평가를 위한 질의응답 진행(개인별 약 20분) – 평가등급: A(40), B(32), C(24), D(16), E(부적격) ○ 직무수행능력 면접(30점) – 내용: 회사 직무상황 관련 주제에 대해서 문제해결 방안 토의, 개인별 질의응답 및 결과지 작성을 통해 직무수행능력(의사소통능력, 문제해결능력 등)평가(조별 약 75분) – 평가등급: A(30), B(24), C(18), D(12), E(부적격) ○ 관찰면접(30점) – 내용: 조별과제 수행 관찰평가(의사소통능력, 대인관계능력, 문제해결능력 등)를 통해 지원자의 인재상 부합여부 검증(조별 약 120분) – 평가등급: A(30), B(24), C(18), D(12), E(부적격)

인성검사	–	○ 적격/부적격 판정
심리건강진단	–	○ 적격/부적격 판정

*출처: 2021년 제2차 한국수력원자력 채용공고문

📝 ✏️ 🗃️ 🕐

    한국수력원자력의 전체 채용과정에서 의사소통능력, 문제해결능력의 경우에는 전체 전형에서 두루 활용되고 있음을 알 수 있다. 자기소개서와 면접 과정에서 구체적인 직업기초능력에 대한 활용을 명시하지는 않았지만, 자기소개서 문항과 면접 유형을 확인하면 7가지의 직업기초능력에 대한 검증이 이루어지고 있음을 알 수 있다.

● 채용 프로세스 내 10대 직업기초능력 검증 가이드

10대 직업기초능력	자기소개서 & 면접	필기전형(NCS 기반 필기)
의사소통능력	◎	◎
수리능력		◎
문제해결능력	◎	◎
자기개발능력		
자원관리능력		◎
대인관계능력	◎	
정보능력		
기술능력		◎
조직이해능력		
직업윤리	◎	

◎: 활용 빈도 높음 , ○: 활용 빈도 보통, 빈칸: 활용 빈도 낮음

한국수력원자력 직무기술서 분석

한국수력원자력의 자기소개서에는 직무에 대한 이해를 기반으로 작성해야 하는 문항들이 많은 편이다. 문항별로 세부 질문이 3개씩 존재하기에 직무기술서상의 키워드를 적절히 잘 활용하여야 한다. 특히 5개의 문항에 800자 정도의 글자 수를 해결해야 해서, 사전에 활용 스토리를 잘 분류하고 직무기술서의 키워드와 적절하게 매칭시켜두어야 한다.

● 한국수력원자력 기계직 직무기술서(채용분야)

채용분야	기계	NCS 분류체계	대분류	19. 전기전자	
			중분류	01. 전기	
			소분류	02. 발전설비운영	
			세분류	03. 원자력발전설비운영	05. 원자력발전기계설비정비

한국수력원자력 기계직 직무기술서 대분류는 [19. 전기전자]이며, 중분류와 소분류를 따라 마지막 세분류를 보면 [03. 원자력발전설비운영]과 [05. 원자력발전기계설비정비]로 연결되어 있으며, 기계직이지만 NCS 표준 직무기술서 분류 체계의 대분류 [19. 전기전자]에 포함되어 있다. 특히 원자력 발전 관련 전공 지식과 관련 기계 이론 등에 대한 이해력이 높다면 채용 과정에서 직무 역량을 효과적으로 어필할 수 있을 것이다.

● 한국수력원자력 전기전자직 직무기술서(채용분야)

채용분야	전기전자	NCS 분류체계	대분류	19. 전기전자
			중분류	01. 전기
			소분류	02. 발전설비운영
			세분류	01. 수력발전설비운영

대분류는 [19. 전기전자]이며, 학창 시절 전공 또는 활동 내용이 관련 분야와 연결되면 좋다. 중분류와 소분류를 따라 마지막 세분류를 보면 [01.수력발전설비운영]과 [03. 원자력발전설비운영]으로 연결되는데, 이중 [01.수력발전설비운영]을 기준으로 분석을 해보도록 하자. 이때, 전공자가 아니면 정확한 매칭이 어려우니 비슷한 내용으로 글을 작성한다고 생각하는 것이 좋다.

● 한국수력원자력 전기전자직 직무기술서

능력단위	(수력발전설비운영) 02.수력발전운영계획수립, 03.수력발전설비운전, 05.수력발전설비점검, 06.수력발전설 비정비, 07.수력발전설비성능개선, 08.수력발전설비운영관리, 10.수력발전환경관리
직무수행내용	(수력발전설비운영) 수력에너지를 이용하여 경제적인 전기를 생산하기 위한 발전설비의 안전한 운전과 유지보수를 수행

직무기술서상의 능력단위와 직무수행내용은 관련 경험을 참고하는 도구로 활용되어야 한다. 다만 한국수력원자력의 경우에는 취업준비생이 사전에 경험하기 어려우므로 유사한 형태의 경험을 찾아야 한다. 그런데 만약 그러한 경험이 없으면 필요지식, 필요기술, 직무수행태도를 중심으로 키워드만 도출하면 된다.

● 한국수력원자력 전기전자직 직무기술서

필요지식	(수력발전설비운영) 수리학, 수력학, 항복강도, 인장강도와 피로강도검사, 기전설비 비파괴검사, 발전공학, 재료역학, 전력계통공학, 전기사업법, 댐통합운영규정
필요기술	(수력발전설비운영) 발전기 출력계산, 발전설비 정비주기 확인과 점검계획 수립, 정비공정표 작성, 설비별 운전특성과 정지절차 확인, 시험절차와 검사절차 계획수립, 노후설비의 진단과 평가, 설비점검 결과 판단, 계측기 활용, 계량설비 설치기준과 운영절차, 계량설비 오차시험 기술, 전력거래용 계량기와 통신설비 이상여부 파악, 고장발생 또는 비상시 안전조치와 대책수립, 보조기기 기동과 정지운전, 시퀀스 다이어그램 해석, 최적운전상황판단, 정전시 대처를 위한 시송전절차서 작성, 정전시 비상상황 판단, 정전시 시송전절차서에 따른 운전과 비상운전, 주기기 기동과 정지운전 기술, 주기기 운전조건 확인, 주기기 정상작동 여부파악, 법정검사 대상기기와 주기확인, 설비계통도면검토, 공기구 및 계측기 사용, 기기별 분해 및 조립, 기기별 수명관리, 발전설비 고장원인분석, 발전설비 성능진단, 성능저하설비선정, 절연진단시험
직무수행태도	(수력발전설비운영) 타부서와의 협력성, 정비 효율성 증대 의지, 공정에 대한 주의 깊은 관찰력, 예비품 확보 철저, 정비품질 유지, 작업 전 철저한 사전준비, 주의력, 감전사고 방지노력, 작업 후 정리정돈과 확인, 설비안전사고 방지 노력, 규정·절차·법규 준수 태도, 갈등해소 및 조정을 위한 자세, 문제해결에 대한 적극적인 자세

학교에서 조별 과제를 통해 기계나 전기 관련 프로젝트를 진행한 경험이 있다면 필요기술과 직무수행태도를 활용하여 필요한 키워드를 도출하면 된다. 가령, 프로젝트에서 전력 관련 주제를 다루었다면 필요기술의 '시험절차와 검사절차 계획수립'이나 직무수행태도의 '공정에 대한 주의 깊은 관찰력', '타부서와의 협력성', '문제해결에 대한 적극적인 자세' 등을 키워드로 가져가면 된다. 정확하게 직무에 필요한 경험을 하는 것은 어려운 일이므로, 비슷한 속성의 경험을 매칭하도록 하자.

● 한국수력원자력 직무기술서 분석 예시

학창 시절 경험	키워드 도출
조별 과제 프로젝트	공정에 대한 주의 깊은 관찰력, 타부서와의 협력성, 문제해결에 대한 적극적인 자세
학생회 활동(행사)	갈등해소 및 조정을 위한 자세, 타부서와의 협력성

한국수력원자력 기업 이슈 분석

한국수력원자력은 대내외적으로 어려운 상황에 직면해 있다. 다수의 원자력발전이 정비 중이며, 해외사업은 무한 경쟁이고, 신재생에너지도 실질적으로 수익을 가져오지 못하고 있는 형편이기 때문이다. 새로운 정부가 들어서기 전만 해도 밝은 미래가 노력 없이도 보장되었지만, 현재는 원자력 발전을 대체할 새로운 무언가를 만들어야 하기 때문이다.

한국수력원자력은 신년사를 통해 스스로를 더욱 가다듬고 새로운 결의를 다지며 성숙하고 실력 있는 세계적인 기업으로 도약해 나가야 한다고 밝혔다. 이를 위해 탄소중립 경제, 수소산업, 그린에너지, 해외사업, ESG 경영 등 다양한 사업 포트폴리오를 통해 세계 최고의 종합에너지기업으로 발돋움하기 위하여 다음과 같이 메시지를 제시하였다.

● 한국수력원자력 2022년 신년사

첫 번째, 안전 경영으로 탄소중립 경제 선도
두 번째, 신사업과 수소산업 선도
세 번째, 보유한 자원 활용과 그린에너지 선도
네 번째, 해외 사업 선도
다섯 번째, 국민이 감동하는 ESG 경영 선도

위의 메시지와 연계된 주요 연구 개발 실적을 바탕으로 기업분석이 진행되면 효과적인 채용 준비가 될 수 있을 것이다.

● 연구 개발 실적

#1. 가압경수로 열병합발전 설계 개발 및 검증
- 유럽 지역 신형원전 수출을 위한 방사선 방호 관련 최신 인허가 규제기준, 기술기준 및 기술규격 요건 적용에 대한 선제적인 대응
- 발전소의 운영 효율화 및 원전 해외수출에 필요한 기술력 확보
- 발전소의 터빈계통, 복수 및 지역난방계통에 대한 자료 확보, 국내 계통 설계 기술력 향상 및 향후 추기계통 최적화 설계, 열병합설비 설계에 대한 기술력 확보

#2. 보조계통 열교환기 와전류검사 신호평가 자격인증체계 개발
- 국내원전 보조계통 열교환기 와전류검사 신호평가자에 대한 자격인증체계 구축/운영을 통한 비파괴검사 신뢰도 향상
- 보조계통 열교환기 와전류검사 신호평가 절차 미흡 관련 규제현안 해결
- 보조계통 열교환기 와전류검사 신호평가 자격인증체계 운영
- 국내원전 보조계통 열교환기 전열관 결함 특성 분석 및 신호평가

#3. 경수로 사용후핵연료 원전내 건식저장시설 안전성 평가(1단계)
- 한빛원전 안정적/지속적 운전을 위한 사용후핵연료 저장용량 확보
- 고리1호기 해체를 위한 별도 건식저장시설 확보
- 경수로 원전 사용후핵연료 소내건식저장 추진을 위한 기술확보 및 인허가 신청

#4. 30MW급 프란시스/카플란 수차 수력원천설계기술 개발
- 원천설계기술 확보 및 국내외 국산개발품 공급을 통한 수익창출
- 개발기술에 대한 국내 유망기업 유상 기술이전
- 원천설계기술 확보 및 유망 강소기업 육성
- 설비고장 시 신속 대응역량 제고 및 유지관리 업무 향상

#5. 기후변화 대응 해외 댐 적지 예비분석 기술 및 자동화 시스템 개발
- 기후변화 대응 해외 댐 적지 선정기법을 통한 기술 경쟁력 확보
- 해외 수력발전사업의 댐 위치선정 적절성 평가 도구로 활용
- 해외 신규 수력발전사업 참여 시 예비 타당성 평가 시스템으로 활용

한국동서발전

한국동서발전 채용 이슈 분석

한국동서발전은 대부분 공공 기관이 시행하는 보편적인 블라인드 채용을 진행하는 기관이다. 채용과정에서 서류전형의 허들은 낮고, 필기시험의 난도가 높은 편이다. 서류를 제출한 지원자 대부분은 간단한 적격판정을 통해 모두 필기시험을 치를 기회를 얻게 된다. 또한, 필기시험을 통과한 후 진행되는 면접전형도 3~5배수 정도 되는 많은 인원에게 기회를 준다. 따라서 자기소개서를 쓰기 위해 진행되는 기업분석과 직무분석의 내용이 이후의 채용과정에서도 연계되어 활용된다.

다만, 한국동서발전 채용에 있어서 아쉬운 부분은 타 발전소 대비 매년 적은 수의 신규 채용이 이루어졌다는 점이다. 2021년 하반기 공채에서 대졸 신입 일반 채용 기준 총 63명의 채용이 있었고, 기술직 중에서는 발전기계와 발전전기 직무가 상대적으로 채용이 많이 이루어지고 있다. 올해는 더 많은 인원을 채용할거라 기대하고 싶지만, 발전소의 규모로 볼 때, 크게 증가하지는 않을 것으로 생각된다.

한국동서발전의 자기소개서는 총 6문항으로 구성되어 있으며, 문항별로 500자까지 작성할 수 있다. 문항의 내용은 기업분석을 활용해서 지원동기를 적어야 하는 1번 문항과 직업기초능력을 기반으로 직무기술서상의 키워드를 활용해야 하는 2~3번 문항으로 구성되어 있다. 4~6번 문항은 스토리텔링을 활용해야 하는데, 전체적으로 문항 수가 많은 만큼 사전에 여러 경험을 준비해 두면 활용에 어려움을 느끼지 않는다.

● 전형 절차

구분	세부내용
지원서 접수	○ 인터넷 접수(https://ewp.incruit.com)
서류전형	○ 최소 적격여부 판단 → 적격자 전원 필기시험 응시기회 부여 ※ 자기소개서 불성실 기재자 불합격(항목 미기재, 동일문구 반복, 비속어 사용, 회사명 오기, 타인 표절, 100자 미만 기재 등) ○ 필기전형 대상자 및 장소/시간 공지
필기전형 (채용예정인원의 3~5배수 선발)	○ 합격자 결정: 직무수행평가(50점 환산)+NCS 직업기초능력평가(50점 환산)+가점 반영 ① 인성검사: 인성면접 참조자료로 활용 ② 직무수행능력평가(만점 100점) 　– 전공(90점)+한국사(10점) ③ NCS 직업기초능력평가(만점 100점) ○ 필기전형 합격자 발표
1차 면접전형 (직무역량면접) (채용예정인원의 1.5~2.5배수 선발)	○ 직무수행능력 · 역량 및 상황분석력 · 의사소통 · 조직적응력 등 평가 　– ① 직무구술면접(50점)*, ② 직무PT토론면접(50점)* 　　* ①, ②: 그룹별 집단면접 형태 시행 　　* ②: 직무관련 주제 · 상황 제시 및 개별 검토 후 집단토론을 통한 합의안 도출(조별 약 60분)* 개별검토(30분) 후 조별토론(30분) ○ 합격자 결정: [① 직무구술면접(50점)+② 직무PT토론면접(50점)] +가점 반영 ○ 1차 면접전형 합격자 발표
2차 면접전형 (인성면접) (채용예정인원의 1배수 선발)	○ 인성, 인재상 부합여부, 조직적합도 등 종합평가 　– ① 인성면접(100점) ○ 합격자 결정: 직무구술면접(25점 환산)+직무PT토론면접(25점 환산)+인성면접(50점 환산)+가점 반영 ○ 2차 면접전형 합격자 발표

*출처: 2021년 한국동서발전 채용공고문

　한국동서발전의 필기전형은 인성검사와 직무수행능력평가 및 NCS 직업기초능력평가가 이루어지며, 인성검사는 점수에 반영되지 않고 향후 인성면접에 활용하기 위한 참고자료로 활용된다. 100점 만점 중 직무수행능력평가가 50점, NCS 직업기초능력평가가 50점으로 진행되며, 모든 발전소 시험과 동일한 형태로 출제되니 한국동서발전 취업을 목표로 하는 지원자의 경우에는 목표의 범위를 넓히는 것이 좋다. NCS 직업기초능력평가의 경우에는 '의수문'이라 불리는 의사소통능력, 수리능력, 문제해결능력 세 가지 과목에서만 출제되기에 범위는 넓지 않은 편이다.

● 한국동서발전 필기시험

구분	세부내용
필기전형 (채용예정인원의 3~5배수 선발*)	○ 합격자 결정: 직무수행능력평가(50점 환산)+NCS직업기초능력평가(50점 환산)+가점 반영 ① 인성검사: 인성면접 참조자료로 활용 ② 직무수행능력평가(만점 100점): 전공(90점)+한국사(10점) ③ NCS직업기초능력평가: 만점 100점

*채용예정인원: 5명 이상 채용할 경우 3배수, 4명 이하 채용할 경우 5배수

모집분야	출제범위	비고
발전기계	재료/유체/열역학, 동력학 등 기계일반	일반기계기사 과목
발전전기	전력공학, 전기기기, 회로/제어공학 등 전기일반	전기기사 과목
화학	일반화학, 화학공학, 대기환경, 수질환경 등	일반화학(기초), 화공, 대기 및 수질환경기사 과목
토목	응용역학, 측량학, 수리학 및 수문학, 철근 콘크리트 및 강구조, 토질 및 기초, 토목설계 및 시공학	토목기사 수준
건축	건축계획, 건축시공, 건축구조, 건축설비, 건축관계법규, 건축시공실무 등	건축기사 수준
IT	데이터베이스, 전자계산기 구조, 소프트웨어공학, 데이터통신, 정보통신시스템, 정보보안 일반 등	정보처리, 정보통신 정보보안기사 과목

채용 전형에서 특이한 점이라고 볼 수 있는 부분은 동점자 처리 방안이다. 공공 기관별로 동점자 처리를 위한 기준이 존재하는데, 한국동서발전의 경우 면접자의 동점자 처리 방안에 대한 기준도 존재한다. 보통 공공 기관의 면접은 동점자를 만들지 않는 형태로 점수의 배분이 이루어지지만, 다른 유형의 면접을 같은 날에 시행하면 동점자가 발생할 수도 있다.

● 동점자 처리 기준

구분		동점자 처리기준
필기전형		동시합격
면접 전형	1차 직무역량면접	동시합격
	2차 인성면접	인성면접 〉 직무구술면접 〉 직무PT토론면접 고득점순으로 선발

한국동서발전의 채용 프로세스를 통해 확인된 직업기초능력의 활용은 정확히 분리되어 있다는 특징을 가진다. 전체적으로 모든 직업기초능력을 확인하는 것은 당연하지만, 필기시험에서 활용되는 능력과 자기소개서·면접에서 활용되는 능력이 철저히 분리되어 있다고 볼 수 있다.

● **채용프로세스 내 10대 직업기초능력 검증 가이드**

10대 직업기초능력	자기소개서 & 면접	필기전형(NCS 기반 필기)
의사소통능력		◎
수리능력		◎
문제해결능력		◎
자기개발능력	◎	
자원관리능력		
대인관계능력		
정보능력	◎	
기술능력	◎	
조직이해능력	◎	
직업윤리	◎	

◎: 활용 빈도 높음, ○: 활용 빈도 보통, 빈칸: 활용 빈도 낮음

한국동서발전 직무기술서 분석

한국동서발전의 자기소개서 문항은 메인 질문을 중심으로 세부적인 설명이 들어 있어 구체적인 스토리텔링이 필요하다. 특히 1~3번 문항까지 기업과 직무에 대한 이해를 바탕으로 작성을 해야 하기에 철저히 직무기술서를 활용하여야 하고, 4~6번 문항의 경우에는 키워드 중심으로 작성해야 한다.

● 한국동서발전 기계전기직 직무기술서(채용분야)

채용분야	기술	NCS 분류체계	대분류	19. 전기전자	
			중분류	01. 전기	
			소분류	01. 발전설비설계	02. 발전설비운영
			세분류	02. 화력발전설비설계	02. 화력발전설비운영

　　한국동서발전의 기계전기 직무기술서 대분류는 일반적인 발전소들과 같이 [19. 전기전자]이다. 중분류와 소분류를 따라 마지막 세분류를 보면 [02. 화력발전설비설계], [02. 화력발전설비운영]으로 나뉘는데, 전기공학 및 기계공학 전공자로서 발전설비와 관련된 경험이나 학습 내용이 있으면 유리하다.

● 한국동서발전 IT직 직무기술서(채용분야)

채용분야	IT	NCS 분류체계	대분류	20. 정보통신		
			중분류	01. 정보기술		
			소분류	03. 정보기술운영		02. 정보기술개발
			세분류	01. IT시스템관리	03. IT기술지원	06. 보안엔지니어링

　　한국동서발전의 IT 직무기술서는 대분류 [20. 정보통신]을 기준으로 중분류와 소분류를 따라 마지막 세분류를 보면 [01. IT시스템관리], [03. IT기술지원], [06. 보안엔지니어링]으로 나뉘는데, IT 관련 프로그래밍 언어 활용능력과 DB 및 보안 관련 지식 및 기술을 보유한 전공자는 직무역량을 어필하기 효과적일 것이다.

● 한국동서발전 기계전기직 직무기술서

능력단위	○ (화력발전설비설계) 03. 화력발전 계통설계, 05. 화력발전 기자재 구매기술규격서 작성, 09. 화력발전 시운전 계획 ○ (화력발전설비운영) 02. 화력발전 주설비운전, 03. 화력발전 보조설비운전, 06. 화력발전설비 정비, 08. 화력발전설비 성능관리, 09. 화력발전설비 운영관리, 10. 화력발전 안전보건관리, 11. 화력발전 품질관리
직무수행내용	○ (화력발전설비설계) 화석연료를 사용하여 경제적인 전력을 생산하기 위한 안전하고 신뢰성 있는 화력발전소를 설계함 ○ (화력발전설비운영) 화력발전설비운영은 연료를 사용하여 전기를 생산하고 안정적으로 공급하기 위하여 발전설비를 운전 · 점검 · 유지 · 정비 · 진단과 보전을 함

직무기술서상의 능력단위와 직무수행내용은 관련 경험을 참고하는 도구로 활용되어야 한다. 하지만 정확히 일치하는 경험은 당연히 없으므로 필요지식, 필요기술, 직무수행태도를 중심으로 필요한 키워드만 도출하면 된다.

● 한국동서발전 IT직 직무기술서

능력단위	○ (IT시스템관리) 01. IT시스템 운영 기획, 02. IT시스템 자원획득관리, 03. IT시스템 서비스 수준관리, 04. IT시스템 통합관리, 05. 응용SW 운영관리, 06. HW 운영관리, 07. NW 운영관리, 08. DB 운영관리, 09. 보안 운영관리, 10. IT시스템 사용자 지원 ○ (IT기술지원) 01. 기술지원 서비스 기획, 02. 기술지원 대상 인수, 03. 기술지원 요청 관리, 04. 시스템 장애 대응, 05. 시스템 개선 대응, 06. 시스템 점검관리, 07. 기술지원 평가, 08. 기술지원 이슈관리, 09. 시스템 형상관리, 10. 기술지원 품질관리 ○ (보안엔지니어링) 01. 보안계획 수립, 02. 보안위험 평가, 03. 보안요구사항 정의, 04. 관리적 보안 구축, 05. 물리적 보안 구축, 06. 기술적 보안 구축, 07. 보안체계 운영관리, 08. 보안위협 관리통제, 09. 보안감사 수행, 10. 보안인증 관리
직무수행내용	○ (IT시스템관리) IT시스템관리는 시스템을 안정적이고 효율적으로 운영하고 관리하기 위하여 하드웨어 및 소프트웨어의 지속적 점검과 모니터링을 통해 제시된 제반 문제점들을 분석하여 사전 예방활동 및 발생된 문제에 대해 적절한 조치를 수행함 ○ (IT기술지원) IT기술지원은 고객서비스 대상 정보시스템이나 솔루션의 구축 환경에 대한 이해를 바탕으로 전문 기술지원 체제를 갖추고 고객 요청에 따라 장애 처리, 시스템 개선 및 정기 점검 등을 수행하고 관리함 ○ (보안엔지니어링) 보안 엔지니어링은 보안이론과 실무능력을 갖추고 정보자산을 보호하기 위하여, 계획을 수립하고 위험을 평가하며 요구사항에 따라 보안체계를 구축 및 운영함

● 한국동서발전 기계전기직 직무기술서

필요지식	○ (화력발전설비설계) 전기기기(발전기, 변압기, 변전설비 등)관련 이론, 관련 설비 계통 관련 지식, 송배전 공학, 차단기 이론, 보호계전기 이론, 발전공학, 산업안전 관련 지식 ○ (화력발전설비운영) 산업안전보건법 · 전기사업법 등 업무 관련 법령, 발전공학, 유체역학, 기계설비 · 전기설비 · 계측제어설비 관련 지식, 주요 기기별 기계적, 전기적 특성
필요기술	○ (화력발전설비설계) 단선도 · 논리도 · 전개접속도 작성 기술, 계통도 · 보호 · 감시 · 제어논리 등 설계 문서 작성 기술, 계통해석 전산프로그램 운영 및 해석 기술, 소내 전력계통 주요기기 용량 산출 ○ (화력발전설비운영) 기계, 전기, 계측제어 설비 등 종합적 운영 관리 기술, 기기별 정비비용 및 경제성 분석 평가 기술, 주설비 및 보조설비의 기기별 점검 기술, 관련기기 도면 해독 기술
직무수행태도	○ (공통) 타 부서와의 협조적 자세, 기술적 위험에 적극적으로 대비하는 자세, 안전 및 절차 등 업무 규정 준수 자세, 기기별 정비절차서 준수 의지, 품질확보 의지, 도면검토에 대한 치밀성, 논리적 사고, 합리적으로 분석하는 태도, 수용적 자세

● 한국동서발전 IT직 직무기술서

필요지식	○ **(IT시스템관리)** ITIL(Information Technology Infrastructure Library)에 관한 개념, 서버 · 스토리지 · 네트워크 · 소프트웨어 구성관련 개념, 정보통신 장비에 대한 기본 지식, 해당 데이터베이스의 비즈니스 로직에 관한 지식, 하드웨어 · 네트워크 · 소프트웨어 구조관련 개념 ○ **(IT기술지원)** 서비스 관리 국제 표준[ITIL(Information Technology Infrastructure Library), ISO/IEC 20000 등], IT 서비스 관리 프로세스, EA(Enterprise Architecture) 방법론 & Frameworks, CMDB(Configuration Management Database) 설계 방법론, IT 감사 방법론 ○ **(보안엔지니어링)** 정보통신망 이용촉진 및 정보보호 등에 관한 법률 이해, 정보보호관리체계(ISMS) 및 개인정보보호관리체계(IPSMS)에 대한 이해, 네트워크 개념, 보안시스템관련 지식. 소프트웨어공학과 요구공학
필요기술	○ **(IT시스템관리)** IT 운영환경에 필요한 요소 기술, 기술적 의사소통 및 문서작성 기술, 데이터베이스 관리 시스템 운영 기술, CTI(Computer Telephony Integration) 기술, 데이터베이스 관리시스템 운영관리 기술, 문서화 및 발표 능력, 서버, 네트워크, 소프트웨어 관리 기술 ○ **(IT기술지원)** 형상 관리 데이터베이스 설계/구축/운영/개선 능력, System I/F 설계/구축 (ALM 관점) 기술, 형상 분류 체계 설계 (유형, 우선순위) 기술, 요구사항 관리 SW 도구 설계/구축/운영/개선 기술, 형상 모니터링 체계 설계/구축/운영/개선 능력 ○ **(보안엔지니어링)** 정보보호 및 개인정보보호 관련 법률 이해 및 적용, 네트워크 장비 사용 기술, 보안인 증 체계를 수립 · 운영, 로그 분석 도구 사용 기술, 보안감사 기획 능력, 감사 자동화 도구(CAAT) 사용 기술
직무수행태도	○ **(공통)** 고객지향적 태도, 적극적 의사소통 자세, 절차 및 법적 준거성 준수 의지, 객관적 태도, 문제 상황의 원인을 식별하려는 탐구심, 체계적인 자료 수집 및 정리 태도, 정략적 분석 태도, 현재 수준에 대한 개선 의지, 분석적 사고, 논리적 사고

자기소개서 작성에 있어 자신에게 어떠한 경험이 있느냐에 따라 필요기술과 직무수행태도를 활용하여 키워드를 도출하면 된다. 하지만 필요기술에 제시된 키워드들이 너무 구체적이라고 판단되면, 직무수행태도를 활용하여 키워드를 도출하도록 한다.

특히 필요지식과 필요기술을 기준으로 자신의 세부 전공 분야에서 그동안 학습한 이론 및 팀과제(프로젝트) 등과 관련이 깊은 내용을 바탕으로 도출한다.

📄 ✏️ 💼 🕐

● 한국동서발전 직무기술서 분석 예시

학창 시절 경험	키워드 도출
조별과제 프로젝트	합리적으로 분석
학생회 활동(행사)	타 부서와의 협조적 자세
…	…

한국동서발전 기업 이슈 분석

한국동서발전은 2020년부터 신규발전소 건설 추진이라는 큰 이슈가 있었다. 당연히 자기소개서와 면접에서 다루어져야 할 내용이다. 당진에코파워(DEP) 석탄발전사업을 친환경 LNG로 연료 전환하여 음성에 1,000MW급 복합화력을 추진하고 있는데, 발전소의 사활이 걸린 문제이다.

특히 2022년 신년사에서는 앞으로 신재생에너지 신사업에서 성과를 낼 것이라고 언급하면서 신재생·신사업 확대, 상생협력, 조직문화 개혁, 안전한 일터 조성을 통해 '친환경 에너지전환 선도기업'으로의 도약을 본격화할 것을 선언했다.

● 한국동서발전 2022년 신년사

첫째, 에너지전환 선도로 신성장동력을 확보
둘째, 협력사, 지역사회와 상생협력
셋째, 조직문화 개혁으로 내적 변화
넷째, 안심하고 일할 수 있는 일터

신재생에너지와 친환경 에너지를 표방하는 한국동서발전에게는 새로운 도약을 꿈꾸게 할 사업이니 꼭 구체적으로 확인해 보는 것을 추천한다. 또한, 이미 운영 중인 신재생에너지 사업들에 대한 이해도 꼭 해야 한다. 자기소개서와 면접에서 모두 관련된 내용의 질문이 많은 편이다.

● 한국동서발전 중점 추진 사업

#1. 신규발전소 건설 추진

- 한국동서발전은 당진에코파워(DEP) 석탄발전사업을 친환경 LNG로 연료 전환하여, 음성에 1,000MW급 복합화력을 추진
- 지역과 소통하며 발전사업의 공익성을 확보하는 동시에, 음성복합의 적기 준공을 통해 전력수급 안정 및 일자리 창출에도 기여

#2. 민간기업과 협력하여 발전사업 운영

- 북평화력사업, 석문집단에너지사업, 춘천집단에너지사업

#3. 신재생에너지 운영현황

- 태양광발전: 2006년 9월 동해화력발전소 1MW급 태양광 발전설비 건설을 시작으로 당진화력 터빈건물(1MW), 여수 광양항 부두공단(2.3MW), 호남화력 태양광(0.1MW)를 비롯하여 수원하수처리장 태양광(1.5MW), 부산신호 태양광(20MW), 울산 4복합 옥상태양광(0.5MW), 당진 제2회 처리장 태양광(3.5MW), 당진 에코태양광(9.8MW) 등 총 52.2MW 급의 태양광발전소를 운영
- 풍력발전: 2012년 경주풍력발전소(16.8MW), 지산풍력발전소(3MW), 2014년 호남풍력발전소(20MW), 2015년 영광 백수풍력발전소(40MW), 2017년 경주풍력2단계(20.7MW), 2018년 영광풍력발전소 육상(45.1MW), 해상(34.5MW)등 총 187.6MW급의 풍력발전소를 운영
- 연료전지발전: LNG의 수소(H_2)와 공기중의 산소(O_2)가 결합하여 생성되는 화학에너지를 직접 전기에너지로 변환시키는 장치로서 현재 일산 열병합발전소에 1~4단계에 거쳐 13.3MW, 울산화력본부에 2.8MW 연료전지 발전설비가 운영 *연료전지발전: (16.1MW)
- 소수력발전: 당진화력본부의 방류수와 낙차를 이용한 당진 소수력발전설비는 2009년에 1단계 5MW, 2014년에 2단계 3.2MW를 준공하여 총 8.2MW의 해양에너지 발전설비로 운영 *당진 소수력발전: (8.2MW)
- 동해 바이오매스발전: 동해화력 부지 내에 국내 최대규모의 30MW급 목질계 바이오매스 발전소를 2013년 7월에 준공하여 운영 *동해 바이오매스발전: (30MW)

04

한국서부발전

한국서부발전 채용 이슈 분석

한국서부발전은 충청권역 발전소로 충남 지역인재에 대한 이전지역인재 채용목표제가 시행되는 발전소이다. 전체의 24%의 인원이 지역인재 채용으로 선발되며, 충남지역 고등학교 또는 대학교를 최종학력으로 가지고 있으면 자격 조건에 해당한다. 태안군에 발전소가 있는 지리적 특성상 해당 지역주민에게는 추가 가산점도 부여한다. 대부분의 발전소 채용이 지역인재에 대하여 다양한 혜택을 주고 있기에, 사전에 확인하고 준비하면 효율이 높아진다. 근무지는 태안, 인천, 평택, 군산, 김포 등으로 다양하게 분포되어 있다.

2021년도 하반기 공채에서 대졸 신입 기준 총 76명이고, 그중 전기 32명, 기계 24명으로 약 73% 정도의 인원을 전기/기계직에서 채용한다. 채용 규모는 영남권역의 발전소보다 작지만, 중부권역에서는 높은 편이다.

● 한국서부발전 전형 및 내용

전형	구분	배점	내용
1차	서류전형	100점	○ 외국어성적(60점) ○ 자격증(기술직 30점) ○ 입사지원서(10점), 「KOWEPO Vision 2030」4대 핵심가치, 인재상 및 직군별 직무기술서의 직무역량 부합 여부 등에 대한 자기소개서 평가 **「KOWEPO Vision 2030」4대 핵심가치** – 최고를 향한 열정　　– 성장을 위한 도전 – 생명 · 안전의 존중　　– 상생을 통한 신뢰 **인재상** – 세계 최고를 지향하는 Global인재 – 변화를 주도하는 도전인재 – 상생의 조직문화를 구축하는 협력인재 – 가치를 창조하는 전문인재

2차	직무지식평가	100점 (80분)	○ 각 직군별 전공지식 70문항, 한국사 10문항 객관식 출제 ○ 출제범위

직군	출제범위
사무(법정)	법학 개론, 행정학 원론
사무(상경)	경영학 원론, 경제학 원론, 회계원리
기계	재료역학, 기계열역학, 기계유체역학, 기계재료 등 일반기계기사 수준
안전	안전관리론, 인간공학 및 시스템안전공학, 기계위험방지기술 등 산업안전기사 수준
전기	전자기학, 전력공학, 전기기기, 회로이론 등 전기기사 수준
화학	화공양론, 단위조작, 반응공학, 공업화학 등 화공기사 수준
토목	응용역학, 측량학, 수리학 및 수문학, 상하수도공학 등 토목기사 수준
건축	건축계획, 건축구조, 건축설비, 건축시공 등 건축기사 수준

	직업기초능력평가	100점 (90분)	○ NCS 직업기초능력 80문항 출제

출제범위
의사소통능력, 수리능력, 문제해결능력, 정보능력, 자원관리능력, 기술능력, 조직이해능력, 직업윤리 총 NCS 8개 항목

	인성검사	적/부 (20분)	○ 필요역량과 성격유형 평가
3차	역량구조화면접	100점	○ 개별인터뷰(인성면접): 60점 ○ 직무상황면접(그룹면접): 40점
최종	신체검사 · 신원조회	–	○ 적 · 부 판정

■ **합격자 결정**

　○ 1차 전형: 불성실 기재자를 제외한 전원 합격 처리
　○ 2차 전형: 인성검사 적격자 중 직무지식평가 및 직업기초능력평가 합산 후 고득점 서열 순으로 2~3배수 선발

최종 선발예정인원	3명 이하	4~9명	10명 이상
합격배수 산정	3배수	2.5배수	2배수

　○ 3차 전형: 2차 전형결과(30점 만점 환산), 면접점수(70점 만점 환산) 합산 후 고득점 서열 순으로 합격자 결정
　○ 최종합격자: 3차 전형 합격자 중 신원조회 및 신체검사 결과 적격자

■ 과락제도 운영
  ○ 2차 전형 만점의 40% 미만 득점자의 경우 불합격 처리
  ○ 3차 면접전형 만점의 60% 미만 득점자의 경우 불합격 처리

*출처: 2021년 상반기 한국서부발전 채용공고문

한국서부발전의 서류전형은 기존에 별도의 채용 허들이 없어 자기소개서를 불성실하게 기재한 사람이 아니라면 쉽게 통과할 수 있었지만 최근에는 어학점수(60점), 자격증(기술직 30점), 입사지원서(10점)를 평가하는 것으로 변경되었으며, 최종 선발 인원의 30배수를 합격시킨다.

자격증은 30점 만점이며, 기술직과 사무직 공통으로 IT 관련 정보처리기사와 컴퓨터활용능력1급은 5점, 정보처리산업기사와 사무자동화산업기사는 3점을 부여한다. 또한 한국어능력 관련 국어능력인증 3급 이상, KBS 한국어능력 3+급 이상, 한국실용글쓰기 준2급 이상 자격 취득자에게 5점을 부여한다. 직군별 자격증은 기사 자격증의 경우 15점을 부여하고 산업기사 취득 시 10점의 가산점을 받는다.

● 한국서부발전 직렬별 가산점 부여 자격증

■ 전기

점수	종류
15점	[기사] 전기공사, 전기, 소방설비(전기분야), 산업안전, 전자
10점	[산업기사] 전기공사, 전기, 소방설비(전기분야), 산업안전, 전자

■ 기계(안전분야 포함)

점수	적용분야	종류
15점	기계, 안전	[기사] 건설기계설비, 금속재료, 산업안전, 소음진동, 가스, 용접, 에너지관리, 소방시설(기계분야), 비파괴검사(전 분야), 공조냉동기계, 기계설계, 신재생에너지발전설비(태양광), 건설안전, 일반기계, 메카트로닉스
15점	안전	산업안전지도사
10점	기계	[산업기사] 건설기계설비, 금속재료, 산업안전, 소음진동, 가스, 용접, 에너지관리, 소방시설(기계분야), 비파괴검사(전 분야), 공조냉동기계, 기계설계, 신재생에너지발전설비(태양광), 건설안전, 컴퓨터응용가공, 생산자동화

■ 화학

점수	종류
15점	[기사] 대기환경, 수질환경, 소음진동, 폐기물처리, 온실가스관리, 가스, 산업안전, 신재생에너지발전설비(태양광), 에너지관리, 화학분석, 환경위해관리, 토양환경, 화공
10점	[산업기사] 대기환경, 수질환경, 소음진동, 폐기물처리, 온실가스관리, 가스, 산업안전, 신재생에너지발전설비(태양광), 에너지관리, 위험물

■ 토목

점수	종류
15점	[기사] 토목
13점	[기사] 건설재료시험, 콘크리트, 측량 및 지형공간정보, 건설안전, 지적, 조경, 건축, 철도토목, 도시계획, 응용지질
10점	[산업기사] 토목
8점	[산업기사] 건설재료시험, 콘크리트, 측량 및 지형공간정보, 건설안전, 지적, 조경, 건축, 철도토목

■ 건축

점수	종류
15점	[기사] 건축, 실내건축
13점	[기사] 건축설비, 토목, 조경, 품질경영, 건설안전, 콘크리트, 소방설비(기계분야, 전기분야), 건설재료시험, 도시계획
10점	[산업기사] 건축, 실내건축
8점	[산업기사] 건축설비, 토목, 조경, 품질경영, 건설안전, 콘크리트, 소방설비(기계분야, 전기분야), 건설재료시험

2차 필기시험의 경우 직무지식평가와 직업기초능력평가, 인성검사로 구성된다. 직무지식평가는 전공지식에 대한 평가가 70문항이고, 한국사가 10문항으로 구성된다. 각 직군의 전문분야는 지원 분야 기사 수준이므로, 기술직 응시자는 이에 해당한다. 직업기초능력평가는 NCS 직업기초능력 중 의사소통능력, 수리능력, 문제해결능력, 자원관리능력, 정보능력, 기술능력, 조직이해능력, 직업윤리까지 총 8개의 항목을 평가한다고 공지되어 있다. 인성검사는 적부 판정을 위한 용도로 활용된다.

3차 면접전형에서 채용과 관련된 모든 면접전형이 진행되고, 개별 인터뷰(인성 면접)가 면접전형에서 가장 큰 비중을 차지한다. 다수의 면접관과 한 명의 면접자가 면접을 보게 되는 인성 면접이 전체 면접에서 60%의 비중을 차지하며, 다수의 면접자가 참여하는 직무상황면접이 40%의 비중을 차지한다.

한국서부발전의 경우에는 채용의 과정에서 직업기초능력을 가장 적극적으로 확인하는 공공 기관 중 하나이다. 특히, 직업기초능력평가에서 8개의 직업기초능력을 활용하여 전형이 진행되고, 면접장에서도 다양한 직업기초능력을 활용하여 지원자의 역량을 심층 분석한다.

● **채용 프로세스 내 10대 직업기초능력 검증 가이드**

10대 직업기초능력	자기소개서 & 면접	필기전형(NCS 기반 필기)
의사소통능력	◎	◎
수리능력	○	◎
문제해결능력	◎	◎
자기개발능력		
자원관리능력	◎	◎
대인관계능력		
정보능력	◎	◎
기술능력	◎	◎
조직이해능력	◎	◎
직업윤리	◎	◎

◎: 활용 빈도 높음 , ○: 활용 빈도 보통, 빈칸: 활용 빈도 낮음

한국서부발전 직무기술서 분석

한국서부발전의 직무기술서 분석은 자기소개서를 작성하는 과정에서 활용은 하되, 실질적으로 빛을 발하는 순간은 면접장이다. 블라인드 채용이 진행되는 면접장은 자기소개서와 인성검사 결과지를 중심으로 인성 면접이 진행된다. 한국서부발전의 채용에서 인성 면접의 중요도가 높은 만큼 사전에 직무기술서를 잘 활용하여 자기소개서를 작성하면 효과적이다.

● 한국서부발전 기계전기직 직무기술서(채용분야)

채용분야	기계전기	NCS 분류체계	대분류	19. 전기전자	
			중분류	01. 전기	
			소분류	01. 발전설비설계	02. 발전설비운영
			세분류	02. 화력발전설비설계	02. 화력발전설비운영

한국서부발전의 직무기술서는 기존의 발전소 및 전력계통 공공 기관의 채용분류와 크게 다르지 않다. 발전과 관련한 전공이나 경험에 대하여 비슷한 속성의 키워드를 도출하면 된다.

📄 ✏️ 💼 🕐

● 한국서부발전 기계전기직 직무기술서

능력단위	○ **(화력발전설비설계)** 01. 화력발전 계획설계, 02. 화력발전 기본설계, 04. 화력발전 설비설계, 05. 화력발전 기자재 구매기술규격서 작성, 06. 화력발전 방재 보안설계, 07. 화력발전 전기안전 설계, 08. 화력발전 공사비 산출, 09. 화력발전 시운전 계획 ○ **(화력발전설비운영)** 02. 화력발전 주설비운전, 03. 화력발전 보조설비운전, 05. 화력발전 전기제어설비운전, 07. 화력발전 환경관리, 08. 화력발전설비 성능관리, 09. 화력발전설비 운영관리, 10. 화력발전 안전보건관리, 11. 화력발전 품질관리
직무수행내용	○ **(화력발전설비설계)** 화석연료를 사용하여 경제적인 전력을 생산하기 위한 안전하고 신뢰성 있는 화력발전소를 설계 ○ **(화력발전설비운영)** 연료를 사용하여 전기를 생산하고 안정적으로 공급하기 위하여 발전설비를 운전, 점검, 유지정비, 진단 및 보전

직무기술서상의 능력단위와 직무수행내용은 쉽게 말해 직무에 필요한 능력과 해야 하는 일이다. 기본적으로 학창 시절을 통해 능력에 필요한 기초 과정이 진행되었기에, 내용을 정확하게 일치시킨다는 생각보다는 필요지식, 필요기술, 직무수행태도를 중심으로 키워드만 도출하면 된다.

● 한국서부발전 기계전기직 직무기술서

필요지식	○ **(화력발전설비설계)** 계통구성 및 관련지식(기준, 신뢰도), 국내외 설비 규정과 규격(KS, KEPIC, Code & Standard, IEEE, IEC, 송배선전용전기설비 이용규정, 발전설비 기술기준, 발전소 화재예방 기술기준 등) 관련 지식, 보호기에 대한 지식과 동작특성, 발전기 구조와 운전방식, 설계계산서 내용관련지식(사업설계지침, 도면 작성), 관련 법률에 대한 지식(전기사업법령, 통신관련법령, 산업안전 보건법의 공정안전 관리제도 등), 케이블 종류 및 각 특성에 대한 지식, 통신관련 주요 기능에 대한 지식, 환경영향평가 목적 및 환경보전 목표에 대한 지식, 건설비용과 운영비용(고정비 및 가변비), 발전기 및 변압기/모선 구성 관련 지식 ○ **(화력발전설비운영)** 산업안전공학 관련 지식 및 법령(건축, 대기환경, 전기사업법, 소방법), 단위설비 기능과 특성, 발전공학, 유체역학, 소음 및 진동의 이론과 종류, 유해화학물질관리법령(폐기물관리, 위험물안전관리법, 한국산업표준), 품질관리 규정(한국산업표준), 관련 설비의 성능 및 특징(보일러보조설비, 종합기기, 전력계통 단선도, 보호장치, 충전기원리 등), 발전설비계통식, 수처리 계통도 관련 지식
필요기술	○ **(화력발전설비설계)** 국내외 규정 및 법규해석 능력, 설비계약서에 대한 파악과 작성능력, 구매자재에 대한 검토와 성능 파악 기술, 도면판독능력, 주전력계통 신뢰도와 경제성 평가 능력, 방폭설비기술 선정과 적용 능력, 전력계통 분석능력, 현장조사 능력, 전력계통분석 기술, 관련 프로그램 활용능력(CAD, 계산 프로그램, 3차원 모델링 등), 관련 프로그램 적용능력 ○ **(화력발전설비운영)** 안전점검 및 대응 능력, 최신기술 선정과 적용, 종합기기와 단위기기별 조작기술(터빈보조설비, 보일러 및 연계설비, 자동제어설비, 전기설비 등), 작동상태(정상, 비정상) 구분능력, 관련 도면 해독능력(터빈보조설비제어, 보일러자동제어, P&ID 등), 폐기물 관리 능력, 품질검사 선정 및 개선 제안능력, 기기별 비용 및 경제성 평가능력
직무수행태도	○ **(화력발전설비설계)** 합리적 태도, 세밀한 업무처리 자세, 업무를 정확하게 처리하려는 자세, 업무조율의 협력성, 각 기준에 대한 원칙 준수의 자세, 논리적인 사고 태도, 업무기한을 준수하려고 노력하는 자세 ○ **(화력발전설비운영)** 규정 준수 태도, 관련 기관과의 적극적 소통의 자세, 직무 수행에 있어서 주인의식, 공정성과 정확성, 경영방침 준수 태도, 책임감 있는 태도

대학 시절을 통해 만들어진 스토리에서 필요기술과 직무수행태도를 이용하여 매칭할 수 있는 키워드를 뽑아주면 된다. 가령, 프로젝트에서 전력 관련 주제를 다루었다면 필요기술의 '전력계통분석 기술', '프로그램 활용능력'이나 직무수행태도의 '합리적 태도', '업무를 정확하게 처리하려는 자세', '업무조율의 협력성' 등을 키워드로 가져가면 된다.

● 한국서부발전 직무기술서 분석 예시

학창 시절 경험	키워드 도출
조별과제 프로젝트	전력계통분석 기술, 프로그램 활용능력, 합리적 태도
학생회 활동(행사)	주인의식, 업무조율의 협력성, 책임감
…	…

한국서부발전 기업 이슈 분석

한국서부발전은 2030년까지 총발전량의 25%를 신재생에너지로 공급하겠다는 것을 목표로 하여 로드맵을 수립해 추진하고 있다. 2023년까지 태양광 분야 12개 사업과 풍력 13개 사업, 연료전지 11개 사업 등을 통해 신재생사업 분야에 적극적으로 투자 중이다.

한국서부발전의 전원별 신재생에너지 사업 추진 현황으로 태양광사업의 경우 아래의 사업이 추진 중이다.

#1. 주민참여 기반의 영농형 태양광 실증사업
#2. 염해농지 등 유휴부지 활용사업
#3. 지역경제 활성화를 위한 관광 연계형 사업

특히 2022년 신년사에서는 앞으로 최고의 글로벌 에너지 회사로 성장하기 위한 핵심과제를 중점적으로 추진해 나가면서 새로운 미래를 만들기 위한 방향을 제시했다.

● **한국서부발전 2022년 신년사**

첫째, 안전 최우선 경영의 확실한 정착
둘째, 지속가능한 재무구조 개선 및 사업전환
셋째, 탄소중립을 선도할 기술혁신과 신사업 개발
넷째, 신뢰와 협력에 기반한 청렴한 기업문화 조성
다섯째, 미래 경쟁력 강화를 위한 학습문화 조성

풍력 사업은 수산업(양식장) 공존형 해상풍력 추진을 통해 전북과 전남 지역에 대규모 해상풍력 단지 개발을 진행하고 있다. 또한, 연료전지 사업은 집단에너지사업과 연계한 발전사업과 스마트팜 연계형 연료전지사업 등을 추진하고 있다. 특히 이러한 사업들이 국내 기업들과 연계하여 부품의 국산화 등 적극적인 기술 개발도 진행 중이다.

● 한국서부발전 경영 실천지침

#1. 안정적 · 경제적 전력공급
 – 고효율 신규설비 적기 확충 및 기존 설비 운전의 최적화
 – 발전연료의 경제적 조달 및 안정적 재고관리

#2. 인권 중심 친환경 · 청렴문화 선도
 – 환경친화적 설비 운영 및 안전 최우선의 원칙 준수
 – 인권을 존중하는 청렴하고 공정한 기업문화 구축

#3. 미래성장 동력확보
 – 신성장동력 확보하여 국내 성장절벽 위기 극복
 – 기술개발 투자 및 인력 양성 확대로 경쟁우위 확보

#4. 사회적 가치 실현
 – 국민에게 감동을 주는 차별화된 상생 · 협력사업 추진
 – 참여 · 공유 · 확산의 열린 소통으로 맞춤형 공공서비스 제공

05

한국남동발전

한국남동발전 채용 이슈 분석

한국남동발전은 대부분 공공 기관이 시행하는 보편적인 블라인드 채용을 진행하는 기관이다. 따라서 서류전형의 허들이 매우 낮고, 필기시험의 난도가 높은 편이다. 다만 편하게 생각하고 자기소개서를 성의 없이 작성하면, 부적합 판정이 나거나 면접장에서 어려움을 겪을 가능성이 크다. 한국남동발전의 면접은 최소 2.5배수 이상이니 면접에서 활용되는 자기소개서에도 공을 들여야 하는 것은 어쩌면 당연한 부분이다.

한국남동발전의 채용은 발전소의 업무 속성과 맞물려 약 80%의 인원을 전기 직렬과 기계 직렬에서 뽑는다. 두 직렬은 예전부터 거의 차이가 없는 인원을 채용하고 있고, 보통 각각 50명 전후의 인원이 채용된다. 근무지역이 본사(진주) 이외에도 고성, 인천, 여수, 성남, 강릉으로 전국 각지에 있으니 수도권 이외의 학생들도 도전해 볼 만하다. 다만, 발전소 채용을 목표로 하면 도서 · 산간 지역 발령을 어느 정도는 각오해야 한다.

● **채용개요 및 전형 절차**

*출처: 2021년 상반기 한국남동발전 채용공고문

채용 프로세스에서 눈여겨봐야 할 부분은 대부분의 공공기관 채용에서는 필기전형 이후에 증빙서류를 등록하지만 한국남동발전은 서류전형 이후에 증빙서류를 등록하는 것이다.

인성검사에서는 한국남동발전이 원하는 인재상과 직무역량에 대한 분석을 기반으로 조직적응성 및 도덕성, 대인관계 등 인성 전반에 대한 내용을 평가한다. 적/부 판단으로 진행되며, 평가항목별 하위 5% 수준은 부적합 판정으로 불합격 처리된다. 보통 70% 이상의 답변 신뢰도(같은 성향으로 응답하는 것)를 중요한 기준으로 판단하며, 모든 부분에서 좋은 이미지를 보여 주면 면접관들이 호의적으로 바라본다.

● 지원 자격

구분	주요내용
자격	○ [일반] 제한 없음 ○ [보훈] 보훈 관련 법에 의한 취업지원대상자 ○ [장애] 「장애인고용촉진 및 직업재활법」에 의한 장애인 등록자
학력 · 전공	○ 제한 없음
연령	○ 제한 없음[단, 취업규칙상 정년(만60세) 초과자 제외]
외국어	○ [일반] 토익 700점 이상 ○ [장애 · 보훈] 토익 500점 이상 ※ 영어 스피킹 등 전환 성적 인정

한국남동발전은 다른 공공 기관들보다 응시 자격이 낮은 편이다. 외국어 조건 외에 특별히 전공에 대한 제한이 없기에 누구나 시험에 응시할 수 있다. 특수한 목표의 공공 기관이 아닌 공공 기관만을 취업 목표로 한다면, 한국남동발전은 좋은 선택이 될 수 있다.

● 필기시험

2차(필기)	NCS 선발평가(100점): 105문항 - 직업기초능력(40점): 45문항(의사소통, 문제해결, 자원관리) - 직무수행능력(60점): 60문항(각 직군별 직무지식)	4명이하 채용직군: 3배수 5명이상 채용직군: 2.5배수 (소수점반올림)

그런데 채용의 과정에서 자격 조건이 없다고 해도 필기시험이 있기에 관련 전공을 이수한 사람이 유리할 수밖에 없다. 전기직의 경우에는 전기이론, 전력공학, 전기기기, 전자 · 통신, 회로이론 및 제어공학 등 전기 관련 전공 분야를 활용하여 기사 시험 수준으로 직무수행능력 평가를 진행한다. 기계직은 재료/열/유체역학, 기계요소 및 설계 등 기계일반 영역에서 출제된다.

● 한국남동발전 기술직 필기전형(직무수행능력 출제범위)

구분	출제범위	난이도
기계	재료/열/유체역학, 기계요소 및 설계 등 기계일반	
전기	전기이론, 전력공학, 전기기기, 전자 · 통신, 회로이론 및 제어공학 등 전기일반	
화학	일반화학, 화학공학, 대기 · 수질 · 폐기물환경 등 환경 · 화학일반	해당분야
토목	토목시공학, 철근 및 콘크리트공학, 토질 및 기초 등 토목일반	기사수준
건축	건축계획, 건축구조, 건축시공, 건축설비 등 건축일반	
ICT	데이터베이스, 소프트웨어공학, 데이터통신, 전산상식, 정보통신, 정보보안 일반 등 정보처리 · 통신 · 보안 일반	

*출처: 2021년 상반기 한국남동발전 채용공고문

직업기초능력을 잘 본다고 하더라도 직무수행능력 시험에서 경쟁력을 가지지 못하면 합격이 어렵기에 3~4학년부터 산업기사와 일반기사 자격증을 준비해야 한다. NCS 직업기초능력 중 수리능력이 존재하지 않는 특징을 보이기에 준비 과정에서 모듈형이 아닌 유형으로 준비하는 것이 좋다.

● 한국남동발전 기술직 우대 자격증

구분	기준점수	자격증명
기계/전기	5점	전기(전기공사, 전기), 전자, 일반기계, 에너지관리(舊 열관리), 금속재료, 메카트로닉스, 기계설계, 산업안전, 설비보전, 소방설비(전기, 기계), 공조냉동기계, 비파괴검사(방사선 · 초음파 · 자기 · 침투 · 와전류 · 누설), 용접, 건설기계설비, 건설기계정비, 신재생에너지발전설비(태양광)
	3점	가스, 건설안전, 전자계산기(전자계산기조직응용), 위험물, 배관, 품질경영, 전자기기, 소음진동
화학	5점	환경[대기환경(대기관리), 수질환경(수질관리), 소음진동, 폐기물처리], 화공, 에너지관리, 온실가스관리, 신재생에너지발전설비(태양광), 환경영향평가사, 토양환경, 위험물, 자연생태복원, 산업위생관리
	3점	산업안전, 바이오화학제품제조(구 생물공학), 화학분석, 가스
토목	5점	토목, 건설재료시험, 측량및지형공간정보, 지적, 콘크리트, 산업안전, 건설안전
	3점	조경, 도시계획
건축	5점	건축, 실내건축, 건축설비, 콘크리트, 산업안전, 건설안전
	3점	조경, 도시계획, 배관
ICT	5점	정보통신, 무선설비, 전자, 방송통신, 전파전자통신, 정보보안, CISA, CISSP, CEH, DAP
	3점	전자계산기(전자계산기조직응용), 정보처리(관리), 품질경영, 산업안전, DAsP

채용 시 여러 우대제도가 있지만, 일반 학생들에게는 대부분 맞지 않는 내용이다. 다만 우대 자격증이 존재하며, 직군별 우대 자격증과 한국사 자격증으로 가산점이 구분된다. 직군별 우대 자격증의 경우에는 상위 자격증 1개만 적용되는데, 기사 이상 자격증은 기준점수를 적용하고, 산업기사는 기사 자격증의 1/2을 적용한다. 즉, 전기 직렬의 경우에는 전기기사 자격증을 취득하면 만점 기준 5%(5점)를 획득하고, 추가 기사 자격증의 가산점은 없다.

따라서, 기사 자격증만 취득하기보다는 한국사 자격증을 함께 취득해야 한다. 1급의 경우 5점, 2급의 경우 3점이 가산되기에 필수 자격증이라 할 수 있다. 입사 지원 전 전기기사와 한국사 1급 자격증을 취득하면 필기시험에서 10점의 가산점을 받을 수 있다.

한국남동발전의 채용과정에서 활용되는 10대 직업기초능력을 살펴보면 다음과 같이 정리된다. 가장 중요한 직업기초능력은 문제해결능력이며, 자기소개서와 필기 면접까지 대부분의 전형에서 활용된다.

● 채용 프로세스 내 10대 직업기초능력 검증 가이드

10대 직업기초능력	자기소개서 & 면접	필기전형(NCS 기반 필기)
의사소통능력		◎
수리능력		
문제해결능력	◎	◎
자기개발능력	◎	
자원관리능력		◎
대인관계능력		
정보능력	◎	
기술능력		
조직이해능력	◎	
직업윤리	◎	

◎: 활용 빈도 높음 , ○: 활용 빈도 보통, 빈칸: 활용 빈도 낮음

한국남동발전 직무기술서 분석

한국남동발전의 경우에는 자기소개서 문항들이 철저히 직업기초능력을 기반으로 구성되어 있다. 특히 3~4번 문항의 경우에는 직무기술서를 기반으로 자신이 관련 역량을 가지고 있다는 것을 강하게 어필해야 한다. 일반적인 발전소들의 NCS 분류체계가 비슷하지만, 직무기술서상의 내용은 다르기에 많은 부분에서 주의가 필요하다.

● **한국남동발전 발전전기직 직무기술서(채용분야)**

채용분야	발전전기	NCS 분류체계	대분류	19. 전기전자			
			중분류	01. 전기			
			소분류	01. 발전설비설계	02. 발전설비운영	08. 전기자동제어	
			세분류	02. 화력발전 설비설계	02. 화력발전 설비운영	03. 자동제어 시스템유지정비	04. 자동제어 시스템운영

발전전기직의 경우 대분류는 [19. 전기전자]이며, 학창 시절 전공 또는 활동 내용을 관련 분야와 연결하면 좋다. 중분류와 소분류를 따라 마지막 세분류를 보면 [02. 화력발전설비설계], [02. 화력발전설비운영]과 [03. 자동제어 시스템유지정비], [04. 자동제어 시스템운영]으로 나뉘는데, 가능하면 본인이 학습한 내용이나 경험을 키워드를 도출하면 좋다.

● **한국남동발전 발전기계직 직무기술서(채용분야)**

채용분야	발전기계	NCS 분류체계	대분류	15. 기계		19. 전기전자	
			중분류	01. 기계설계		01. 전기	
			소분류	01. 설계기획		01. 발전설비설계	02. 발전설비운영
			세분류	01. 기계설계기획	03. 기계조달	02. 화력발전 설비설계	02. 화력발전 설비운영

발전기계직은 대분류는 [15. 기계]와 [19. 전기전자] 2개 분야를 포함하고 있다. 중분류와 소분류를 따라 마지막 세분류를 보면 기계 분야 [01. 기계설계기획], [03. 기계조달]과 전기 분야 [02. 화력발전설비기계], [02. 화력발전설비운영]으로 나뉘는데, 기계설계에 대한 기본 지식을 바탕으로 설비구조, 작동원리 등의 기초 지식을 바탕으로 관련 분야 실습 경험이 있다면 키워드를 도출하면 좋다.

● 한국남동발전 발전전기직 직무기술서

능력단위	○ (화력발전설비설계) 02. 화력발전 기본설계, 07. 화력발전 전기안전 설계, 01. 화력발전 계획설계, 04. 화력발전 설비설계, 05. 화력발전 기자재 구매기술규격서 작성, 06. 화력발전 방재 보안설계 ○ (화력발전설비운영) 09. 화력발전설비 운영관리, 07. 화력발전 환경관리, 08. 화력발전설비 성능관리, 10. 화력발전 안전보건관리, 11. 화력발전 품질관리 ○ (자동제어시스템유지정비) 09. 자동제어시스템 유지정비 ○ (자동제어시스템운영) 09. 제어시스템 운영관리
직무수행내용	○ (화력발전설비설계) 경제적인 전력을 생산하기 위한 안전하고 신뢰성 있는 화력발전소를 설계 ○ (화력발전설비운영) 연료를 사용하여 전기를 생산하고 안정적으로 공급하기 위하여 발전설비를 운전 · 점검 · 유지정비 · 진단과 보전 ○ (자동제어시스템유지정비) 설비를 최상상태로 운전하기 위한 시스템 및 기기의 유지정비 등 ○ (자동제어시스템운영) 자동제어시스템의 제어원리를 이해하고 운전 및 동작상태를 파악하여 설비를 안정적이고 효율적으로 관리 등

● 한국남동발전 발전기계직 직무기술서

능력단위	○ (기계설계기획) 02. 설계기술자료수집, 09. 신뢰성 검토 ○ (기계조달) 03. 견적의뢰, 04. 구매발주, 06. 품질관리, 08. 제품사후관리 ○ (화력발전설비설계) 02. 화력발전 기본설계, 01. 화력발전 계획설계, 04. 화력발전 설비설계, 05. 화력발전 기자재 구매기술규격서 작성, 06. 화력발전 방재 보안설계 ○ (화력발전설비운영) 09. 화력발전설비 운영관리, 07. 화력발전 환경관리, 08. 화력발전설비 성능관리, 10. 화력발전 안전보건관리, 11. 화력발전 품질관리
직무수행내용	○ (기계설계기획) 요구조건에 맞는 기계를 설계하기 위하여 경제성, 기술성, 신뢰성 등 분석 및 기획 ○ (기계조달) 기계분야에 필요한 자원의 적기 · 적소 투입을 위한 구매계획, 구매발주, 재고관리 등 수행 ○ (화력발전설비설계) 경제적인 전력을 생산하기 위한 안전하고 신뢰성 있는 화력발전소를 설계 ○ (화력발전설비운영) 연료를 사용하여 전기를 생산하고 안정적으로 공급하기 위하여 발전설비를 운전 · 점검 · 유지정비 · 진단과 보전

직무기술서상의 능력단위와 직무수행내용은 관련 경험을 참고하는 도구로 활용해야 한다. 다만 한국남동발전의 경우에는 취업준비생이 사전에 경험하기 어려우므로 유사한 형태의 경험을 찾아야 한다. 그런데 만약 그러한 경험이 없으면 필요지식, 필요기술, 직무수행태도를 중심으로 키워드만 도출하면 된다.

● 한국남동발전 발전전기직 직무기술서

필요지식	○ **(화력발전설비설계)** 소내 전력계통 구성 기법, 변압기 구성ㆍ모선 구성ㆍ계통 보호협조 관련 지식, 보일러ㆍ터빈ㆍ발전기 및 부대설비 운전방식, 발전기 보호방식, 발전기 구조와 특성, 계통신뢰도, 절연협조 등 ○ **(화력발전설비운영)** 주요 기기별 전기적 특성, 전기사업법령, 전기설비 기술기준 및 판단기준, 보일러ㆍ터빈ㆍ발전기의 원리ㆍ구조ㆍ기능ㆍ특성, 전기 및 계측제어설비의 원리ㆍ구조ㆍ기능ㆍ특성, 국가 전력수급계획, 경상정비업무 수행절차 및 관련규정, 발전설비 운영관리규정, 전기제어공학 관련지식 등 ○ **(자동제어시스템유지정비)** 전기전자 제어통신 이론, 제어설비 및 시스템의 구조특성, 자동제어시스템의 구성에 대한 지식, 유공압 제어이론 등 ○ **(자동제어시스템운영)** 자동제어시스템 구성 및 동작특성, 제어공정 관련지식, HMI 특성 관련지식 등
필요기술	○ **(화력발전설비설계)** 소내ㆍ외 전력계통의 절연 및 보호협조 구성능력, 접근통로와 이격거리를 확보할 수 있는 기기 설계와 배치기술, 직류전원 공급조건 분석능력, 계통도 작성 및 분석능력, 발전출력과 발전효율 파악능력, 계통도ㆍ보호ㆍ감시ㆍ제어논리 등 설계문서 작성 및 해석 기술 등 ○ **(화력발전설비운영)** 기기별 내용년수와 잔존수명 평가, 고장 다발기기 분류와 대책수립 능력, 품질관리ㆍ안전관리와 환경관리 기술, 보일러설비의 각종 기기별 점검 기술, 전기와 계측제어설비의 기기별 점검 기술, 보일러 동특성시험과 부하추종시험 기술, 단위기기별 조작기술, P&ID 해독능력, 공사설계서ㆍ시방서와 공사계약서 작성능력, 에너지 손실요인 확인 및 분석능력, 설비 최적운전방식 선정능력, 돌발고장 발생시 대처능력 등 ○ **(자동제어시스템유지정비)** 설비예방 및 보전관련 기술, 계측 시험 기기의 취급 기술, 사고발생시 정비방법의 신속한 선택능력, 디지털 제어장치의 프로그램 전문기술 등 ○ **(자동제어시스템운영)** 공정배관계장도(P&I Diagram) 해독 능력, HMI 조작능력, 개선사항 발굴 능력 등
직무수행태도	○ **(화력발전설비설계)** 합리적 태도, 논리적 사고, 분석적 사고, 세밀한 업무처리, 업무조율의 협력성, 각 기준에 대한 원칙 준수의지 등 ○ **(화력발전설비운영)** 무고장 운전과 무재해 달성의지, 정비업체와의 협력의지, 관련 기관과의 적극적 소통자세, 직무 수행에 있어서 주인의식, 안전관리 규정 준수 의지, 정비절차서 준수의지 등 ○ **(자동제어시스템유지정비)** 계측 및 제어장치 정비 도구관리의 치밀성, 예방보전 및 사후 보전하려는 적극적인 의지 등 ○ **(자동제어시스템운영)** 설비이상 상태에 대한 관찰력, 정비부서와의 협력성, 시스템을 최상상태로 유지하려는 적극적인 태도 등

● 한국남동발전 발전기계직 직무기술서

필요지식	○ **(기계설계기획)** 기계설계에 관한 기초지식, 설계수명에 관한 지식, 신기술, KS 및 ISO 규격에 의거한 제품 기술에 관한 지식 등 ○ **(기계조달)** 협력사 및 시장조사 방법에 관한 지식, 사후관리 하자보증 조건에 관한 지식, 발주서 계약서 관리에 관한 지식, 제품사양에 관한 지식, 검사 항목에 관한 지식, 기술 및 상업계약서에 관한 지식 등 ○ **(화력발전설비설계)** 설계계산서 내용관련 지식, 기계설비 구조 및 작동원리 등 설비개선 관련지식, 보일러 · 터빈 · 발전기 및 부대설비 운전방식, 국내외 설비규정 및 규격 등 ○ **(화력발전설비운영)** 주요 기기별 기계적 특성, 보일러 · 터빈 · 발전기의 원리 · 구조 · 기능 · 특성, 국가 전력 수급 계획, 경상정비업무 수행절차 및 관련규정, 발전설비 운영관리규정, 기계공학 관련지식 등
필요기술	○ **(기계설계기획)** 자료관리 능력, 부품의 역할에 따른 적용 가능성 검토, 메카니즘 분석 기술 등 ○ **(기계조달)** 구매사양 및 제원 파악능력, 구매 의뢰서 작성능력, 검사항목 파악능력, 검사결과 판독능력, 부적합 사항 발췌 기술, 계약관리와 제조에 관련된 법규 해석 능력, 계약 불일치 제품의 하자처리능력 등 ○ **(화력발전설비설계)** 기계설비 성능유지 및 개선관련 기술, 구매자재 검토 및 성능파악 기술, 설계문서 작성 및 해석 기술, 발전출력과 발전효율 파악능력, 접근통로와 이격거리를 확보할 수 있는 기기 설계와 배치기술 등 ○ **(화력발전설비운영)** 기기별 내용년수와 잔존수명 평가, 고장 다발기기 분류와 대책수립 능력, 품질관리 · 안전관리와 환경관리 기술, 보일러설비의 각종 기기별 점검 기술, 보일러 동특성시험과 부하추종시험 기술, 단위기기별 조작기술, P&ID 해독능력, 공사설계서 · 시방서와 공사계약서 작성능력, 에너지 손실요인 확인 및 분석능력, 설비 최적운전방식 선정능력, 돌발고장 발생시 대처 능력 등
직무수행태도	○ **(기계설계기획)** 적극적인 의사소통 및 대인관계, 타부서와의 업무협력을 위한 문제해결력, 다양한 발상을 위한 적극적인 사고, 직업윤리에 관한 책임감 및 자신감, 체계적 · 합리적 사고 등 ○ **(기계조달)** 협력사를 공정하게 선정하는 태도, 요구사양의 정확한 판단의지, 원가절감의 적극적 의지, 품질에 관한 사명감, 계약서를 준수하는 공정한 태도, 성실하고 책임감 있는 자세, 안전수칙 준수 등 ○ **(화력발전설비설계)** 합리적 태도, 논리적 사고, 분석적 사고, 세밀한 업무처리, 업무조율의 협력성, 각 기준에 대한 원칙 준수의지 등 ○ **(화력발전설비운영)** 무고장 운전과 무재해 달성의지, 정비업체와의 협력의지, 관련 기관과의 적극적 소통자세, 직무 수행에 있어서 주인의식, 안전관리 규정 준수 의지, 정비절차서 준수의지 등

　　한국남동발전의 자기소개서는 기존 발전소들과 비슷하게 필요기술, 직무수행태도를 활용하여 필요한 키워드를 도출하고, 연결하면 된다. 가령, 프로젝트에서 전력 관련 주제를 다루었다면 필요 기술의 '계통도 작성 및 분석능력'이나 직무수행태도의 '합리적 태도', '업무조율의 협력성', '적극적 소통의 자세' 등을 키워드로 가져가면 된다. 되도록 직무기술서 기반으로 키워드를 뽑아내야 한다.

● 한국남동발전 직무기술서 분석 예시

학창 시절 경험	키워드 도출
조별과제 프로젝트	계통도 작성 및 분석능력, 합리적 태도, 업무조율의 협력성, 적극적 소통의 자세
학생회 활동(행사)	세밀한 업무처리, 업무조율의 협력성, 주인의식
...	...

한국남동발전 기업 이슈 분석

　한국남동발전의 경우에는 대형 공공 기관과 비교했을 때 보도 자료가 적어, 기업에 대해 이해하는 것이 어렵다. 따라서 기본적으로는 홈페이지를 활용하여 기업을 이해해야 하는데, 국내 대부분 발전소의 사업 방향성은 안전과 친환경에 맞춰져 있음을 알아야 한다.

📝 ✏️ 💼 🕐

　온실가스를 최소화하려는 한국남동발전의 정책적인 모습과 신재생에너지 관련 사업을 중점적으로 확인하면 된다. 특히 자기소개서 1번 문항을 완성하기 위해서는 첫 번째로 직업관을 설명하고, 두 번째로 한국남동발전의 추구 가치가 나와 일치하는 부분을 어필해야 한다. 이때, 대표이사의 신년사를 활용하여 키워드를 맞춰주면 좋다. 당연히 '안전'과 '환경'이라는 단어가 많이 등장하는 것을 알 수 있을 것이다. 구체적으로 어떤 사업에서 안전하면서도 환경을 생각하는 에너지를 생산한다고 생각했는지 알아보면 글을 작성하기가 수월해진다.

📝 ✏️ 💼 🕐

　또한 추가적으로 공공기관 경영정보공시시스템 알리오에서 사업 보고서 내용 중 연구개발이나 경영혁신사례 내용을 확인하여 신년사 내용과 관련성 있는 내용을 도출하여 자기소개서에 언급하는 것도 효과적이다.

　다음의 2022년도 신년사를 확인하면 자기소개서 작성의 가이드가 쉽게 잡힐 것이다.

● 한국남동발전 2022년 신년사

첫째, 절체절명의 위기의식 속에서 노사가 혼연일체로 위기 극복에 함께 나서야 합니다.

– 재무위기를 이겨 낼 수 있도록 불요불급한 사안을 재점검, 예산 절약 등을 통해 재무구조 건전성을 확보

둘째, 중대재해처벌법 시행에 따른 안전 최우선 경영이 반드시 이루어져야 합니다.

– 현장 안전 위주의 사업장 운영, 협력기업과의 원활한 소통 및 협력을 통한 위해요소 제거, 현장 근로자의 안전 인식 전환, 적극적인 시설 투자

셋째, 보다 높은 청렴성과 도덕성을 가지고 업무에 임해야 합니다.

– 올해는 이해충돌방지법 시행의 원년, 공기업 종사자로서 자신의 역할을 제대로 인지하고, 근무 기강을 확립

– 직무 관련 정보를 활용한 사익 추구 행위에 경각심을 가져주시고, 각종 비위행위를 사전 예방하기 위한 노력과 생활화를 통해 국민 신뢰 확보에 앞장

넷째, 각자 맡은 분야에서 업무능력을 업그레이드해 전문성을 확보해야 합니다.

– 업무처리 3원칙: 법규 및 사규 준수, 회사의 이익 우선 추구, 국가정책 수행 책임

다섯째, 활발하게 소통하고, 미래비전을 공유할 수 있는 다양한 통로를 만들어야 합니다.

– 경영소위원회와 같은 소통 창구로 직원들이 회사 현안에 관심을 갖게 하고, 나아가 객관적인 분석 및 대안까지 검토할 수 있는 통로 확보

06

한국중부발전

한국중부발전 채용 이슈 분석

얼마 전 뉴스 기사를 통해 공공 기관 중 연봉이 가장 높은 곳에 대한 분석을 본 적이 있다. 흔한 표현으로 '신의 직장'이라고 불리는 곳들에 대한 분석이었는데, 급여가 높은 전력/금융 관련 공기업들에 대한 평균연봉을 확인할 수 있었다. 2020년 5월 기준 한국중부발전이 36개 공기업 중 임원연봉과 직원연봉 모두 1위를 차지하였다. 특히 직원들의 평균연봉이 9,285만 원으로 상상 이상 수준이었다. 취업준비생으로서는 당연히 가야 할 이유가 있는 곳이라는 의미이다.

한국중부발전은 2014년 이후 실질적인 서류전형이 폐지되었다고 보는 것이 맞다. 서류의 허들이 없어졌기에 누구나 입사 지원이 가능하고, 지원자 전원이 직무적합도 평가라고 부르는 인·적성검사에 참여하게 된다. 인·적성검사는 한국중부발전에 대한 이해를 바탕으로 직업기초능력 중 인성요소를 확인하는 과정으로 진행된다.

한국중부발전 역시 본사 이전지역인재 채용목표제를 시행하는 관계로, 충남지역 소재 학교의 졸업자를 21% 이상 채우는 것이 목표이다. 또한, 비수도권지역인재의 경우에는 2단계 필기전형에서 5%의 가산점을 주는 등 수도권 대학졸업생에게는 불리한 채용시스템을 가지고 있다.

● 온라인 서류전형 및 인·적성검사

구분	세부 내용	비고
지원서 접수 (인터넷 접수)	○ 입사지원서 작성 시 본인의 가점적용 비율과 보훈번호 또는 장애인 등록번호를 반드시 입력하여야 하며, 누락 시 가점 적용 및 지원자격 검토에서 제외함.	온라인
직무적합도 평가 (인·적성검사)	○ 대상: 입사지원자 전원(미응시자는 불합격 처리) ○ 평가방법 　- 전 분야 공통, 적·부 판정 　- 회사 핵심가치 부합도 및 직업기초능력요소 중 인성요소 평가 　- C~D등급 부적합 [전체 S~D(5단계) 등급] / 부적합 대상은 불합격 처리	온라인

*출처: 2021년 제2차 한국중부발전 채용공고문

필기전형인 직무능력평가의 경우에는, '한국사 및 직무지식평가'라고 표현하는 전공 시험 60문항(한국사 10문항)과 직업기초능력평가 80문항이 각각 50%의 비중으로 치러진다. 채용의 과정에서 자격 조건이 없다고 해도 필기시험이 있기에 관련 전공을 이수한 사람이 유리할 수밖에 없다. 발전전기직의 직무지식평가 출제범위는 전력공학, 전기기기, 회로이론 및 제어공학 등으로 전기 관련 전공 분야를 활용하여 기사 시험 수준으로 평가를 진행한다.

NCS 직업기초능력평가의 경우 발전기계직과 발전전기직에서 의사소통능력, 문제해결능력, 기술능력이 공통적으로 출제되고, 발전기계직은 자원관리능력, 발전전기직은 수리능력이 별도로 출제된다.

● 직무능력평가 세부사항

구분	세부 내용			비고
직무 능력 평가 (필기전형)	○ 한국사 및 직무지식평가(70문항, 50%) 　– 공통: 한국사 10문항 　– 직군별 전공지식: 50문항			3배수 선발 (배점: 100점)
	직군	**범위**		
	발전 기계	[일반기계기사 과목]		
		재료/유체/열역학, 동력학 등 기계일반		
	발전 전기	[전기기사 과목]		
		전력공학, 전기기기, 회로/제어공학 등 전기일반		
	※ 난이도: 원론 수준 50% 이상 출제 　– 직무수행능력평가: 직군별 직무상황 연계형 10문항 ○ 직업기초능력평가 중 인지요소 80문항(50%)			
	직군	**범위**		
	발전 기계	의사소통, 문제해결, 자원관리, 기술능력		
	발전 전기	의사소통, 문제해결, 수리능력, 기술능력		
	○ 취업지원 대상자, 장애인, 필기전형 성적우수자 직무적합도 평가 우수등급 순(이후에도 동점자 발생시 전원합격)			

*출처: 2021년 제2차 한국중부발전 채용공고문

변호사나 회계사 같은 전문직 자격증을 제외한 우대 자격증은 최상위 자격증 하나만 인정되며, 전공별 기사 자격증은 모두 이에 해당한다. 이때, 필기전형에 10%의 가산점이 부여되는데, 낮은 수치가 아니기 때문에 당락에 매우 큰 영향을 미치게 된다.

● 우대 자격증

○ [기사 자격증] 기사수준 국가기술자격증(면허) 보유자 　– 해당분야: 발전기계, 발전전기 　– 입사지원 시 자격증은 최상위 가점 대상 1개만 입력 가능 　– 복수 자격증 소지자는 1개만 인정 ※ 필기전형(2단계) 배점의 10% 가점		
발전기계 및 발전전기	기사, 기능장	전기, 전기공사, 전자, 프레스금형설계, 위험물, 용접, 일반(건설) 기계, 소방설비(전기분야), 소방설비(기계분야), 표면처리, 소음진동, 사출금형설계, 산업안전, 에너지관리(前 열관리), 건설기계설비, 건설기계정비, 공조냉동기계, 금속재료, 기계설계, 가스, 건설안전, 신재생에너지발전설비(태양광), 자동차정비, 조선, 인간공학, 설비보전, 품질경영, 품질관리, 비파괴검사(누설, MT, PT, UT, RT) (舊: 위험물관리 포함)

　면접은 1차 면접과 2차 면접으로 분리되어 운영되며, 1.5:1의 경쟁이 진행되는 1차 면접보다 2:1의 경쟁이 진행되는 2차 면접이 난도는 더 높다고 볼 수 있다. 중요한 것은 모든 전형 과정에서 발생하는 점수가 누적되어 최종합격자가 결정된다는 것이다. 과거 모 공공 기관의 면접관으로 참여했을 당시, 최종면접에서 10점 이상의 차이(100점 만점 기준)를 극복하고 최종결과를 뒤집은 사례도 있었다. 따라서 모든 전형에서 최선의 결과를 끌어내기 위한 노력은 필수이다.

● 면접 전형

구분	세부 내용	비고
심층 면접 (면접전형)	○ 1차 면접: 직군별 직무역량평가 　– PT면접 / 토론면접 등 ※ 당일 현장 직무적합도평가 시행[본인 확인용(*)] * 본인확인: 1단계 전형(온라인 직무적합도평가) 평가결과 기준, 답변 일치율 70% 이상일 경우 합격(오차범위 초과시 불합격)	2배수 선발 (배점: 100점)
	○ 2차 면접: 인성면접 　– 태도 및 인성부분 등 종합평가 　– 점수반영: 필기(20%) + 1차면접(30%) + 2차면접(50%)	1배수 선발 (배점: 100점)

*출처: 2021년 제2차 한국중부발전 채용공고문

　한국중부발전의 전기직 채용과정에서 활용되는 10대 직업기초능력을 살펴보면 다음과 같이 정리된다. 필기전형과 자기소개서 · 면접을 통해 검증하고자 하는 직업기초능력이 확실히 분리되어 있고, 우선은 필기전형을 중심으로 직업기초능력에 대해 준비하는 것이 유리하다.

● 채용 프로세스 내 10대 직업기초능력 검증 가이드

10대 직업기초능력	자기소개서 & 면접	필기전형(NCS 기반 필기)
의사소통능력		◎
수리능력		◎
문제해결능력		◎
자기개발능력	◎	
자원관리능력		
대인관계능력		
정보능력	◎	
기술능력		◎
조직이해능력	◎	
직업윤리	◎	

◎: 활용 빈도 높음 , ○: 활용 빈도 보통, 빈칸: 활용 빈도 낮음

한국중부발전 직무기술서 분석

한국중부발전의 자기소개서 1번 문항 지원동기는 직무기술서의 활용이 가장 중요하다. 경험이나 관련 노력이 해당 직무기술서의 키워드와 일치하는 것이 중요하다는 뜻이다. 나머지 문항의 경우에는 직무기술서의 직무수행태도를 활용하여 관련 경험을 통해 어필할 키워드를 찾으면 된다.

● 한국중부발전 발전전기직 직무기술서(채용분야)

채용분야	발전전기	NCS 분류체계	대분류	19. 전기전자			
			중분류	01. 전기			
			소분류	01. 발전설비설계	02. 발전설비운영	08.전기자동제어	
			세분류	02.화력발전설비설계	02.화력발전설비운영	03. 자동제어시스템유지정비	04. 자동제어시스템운영

발전전기직의 경우 대분류는 [19. 전기전자]이며, 학창 시절 전공 또는 활동 내용이 관련 분야와 연결되면 좋다. 중분류와 소분류를 따라 마지막 세분류를 보면 [02. 화력발전설비설계], [02. 화력발전설비운영]이 있고, [03. 자동제어시스템유지정비], [04. 자동제어시스템운영]이 있는 것을 확인할 수 있다. 이러한 분류의 다양화는 자기소개서를 작성하기 위한 키워드가 다양해진다는 장점도 있지만, 기관에서 보고자 하는 직무역량이 구체화된다는 어려움도 있다. 가능하면 본인이 학습한 내용을 세분류에 맞춰 키워드를 도출하면 된다.

● **한국중부발전 발전기계직 직무기술서(채용분야)**

			대분류	15. 기계		19. 전기전자
채용분야	발전기계	NCS 분류체계	중분류	01. 기계설계		01. 전기
			소분류	01. 설계기획		02. 발전설비운영
			세분류	01. 기계설계기획	03. 기계조달	02. 화력발전설비운영

발전기계직 직무기술서 내용도 다른 발전회사와 동일하게 대분류 [15. 기계]와 [19. 전기전자]분야가 함께 제시되어 있다. 중분류와 소분류를 따라 마지막 세분류를 보면 기계분야는 [01. 기계설계기획], [03. 기계조달]과 전기전자 분야의 [02. 화력발전설비운영]이 있는 것을 확인할 수 있다. 특히 화력발전 산업의 특성상 기기별 기계적 특성과 전기적 특성에 대한 이해력과 품질, 안전, 환경관리 관련 규정에 대한 이해력을 갖추고 있다면 다른 지원자와 차별성을 확보할 수 있을 것이다.

● **한국중부발전 발전전기직 직무기술서**

능력단위	○ **(화력발전설비설계)** 02.화력발전 기본설계, 05.화력발전 기자재 구매기술규격서 작성 ○ **(화력발전설비운영)** 06.화력발전설비 정비, 09.화력발전설비 운영관리 ○ **(자동제어시스템유지정비)** 09.자동제어시스템 유지정비 ○ **(자동제어시스템운영)** 09.제어시스템 운영관리
직무수행내용	○ **(화력발전설비설계)** 화석연료를 사용하여 경제적인 전력을 생산하기 위한 안전하고 신뢰성 있는 화력발전소를 설계하는 일 등 ○ **(화력발전설비운영)** 연료를 사용하여 전기를 생산하고 안정적으로 공급하기 위하여 발전설비를 운전 · 점검 · 유지정비 · 진단과 보전을 하는 업무 등 ○ **(자동제어시스템유지정비)** 설비를 최상상태로 운전하기 위하여 시스템 및 기기를 유지정비 하는 일 등 ○ **(자동제어시스템운영)** 자동제어시스템의 제어원리를 이해하고 운전상태나 동작상태를 파악하여 설비를 안정적이고 효율적으로 관리하는 일 등

● 한국중부발전 발전기계직 직무기술서

능력단위	○ **(기계설계기획)** 02.설계기술자료수집, 09.신뢰성 검토 ○ **(기계조달)** 03.견적의뢰, 04.구매발주, 06.품질관리, 08.제품사후관리 ○ **(화력발전설비운영)** 06.화력발전설비 정비, 09.화력발전설비 운영관리
직무수행내용	○ **(기계설계기획)** 고객의 요구사항에 맞는 기계를 설계하기 위하여 경제성, 기술성, 신뢰성 등을 분석하고 기획하는 일 ○ **(기계조달)** 고객의 요구사항에 따라 기계분야에 필요한 모든 자원이 경제적인 상태로 적기 · 적소에 투입될 수 있도록 구매계획, 구매발주, 해외조달 및 재고관리 등을 수행하는 일 ○ **(화력발전설비운영)** 연료를 사용하여 전기를 생산하고 안정적으로 공급하기 위하여 발전설비를 운전 · 점검 · 유지정비 · 진단과 보전을 하는 업무

직무기술서상의 능력단위와 직무수행내용은 관련 경험을 참고하는 도구로 활용하고 필요지식, 필요기술, 직무수행태도를 중심으로 키워드를 찾는 것이 유리하다.

● 한국중부발전 발전전기직 직무기술서

필요지식	○ **(화력발전설비설계)** 소내 전력계통 구성 기법, 변압기 구성 · 모선 구성 · 계통 보호협조 관련 지식, 발전기 · 부대 설비 운전방식, 발전기 보호 방식, 계통신뢰도, 절연협조, 발전기 구조와 특성 등 ○ **(화력발전설비운영)** 주요 기기별 기계적 · 전기적 특성, 전기사업법령, 전기설비 기술기준 및 판단기준, 보일러 · 터빈 발전기의 원리 · 구조 · 기능 · 특성, 전기 및 계측제어설비의 원리 · 구조 · 기능 · 특성, 국가 전력 수급 계획 등 ○ **(자동제어시스템유지정비)** 전기전자 제어 통신 이론, 유공압 제어 이론, 제어 설비 및 시스템의 구조 · 특성, 자동 제어 시스템의 구성에 대한 지식 등 ○ **(자동제어시스템운영)** 자동제어 시스템 구성 및 동작특성, 제어공정 관련지식, HMI 특성 관련지식 등
필요기술	○ **(화력발전설비설계)** 소내 · 외 전력계통의 절연 및 보호협조 구성능력, 접근 통로와 이격거리를 확보할 수 있는 기기 설계와 배치기술, 직류전원 공급조건 분석 능력, 계통도 작성 및 분석 능력, 발전출력과 발전효율 파악 능력, 계통도 · 보호 · 감시 · 제어논리 등 설계문서 작성 및 해석 기술 등 ○ **(화력발전설비운영)** 기기별 내용년수와 잔존수명 평가, 고장 다발기기 분류와 대책 수립 능력, 품질관리 · 안전관리와 환경관리 기술, 보일러설비의 각종 기기별 점검 기술, 전기와 계측제어설비의 기기별 점검 기술, 보일러 동특성시험과 부하추종시험 기술, 돌발 고장 발생 시 대처 능력 등 ○ **(자동제어시스템유지정비)** 설비 예방 및 보전 관련 기술, 계측 측정 · 시험 기기의 취급 기술, 사고 발생 시 정비 방법의 신속한 선택 능력, 디지털제어 장치의 프로그램 전문 기술 등 ○ **(자동제어시스템운영)** 공정배관계장도(P&I Diagram) 해독 능력, HMI 조작 능력, 개선사항 발굴 능력 등
직무수행태도	○ **(화력발전설비설계)** 정확한 기술계산과 논리적인 사고, 계통 보호 협조에 대한 정확한 분석의지, 치밀하고 분석적인 사고, 공사목표 달성을 위한 합리적 사고, 기술기준 준수의지 등 ○ **(화력발전설비운영)** 경상정비 계획수립 등 관련업무 대한 치밀성, 정비품질 확보와 무고장 운전과 무재해 달성 의지, 선진 신기술 벤치마킹 설비개선 노력, 기계 · 전기 · 계측제어 등 분야별 정비업체 상호 간 협력의지, 기기별 정비절차서 준수 의지, 안전관리 규정 준수 의지 등 ○ **(자동제어시스템유지정비)** 계측 및 제어 장치 정비 도구 관리의 치밀성, 예방 보전 및 사후 보전하려는 적극적인 의지 등 ○ **(자동제어시스템운영)** 설비이상 상태에 대한 관찰력, 정비 부서와의 협력성, 시스템을 최상의 상태로 유지하려는 적극적인 태도 등

● **한국중부발전 발전기계직 직무기술서**

필요지식	○ **(기계설계기획)** 기계설계에 관한 기초지식, 설계수명에 관한 지식, 선행기술에 관한 지식, KS 및 ISO 규격에 의거한 제품 기술에 관한 지식 ○ **(기계조달)** 협력사 및 시장조사 방법에 관한 지식, 사후관리 및 하자보증 조건에 관한 지식, 발주서·계약서 관리에 관한 지식, 제품사양에 관한 지식, 검사 항목에 관한 지식, 기술 및 상업계약서에 관한 지식 ○ **(화력발전설비운영)** 주요 기기별 기계적·전기적 특성, 주요 기기별 정비비용과 경제성, 국가 전력수급 계획 내용, 경상정비업무 수행 절차, 경상정비 공사계약 내용과 관련 규정, 품질관리·안전관리와 환경관리 규정, 공사설계서와 공사계약서 내용, 보일러·터빈 발전기의 원리·구조·기능·특성 등
필요기술	○ **(기계설계기획)** 자료관리 능력, 부품의 역할에 따른 적용 가능성 검토, 메커니즘 분석 기술 ○ **(기계조달)** 구매 사양 및 제원 파악 능력, 구매 의뢰서 작성 능력, 검사대상항목 파악 능력, 검사결과 판독 능력, 부적합 사항 발췌 기술, 계약관리와 제조에 관련된 법규 해석 능력, 계약 불일치 제품에 관한 하자처리 능력 ○ **(화력발전설비운영)** 기기 이력 작성과 정비 이력 분석, 기기별 정비비용과 경제성 분석 평가, 고장 다발기기 분류와 대책 수립 능력, 공사설계서·시방서와 공사계약서 작성 능력, 보일러설비의 각종 기기별 점검 기술, 전기와 계측제어설비의 기기별 점검 기술, 공사 진행 단계별 공정 평가와 종합 관리 능력 등
직무수행태도	○ **(기계설계기획)** 적극적인 의사소통 및 대인관계, 타 부서와의 업무 협력을 위한 문제해결력·긍정적 사고, 다양한 발상을 위한 적극적인 사고, 직업윤리에 관한 책임감 및 자신감, 안전사항을 준수하는 태도, 프로세스별 체계적·합리적 사고 ○ **(기계조달)** 협력사를 공정하게 선정하는 태도, 요구 사양의 정확한 판단 의지, 원가절감의 적극적 의지, 품질에 관한 사명감, 계약서를 준수하는 공정한 태도, 성실하고 책임감 있는 자세, 안전수칙 준수 등 ○ **(화력발전설비운영)** 타 관련부서와의 협조적 자세, 정비계획 단계부터 관련된 예산절감 노력, 경상정비 계획 수립 등 관련업무 대한 치밀성, 정비품질 확보와 무고장 운전과 무재해 달성 의지, 설비운영부서(발전, 화학, 탈황 등)의 정비의뢰사항 적극 반영 노력, 전문분야 상호간 협조적 자세, 안전관리 규정 준수 의지 등

프로젝트에서 전력 관련 주제를 다루었다면 필요기술의 '설계문서 작성 및 해석 기술'이나 직무수행태도의 '치밀하고 분석적인 사고', '합리적 사고', '상호 간 협력 의지' 등을 키워드로 가져가면 된다. 가능하면 직무기술서상의 내용으로 키워드를 완성하여 자기소개서와 기관과의 적합도가 높아지도록 한다. 다만 프로젝트 경험이 없거나 전공 관련 사항이 아니라서 정확히 연결할 수가 없는 경우에는, 단어 위주로 활용하며 직무기술서상의 표현을 많이 쓴다고 생각하면 된다.

● **한국중부발전 직무기술서 분석 예시**

학창 시절 경험	키워드 도출
조별과제 프로젝트	설계문서 작성 및 해석 기술, 치밀하고 분석적인 사고, 합리적 사고, 상호 간 협력의지
학생회 활동(행사)	관찰력, 적극적 태도, 협력의지, 합리적 사고
…	…

한국중부발전 기업 이슈 분석

한국중부발전은 2020년도에 '회사를 바꾸는 혁신 100대 과제'를 선포하였고, 침체된 산업계와 지역경제에 활력을 불어넣기 위해 빠르게 추진하기로 했다. 혁신 100대 과제는 사회적 가치, 체감형 혁신, 일하는 방식 혁신을 바탕으로, 발전업 특성에 맞춘 10대 분야별(친환경 발전, 지역경제 견인, 생산성 향상 등) 대내외 모든 이해관계자의 아이디어를 공모하여 집단지성에 의해 선정했다.

대내외에서 제안된 아이디어 총 300여 건 중 교수나 시민단체 전문가로 구성된 시민혁신자문단이 100대 혁신과제를, 경영진은 30대 중점과제를, CEO는 10대 핵심과제를 직접 선정해 국민의 눈높이와 기대에 부응하는 정책을 강력하게 실행해 나갈 계획임을 밝혔다.

한국중부발전 혁신 대표 과제로는 다양한 바이오연료 개발을 통한 친환경 발전, 발전 온배수 활용 스마트 에코팜 조성으로 농촌경제 활성화, 빅데이터 등 4차산업혁명 기술 활용 정비 시기 최적화를 통한 업무 효율 극대화 등이 있다. 이러한 100대 혁신과제들은 극도로 침체된 경제를 활성화하기 위해 약 4,960억 원을 조기에 투입하여 2020년 상반기부터 중점적으로 추진한다는 방침이 있었다.

아래에 정리된 한국중부발전의 신년사와 경영전략 중 몇 가지 이슈를 정해 구체적으로 확인한 뒤 자기소개서와 면접 과정에서 충분히 활용하는 것을 추천한다.

● 2022년 한국중부발전 신년사

첫째, 안전 최우선 실천
- 금년에는 중대재해 처벌법이 시행됩니다.
- 보령, 서천 등에서 각종 중대 공사가 본격적으로 개시되어 안전분야의 취약점이 더욱 중차대해지는 시기
둘째, 전사적 ESG 경영 체계를 조기에 구축하고 확산을 선도
- ESG 경영은 시대적 대세
- 모든 사업의 방향을 ESG 측면에서 수립하고 조망하여 환경적 책임과 사회적 책임을 완수하고 투명하고 공정한 기업 운영의 모범사례를 구축
셋째, "신뢰와 참여"의 기업문화를 만들고 "청렴, 윤리, 공정"의 전통 유지
- 윤리, 공정성은 시대를 초월하는 절대 명제
넷째, 협력기업과 중소기업과의 동반자적 성장 체계를 구축
다섯째, 미래를 위한 혁신
- 가스복합발전소와 친환경 미래 에너지 기술 및 신재생에너지 등 주도 필요
- 다양한 분야에서 새로운 비즈니스 모델을 개발하여 미래 시장을 선점
여섯째, "교육"으로 변화와 혁신을 주도하는 "혁신리더"를 육성
- 직급별 기술 및 관리분야 교육과정을 정상화 및 고도화하여 타사와 차별화된 핵심인재들을 육성
일곱째, 상생의 노사협력

● 한국중부발전 경영목표 및 전략

■ **미션**

친환경 에너지의 안전하고 안정적인 공급을 통해 국가발전과 국민 삶의 질 개선에 기여한다.

■ **비전**

삶의 가치를 높이는 글로벌 에너지 리더[Global Energy Leader enhancing the Value of Life]

■ **핵심가치**

안전, 혁신, 신뢰, 상생

■ **경영방침**

신뢰경영, 가치경영, 행복경영

■ **경영목표**

- 사망만인율 0%
- 대기오염물질 저감률 80%
- 신재생에너지 발전량 비율 25%
- 해외사업 친환경발전 설비용량 비율 25%
- 핵심기술 160개(누적)
- 핵심인재 200명(누적)
- 일자리 창출 수 9만개(누적)
- KOSVI 95점
- 청렴도 점수 공기업 1위
- 부채비율 180%

■ **전략목표**

- 지속가능하고 안전한 전력공급
- 친환경 에너지사업 선도
- 미래성장기반 고도화
- 사회적 가치 실현 리더십 강화
- 경영체질 혁신으로 국민신뢰 제고

07

한국남부발전

한국남부발전 채용 이슈 분석

한국남부발전은 기존 채용형 인턴의 형태로 신입직원을 채용했지만 최근에는 신입 정직원 채용으로 전환했다. 하지만 수습 기간 3개월 평가를 통해 평가결과 양(D) 등급 이하인 경우에는 해임될 수 있는 형태로 채용형 인턴과 흡사한 방식으로 변경되었다. 높은 수준의 블라인드 채용이 진행될 뿐 아니라 "보듬채용"이라는 명명하에 불합격자를 위한 분석보고서도 제공하는 '블라인드 채용 우수사례 기관'이다.

전체 채용 인원 중 전기직과 기계직에서 약 60% 내외로 채용이 진행된다. 전체 선발인원의 30배수를 선발하는 서류전형은 순수하게 직무능력기반 지원서 심사만으로 정량화된 평가가 이루어진다. 지원서는 적/부 판정으로 진행되는 직무능력소개서와 한국남부발전(KOSPO)의 핵심가치에 따라 문항별 구체성과 역량발현 수준을 평가하는 자기소개서 평가로 진행된다.

필기전형을 볼 기회를 얻기 위해서는 직무기술서와 기업분석을 최대한 활용하여 높은 수준의 자기소개서를 만들어야 한다. 자기소개서는 총 4개 항목에 각각 800자로 구성되어 있으며, 구체적인 표현은 없지만 모든 문항이 10대 직업기초능력을 기반으로 완성되었음을 쉽게 알 수 있다. 기업분석과 직무분석이 충분히 이루어졌을 때, 좋은 자기소개서를 만들 수 있다.

● 응시 자격

■ **채용조건**

- 채용형태: 정규직 신입사원

※ 교육훈련규정 제23조에 의한 교육원 수료기준 미달자 (교육성적 평균 60점 미만, 출석률 9할 미만, 교육원생활 운영위원회에서 운영위원회에서 준칙위반을 사유로 퇴교조치한 자 등) 또는 수습기간 중 평가결과 양(D)등급 이하의 경우 해임 가능

- 처우수준: 4(나)직급 (실제학력에 관계없이 대졸수준* 입사), 수습 3개월

* 대졸수준은 입사 후 처우수준(기본연봉등급)을 의미하며, 실제 학력에 관계없이 입사지원 가능

[예시] 고교, 전문대, 대학 재학/휴학/중퇴자 → 지원가능

- 급여수준: 4(나)직급 초임

- 근무지역: 본사(부산) 및 사업소 (하동, 인천, 부산, 제주, 영월, 안동, 삼척, 세종)

※ 입사지원서 작성 시 희망지역 명시 (1~3지망) – 근무 희망지역은 선발 및 배치 시 참고자료로 활용될 예정이며 당사의 인사운영 계획에 따라 희망지역과 관계없이 배치될 수 있음

■ **지원자격**

- 학력 및 전공: 제한 없음(대졸수준: 대졸 또는 이와 유사한 수준의 지식 보유자)

- 연령: 제한 없음

- 외국어: 제한 없음

*출처: 2021년 하반기 한국남부발전 채용공고문

보다시피 응시 자격에서는 채용에 대한 구체적인 조건이 없다. 즉, 누구나 지원할 수 있다는 의미이다. 또한, 서류에서 스펙에 대한 가산점 항목이 없으므로 준비에 대한 부담도 덜한 편이다.

● 전형 절차

전형 단계	내용			세부사항	비고
1단계 (서류)	서류심사			○ 직무능력기반 지원서 심사 – 직무능력소개서: Pass/Fail – 자기소개서: KOSPO 핵심가치에 따른 지원서 심사(자기소개서 항목별 구체성, 역량발현 수준으로 평가)	30배수 선발 (동점자 처리: 전원합격)
2단계 (필기)		인성평가		○ 직무적합평가(인성): E,F등급 부적합(A~F등급)	적부판정
	기초 지식 평가	직무능력(100)		○ 직무능력평가(K–JAT): 100점 만점 환산 – 직무수행(KOSPO 요구역량) · 직업기초능력	3배수 선발 (동점자 처리: 전원합격)
		전공 기초 (100)	대졸 수준	○ 사무(100점): 2개 분야 중 택1(각 50문항) – 법정분야: 법학, 행정학 분야 지식 – 상경분야: 경제학, 회계학, 경영학 분야 지식 ※ 출제수준: 대학교 졸업 이상 수준 ○ 기계,전기,화학,토목,건축,ICT(100점): 지원분야 기사 수준(50문항)	
		한국사 · 영어 (50)		○ 한국사(25점): 객관식 20문항 ○ 영어(25점): 객관식 20문항	
		※ 과락기준: 가점 제외 필기전형 합계 점수가 전체 배점(250점) 40% 미만 득점자			
3단계 (면접)	NCS 기반 역량면접전형 (400점)			○ 1차 면접(300점) – Presentation(100점), Group Discussion(100점), 실무역량(100점) – NCS직업기초능력 및 직무수행능력 검증 – 면접점수 합계 60% 미만은 불합격으로 판단하며 원점수에 가점을 합산한 점수로 적용함	2배수 선발 (동점자 처리: 하단참조)
				○ 2차 면접(100점) – 인성 및 조직적합성 평가 – 사전자기소개 영상 업로드(면접 참고자료로만 활용)	온라인면접 평가
4단계	합격예정자 결정			○ 합격예정자는 2단계 및 3단계 성적을 합산하여 고득점순 선발	1배수 선발 (동점자 처리: 하단참조)
5단계	신체검사 · 신원조회			○ 적부판정	최종합격

*출처: 2021년 하반기 한국남부발전 채용공고문

　서류전형에서 가장 주의해야 할 부분은 직무능력소개서와 자기소개서의 평가방식이다. 직무능력소개서는 기존에 우리가 알고 있는 경험/경력기술서를 의미하고 Pass/Fail 방식으로 평가한다. 즉 직무기술서의 키워드를 잘 활용해서 적합도를 높이면 문제가 없다는 의미이다. 반면에 자기소개서의 경우에는 '항목별 구체성'과 '역량발현 여부'에 대하여 확인하기에 스토리의 소재도 잘 선택해야 하고, 질문과 연계된 키워드의 매칭도 매우 중요하다.

3:1 정도의 경쟁이 이루어지는 서류전형에서 30배수의 인원이 추려진 뒤에 필기전형이 진행된다. 인성평가와 기초지식평가로 나뉘게 되는데, 인성평가는 Pass/Fail 방식으로 진행되지만, 타 공공 기관보다 통과의 난도가 높은 편이다.

기초지식평가는 10대 직업기초능력을 중심으로 문항이 구성된 직무능력평가와 전공을 중심으로 문제가 출제되는 전공기초가 100점씩 높은 배점으로 부여되어 있다. 또한, 별도의 어학 점수와 한국사 자격증을 요건으로 요구하지 않기에, 한국사와 영어시험이 25점씩 총 50점 배점이 되어 있다. 블라인드 채용 우수기관답게 면접은 여러 유형을 세부적으로 평가한다. 우리가 아는 모든 면접의 유형을 다 활용한다는 점에서 난도는 높다고 할 수 있다.

● 가산점 요소

가산 유형	유형 정의	전형별 가산점		
		서류	필기	면접
등록 장애인	장애인고용촉진 및 직업재활법에 의거 장애인 등록이 되어 있는 자	면제	배점의 10%	배점의 10%
취업지원 대상자 (보훈)	국가유공자 등 예우 및 지원에 관한 법률 제31조의 채용시험 가점 대상자 ○ "취업지원 대상자 증명서" 기준 ※ '국가유공자(가족) 확인서' 인정 불가	면제	법률상 요건에 따라 배점의 10% 또는 5%	법률상 요건에 따라 배점의 10% 또는 5%
저소득층	국민기초생활보장법에 의한 기초생활수급자 및 차상위계층	배점의 5%	배점의 5%	–
발전소 주변지역 주민 또는 자녀	발전소주변지역 지원에 관한 법률 제15조에 해당되는 지역 ○ 하동빛드림본부: 발전소 착공일('93. 9. 14.) 포함 이전 3년 이상 연속 거주한 자 및 그 자녀(2대 직계비속까지 인정) – 해당지역: 하동군 금성 · 금남 · 고전면, 남해군 고현 · 설천면 ○ 삼척빛드림본부: 발전소건설을 위한 부지조성공사 착수일('11. 1. 1.) 포함 이전 3년 이상 연속 거주한 자 및 그 자녀(2대 직계비속까지 인정) – 해당지역: 삼척시 원덕읍	–	배점의 10%	–
비수도권 지역인재	서울 · 인천 · 경기를 제외한 지역 소재 최종학력(대학원 제외) 기준 졸업자 및 졸업예정자	–	전공기초 득점의 5%(부산)/ 3%(부산 외 비수도권)	–

북한이탈 주민	북한주민의 보호 및 정착지원에 관한 법률에 의한 북한주민	–	배점의 5%	–
다문화가족	다문화가족 지원법에 따른 다문화 가족의 자녀	–	배점의 5%	–
시간선택제 근로자	현재 우리회사 시간제선택제 근로 재직자	배점의 10%	–	–
체험형인턴 수료자	체험형인턴 수료('21. 1. 1. 이후 수료)자 3년 이내 1회에 한해 우대	배점의 5%	–	–

*출처: 2021년 하반기 한국남부발전 채용공고문

한국남부발전 채용에 있어 또 하나 눈여겨봐야 할 부분은 채용의 우대사항이 구체적이고 다양하다는 것이다. 특히 채용목표제를 시행하여 이전 지역인재(부산)에서 채용인원의 27% 이상 채용과 이공계인재 양성평등에서 1차 면접 직군별 선발인원(2차 면접대상)의 20%를 선발한다.

● 가산점 요소

◎ 이전 지역인재(부산) 채용목표제: 분야별 연 채용인원의 27% 이상

■ 시행근거
  ○ 「공공기관 지방이전에 따른 혁신도시 건설 및 지원에 관한 특별법」 및 동법 시행령
  ○ 국토교통부 예규 198호 「이전 지역인재 채용목표제 운영지침」

■ 이전 지역인재: 최종학력(대학원 제외) 기준이 부산광역시 내에 소재하고 있는 학교의 졸업자 또는 졸업예정자
  ※ 대학졸업예정자는 4년(=8학기, 전문대학의 경우 2년=4학기) 이상 등록하고, 최종학기 수강신청학점을 수강신청학점을 포함해서 졸업학점에 도달된 자로서, 재학 중인 학교의 학칙에 따라 졸업예정자로 인정되어 공고마감일 기준 졸업예정증명서 졸업예정증명서 발급이 가능해야 함
  ※ 이전지역 학교 해당여부는 첨부파일을 반드시 확인한 후 지원서에 표기할 것
    * (예시) 본교가 지방에 위치하고, 분교 · 지방캠퍼스가 다른 지방에 위치한 경우: 분교 · 지방캠퍼스는 해당 캠퍼스가 위치한 곳의 지역인재에 해당 등
  ※ 이전지역인재 목표제 적용 시 합격 하한선은 필기 및 면접전형 선발예정인원 합격선의 95% 이상으로 한다.

◎ 이공계인재 양성평등 채용목표제: 1차 면접 직군별 선발예정인원(2차 면접대상)의 20%

■ 대상: 대졸수준 기계, 전기 분야 지원자에 한함

■ 이공계 인재: 국가과학기술 경쟁력 강화를 위한 이공계지원 특별법 시행령 제2조 중 다음 각 호에 해당하는 성별*에 적용
  가. 국내 4년제 대학교 자연과학 및 공학계열 학과(부)의 학위를 취득한 자
  나. 국가기술자격법에 국가기술자격법에 명시된 산업기사 또는 이와 같은 수준 이상의 자격을 취득한 자
    * 직군(기계, 전기)별 선발예정인원(2차 면접대상)의 20% 미만인 성별

한국남부발전의 전체 채용과정에서 활용되는 직업기초능력을 확인해보면, 다음과 같이 의사소통능력과 문제해결능력이 전체 전형에서 두루 활용되고 있음을 알 수 있다.

● **채용프로세스 내 10대 직업기초능력 검증 가이드**

10대 직업기초능력	자기소개서 & 면접	필기전형(NCS 기반 필기)
의사소통능력	◎	◎
수리능력		◎
문제해결능력	◎	◎
자기개발능력	◎	
자원관리능력		◎
대인관계능력		
정보능력		
기술능력		◎
조직이해능력	◎	
직업윤리	◎	

◎: 활용 빈도 높음, ○: 활용 빈도 보통, 빈칸: 활용 빈도 낮음

한국남부발전 직무기술서 분석

한국남부발전의 기술직 직무기술서의 분류가 꽤 명확한 편이다. 서류전형에서 자기소개서의 비중이 높은 만큼 직무기술서에 대한 분석과 키워드 매칭이 꼭 이루어져야 한다. 다만 기계직과 전기직의 직무기술서가 분리되어 있지 않기에, 자기소개서를 지원 직무 중심으로 작성할 필요가 있다.

● **한국남부발전 기계/전기직 직무기술서(채용분야)**

채용분야	기계 · 전기	NCS 분류체계	대분류	15. 기계	19. 전기전자	
			중분류	03. 기계조립 · 관리	01. 전기	
			소분류	02. 기계생산관리	01. 발전설비설계	02. 발전설비운영
			세분류	03. 기계공정관리	02. 화력발전설비설계	02. 화력발전설비운영

기계직은 대분류[15. 기계] 분야에서 중분류[03. 기계조립·관리], 소분류[02. 기계생산관리], 세분류[03. 기계공정관리]를 기준으로 분류되어 있다. 전기직의 경우는 대분류가 [19. 전기전자]이며, 학창 시절 전공 또는 활동 내용이 관련 분야와 연결되면 좋다. 전반적으로 대부분의 발전소 채용과 유사하게 분류되어 있다. 중분류, 소분류를 따라 최종 세분류 내용은[02. 화력발전설비설계]와 [02. 화력발전설비운영]을 기준으로 분류되어 있다.

● **한국남부발전 기계/전기직 직무기술서**

기계 공정 관리	능력단위	○ 02. 기계공정분석 ○ 05. 공정설비보전 관리 ○ 08. 기계공정이력 관리 ○ 09. 공정안전 관리 ○ 10. 공정시스템 관리
	직무수행내용	○ 제품품질과 생산성을 확보하기 위하여 생산공정의 계획, 분석, 개선 및 이력 관리 등을 통해서 공정을 최적화 및 표준화하고 유지관리하는 일이다.
화력 발전 설비 설계	능력단위	○ 01. 화력발전 계획설계 ○ 02. 화력발전 기본설계 ○ 04. 화력발전 설비설계 ○ 05. 화력발전 기자재 구매기술규격서 작성 ○ 06. 화력발전 방재 보안설계 ○ 07. 화력발전 전기안전 설계
	직무수행내용	○ 화석연료를 사용하여 경제적인 전력을 생산하기 위한 안전하고 신뢰성 있는 화력발전소를 설계하는 일이다.
화력 발전 설비 운영	능력단위	○ 07. 화력발전 환경관리 ○ 08. 화력발전설비 성능관리 ○ 09. 화력발전설비 운영관리 ○ 10. 화력발전 안전보건관리 ○ 11. 화력발전 품질관리
	직무수행내용	○ 연료를 사용하여 전기를 생산하고 안정적으로 공급하기 위하여 발전설비를 운전·점검·유지 정비·진단하는 일이다.

직무기술서상의 능력단위와 직무수행내용은 관련 경험을 참고하는 도구일 뿐이다. 과도하게 관련된 경험을 찾으려 집착하지 말고, 적당히 유사한 경험이 있다면 필요지식, 필요기술, 직무수행태도를 중심으로 키워드를 도출하여 자기소개서를 작성하면 된다.

● 한국남부발전 기계/전기직 직무기술서

기계 공정 관리	필요지식	○ 제품 특성에 대한 이해 ○ 공정 설비에 관한 지식 ○ 품질 이상 영향 요소 파악 관련 지식 ○ 환경 및 안전에 관한 지식 ○ 공정 설비 보전 프로세스에 대한 이해
	필요기술	○ 공정설비 중요 부품 분석 및 관리 기술 ○ 생산 데이터 분석 및 활용 ○ 통계프로그램 운용 ○ 공정 장비 문제점 진단 및 검증 기술 ○ PFMEA 작성 및 적용
	직무수행태도	○ 문제점을 정확하게 분석하고 개선 대책을 수립하려는 태도 ○ 협력적 태도 ○ 적극성 ○ 논리적 사고 및 분석적 태도 ○ 규정 및 절차 준수 의지
화력 발전 설비 설계	필요지식	○ 계통구성 및 관련지식(기준, 신뢰도) ○ 국내외 설비 규정과 규격(KS, KEPIC, 전기사업법, Code & Standard, Standard, IEEE, IEC 등) ○ 발전기 구조와 운전방식 ○ 설계계산서 내용관련 지식(사업설계지침, 도면 작성) ○ 전기사업법령, 통신관련법령 등 관련 법규
	필요기술	○ 설비계약서 작성 ○ 계통도 작성 및 프로그램 운영 ○ 구매자재에 대한 검토와 성능 파악 기술 ○ 주전력계통 신뢰도와 경제성 평가 ○ 전력계통 분석능력
	직무수행태도	○ 합리적 태도 ○ 세밀한 업무처리 ○ 업무조율의 협력성 ○ 각 기준에 대한 원칙 준수의 자세 ○ 논리적인 사고 태도

화력 발전 설비 운영	필요지식	○ 산업안전공학 관련 지식 및 법령(건축, 대기환경, 전기사업법, 소방법) ○ 발전공학 ○ 소음 및 진동의 이론과 종류 ○ 유해화학물질관리법령(폐기물관리, 위험물안전관리법, 한국산업표준) ○ 품질관리 규정(한국산업표준)
	필요기술	○ P&ID 해독 기술 ○ 폐기물 관리 기술 ○ 기기별 비용 및 경제성 평가 ○ 단위기기별 조작 기술 ○ 민원발생 시 대응 기술
	직무수행태도	○ 규정 준수 태도 ○ 관련 기관과의 적극적 소통의 자세 ○ 직무 수행에 있어서 주인의식 ○ 공정성과 정확성 ○ 경영방침 준수 태도

학교에서 조별 과제를 통해 전기 관련 프로젝트를 진행한 경험이 있다면 필요기술과 직무수행태도를 활용하여 필요한 키워드를 도출하면 된다. 가령, 프로젝트에서 전력 관련 주제를 다루었다면 필요기술의 '전력계통 분석능력'이나 직무수행태도의 '합리적 태도', '업무조율의 협력성'을 키워드로 가져가면 된다.

● **한국남부발전 직무기술서 분석 예시**

학창 시절 경험	키워드 도출
조별과제 프로젝트	전력계통 분석능력, 합리적 태도, 업무조율의 협력성
학생회 활동(행사)	세밀한 업무처리, 업무조율의 협력성, 각 기준에 대한 원칙 준수의 자세
...	...

한국남부발전 기업 이슈 분석

한국남부발전의 경우 대형 공공 기관에 비해 보도 자료가 적어 기업에 대해 이해하는 것이 어렵다. 따라서 기본적으로 홈페이지를 활용하여 기업을 이해해야 한다. 한국남부발전의 주요 키워드는 국내 발전소 대부분이 가져가는 '친환경'과 더불어 '디지털'이다.

재생에너지 사업과 관련하여 한국남부발전의 정책과 주요 사업에 디지털 혁신과 관련된 여러 이슈를 확인해야 한다. 특히 자기소개서 1번 문항을 완성하기 위해서는 기업분석에 나온 키워드를 바탕으로 자기 자신의 노력과 준비가 연계되어야 한다. 물론 전기 직렬의 경우에는 디지털적인 부분에 연계된 준비가 없겠지만, 관련 사업 내용을 어느 정도 이해하고 있으면 자기소개서 작성과 면접 대응에 효과적이다.

다음의 2022년 신년사 및 주요 이슈, 경영목표 및 전략과제를 기반으로 확인하면 자기소개서 작성의 가이드가 쉽게 잡힐 것이다.

● **한국남부발전 2022년 신년사**

> 1. 탄소중립을 도약의 기회로 삼아 신재생, 수소 등 에너지 신산업 육성과, 해외 에너지 영토 확장에 적극 나서야 합니다.
> 2. 석탄화력의 품격있는 퇴진과 친환경 에너지 전환을 차질없이 추진해 주시기 바랍니다.
> 3. ESG경영을 내재화하고 선도하는 한 해가 되어야 하겠습니다.
> 4. 미래의 핵심역량을 확보하고 소통과 협업의 조직문화를 만들겠습니다.

● 한국남부발전 주요 이슈

#1. 사업 전환
- 재생에너지사업과 해외사업 개발모델 발굴
- 기존 화력발전의 친환경 운영혁신
- 디지털과 4차 산업혁명 기술 활용한 새로운 사업모델 발굴
- 신재생에너지단지 조성사업, 100MW급 규모 솔라시도 태양광 상업운전 개시
- 5G 기술로 '발전현장 안전역량' 강화, 신속한 대응체계 마련

#2. 디지털 혁신
- 발전설비, 인적역량, 운영 시스템 3대 디지털 혁신 추진
- 직원 인력운영 체계 개선 등 창조적 융복합형 인재 성장
- 소셜벤처 투자로 고용창출 효과
- 사내업무 로봇 프로세스 자동화, AI 챗봇으로 '스마트 워킹 가속화'
- 품질혁신 아이디어 수집을 위한 '365 혁신제안 Tree' 통해 340억 원 비용 절감 및 기대효과 창출

#3. 공정과 경제 활성화
- 포용 · 성장하는 우수공기업
- 공정과 청렴의 가치 준수
- 남부발전 - 중부발전, 바이오중유 물량교환 협약체결로 친환경 에너지원 앞장서
- 발전소 주변 '올레9길' 명소화로 지역상생 - 경제활성화에 기여
- 석탄재 수입 저감 '환경부 장관' 표창
- 미세먼지 전년 대비 5067t 감축, 2030년까지 75% 감축 목표

#4. 경영 인프라 개선
- 재무, 조직인사, 평가, 운영체계 등 글로벌 최고 수준의 경영시스템으로 개편
- 노사가 상생하는 문화, 사람의 가치를 존중하고 배려하는 문화, 실패를 두려워하지 않고 도전하는 문화 조성
- 경제 활성화를 위해 부산 8개 공공 기관, BEF 10억 4,000만 원 전달
- 中小 동반성장 상생협약 보증 지원, 코로나 19 장기화 피해 긴급자금 200억 원 규모 대출 지원 등 중소기업과의 지속 가능한 동반성장 기여

● 경영목표 및 전략과제

1. 경영목표
   - 총설비용량 20GW(매출액 8조, 영업이익률 9%), 미세먼지 저감률 70%
   - 신재생에너지 발전량 25%, 친환경 신사업 매출 비중 35%
   - 일자리 창출 수 2.7만명, 동반성장평가 최고등급
   - 청렴도 1등급, 사고사망만인율 0‰

2. 전략방향 및 전략과제
   - 지속가능한 발전사업 경쟁력 강화
     - 친환경 발전운영 고도화
     - 연료수급 경쟁력 강화
     - Industry 4.0 발전분야 선도
   - 친환경 미래 성장동력 확보
     - 신재생 e사업 확충
     - 에너지 신사업 개발 확대
     - 국내외 신규사업 확대
   - 국민 신뢰 중심 사회적 가치 실현
     - 양질의 일자리 창출
     - 상생의 기업 생태계 조성
     - 국민공감 사회적가치 창출
   - 안전 · 혁신 경영체계 고도화
     - 선제적 안전체계 강화
     - 혁신 경영체계 구축
     - 신뢰 · 소통 조직체계 강화

한국철도공사

한국철도공사 채용 이슈 분석

한국철도공사의 경우 2020년을 기점으로 채용의 방식과 내용이 가장 많이 변한 공공 기관이다. NCS중심의 전형에서 전공 시험이 도입되었고, 그에 따라 전기직의 경우 두 가지의 선택지에 놓이게 되었다. 특히 [차량_전기]와 [전기통신] 두 가지 직무에서 전기직을 채용하는데, 업무적으로 볼 때 주로 [차량_전기] 분야가 전기 관련 전공자와 유사한 직무의 형태를 지닌다. 다만, 전기통신직도 전기 관련 직무가 존재하기에 자신의 전공 성취도에 따라 선택하면 된다. 전기통신직의 경우 통신 관련 전공 시험을 준비해야 하는 어려움이 존재한다. 그 밖에 차량분야 기계, 토목, 건축 등의 기술 직을 채용한다.

한국철도공사 서류 검증의 과정에서 정확히 관련 정보를 기입하였다면, 필기시험까지 연계되는 채용 프로세스를 가지고 있다. 따라서 많은 학생이 자기소개서 작성에 시간을 투자하기보다는 필기 시험과 면접에 집중하여 준비하는 경향을 보인다.

하지만, 공사 측에서 자기소개서 제출과 같이 무의미한 서류 심사를 효율적으로 바꾸기 위해 여러 가지 고민을 하고 있다. 특히 서류 심사에서는 이력서를 중심으로 지원 자격을 확인하고, 필기시험 합격자에게만 자기소개서를 제출하게 한 후, 자기소개서 심사와 면접 과정에서 활용할 것이다.

따라서, 앞으로 높아질 비중을 고려해 사전에 고민하여 좋은 자기소개서를 완성하는 것이 합격의 필수요소가 될 것이다. 또한, 면접 과정에서 자기소개서를 활용한 구체적인 질문들이 나오기 때문에 최종 합격을 위해서라도 좋은 자기소개서를 작성해야 한다.

한국철도공사의 자기소개서는 총 4개 항목 800byte로 구성되어 있다. 1번 문항은 기술직 담당자로서 업무 수행에 필요한 가치를 제시하고 이를 실현하기 위한 그 동안의 노력(활동)들을 제시해야 한다. 2번과 3번은 스토리텔링(What?형) 문항으로 대인관계능력 중 하위능력인 팀워크능력(2번)과

고객서비스능력(3번)을 기반으로 작성하는 것이 효과적이다. 4번 문항의 경우에는 직무분석을 중심으로 직무역량을 어필해야 하는 지원동기(Why?형)으로 작성하는 것이 유리하다.

● 채용 절차

*출처: 2021년 하반기 한국철도공사 채용공고문

한국철도공사의 채용 절차는 다른 공공 기관과 비슷하다. 다만, 면접을 1회만 진행한다는 것이 특징이며, 인성 면접과 실기 면접이 동시에 진행되어 필기시험 합격자의 철저한 준비가 필요하다. 특히, 서류 과정에서 무시된 자기소개서의 역할이 인성 면접에서 큰 비중을 차지하게 되므로, 전략적인 이미지메이킹을 하며 자기소개서를 작성하는 것이 좋다.

한국철도공사의 필기시험은 높은 경쟁률을 보이며 그 난도가 높으므로, 사전에 우대사항을 정확히 확인하고 준비해야 통과할 확률이 높아진다.

● 우대사항 적용대상

■ 우대사항 ☞ 입사지원 마감일 14시 기준
① 국가유공자 등 예우 및 지원에 관한 법률에 의한 취업지원대상자(대상증명서에 표기된 가점 적용)
* 국가유공자 등 예우 및 지원에 관한 법률 시행령 제14조제3항에 따른 상이 등급 기준에 해당하는 자
② 장애인 고용촉진 및 직업재활법에서 정한 장애인(5% 가점)
* 장애인복지법 시행령 제2조에 따른 장애인 기준에 해당하는 자
③ 공통직무 및 해당직무의 기능사 이상 자격증 소지자(총 2개)
※ 예 (공통직무1, 해당직무1), (해당직무 2)
* 기능사 1개당 1.5점, 산업기사 1개당 3점, 기사 1개당 4.5점, 기능장, 기술사 1개당 6점
※ 운전_전동차 분야는 제2종전기차량운전면허 자격증 가점 미인정
※ 같은 종별의 자격증은 1개만 인정함(가장 높은 자격증 기입)
* 예 정보처리기사, 정보처리산업기사 소지 시 1개만 인정
④ 한국철도공사 체험형 인턴으로 채용되어 평가 통과 및 수료자(2% 가점)
* 채용시험 응시 2회 한정, 채용일 기준 인턴수료자 2년간 가점 적용
※ ①, ②는 필기시험 및 면접시험에 모두 적용 / ③, ④는 필기시험만 적용

*출처: 2021년 하반기 한국철도공사 채용공고문

우대 자격증은 공통직무에서 1개, 해당 직무에서 1개의 총 2개 자격증이 대상이다. 기술직의 경우에는 공통직무에서 산업기사에 해당하는 자격증을, 관련 직무에서 기사에 해당하는 자격증을 취득하여 사전에 7.5점의 가산점을 받아 두어야 경쟁력이 생긴다.

● 우대사항 자격증

■ 공통직무

기술사	변호사, 공인회계사, 산업위생관리, 인간공학, 도시계획
기능장	법무사, 미국공인회계사(AICPA), 세무사, 공인노무사, ★철도교통관제사, ★국제철도안전 전문가(CSS/CSSD), 국제공인내부감사사(CIA), 국제공인인적자원 관리사(S/PHR), 프로젝트관리전문가(PMP), 국제재무위험관리사(FRM), 경영지도사, 감정평가사, 연구기획평가사
기사	공인중개사, ★철도교통안전관리자, 산업안전, 산업안전지도사, 산업위생관리, (舊)산업위생지도사, 국제공인공급관리전문가(CPSM), 구매자재관리사(KPM-TOP), 인간공학, 도시계획, 응급구조사1급, 임베디드
산업기사	산업안전, 산업위생관리, 구매자재관리사(KPM-구매,자재,해외조달), 한국사능력검정시험 1·2급, 응급구조사 2급, e-test professional(통합)1급/2급, MOS Expert(Excell 한), MOS Master, 컴퓨터활용능력 1급
기능사	구매자재관리사(KPM-2급), 한국사능력검정시험 3급, e-test professional(통합) 3급, MOS Core(엑셀, 파워포인트 한), 컴퓨터활용능력 2급, (舊)워드프로세스 1급

★는 철도 관련 직무 자격증으로 1개 등급 우대하여 적용됨

■ 차량 직무

기술사	기계, (舊)기계제작, 기계공정설계, 건설기계, 기계안전, 공조냉동기계, 산업기계설비, ★철도차량기술사, ★철도차량정비기능장, 차량, 용접, 비파괴검사, 전기응용, 전기안전, 전자응용, 가스, 공장관리, 품질관리, 자연환경관리, 대기관리, 수질관리, 토양환경, 폐기물처리, 소음진동, 소방
기능장	기계가공, 건설기계정비, 에너지관리, (舊)보일러, 배관, ★철도차량기사, 자동차정비, 판금제관, 용접, 전기, 전자기기, 가스, 위험물
기사	건설기계설비, 건설기계정비, 기계설계, 공조냉동기계, 일반기계, 설비보전, 메카트로닉스, (舊)보일러, ★철도차량산업기사, 자동차정비, (舊)자동차검사, 용접, 방사선 비파괴검사, 초음파 비파괴검사, 자기 비파괴검사, 침투 비파괴검사, 와전류 비파괴검사, 누설 비파괴검사, 전기, 전기공사, 전자, 가스, 품질경영, 자연생태복원, 대기환경, 온실가스관리, 수질환경, 토양환경, 폐기물처리, 소음진동, 소방설비(기계분야), 소방설비(전기분야)
산업기사	컴퓨터응용가공, 건설기계설비, 건설기계정비, 기계설계, 기계가공조립, (舊)기계조립, 기계정비, 공조냉동기계, 기계전자제어사, 기계설계제도사, 치공구설계, CNC기계설계절삭가 공사, 생산자동화, 자동화설비제어사, 에너지관리, (舊)보일러, 배관, (舊)배관설비, ★철도차량정비기능사, 자동차정비, (舊)자동차검사, 판금제관, 용접, 방사선 비파괴검사, 초음파 비파괴검사, 자기 비파괴검사, 침투 비파괴검사, 전기, (舊)전기기기, 전기공사, 전기계측제어사, 전자, 산업전자기기제작사, 가스, 정밀측정, 품질경영, 자연생태복원, 대기환경, 온실가스관리, 수질환경, 폐기물처리, 위험물, 소음진동, 소방설비(기계분야), 소방설비(전기분야)
기능사	건설기계정비 (舊 건설기계기관정비, 건설기계차체정비), 기계가공조립, (舊)기계조립, 기계정비, 동력기계정비, 공조냉동기계, 컴퓨터응용선반, 컴퓨터응용밀링, 전산응용기계제도, 연삭, 설비보전, 생산자동화, 에너지관리 (舊)보일러시공, 보일러취급, 배관, 공유압, 자동차정비(舊)자동차검사, 자동차차체수리, 자동차보수도장, 금속도장, 판금제관, 용접, 특수용접, 방사선 비파괴검사, 초음파 비파괴검사, 자기 비파괴검사, 침투 비파괴검사, 전기(舊) 전기기기, 전자기기, 가스, 정밀측정, 환경, 위험물(제1류-제6류)

★는 철도 관련 직무 자격증으로 1개 등급 우대하여 적용됨

■ 토목 직무

기술사	토질 및 기초, 토목품질시험, 토목구조, 토목시공, ★철도기술사, 건설안전, 소방, 측량 및 지형 공간정보, 지적, 용접
기능장	★철도토목기사, ★철도장비운전면허, 건설기계정비, 용접, 잠수
기사	토목, ★철도토목산업기사, 건설안전, 건설재료시험, 건설기계정비, 소방설비(기계분야), 측량 및 지형 공간정보, 지적, 콘크리트, 용접
산업기사	토목, ★철도토목기능사, 건설안전, 건설재료시험, 건설기계정비, 소방설비(기계분야), 측량 및 지형 공간정보, 지적, 콘크리트, 용접, 잠수, 초경량비행장치조종사
기능사	전산응용토목제도, 건설재료시험, 건설기계정비, (舊)건설기계기관정비, 건설기계차체정비, 굴삭기운전, 측량, 지적, 콘크리트, 용접, 특수용접, 잠수

★는 철도 관련 직무 자격증으로 1개 등급 우대하여 적용됨

■ 건축 직무

기술사	건축구조, 건축품질시험, 건축시공, 기계, (舊)기계제작, 기계공정설계, 건설기계, 건설안전, 기계안전, 공조냉동기계, 건축기계설비, 산업기계설비, 전기응용, 전기안전, 전자응용, 용접, 소음진동, 소방, 가스, 대기관리, 수질관리, 토양환경, 자연환경관리, 폐기물처리, 조경, 산림, 시설원예
기능장	건축일반시공, 건축목재시공, 기계가공, 에너지관리(舊)보일러, 배관, 전기, 전자기기, 용접, 가스, 위험물
기사	건축설비, 건축, 실내건축, 일반기계, 기계설계, 건설기계설비(舊)건설기계, 건설안전, 공조냉동기계, 메카트로닉스, 설비보전, 에너지관리(舊)보일러, 승강기, 전기, 전기공사, 전자, 전자계산기, 용접, 소음진동, 소방설비(기계분야), 소방설비(전기분야), 소방시설관리사, 가스, 대기환경, 수질환경, 토양환경, 자연생태복원, 폐기물처리, 조경, 산림, 임업종묘, 시설원예, 식물보호
산업기사	건축설비, 건축, 실내건축, 건축일반시공(舊)조적, 건축목공, 컴퓨터응용가공, 기계설계, 건설기계설비(舊)건설기계, 건설안전, 기계정비, 기계가공조립(舊)기계조립, 공조냉동기계, 생산자동화, 정밀측정, 에너지관리(舊)보일러, 배관(舊)배관설비, 승강기, 전기(舊)전기기기, 전기공사, 전자, 전자계산기제어, 용접, 소음진동, 소방설비(기계분야), 소방설비(전기분야), 가스, 대기환경, 수질환경, 자연생태복원, 폐기물처리, 위험물, 조경, 산림, 식물보호
기능사	실내건축, 미장, 타일, 조적, 건축목공, 온수온돌, 유리시공, 비계, 거푸집, 금속재창호, 플라스틱창호, 건축도장, 도배, 철근, 방수, 컴퓨터응용선반, 전산응용기계제도, 전산응용건축제도, 기계정비, 기계가공조립(舊)기계조립, 공조냉동기계, 생산자동화, 정밀측정, 설비보전, 에너지관리(舊)보일러시공, 보일러취급, 배관, 승강기, 전기(舊)전기기기, 전자기기, 용접, 특수용접, 가스, 위험물(舊)위험물(제4류), 조경, 산림, 임업종묘

■ 전기통신 직무

기술사	★전기철도기술사, 전기응용, 전기안전, 건축전기설비, 발송배전, 전자응용, 컴퓨터시스템응용(舊)전자계산기, 전자계산기조직응용, 산업계측제어, ★철도신호기술사, 정보통신
기능장	★전기철도기사, 전기, 전자기기, ★철도장비운전면허, ★철도신호기사, 통신설비
기사	★전기철도산업기사, 전기, 전기공사, 소방설비(전기분야), 전자, 전자계산기, 전자계산기 조직응용, 전파전자통신(舊)전파통신, 전파전자, ★철도신호산업기사, 정보통신, 정보처리, 정보보안, 방송통신, 무선설비
산업기사	★철도전기신호기능사(舊)전기철도기능사, 전기(舊)전기기기, 전기공사, 소방설비(전기분야), 전자, 전자계산기제어(舊)전자계산기, 전파전자통신(舊)전파통신, 전파전자, ★철도전기신호기능사, (舊)철도신호기능사, 정보통신, 정보처리, 정보보안, 통신선로, 방송통신, 무선설비
기능사	전기(舊)전기기기, 전자기기, 전파전자통신(舊)전파통신, 전파전자, 전자캐드, 정보처리, 정보기기운용, 통신기기, 통신선로, 방송통신, 무선설비

★는 철도 관련 직무 자격증으로 1개 등급 우대하여 적용됨

*출처: 2021년 하반기 한국철도공사 채용공고문

● 필기시험 및 출제 범위

■ 직업기초능력평가(전형별 문항 수 상이)

채용전형	출제범위
일반공채	• NCS 25문항 (의사소통능력, 수리능력, 문제해결능력)
고졸 · 보훈 · 장애인	• NCS 50문항 (의사소통능력, 수리능력, 문제해결능력)

* 고졸 · 보훈 · 장애인 전형의 경우 필기전형은 직업기초능력평가만 시행

■ 직무수행능력평가(25문항)

채용직렬	채용직무	전공과목	출제범위
운전(과목 중 택1), 차량		기계일반(차량기계)	열역학, 유체역학, 재료역학, 기계재료, 기계설계
		전기일반(차량전기)	전기자기학, 회로이론, 제어공학, 전력공학, 전기기기
토목		토목일반	측량학, 토질역학, 응용역학, 토목시공학, 철근콘크리트
건축	건축일반	건축일반	건축계획, 건축구조, 건축시공, 건축법규
	건축설비	건축설비	건축설비
전기통신		전기이론	전기자기학, 회로이론, 통신이론, 전기공학

*출처: 2021년 하반기 한국철도공사 채용공고문

필기전형은 NCS 직업기초능력평가 25문항과 직무수행능력평가 25문항 총 50문항을 60분간 풀어내는 형태로 진행된다. 굉장히 높은 난도를 가지고 있는 시험으로 널리 알려져 있고, 지원자 대부분이 전공에 대한 이해도가 높으므로 직업기초능력평가에서 높은 점수를 받아야 한다.

필기시험의 높은 경쟁률 덕분에 면접은 생각보다 수월한 2:1의 경쟁이 이루어진다. 다만 면접전형에 들어오는 지원자들은 난관을 뚫고 들어온 경쟁자들이기에 방심은 금물이다. 필자가 한국철도공사와 비슷한 채용 전형을 가지는 모 공공 기관 인성 면접관으로 참여했을 당시, 높은 지식수준 대비 커뮤니케이션능력이 부족하여 안타깝게 탈락한 경우를 많이 보았다. 그러니 기본적인 '1분 자기소개'에서부터 자기소개서 중심의 면접 질문까지 만전을 기해야 한다.

추가로, 한국철도공사의 경우 보훈채용이 별도로 진행되기에 국가보훈유공자의 경우에는 적극적으로 채용형 인턴에 참여하는 것이 좋다. 일반 신입 전형과는 다르게 매우 낮은 수준의 경쟁률과 커트라인 점수를 통과하면 바로 입사할 수 있다. 국가유공자에 해당하는 경력자가 100점 만점 기준 50점도 안 되는 점수로 필기전형을 돌파한 경우를 목격한 적도 있다.

📝 ✏️ 🗄️ 🕐

한국철도공사 기술직의 서류심사와 필기시험까지 채용 프로세스를 종합해서 확인하면 의사소통능력, 수리능력, 문제해결능력, 정보능력, 조직이해능력을 중심으로 진행됨을 알 수 있다. 다만, 자기소개서 문항과 학생 대부분이 참여한 면접 내용을 종합해 볼 때, 대인관계능력과 직업윤리 관련 기초 능력들이 활용될 것이라 예상된다.

● **채용프로세스 내 10대 직업기초능력 검증 가이드**

10대 직업기초능력	자기소개서 & 면접	필기전형(NCS 기반 필기)
의사소통능력	◎	◎
수리능력	○	◎
문제해결능력	◎	◎
자기개발능력		
자원관리능력		
대인관계능력	◎	
정보능력		
기술능력		
조직이해능력		
직업윤리	◎	

◎: 활용 빈도 높음, ○: 활용 빈도 보통, 빈칸: 활용 빈도 낮음

한국철도공사 직무기술서 분석

기존의 채용 프로세스에서는 직무기술서 분석이 중요하지 않을 수도 있지만, 앞으로 진행될 전형을 대비하여 직무기술서에 대한 기본적인 이해는 필요하다. 특히 직무기술서를 기반으로 추출된 키워드와 자기소개서의 스토리를 연결하면 앞으로 진행될 채용 서류를 작성하는 것이 매우 수월해진다.

차량의 전기직을 예시로 보면 대분류가 [19. 전기전자], [15. 기계]이기에 전공에 따라 직무기술서의 분석 방향이 달라진다. 특히 전기를 전공한 지원자의 경우에는 소분류 [08. 전기자동제어] 관련 직무기술서를 기반으로 자기소개서와 면접 준비를 하면 좋다.

● 한국철도공사 차량-전기직 직무기술서(채용분야)

채용분야	차량	NCS 분류 체계	대분류	19. 전기 · 전자	15. 기계
			중분류	01. 전기	07. 철도차량제작
			소분류	08. 전기자동제어	02. 철도차량 유지보수

한국철도공사의 경우 직무기술서를 분석하여 경험과 매칭하고 키워드를 도출할 때, 다음과 같이 정리하면 좋다.

직무수행내용	➡	유사한 경험 List-up
필요지식 / 직무수행태도		어필할 역량(Keyword) 도출

'국유 철도를 기반으로 한 여객 및 물류 운송, 역 시설 개발 및 운영, 국유 철도 및 관련 시설 유지보수'라는 기관의 주요 사업을 구체적으로 이해해야 한다. 하지만 더 중요한 것은 자신의 경험을 바탕으로 하여 직무수행내용에서 유사한 경험을 찾고, 필요지식과 직무수행태도에서 경험을 통해 얻게 된 역량을 구체화해야 한다. 특히, 어느 정도 유사한 활동이라면 표현을 직무기술서에 있는 내용으로 바꿔야 한다.

취업준비생의 관점에서 직무기술서상의 직무수행내용과 일치하는 경험은 찾기 어려울 수 있다. 하지만, 직무를 수행하기 위한 기초 지식이나 기술을 만드는 경험은 얼마든지 할 수 있는 부분이다. 따라서, 일치하는 경험이 아닌 유사한 성향이 있는 경험을 찾는다는 생각으로 접근하는 것이 좋다.

	○ 차량 및 전기, 전자기계에 대한 전문 지식과 기술을 바탕으로 철도차량, 기계설비의 유지보수, 안전관리 및 사고 복구 등의 업무 수행		
직무 수행 내용	고속차량 정비업무		– 고속차량(KTX, KTX–산천 · 호남 · 원강, SRT) 정비기준에 따라 직접적인 차량정비업무 – 정비차량에 대한 신뢰성관리, 품질검사 업무 – 고속차량 규격, 설계 등 엔지니어링업무 – 고속차량정비정책 등 본사 및 관리지원업무
	일반차량 정비업무		– 일반차량(디젤 · 전기기관차, 객차, 화차 등) 정비기준에 따라 직접적인 차량정비업무 – 정비차량에 대한 신뢰성관리, 품질검사 업무 – 일반차량 규격, 설계 등 엔지니어링업무 – 일반차량정비정책 등 본사 및 관리지원업무
	전동차량 정비업무		– 전동차량 및 간선형 전기동차(EMU) 정비기준에 따라 직접적인 차량정비업무 – 전동차량에 대한 신뢰성관리, 품질검사 업무 – 전동차량 규격, 설계 등 엔지니어링업무 – 전동차량정비정책 등 본사 및 관리지원업무
	기계설비 운영 및 유지보수업무		– 차량정비용 기계설비 유지관리업무 – 기계설비 운영업무 – 안전 · 환경에 관한 업무

대학 시절 스토리보드를 작성한 후에, 속성이 비슷한 행위를 한 경험이 있다면 자기소개서의 스토리로 꼭 활용하는 것이 좋다. 만약 유사 스토리에 대한 매칭이 어려워 고민된다면, 유사 경험에 대한 고민은 지우고 직무수행태도를 중심으로 한 키워드 매칭이라도 진행하면 된다.

● 한국철도공사 차량-전기 직무기술서

필요지식	○ **(전기자동제어)** 전기 · 전자 · 통신의 이론, 전기전자공학, 자동제어 입출력 장치에 대한 지식, 계측기, 통신 선로 및 제어별 신호 흐름 관련 지식, 전기 회로 해독법, 자동제어기별 특성 및 사용방법 관련 지식, 변환기/조작 부속 기기에 대한 지식 등 ○ **(철도차량 유지보수)** 철도차량 유지보수 규정, 철도차량공학, 차량별 보수품 도면 및 규격 지식, 차량별 유지보수 규정 및 지침, 측정 및 시험기기 사용 절차 지식 등
직무수행태도	○ 관련 규정 및 지침 준수, 철도차량 정비 품질 확보를 위한 노력, 신지식 습득 및 기술력 향상을 위한 탐구심, 품질을 개선하려는 태도, 품질 요구수준 준수 태도

짧은 시간에 자기소개서를 작성해야 하는 상황이라면, 직무수행내용을 기준으로 한 스토리를 찾기 위해 시간을 할애하기보다는 경험에 대한 키워드를 조합하며 자기소개서 문항별 전략을 세우는 것이 유리하다. 직무기술서상의 직무수행내용이 너무 한국철도공사 맞춤형으로 구성되어 있기에 시간만 길어지고 혼란스러워질 가능성이 있기 때문이다.

따라서 대학 시절 경험을 List-up 한 후에 직무수행태도를 중심으로 한 키워드를 도출하고, 경험의 속성을 '공동체 활동'과 '대인관계 관련'으로 분리하여 1~4번 문항별 매칭을 한다면 더 효과적일 수 있다.

● 한국철도공사 차량-기계직 직무기술서

채용 분야	차량	NCS 분류 체계	대분류	15. 기계	
			중분류	07. 철도차량제작	
			소분류	01. 철도차량 설계 · 제작	02. 철도차량 유지보수

기관 주요사업	○ 국유 철도를 기반으로 한 여객 및 물류 운송, 역 시설 개발 및 운영, 국유철도 및 관련 시설 유지보수
직무수행 내용	○ 차량 및 기계에 대한 전문 지식과 기술을 바탕으로, 철도차량, 철도차량 정비에 사용되는 각종 기계설비 · 시험 장비의 유지보수, 안전관리 및 사고복구 등의 업무 수행
필요지식	○ (철도차량 설계 · 제작) 철도차량 관련 부품에 대한 이해, 철도차량 장치별 특성에 대한 지식, 차량 시스템 이해, 철도차량 구조/시스템/구조역학에 대한 지식 등 ○ (철도차량 유지보수) 철도차량 유지보수 규정, 철도차량공학, 차량별 보수품 도면 및 규격 지식, 차량별 유지보수 규정 및 지침, 측정 및 시험기기 사용 절차 지식 등

직무 수행 내용	고속차량 정비업무		– 고속차량(KTX,KTX–산천 · 호남 · 원강, SRT) 정비기준에 따라 직접적인 차량정비업무 – 정비차량에 대한 신뢰성관리, 품질검사 업무 – 고속차량 규격, 설계 등 엔지니어링업무 – 고속차량정비정책 등 본사 및 관리지원업무
	일반차량 정비업무		– 일반차량(디젤 · 전기기관차, 객차, 화차 등) 정비기준에 따 라 직접적인 차량정비업무 – 정비차량에 대한 신뢰성관리, 품질검사 업무 – 일반차량 규격, 설계 등 엔지니어링업무 – 일반차량정비정책 등 본사 및 관리지원업무
	전동차량 정비업무		– 전동차량 및 간선형 전기동차(EMU) 정비기준에 따라 직접 적인 차량정비업무 – 전동차량에 대한 신뢰성관리, 품질검사 업무 – 전동차량 규격, 설계 등 엔지니어링업무 – 전동차량정비정책 등 본사 및 관리지원업무
	기계설비 운영 및 유지보수업무		– 차량정비용 기계설비 유지관리업무 – 기계설비 운영업무 – 안전 · 환경에 관한 업무

직무수행 태도	○ 관련 규정 및 지침 준수, 철도차량 정비 품질 확보를 위한 노력, 신지식 습득 및 기술력 향상을 위한 탐구심, 품 질을 개선하려는 태도, 품질 요구수준 준수 태도
직업기초 능력	○ 의사소통능력, 수리능력, 문제해결능력, 자원관리능력, 정보능력, 직업윤리

● 한국철도공사 토목직 직무기술서

채용분야	토목	NCS 분류 체계	대분류	09. 운전 · 운송
			중분류	02. 철도운전 · 운송
			소분류	02. 철도시설 유지보수

기관 주요사업	○ 국유 철도를 기반으로 한 여객 및 물류 운송, 역 시설 개발 및 운영, 국유철도 및 관련시설 유지보수
직무수행 내용	○ 선로 및 구조물, 토목 분야의 전문지식과 철도시설 유지관리 전문지식을 바탕으로 열차가 안전하게 운행할 수 있도록 선로시설물을 유지/보수하는 업무 수행
필요지식	○ (철도선로 시설물 유지보수) 궤도/선로구조물의 특성 및 유지관리 기준에 대한 이해, 선로보수 공정 및 작업 지식, 궤도 인력 검측 및 재료점검 방법, 작업에 필요한 공 · 기구 선정, 도면 작성방법, 선로주변 시설물 점검 지식 등 선로시설물 유지보수 관련 지식과 토목 관련 공학 등

직무 수행 내용	선로점검 및 검측		– 선로순회 및 점검(궤도 및 시설물 이상유무 확인) – 궤도선형검측기, 초음파레일탐상기 등 활용한 궤도선형, 레일 검측 – 침목, 레일 등 궤도재료 점검
	선로보수 (인력)		– 궤도(분기부) 궤도틀림보수 *고저틀림, 방향틀림, 뒤틀림, 수평틀림, 궤간틀림
	선로보수 (장비)		– 보선장비를 활용한 선로보수 – (1종기계작업) 궤도 · 분기기 총다짐작업 – (2종기계작업) 도상자갈치환
	궤도재료 교환		– 레일, 침목 등 궤도재료 교환
	운행안전관리 및 열차감시		– 열차운행선 상 작업 시 운행안전관리 및 열차감시업무
	교량, 터널 등 구조물 점검		– 교량 · 터널 등 철도시설물의 안전점검 및 진단 업무 – 열차운행선 인접공사개소 안전관리

직무수행 태도	○ 안전 수칙 및 매뉴얼 수칙 준수, 법규 및 규정 준수, 문제해결에 대한 적극성, 근무에 대한 성실한 태도, 유지보수 및 점검에 대한 책임감, 타인 의견 경청, 합리적인 의사조정 태도, 장기적인 관점 고려, 객관적/실용적인 자료 분석 태도, 효과적인 업무 협업 태도 등
직업기초 능력	○ 의사소통능력, 수리능력, 자원관리능력, 정보능력

● 한국철도공사 건축일반직 직무기술서

채용분야	건축	NCS 분류 체계	대분류	09. 운전 · 운송	14. 건설
			중분류	02. 철도운전 · 운송	03. 건축
			소분류	02. 철도시설 유지보수	01. 건축설계 · 감리
			세분류	03. 역시설물 유지보수	01. 건축설계

기관 주요사업	○ 국유 철도를 기반으로 한 여객 및 물류 운송, 역 시설 개발 및 운영, 국유철도 및 관련 시설 유지보수

직무수행 내용	○ 건축설계, 건축구조 및 건축시공에 대한 전문지식과 기술을 바탕으로 건축공사의 설계, 공사 및 용역의 관리 · 감독, 건축물의 점검 및 보수작업의 업무 수행

필요 지식	○ **(역시설물 유지보수)** 철도시설 관련 법규 및 지침(산업안전보건, 철도안전, 건축법 등)에 대한 이해, 건축물의 구조 및 시공 등에 대한 이론 지식(점검 및 진단 방법 등), 건축물의 유지보수 공정에 대한 이해 및 지식 등 ○ **(건축설계)** 대지와 건축물의 용도에 대한 법률적 지식, 건축 계획/설계/시공에 대한 전반적인 지식, 건축물 이용자 수요 및 사용 형태 분석/분석 결과 활용 능력, 도면 작성 기준에 대한 지식, 용도에 따른 필요 공간에 대한 지식, 스페이스 프로그램에 대한 지식 등

직무 수행 내용	건축공사 설계 및 감독 등		– 건축물 개량공사 설계 및 내역서 산출 업무 – 건축물 개량공사 감독 업무 – 개량 및 유지보수 계획수립 업무 – 공정 및 사업관리 업무 – 건축분야 산업안전 관련 업무
	건축물 안전점검		– 시특법에 따른 건축물의 정기 및 정밀점검 업무 – 건축물의 수시 안전점검 업무 – 정밀안전진단 감독업무 등 – 건축물 안전점검 관리지원 업무
	건축물 유지보수		– 건축물 내 · 외부(지붕, 창호, 벽체, 바닥, 방수, 도장 등) 유지보수 업무 – 건축물 유지보수 관리지원 업무 – 건축물 환경개선 업무 – 건축물 유지보수 위탁 감독업무 등
	조경시설 유지보수		– 조경 관련 공사 설계 및 감독 업무 – 관내 수목 및 생울타리 유지관리(식수, 전지, 전정 등) 업무 – 조경시설 유지보수 관리지원 업무 등

직무수행 태도	○ 안전 수칙/매뉴얼 수칙/법규 및 규정 준수, 문제해결에 대한 적극성, 근무에 대한 성실한 태도, 유지보수 및 점검에 대한 책임감, 타인 의견 경청, 합리적인 의사조정 태도, 장기적이고 미래지향적 관점 고려, 체계적/종합적 분석 태도, 효과적인 업무 협업 태도 등

직업기초 능력	○ 의사소통능력, 수리능력, 문제해결능력, 정보능력, 기술능력

● 한국철도공사 건축설비직 직무기술서

채용분야	건축	NCS 분류 체계	대분류	09. 운전 · 운송	14. 건설
			중분류	02. 철도운전 · 운송	03. 건축
			소분류	02. 철도시설 유지보수	03. 건축설비설계 · 시공
			세분류	03. 역시설물 유지보수	01. 건축설비설계

기관 주요사업	○ 국유 철도를 기반으로 한 여객 및 물류 운송, 역 시설 개발 및 운영, 국유철도 및 관련 시설 유지보수
직무수행 내용	○ 건축설비에 대한 전문지식과 기술을 바탕으로 건축설비의 유지 및 보수 작업을 수행하며 건축설비공사의 설계 · 공사 및 용역을 관리/감독하는 업무 수행
필요 지식	○ **(역시설물 유지보수)** 철도시설 관련 법규 및 지침(산업안전보건, 철도안전, 소방법 등)에 대한 이해, 건축물내 건축설비 및 기기(소방, 승강기, 승강장안전문, 냉 · 난방기 등)에 대한 이론 지식(기능, 작동원리 등), 건축설비 유지보수 공정에 대한 이해, 기계자동제어설비에 대한 지식 등 ○ **(건축설비설계)** 각종 설비 관련 법규(에너지, 건축, 소방, 환경 등)에 대한 지식, 건축설비(환기/위생/자동제어/공기조화/열원/급배수 등) 관련 지식(설비 장치 특성, 제어방법, 유지보수 절차 및 방법 등), 기존건물의 유사용도 설비설계 평가에 대한 지식, 설비설계 단계별 일정에 대한 이해, 산업표준에 의한 도면 작성 지식, 건축설비 관련 개략공사비에 대한 지식

직무 수행 내용	건축공사 설계 및 감독 등		– 건축설비(소방, 냉난방, 공조, 위생설비 등) 개량공사 설계 및 감독 업무 – 건축설비 개량 및 유지보수 계획수립 업무 – 건축설비 유지보수 관리지원 업무 – 건축설비 분야 산업안전 관련 업무 등
	승강기 유지관리		– 승강기 개량공사 설계 및 감독 업무 – 승강기(에스컬레이터, 엘리베이터, 휠체어리프트, 무빙워크) 점검 업무 – 승강기 외주용역 관리감독 업무 – 승강기 유지보수 관리지원 업무 등
	승강장 안전문 유지관리		– 승강장안전문 개량공사 설계 및 감독 업무 – 승강장안전문 점검 및 유지보수 업무 – 승강장안전문 유지보수 관리지원 업무 등
	건축설비 유지관리		– 건축설비(소방, 냉난방, 공조, 위생설비 등) 점검 및 유지보수 업무 – 자동제어 등 전기 · 통신분야 점검 및 유지보수 업무 – 건축물(설비) 유지보수 위탁 감독업무 등

직무수행 태도	○ 안전 수칙/매뉴얼 수칙/법규 및 규정 준수, 문제해결에 대한 적극성, 근무에 대한 성실한 태도, 유지보수 및 점검에 대한 책임감, 타인 의견 경청, 합리적인 의사조정 태도, 장기적이고 미래지향적 관점 고려, 체계적/종합적 분석 태도, 효과적인 업무 협업 태도 등
직업기초 능력	○ 의사소통능력, 수리능력, 문제해결능력, 정보능력, 기술능력

● 한국철도공사 전기통신직 직무기술서

채용분야	전기통신	NCS 분류 체계	대분류	09. 운전 · 운송	19. 전기 · 전자	
			중분류	02. 철도운전 · 운송	01. 전기	
			소분류	02. 철도시설 유지보수	09. 전기철도	10. 철도신호제어
			세분류	04. 철도정보통신 시설물 유지보수	03. 전기철도 시설물 유지보수	03. 철도신호제어 시설물 유지보수

기관 주요사업	○ 국유 철도를 기반으로 한 여객 및 물류 운송, 역 시설 개발 및 운영, 국유철도 및 관련 시설 유지보수
직무수행 내용	○ 전기통신 분야에 대한 전문 지식과 기술을 바탕으로 전철전력설비, 정보통신설비, 신호제어설비 시설물에 대한 유지보수, 사고 장애 복구, 운용 및 관리 업무 수행
필요 지식	○ **(철도정보통신 시설물 유지보수)** 통신이론, 정보통신공학, 정보통신설비 유지보수/정보통신설계/정보통신설비 기술 기준에 대한 지침 및 지식, 통신네트워크 및 정보통신에 대한 지식, 통신용 전원설비 및 장치 관련 지식 등 ○ **(전기철도 시설물 유지보수)** 전기철도공학, 전기전자공학, 구조물공학, 송변전 및 전력 계통 관련 지식, 전철전력 설비 유지보수 지침 및 유지보수 점검 관련 지식, 송전 · 수전선로의 운영 및 유지보수 점검 관련 지식, 전철전력 설비 설계편람 및 지침 이해, 전철전력 설비 및 기기 관련 지식 등 ○ **(철도신호제어 시설물 유지보수)** 철도신호공학, 전자공학, 신호제어설비 유지보수 지침 관련 지식, 철도신호설계 편람 및 지침 이해, 전자기 유도에 대한 지식, 무선통신기반 철도신호기술, 고속철도신호설비 관련지식 등

직무 수행 내용	전기철도 시설물 유지보수		※ 열차 및 역사 내 전원공급을 위한 전기설비 유지보수 – 송변전 설비 정밀진단 및 유지보수 – 역사 내 전원설비 정기점검 및 유지보수 – 전차선로 기술적 점검 및 유지보수 – 고장 · 장애 시 조치 및 안전대책 수립
	정보통신 설비 유지보수		※ 열차운행 관련 DATA 전송, 열차무선 및 고객안내설비 등 유지보수 – 광전송설비, 무선설비, 여객안내설비 역무자동화설비 등 정기점검 및 유지보수 – 고장 · 장애 시 조치 및 안전대책 수립
	신호제어 설비 유지보수		※ 열차의 진행, 정지, 속도 및 진로 등을 제어하는 신호제어 설비 유지보수 – 선로전환기, 연동장치, 궤도회로, 열차집중제어장치 등 정기점검 및 유지보수 – 고장 · 장애 시 조치 및 안전대책 수립
	고장 및 장애이력 등 분석관리		※ (공통) 전기설비 고장 · 장애이력 등 데이터 분석 및 이력 관리 등

직무수행 태도	○ 규정/법규/기술기준/안전수칙 준수, 업무 및 작업에 성실한 태도, 안전사고 발생 예방을 우선시하는 태도, 민첩 하고 정확하게 작업을 수행하는 태도
직업기초 능력	○ 의사소통능력, 문제해결능력, 대인관계능력, 정보능력, 기술능력, 수리능력

한국철도공사 기업 이슈 분석

직무기술서 분석이 완료되면 한국철도공사의 신년사 및 추진사업 이해를 통해 마지막을 대비해야 한다. 한국철도공사는 국민이 안전하고 행복한 여행을 위한 이동을 책임지는 공공 기관이다. 여러 이슈가 존재하지만 큰 틀에서 보면 '안전'과 '서비스 혁신'이라는 두 가지 키워드로 정리할 수 있다.

● **2022년 한국철도공사 신년사 및 중점 추진 사업**

■ **신년사 요약**

1. 재무위기 타파
2. ESG경영 선도
3. 미래 철도기술 도입
4. 세계시장 경쟁력 확보
5. 국민 신뢰회복

■ **중점 추진 사업**

#1. 안전한 철도 → 안전 예산에 1.7조 원 투입
- 신규 열차 도입 및 유지보수 장비 첨단화
- 사물인터넷(IoT) 등 첨단기술 활용한 스마트한 안전관리시스템 구축
- 미세먼지 저감관리 및 선로주변과 철도건널목 방호설비 보강 등

#2. 서비스 혁신으로 사회적가치 실현
- 철도중심 이동서비스 구현 및 지역경제 활성화 대비

#3. 수익사업 강화
- 여객부분 → 간선체계를 수요중심으로 전면 개편
- 광역철도 → 역의 집중화와 인력 재배치로 운영 최적화
- 대량 및 복합물류 체계 구축하여 구조적인 경쟁력 한계 돌파
- 역세권 개발사업 가속화 및 유휴부지 개발 → 수익창출
- 검증시스템 이중화 및 핵심인재 양성 → 경영 투명성 확대

#4. 국내 철도산업의 기술경쟁력 향상
- 차량정비 및 유지보수 기술력 고도화 → 현장 도입
- 공동협의체 팀코리아(Team Korea) 철도 운영 담당 → 시장개척
- 정부 및 관련국과의 긴밀한 협력 → 남북철도, 대륙철도 등 세계 철도시장 공략

#5. 대화와 공감의 문화
- 부정부패, 갑질, 성비위 등 엄중처벌
- 상생의 노사문화와 공감대 정신 → 갈등 완화 및 신뢰 회복

기관장의 신년사에서 추가적인 이슈가 있겠지만, 자기소개서와 면접을 대비하는 과정에서는 안전과 서비스 관련된 이슈를 중심으로 질문에 대한 대응 전략을 잡는 것이 유리하다. 앞에서 다룬 공공 기관 경영정보 공개시스템 '알리오'를 활용하면 좋다.

09

한국전기안전공사

한국전기안전공사 채용 이슈 분석

꽤 오래전 일이지만 필자가 공공 기관 컨설팅을 시작하며 처음으로 만나 도와준 친구가 한국전력공사를 목표로 했는데, 결과적으로 한국전기안전공사에 들어간 적이 있다. 당시에는 이러한 공공 기관이 존재하는 줄도 몰랐지만, 채용 관련 일을 오래 하면서 매년 꽤 많은 인원을 채용하는 전통이 있는 공공 기관이라는 것을 알게 되었다. 물론 다른 에너지 공기업보다 보수도 적고 활동해야 하는 현장의 범위도 넓지만, 충분히 도전해 볼 만한 좋은 기업임에는 분명하다.

매년 100여 명 정도의 기술직 채용이 이루어지는 한국전기안전공사의 자기소개서는 오랫동안 동일한 문항으로 진행되어왔다. 총 4문항이 1,500byte로 약 800자에 해당하는 글자 수로 제시되고, 기술직 자기소개서의 마지막 문항에는 [안전/위험관리]에 대한 스토리텔링을 하도록 유도하고 있다. 자기소개서를 작성하는 것이 어렵지는 않지만, 구체적 가이드라인을 제시하며 한정된 소재만을 쓰도록 유도하는 것이 특징이다.

채용은 총 3단계에 걸쳐서 진행된다. 1차 전형인 서류전형의 경우에는 정확한 커트라인 점수가 발표되지 않지만, 자격증과 우대사항 가점을 기준으로 진행된다. 그중에서도 대부분이 자격증에 대한 가점으로 점수가 계산되기에, 무수히 많은 동점자가 만들어질 수밖에 없는 구조이다.

또한, 전기분야 산업기사 이상의 자격증이 확보되어야만 채용에 응시할 수 있는 기회가 주어지기 때문에 기사 자격증은 필수인 공공 기관이다.

● 채용 전형

○ 1차 전형: 서류전형
○ 2차 전형: 시험전형
   – 신입직(경영관리 및 기술, 연구): 인성검사(70점 이상 합격), 직업기초능력검사 30%, 직무수행능력평가 70%
   – 직업기초능력평가 및 직무수행능력평가 각 과목 40점 미만 득점자는 결격 처리
○ 3차 전형: 면접전형(구조화된 면접 실시)

*출처: 2021년 하반기 한국전기안전공사 채용공고문

기술직 지원자의 경우에는 한국사 1급, 전기기사, 전기산업기사 등 세 개의 자격증을 취득하면 총 55점의 가점을 받지만, 서류통과의 안정권이라고 안심하기에는 이르다. 따라서 여기에 추가적인 자격증 취득이 가능하다면 1차 전형에서 합격할 가능성이 커진다. 또한, 자기소개서도 공사가 정확한 활용을 말하고 있지는 않지만, 혹시 모를 일을 대비해서 잘 작성할 필요가 있다.

● **기술(전기)직 가점 자격증**

구분	분야		가점	세부내용
자격증	한국사		3~10점	○ 한국사능력검정시험 – 1급: 10점, 2급: 5점, 3급: 3점
	한국어		3~10점	○ KBS한국어능력시험 – 1급: 10점, 2⊕급: 5점, 2⊖급: 3점
	전공 자격	전기분야	최대 65점	○ 기술사(발송배전, 전기안전, 건축전기설비, 전기응용, 철도 신호, 전기철도): 45점 ○ 전기기사: 30점 ○ 전기산업기사: 15점 ○ 전기기능장: 30점 ○ 전기기능사: 5점
		전기공사분야		○ 전기공사기사: 20점 ○ 전기공사산업기사: 10점
		기타	최대 15점	○ 신재생에너지 발전설비기사: 15점 ○ 화재감식평가기사: 15점 ○ 소방설비기사(전기분야): 15점 ○ 에너지관리기사: 15점 ○ 정보처리기사: 15점 ○ 산업안전기사: 15점
합계			100점	※ 분야별 최상위 자격증만 인정
별도가점 (최대 15점)			5%	○ 체험형인턴 수료자
			5%	○ 장애인 복지법 시행령 제2조의 규정에 의해 등록된 장애인
			5%	○ 국민기초생활 보장법에 의한 수급자 또는 한부모가족지원 법에 따른 보호대상자
			5%	○ 북한이탈주민의 보호 및 정착지원에 관한 법률에 의한 북한 이탈주민등록자
			5%	○ 다문화가족지원법 제2조에 의한 다문화가족의 자녀
			5%	○ 전기안전 블로그 대학생 기자단 수료자
			5~10%	○ 취업지원대상자

*출처: 2021년 하반기 한국전기안전공사 채용공고문

자격증을 중심으로 진행되는 서류전형을 통과하면 기술직 필기시험이 이어진다. 서류전형의 과정에서 많은 수의 인원이 떨어지기 때문에 합격의 확률은 상대적으로 높은 편이다. 한국전기안전공사는 블라인드 채용을 하고 있지만, 스펙을 중심으로 하는 서류전형으로 인해 NCS 채용의 의미는 약간 퇴색되었다.

● 기술직 필기시험

교시	과목	시작	종료	소요시간
1교시	인성검사	13:00	13:25	25분
2교시	직업기초능력평가	13:40	14:40	60분
3교시	직무수행능력평가	15:20	16:20	60분

※ 출제범위
  ○ 인성검사: 동반자 마인드, 통합적 사고, 전문성 추구
  ○ 직업기초능력평가: NCS 직업기초능력 6개 분야(의사소통, 자원관리, 문제해결, 정보, 조직이해, 수리능력)
  ○ 직무수행능력평가
    – 신입직(기술): 기술기준 및 판단기준(KEC 개정 반영), 전력공학, 전기기기, 전기자기학, 회로이론, 전기응용, 전기사업법령 등

*출처: 2021년 하반기 한국전기안전공사 채용공고문

기술직 필기시험은 인성검사, 직업기초능력평가, 직무수행능력평가 3가지 시험을 치르게 된다. 1차 인성검사에서 70점 이상 받아야 선발될 수 있으며, 2차는 인성검사 합격자 중 직업기초능력평가(30%)와 직무수행능력평가(70%)를 성적순으로 결정한다.

직업기초능력평가는 NCS기반 직업기초능력 중 6개 분야(의사소통, 자원관리, 문제해결, 정보, 조직이해, 수리능력)에서 50문항이 출제되며, 직무수행능력평가(전공시험)도 50문항이 출제된다.

필기시험을 통과하면 역량구조화의 방식을 따른 면접전형이 이어지는데, 필기시험 점수(50%)와 면접점수(50%)가 합산되어 최종합격자가 결정된다. 따라서 필기시험의 높은 점수는 전형을 통과하는 의미도 있지만, 최종합격에도 영향을 미치게 된다. 여타의 공기업에 비해 전형에 대한 구체적인 설명이나 대외적으로 알려지는 부분들이 적지만, 특이한 점이 보인다. 필기전형의 경쟁률이 상대적으로 낮다는 점이다. 이는 역설적으로 서류전형의 경쟁이 치열하다는 의미와 불참자가 생각보다 많다는 의미이기도 하다.

한국전기안전공사의 채용과정에서 활용되는 10대 직업기초능력을 살펴보면 다음과 같이 정리될 수 있다. 대부분의 직업기초능력을 채용 전형에 적극적으로 활용하고 있으니, 하나 또는 몇 가지의 직업기초능력을 타깃으로 준비하는 것은 비효율적이다.

● **채용 프로세스 내 10대 직업기초능력 검증 가이드**

10대 직업기초능력	자기소개서 & 면접	필기전형(NCS 기반 필기)
의사소통능력	◎	◎
수리능력	◎	◎
문제해결능력	◎	◎
자기개발능력	○	
자원관리능력	◎	◎
대인관계능력	○	
정보능력	◎	◎
기술능력	◎	
조직이해능력	◎	◎
직업윤리	○	

◎: 활용 빈도 높음, ○: 활용 빈도 보통, 빈칸: 활용 빈도 낮음

한국전기안전공사 직무기술서 분석

한국전기안전공사의 경우 최근 신입 채용에서 기술직에서 전기직만 채용이 진행되었다. 기타 IT, 연구, 인증, 건축, 토목 등의 기술직은 경력직 채용이 진행된다.

자기소개서의 경우 여타의 전기 관련 공공 기관보다 내용이 구체적이고 세분화되어 있기에, 직무 기술서에서 정확한 포인트를 잡고 자기소개서를 작성해야 한다. 에너지 관련 공기업과는 다른 형태의 직무가 수행되기에 구체적인 확인이 필요하다.

● 한국전기안전공사 기술(전기)직 직무기술서(채용분야)

채용분야	기술	NCS 분류체계	대분류	19. 전기전자		
			중분류	01. 전기		
			소분류	05. 전기기기제작	06. 전기설비설계 · 감리	07. 전기공사
			세분류	01. 전기기기설계 03. 전기기기유지보수	01. 전기설비 설계	01. 내선공사

대분류는 [19. 전기전자]이며, 학창 시절 전공 또는 활동 내용이 관련 분야와 연결되면 좋다. 중분류와 소분류를 따라 마지막 세분류를 보면 [01. 전기기기설계], [03. 전기기기유지보수], [01. 전기설비 설계], [01. 내선공사]로 나뉘는데, 가능하면 본인이 학습한 내용의 세분류에 맞춰 키워드를 도출하면 좋다.

● 한국전기안전공사 기술(전기)직 직무기술서

능력단위	안전관리기술검토	01. 전기기기 설계요소 01. 내선공사관리, 02. 배관선공사, 03. 조명설비공사, 04. 동력설비공사, 12. 신재생에너지공사
	전기설비유지보수	01. 유지계획수립, 02. 설치환경 점검, 08. 개폐기 유지보수, 10. 배전반 유지보수
직무수행내용		○ **(안전관리 및 기술검토)** 일반용전기설비의 안전점검 수행. 일반용전기설비 설치도면 기술기준 적정여부 서면 검토 ○ **(전기설비 유지보수)** 전기설비 사용자의 전기안전 확보를 위한 위해요소 제거 목적의 직접 시설개선 / 전기설비의 경미한 수리 ○ **(행정 · 고객상담)** 안전점검 결과 행정청 통보, 업무 계획수립 및 관련 기관 협의 · 결과 통보, 설비상태 안전관리 상담

직무기술서상의 능력단위나 직무수행내용에는 전기설비 관련 주요 업무들도 있지만, 행정 처리나 고객지원 관련 업무도 있다. 꼭 전공에 특화된 경험이 필요한 것만은 아니라는 뜻이다. 필요지식, 필요기술, 직무수행태도를 중심으로 키워드를 도출하되, 경험의 대상을 넓게 가져가도 좋다.

● 한국전기안전공사 기술(전기)직 직무기술서

필요지식	○ 전기기기(변압기, 차단기, 배전반, 전동기, 발전기 등)의 기초이론 ○ 건축도면 및 전기도면 해석능력, 전기설비 기술기준 및 판단기준 ○ 전기설비설계(수전, 배선, 조명, 도면) 관련 지식, 내선공사 관련 지식 ○ 신재생에너지(태양광, 풍력, 지열, 연료전지 등) 관련 지식
필요기술	○ **(안전관리 및 기술검토)** 전기설비 설계에 필요한 기술계산 및 계통도 확인, 관련 법령 적합성 판단능력 ○ **(전기설비 유지보수)** 전기안전 확보를 위한 경미한 수리가 필요한 경우 직접 수리할 수 있는 능력 ○ **(행정 · 고객상담)** 점검결과, 관련기술 적용 문서작성 능력 및 개인고객, 단체와의 협상 · 상담 능력

직무수행태도	○ **(안전관리 및 기술검토)** 업무의 효율적 처리를 위한 적극적인 자세, 최신 기술기준 변경사항 및 신제품 설치 사례 습득 등 현장적용 검토노력, 전기안전업무관련 관계법령, 기술기준 습득 노력
	○ **(전기설비 유지보수)** 계통 이해를 위한 통찰력, 최신 기술동향 파악 노력, 안전을 최우선하는 자세, 안전사고 예방을 위해 노력하는 자세, 조직원과의 협동 · 화합하는 긍정적 자세와 구성원의 배려, 세밀한 검토 및 업무처리 절차 준수의식
	○ **(행정 · 고객상담)** 공정한 업무수행 태도, 상호 이해관계존중, 문제해결을 위한 적극적 자세, 상호 발전적 협상 태도, 자료의 객관성 유지

학교에서 조별 과제를 통해 전기 관련 프로젝트를 진행한 경험이 있다면 필요기술과 직무수행태도를 활용하여 연관성 있는 키워드를 도출하면 된다. 가령, 프로젝트에서 전력 관련 주제를 다루었다면 필요기술의 '관련기술 적용 문서작성 능력 및 개인고객, 단체와의 협상 · 상담 능력'이나 직무수행태도의 '기술기준 습득 노력', '최신 기술 동향 파악 노력', '조직원과의 협동 · 화합하는 긍정적 자세와 구성원의 배려' 등을 키워드로 가져가면 된다.

● **한국전기안전공사 직무기술서 분석 예시**

학창 시절 경험	키워드 도출
조별과제 프로젝트	기술기준 습득 노력, 최신 기술 동향 파악 노력, 조직원과의 협동 · 화합하는 긍정적 자세와 구성원의 배려
학생회 활동(행사)	상호 이해관계존중, 상호 발전적 협상 태도
…	…

한국전기안전공사의 기타 기술직 직무기술서는 아래 내용을 참고하기 바란다.

● **한국전기안전공사 IT직 직무기술서**

채용분야	IT	NCS 분류체계	대분류	20. 정보통신
			중분류	01. 정보기술
			소분류	03. 정보기술운영
			세분류	01. IT시스템관리

능력단위	05. 응용SW 운영관리, 06. HW 운영관리, 07. NW 운영관리, 09. 보안 운영관리
직무수행내용	○ (응용SW 운영관리) 응용SW를 모니터링하고, 장애를 처리하며, 변경요청 사항을 처리하고 테스트를 한다. ○ (보안 운영관리) 정보서비스 보안기획 후 서비스 자원(기반 인프라 시설의 장비에 운영되는 운영체제, 데이터베이스, 응용)을 기밀성, 무결성, 가용성있게 운영하고 다른 운영 요소들과 유기적으로 연동하여 고객 정보시스템의 보안을 향상시키는 서비스를 제공한다. ○ (HW 운영관리) IT시스템 및 관련 프로그램을 설치하고, 최적의 상태로 운용하기 위한 환경을 구성, 장애 예방활동 및 발생 시 적절한 복구 조치를 취하는 등 IT 시스템을 안정적으로 운영 관리한다. ○ (NW 운영관리) 네트워크 운영지침 및 절차서를 활용하여 네트워크 상태를 확인, 네트워크 성능기준상에 정의된 수준으로 네트워크를 운용하고 모니터링을 통해 현행 시스템의 운용 상태를 분석·평가한다.
필요지식	○ (응용SW 운영관리) 기존 아키텍처와 설계 산출물의 이해 지식, 어플리케이션 구성도 이해 지식, 어플리케이션에 구현된 시스템 구현 및 사용 방법, 어플리케이션에 구현된 업무 프로세스 및 수행 절차, 테스트 설계 기법, 프로그램언어 활용 방법, 어플리케이션 변경 및 배포 도구 사용 방법, 사용자 업무에 기반한 응용 시스템 지식 ○ (보안 운영관리) CC 인증, 구조화 질의어(SQL) 해독 지식, 네트워크 및 시스템 구성도 작성 지식, 시스템 운영 환경, 개인업무 환경 보안지식, 공용업무 환경 보안 지식, 시스템의 취약점 및 보안 위협, 정보보호 관리체계, 정보보호정책 ○ (HW 운영관리) 디스크 용량 관리, 서버·스토리지·네트워크·소프트 웨어관련 전문지식, 시스템 보안 패치 및 업그레이드, 시스템 자원 복구 방법, 어플리케이션 변경관리 ○ (NW 운영관리) 네트워크 관리 및 유지보수 방법, 구성도 이해, 보안 지식, 시험 및 분석
필요기술	○ (응용SW 운영관리) 각종 테스트 도구를 사용하는 기술, 개발표준을 이해하고 프로그램 개발에 적용하는 기술, 기존 작성된 프로그램의 코드 검토 기술, 기존 아키텍처를 이해하는 능력, 변경 요구사항을 기존 아키텍처에 맞게 설계할 수 있는 능력, 변경사항 관련 테스트 설계 및 시나리오 작성 능력, 어플리케이션 변경관리 및 시스템 적용 능력, 어플리케이션 운영 활용 도구의 명령어 및 Script 활용 능력, 어플리케이션의 기본적인 레이어 아키텍처와 메커니즘을 적용하는 기술, 장애원인 분석 방법 및 조치결과 검토 능력, 프로그램 로직 검토 및 테스트 케이스 결과 작성 능력 ○ (보안 운영관리) 개인정보보호/보안 기술, 기타 보안사고 예방 및 복구를 위하여 필요한 사항, 스마트워크 보안, 위험관리, 접근권한 통제 관리, 침해사고 대응 및 복구 절차 ○ (HW 운영관리) HW 운영관리에 필요한 하드웨어 스펙 분석, 서버(Unix, Linux, NT)관리 기술, 응용프로그램 설치, 보안패치 및 업그레이드 기술 ○ (NW 운영관리) 네트워크 데이터 분석, 시뮬레이션 운용, 시험
직무수행태도	○ (응용SW 운영관리) 각기 다른 어플리케이션의 환경별 기술 습득 의지, 기존의 검증된 코드를 활용하여 생산성과 품질을 높이려는 의지, 변경 모듈과 연관된 모듈의 기능을 확인하고 검증하는 의지, 사용자 입장의 어플리케이션 이해 의식, 선진 코딩 기법 및 도구에 대해 적극적으로 배우고 활용하고자 하는 적극적 태도, 속도 향상을 위한 프로시저/구조화 질의어(SQL)/로그를 관리하고자 하는 태도, 작성한 코드에 대한 책임감 ○ (보안 운영관리) 객관적인 관점으로 종합적으로 분석, 사고하려는 자세, 문제점 및 이슈를 해결하려는 적극적인 태도 ○ (HW 운영관리) 상이한 환경의 하드웨어별 특성을 이해하는 능동적 태도, 시스템 구성요소들의 변경사항을 주기적으로 점검, 시스템 분석 및 기술습득에 대한 능동적 태도, 시스템 장애발생 시 적절한 조치 및 보고 등 문제를 해결하려는 의지 ○ (NW 운영관리) 네트워크 운영 환경을 개선, 문서 형상화를 통하여 타인이 이해할 수 있도록 하려는 의지, 세밀히 관찰하는 태도, 시스템 분석 및 기술 습득에 대한 능동적 의식

필요자격	필수자격	정보처리산업기사, 정보처리기사
	선택자격	○ 정보보안산업기사, 정보통신산업기사, 정보보안기사, 정보통신기사, 정보처리기술사, 정보관리기술사 ○ 컴퓨터시스템응용기술사, 정보시스템감리사
직업기초능력	공통	○ 직업윤리, 자기개발능력, 대인관계능력
	직무별	○ 의사소통능력, 정보능력, 문제해결능력, 대인관계능력, 기술능력, 조직이해능력

● 한국전기안전공사 기계직 직무기술서

채용분야	기계	NCS 분류체계	대분류	15. 기계	14. 건설	23. 환경 · 에너지 · 안전
			중분류	05. 기계장치설치	04. 산업환경설비	06. 산업안전
			소분류	01. 기계장비 장치 · 정비	01. 산업환경설비 설계 · 감리	01. 산업안전관리
			세분류		03. 에너지설비설계	01. 기계안전관리
능력단위	06. 산업 · 환경설비 검사, 02. 발전설비 건설공사 품질관리					
직무수행내용	○ **(검사기술업무)** 발전소 공사계획인가(신고) 검토 및 현장 검사업무 ○ **(부대업무)** 민원 질의 · 답변					
필요지식	○ 발전소 기계기구(열사용기자재 및 중요 기계기구)의 개념 ○ 보일러 및 터빈(열역학, 열전달, 열동력, 철구조물, 기계요소설계, 금속재료학, 연소공학 / 내연기관(내연기관) / 수차 및 풍차(유체역학, 유체기계) ○ 설비 공장제작 (생산기술, 배관공학, 용접공학) ○ 발전소 시공 및 배관 / 제관물 제작 · 용접에 대한 이해 ○ 설비 현장시공 및 시운전 실무에 대한 전반적인 지식 (시공 · 설치기술, 배관공학, 용접공학) ○ 에너지원별 발전(상업용 및 열병합발전, 신재생에너지)과 전력시장의 이해 ○ 산업체 설비시공, 정비, 운용에 대한 안전관련 전반적 지식(산업안전공학) ○ 관련 법규, 기술기준 및 판단기준 이해: 내용 숙지 및 실제업무 적용					
필요기술	○ 발전소 기계기구 개념과 안전요소의 이해 ○ 발전소시공, 현장 용접과 시운전에 대한 이해 ○ 산업체 설비별 공정 폭넓은 이해 및 산업 동향 파악					
직무수행태도	○ 제반 법령과 규정을 준수함과 동시에 양심에 어긋나지 않도록 공정하게 수행하려는 자세 ○ 높은 윤리적 가치관을 가지고 개인의 품위와 공사의 명예를 유지, 발전시킬수 있도록 노력하는 자세 ○ 성실하고 맡은 바 책임을 완수하려는 자세					
필요자격	필수자격	일반기계기사, 건설기계기사				
	선택자격	생산기계산업기사, 건설기계산업기사				
직업기초능력	공통	자기개발능력, 대인관계능력, 직업윤리				
	직무별	의사소통능력, 문제해결능력, 자원관리능력, 정보능력, 기술능력, 조직이해능력				

● 한국전기안전공사 토목직 직무기술서

채용분야	토목	NCS 분류체계	대분류	14. 건설				
			중분류	01. 건설공사관리			02. 토목	
			소분류	01. 건설시공 전 관리	02. 건설시공 관리	02. 건설시공 후 관리	01. 토목설계감리	02. 토목시공
			세분류	01. 건설설계기획관리	02. 건설공사품질관리	01. 유지관리	터널설계/하천설계/토목건설사업관리	01. 토공/02. 지반개량
능력단위	○ **(설계기획관리)** 설계/시공 관리 계획수립, VE 수행계획수립, 건설기술용역 종합평가 계획 ○ **(품질관리)** 품질관리 계획수립 및 자료관리 ○ **(유지관리)** 유지관리관련 계획 수립, 정보 수집, 시설물 점검, 시설물 진단, 시설물 성능 상태 분석, 보수 · 보강 성능 평가 ○ **(토공)** 토공관련 도면파악, 현장안전, 설계도서 검토, 현장조사, 시공계획 수립, 흙 굴착, 터파기								
직무수행내용	○ 건설공사 기획 및 설계에 대한 전반적인 사항을 관리 ○ 품질을 확보하고 합리적 · 경제적 · 내구적인 시설물을 생산 ○ 완공된 시설물의 기능을 유지 · 보전하고 점검, 진단, 정비 ○ 설계도서 검토, 현장조사 실시 및 시공 투입계획과 시공계획을 수립하여 흙 굴착, 터파기, 암 굴착 및 발파, 운반, 쌓기를 시행하는 일								
필요지식	○ 관련 법령지식의 이해, 공사의 필요성을 충족시키기 위한 시설물 종류별 기능 및 성능 이해 지식 ○ 공사 품질관리에 관한 제반 규정 등, 해당 공종에 대한 전반적인 작업 특성 및 주요 품질관리목표에 대한 지식 ○ 시설물별 건설 재료, 시공, 유지관리 기초 지식 ○ 시공관리에 관한 지식, 현장 지반조건에 관한 지식, 비탈면 보호 · 보강공법에 관한 지식								
필요기술	○ 관련 법령의 해석 및 응용능력, 시설물별 기능 및 성능 판단 능력 ○ 관련 법령 및 규정을 종합적으로 이해하고 해당 작업 및 공정에 적용할 수 있는 기술, 해당공사 품질기준 분석 능력 ○ 시설물별 건설 재료, 시공, 유지관리 기초 지식 이해 능력, 설계도서 해석 능력 ○ 토질 · 암반의 평가 능력, 비탈면 보호 · 보강공법 적용 능력								
직무수행태도	○ 제반 법령과 규정을 준수함과 동시에 양심에 어긋나지 않도록 공정하게 수행하려는 자세 ○ 높은 윤리적 가치관을 가지고 개인의 품위와 공사의 명예를 유지, 발전시킬수 있도록 노력하는 자세 ○ 성실하고 맡은바 책임을 완수하려는 자세								
필요자격	○ 기술사: 토목시공, 토목품질시험, 토목구조, 토질 및 기초, 건설안전 ○ 기사 및 산업기사: 건설재료시험, 토목, 콘크리트								
직업기초능력	공통	자기개발능력, 대인관계능력, 직업윤리							
	직무별	의사소통능력, 문제해결능력, 자원관리능력, 정보능력, 기술능력, 조직이해능력							

한국전기안전공사 기업 이슈 분석

한국전기안전공사도 다른 공공 기관 대비 보도 자료가 적어 기업에 대해 이해하는 것이 어렵다. 따라서 기업에 대한 이해를 홈페이지로부터 시작해야 한다. 공사의 주요 업무가 전국적으로 이루어지는 전기안전에 대한 검사와 교육이기에 큰 규모의 사업이 발생하기에는 어려운 구조이다. 정부 기관의 한정된 예산 속에서 대국민을 위한 안전교육이나 캠페인에 여러 서비스 등이 더해지는 구조의 추진과제를 가지고 있다.

● 한국전기안전공사 추진과제

#1. 통신시설 전기 안전 확보
- 4차 산업혁명 시대 전기안전 중요성, 통신재난 예방을 위한 공사의 역할
- 공공서비스 사각지대 해소를 위한 민관 협력 네트워크 구축과 안전취약 영역 능동적 관리를 위해 제도 개선 추진
- 통신 재난대비 응급시스템 혁신지원: 국가 기간통신시설 정전정보 사전안내 서비스, 다중이용 통신시설 비상전원 연계사업, 이동통신시설 비상전원 의무화 범제화 추진, 응급의료센터 전파전기안전진단 서비스

#2. 전기안전 가치
- 타 통신사(KT,LG U+) 업무협약 체결: 유무선 통신시설 정전정보안내를 위한 상호 정보공유, 아파트 및 다중이용 시설 비상전원 연계사업 및 법제화 추진, 주요통신시설 전기사고예방을 위한 정밀안전진단 시행, ICT기반의 전기안전관리 융복합시스템 기술개발 협력

#3. 전기안전 융합플랫폼 구축 및 신성장동력 확보
- 스마트 전기안전시스템 구축사업 착수, 대국민 서비스 개선을 위한 시스템 작업
- 사업이 완료되면, 각 사업소를 통해 직접 접수하던 방식이 비대면 서비스(전자민원)로 단일화 되고, 검사/진단 데이터는 빅데이터로 전환돼 고객들에게 제공
- 합격/불합격 형태의 단순한 정보를 제공하던 것에서, 다양한 전기안전 정보를 제공할 수 있음

#4. 산업활력을 더하는 기술지원 서비스 강화
- 수소연료전지 혁신성장 생태계 조성을 위한 수소연료전지 기술지원센터 발대식
- 국내외 발전플랜트 시공 선두주자 SK건설과 함께 수소경제 활성화를 위한 정책 지원과 수수연료전지 안전관리체계 구축을 위해 연료전지 기술협력 협약 체결
- 연료전지 검사, 인증시험 표준화 구축 협력, 연료전지 표준절차 적용과 개선을 위한 정기 간담회, 제조공장 및 현장시공 분야별 용접, 전기, 기계 기술교육회 등을 추진

#5. 내 외부 포용으로 더불어 사는 사회 실현
- 지역주민 안전복지 사업 일환으로 전주, 완주, 군산징역 지역쉼터 LED시계 전달
- 상생마켓(공사직원, 셀러, 지역주민) 본사 실내 개최(방문이용객 300여명, 수익 1,300만원)

10

한국토지주택공사

한국토지주택공사 채용 이슈 분석

한국토지주택공사는 공공 기관 중 채용에서 자기소개서의 비중이 높은 기관으로 알려져 있다. 채용공고에서부터 서류전형 '100+가산점' 배점 중 100점에 대하여 자기소개서 90점과 어학성적 10점 (TOEIC 기준 700점 이상은 10점, 700점 미만 0점)으로 평가를 통해 점수화한다고 구체적으로 공지하였기에, 철저히 자기소개서를 준비해야 하는 기관이다.

대부분 기관이 비슷하지만, 자기소개서를 평가한다는 표현은 내부적인 시스템을 통해 기관의 키워드와 지원자의 키워드 매칭에서부터 성향 분석까지 완료한다는 의미를 지닌다. 모든 것을 사람이 판단하고 평가할 수는 없기 때문이다.

이후에 전문 평가위원을 통해 선별된 자기소개서를 직접 확인하며 문맥이나 문구의 이상한 점과 스토리의 신뢰도를 판단하는 과정을 거친다. 기관에 따라 글의 작성 수준을 평가하는 곳도 있음을 유의해야 한다.

📄 ✏️ 💼 🕐

한국토지주택공사의 자개소개서 문항은 총 5개로 구성되어 있으며, 500~700자의 글자 수를 허용한다. 1번 문항은 입사 후 포부(How?형)이고 2번 문항은 지원동기(Why?형) 중 직무 역량을 어필해야 하는 문항으로 구성되어 있으므로, 기업분석과 직무분석을 활용하여 자신과 기관의 적합도를 높이는 데 중점을 두고 진행해야 한다.

3~5번 문항의 경우 직업기초능력 중 직업윤리(공동체윤리), 대인관계능력, 문제해결능력과 관련하여 600~700자의 스토리텔링(What?형)을 해야 하는 문항들이다. 사전에 경험의 정리와 분류를 통해 자기소개서 작성 전략을 세워놓으면 유리할 수밖에 없다. 취업을 위한 스펙이 조금은 부족하더라도 자기소개서를 통해 만회할 기회가 크게 열려있는 기관이므로, 최선을 다해 자기소개서를 작성하는 것이 중요하다.

● 채용 전형

전형	세부 내용
서류전형	○ 전형내용: 자기소개서, 어학성적 | 계	자기소개서	어학성적*	가산점
---	---	---	---
100 + 가산점	90점	10점	[상세보기#5]	 * TOEIC 기준 700점 이상은 10점을 부여하고, 700점 미만은 0점 부여 [상세보기 #4] ○ 합격자 선정: 자기소개서 · 어학성적 평가점수에 가산점을 합산한 총점의 고득점자 순으로 모집분야별 선발예정인원의 30배수 선정(단, 서류전형 면제자는 배수 외 추가선발) – 서류전형 평가점수(가산점 제외)가 만점의 40% 미만 시 과락(불합격) 처리(서류전형이 면제되는 자격증 소지자, LH탁월인턴, 공모전 수상자도 동일 과락기준 적용 [상세보기#5]) – 동점자 전원 선발 ※ 블라인드 위반, 자기소개서 불성실(회사명 오기재, 표절 등) 작성 등 발생 시 평가에 불이익이 발생할 수 있음
필기전형	○ 전형대상: 서류전형 합격자 ○ 전형내용: 직무능력검사(모집직무별 전공시험 시험범위[상세보기#3]) ○ 배점비중 – 일반채용: NCS직업기초능력 60% + 직무역량 40% – 사회형평채용(보훈 · 장애인): NCS 직업기초능력 100%로 합격자 선정. 다만, 직무역량 평가 결과(가산점 제외) 만점의 40% 미만 득점 시 과락처리(사무직은 NCS직업기초능력 심화문제, 기술직은 입사지원 시 선택한 시험과목 평가) – 기술직 전체는 NCS 직업기초능력검사에 공통으로 '안전' 분야 일부 출제 – 가산점을 제외한 NCS직업기초능력 및 직무역량 평가결과가 각각 만점의 40% 미만 시 과락(불합격) 처리 ○ 합격자 선정: 직무능력검사 점수에 가산점을 합산한 총점의 고득점자 순으로 모집분야별 선발인원의 2배수 선정 – 단, 모집분야별 최종 선발인원이 2명 이하인 모집분야는 4배수, 3~4명은 2.5배수 선정(소수점 반올림) – 과락기준 적용 등으로 합격자 예정인원에 미달할 수 있음 – 동점자 전원 선발
인성검사 (사전 온라인 검사)	○ 전형대상: 필기전형 합격자 – 필기전형 합격자는 기한 내 AI면접, MMPI 검사를 모두 응시하여야 하며, 기한 내 미응시할 경우 지원의사가 없는 것으로 간주하여 면접전형 응시 불가

필기전형 전형내용 표:

구분		문항수	시간	사무직		기술직
				일반행정, 전산	법률, 회계, 지적, 문화재	
직무능력 검사	NCS 직업기초능력	50	80분	의사소통능력, 문제해결능력, 수리능력 등		
	직무역량	30		직무관련 NCS 직업기초능력 심화	전공시험	전공시험

인성검사 표:

구분	내용	평가항목
사전 온라인 검사 (면접 참고자료)	AI면접, MMPI (다면형 인성검사) 검사	태도, 직업윤리 등 인성전반

구분	내용	평가항목
전형대상: 필기전형 합격자 중 기한 내 사전 온라인 검사 및 서류제출 완료자		
전형내용: 종합 심층면접(직무면접 + 인성면접)		

<table>
<tr><td rowspan="5">면접전형</td><td colspan="3">○ 전형대상: 필기전형 합격자 중 기한 내 사전 온라인 검사 및 서류제출 완료자
○ 전형내용: 종합 심층면접(직무면접 + 인성면접)</td></tr>
</table>

면접전형

구분	내용	평가항목
대면면접 (多對一 방식)	직무 면접 – 직무별 키워드 활용	문제해결 및 논리전개 능력 등
	인성 면접 – 자기소개서, 인성검사 등 활용	직업관, 가치관, 사회적 책임감 등

– 면접전형 평가점수(가산점 제외)가 만점의 40% 미만 시 과락 처리
※ 코로나19 관련 사회적 거리두기 단계 상향 등 필요시 면접전형 일정을 조정하거나 온라인 면접을 실시할 수 있으며, 면접방식 등 세부내용은 필기시험 합격자 발표 전후 홈페이지 안내 예정

*출처: 2022년 한국토지주택공사 채용공고문

한국토지주택공사의 전형은 서류→필기→면접의 가장 일반적인 형태의 채용 프로세스를 따르고 있다. 2022년 채용에서 변경된 사항은 먼저 서류전형에서 어학점수(10점)를 다시 추가하고 자기소개서 배점을 기존 100점에서 90점으로 하향하였으며 서류전형 선발 배수는 30배수로 유지하였다.

● **기술직(전기) 필수 자격증**

모집분야		해당 자격증
토목	기술사	농어업토목, 토목구조, 토질 및 기초, 도로 및 공항, 상하수도, 수자원개발, 지질 및 지반, 철도, 측량 및 지형공간정보, 토목시공, 토목품질시험, 항만 및 해안, 해양, 건설안전
	기사	토목, 건설재료시험, 철도토목, 측량 및 지형공간정보, 해양공학, 콘크리트, 건설안전
도시계획	기술사	도시계획
	기사	도시계획
조경	기술사	조경, 자연환경관리
	기사	조경, 자연생태복원
환경	기술사	대기관리, 수질관리, 소음진동, 토양환경, 폐기물처리, 환경영향평가사
	기사	대기환경, 소음진동, 수질환경, 토양환경, 폐기물처리
건축	기술사	건축구조, 건축기계설비, 건축시공, 건축품질시험, 건설안전, 건축사
	기사	건축, 건축설비, 실내건축, 건설안전

기계	기술사	건축기계설비, 기계, 건설기계, 공조냉동기계, 산업기계설비, 소방, 소음진동
	기능장	에너지관리
	기사	건축설비, 일반기계, 기계설계, 공조냉동기계, 건설기계설비, 소방설비(기계분야), 승강기, 소음진동, 에너지관리
전기	기술사	건축전기설비, 발송배전, 전기응용, 소방, 전기안전, 정보통신
	기능장	전기
	기사	전기, 전기공사, 소방설비(전기분야), 무선설비, 정보통신, 승강기, 신재생에너지발전설비(태양광)

*출처: 2022년 한국토지주택공사 공채 채용공고문

한국토지주택공사 기술직 서류전형의 특징은 필수 자격증이 존재한다는 것이다. 전기직의 경우에는 관련 전공의 기사 자격증 이상의 소지자로 지원 자격이 한정되는데, 기존의 공공 기관들이 가산점으로 처리하는 자격증이 응시의 자격을 가지는 용도라는 것이 특이한 점이다. 전기, 전기공사, 소방설비(전기분야), 무선설비, 정보통신, 승강기, 신재생에너지발전설비(태양광)등의 자격증 소지자만 지원할 수 있다.

필기전형에서는 직무능력검사로 NCS 직업기초능력 평가(50문항, 의사소통능력/문제해결능력/수리능력 등)과 직무역량(30문항)을 80분간 진행되며, 그 비중이 60:40으로 NCS 직업기초능력이 더 중요하다. 기술직의 경우 NCS 직업기초능력검사에 공통으로 '안전' 분야를 일부 출제하고, 직무역량 평가는 전공시험 형태로 진행된다.

전체 선발인원의 2배를 선발하여 면접전형 전에 인성검사와 AI면접을 진행하며 면접 참고 자료로 활용된다. 특히 2020년 전형부터 도입된 AI면접이 큰 변화라 할 수 있으며, 최근 기업들이 활발하게 도입하고 있는 AI면접을 전형에 반영된다는 것이 특이점이다.

면접 전형에서는 문제해결 및 논리전개 능력 등을 평가하는 직무역량과 직업관, 가치관, 사회적 책임감 등을 평가하는 인성 검증 면접으로 진행된다. 최종 합격자 선정 기준은 필기전형 40%(가산점 포함)와 면접전형 60%(가산점 포함)를 합산한 총점의 고득점자 순으로 선발하며, 동점자 발생시 국가유공자→면접전형(가산점 제외)→필기전형(가산점 제외) 순으로 고득점자를 선발한다.

📝 ✏️ 💼 🕐

한국토지주택공사의 기술(전기)직의 모든 전형의 과정을 종합해서 확인하면 의사소통능력, 수리능력, 문제해결능력, 자기개발능력, 대인관계능력, 정보능력, 조직이해능력, 직업윤리등 총 8개의 직업기초능력을 활용하게 된다. 이 중 정보능력과 자기개발능력은 자기소개서의 1~3번 문항을 해결하는 과정에서 간접적으로 쓰이고, 문제해결능력과 의사소통능력의 경우에는 자기소개서와 면접 그리고 필기전형까지 광범위하게 쓰는 핵심 직업기초능력으로 볼 수 있다.

● 채용 프로세스 내 10대 직업기초능력 검증 가이드

10대 직업기초능력	자기소개서 & 면접	필기전형(NCS 기반 필기)
의사소통능력	◎	◎
수리능력		◎
문제해결능력	◎	◎
자기개발능력		
자원관리능력		
대인관계능력	◎	
정보능력	○	
기술능력		
조직이해능력	◎	
직업윤리	◎	

◎: 활용 빈도 높음, ○: 활용 빈도 보통, 빈칸: 활용 빈도 낮음

한국토지주택공사 직무기술서 분석

서류전형에서부터 자기소개서 평가를 통해 지원자의 변별력을 평가하기 때문에 자기소개서 작성을 위한 직무기술서 분석이 채용의 당락을 좌우하는 요소이다. 자기소개서 문항별 작성 전략을 고민함과 동시에 직무기술서의 어떤 키워드를 자기소개서 전면에 등장시킬 것인지 고민해야 할 것이다.

한국토지주택공사의 전기직의 직무기술서는 대분류 [19. 전기전자]이고, 중분류 [01. 전기]를 따라 마지막 세분류를 보면 [01. 전기설비설계], [01. 내선공사]로 나뉘는데, 가능하면 본인이 학습한 내용의 세분류에 맞춰 키워드를 도출하면 좋다.

● 한국토지주택공사 전기직 직무기술서(채용분야)

채용분야	전기	NCS 분류체계	대분류	19. 전기전자	
			중분류	01. 전기	
			소분류	06. 전기설비설계 · 감리	07. 전기공사
			세분류	01. 전기설비설계	01. 내선공사

토목직 직무기술서는 대분류 [14. 건설]이고, 중분류 [02. 토목]을 따라 마지막 세분류를 보면 [09. 단지설계], [11. 토목건설 사업관리]로 나뉜다.

● **한국토지주택공사 토목직 직무기술서(채용분야)**

채용분야	토목	NCS 분류체계	대분류	14. 건설	
			중분류	02. 토목	
			소분류	01. 토목설계 · 감리	
			세분류	09. 단지설계	11. 토목건설 사업관리

건축직 직무기술서는 대분류 [14. 건설]이고, 중분류 [01. 건설공사관리]와 [03. 건축]을 따라 마지막 세분류를 보면 [01. 설계기획관리], [01. 건설공사공정관리], [02. 건설공사품질관리], [03. 건설공사환경관리], [04. 건설공사공무관리], [01. 건축설계], [02. 건축구조설계] 등 총 7개 직무로 세분화된다. 세분류 기준 직무가 여러 가지로 구분되는 경우에는 그동안 학습하고 경험했던 역량을 기준으로 2~3개 정도 직무를 선택하여 직무기술서를 분석하는 것이 효과적이다.

● **한국토지주택공사 건축직 직무기술서(채용분야)**

채용분야	건축	NCS 분류체계	대분류	14. 건설					
			중분류	01. 건설공사관리				03. 건축	
			소분류	01. 건설사공전관리	02. 건설시공관리			01. 건축설계 · 감리	
			세분류	01. 설계기획관리	01. 건설공사공정관리	02. 건설공사품질관리	03. 건설공사환경관리	04. 건설공사공무관리	01. 건축설계	02. 건축구조설계

기계직 직무기술서는 대분류 [14. 건설]과 [15. 기계]이고, 중분류 [03. 건축], [01. 기계설계], [05. 기계장치설치]를 따라 마지막 세분류를 보면 [01. 건축설비설계], [04. 건축설비 유지관리], [01. 기계설계기획], [01. 기계요소설계], [01. 냉동공조설계] 등 총 5개 직무로 세분화된다. 건축 관련 전공을 이수한 전공자도 기계관련 자격증을 취득하고 관련 분야 지식과 경험을 확보했다면 기계직으로 지원이 가능하다.

● **한국토지주택공사 기계직 직무기술서(채용분야)**

채용분야	기계	NCS 분류 체계	대분류	14. 건설		15. 기계		
			중분류	03. 건축		01. 기계설계		05. 기계장치 설치
			소분류	03. 건축설비 설계 · 시공		01. 설계기획	02. 기계설계	02. 냉동공조 설비
			세분류	01. 건축설비 설계	04. 건축설비 유지관리	01. 기계설계 기획	01. 기계요소 설계	01. 냉동공조 설계

대부분 지원자가 가지고 있는 경험들이 직무기술서상의 능력단위나 직무수행내용에 유사하지 않은 경험일 것이다. 이런 경우에는 기존의 공공 기관들과는 다른 접근을 통해 직무기술서 상의 여러 키워드를 최대한 많이 등장시키는 것이 좋다.

한국토지주택공사의 자기소개서 작성을 위한 직무기술서 분석은 다음과 같은 방법으로 진행하는 것이 좋다.

| 직무수행내용 / 필요지식 / 필요기술 | → | 1~2번 문항 포부 및 직무관련 동기 키워드 도출 |
| 직무수행태도 | | 3~5번 문항 스토리텔링 항목 키워드 도출 |

한국토지주택공사 직무기술서상의 직무수행내용, 필요지식, 필요기술에서 지원포부 및 직무 역량을 어필하는 지원동기를 작성하기 위한 내 경험 속의 유사 키워드를 도출하고, 직무수행태도에서는 나머지 자기소개서 문항을 작성하기 위한 키워드, 즉 내가 가진 역량을 도출하면 된다. 문맥을 벗어나지 않는 조건에서 최대한 키워드를 많이 등장시키는 것이 유리하다.

● 한국토지주택공사 전기직 직무기술서

능력단위	○ **(전기설비설계)** 01. 전기설비설계 기본계획, 03. 예비전원설비 설계, 04. 배선설비 설계, 06. 조명설비 설계, 07. 전기방재설비 설계, 08. 전기설비안전 설계, 09. 정보통신설비 설계, 10. 설계관련 서류작성, 11. 수변전설비 설계, 14.동력설비 설계 ○ **(내선공사)** 08. 정보통신설비공사, 11. 제어감시설비공사, 12. 신재생에너지전기공사, 13. 내선공사계획, 14. 내선공사견적, 15. 내선공사검사, 16. 배관공사, 17. 배선공사, 18. 배관배선검사, 19. 조명공사, 20. 전열공사, 21. 동력제어반공사, 22. 동력설비공사, 23. 동력설비시운전, 24. 수변전설비공사준비, 25. 배전반설비공사, 26. 보호장치공사, 27. 수변전설비 검사, 28. 접지설비공사, 29. 피뢰설비공사, 30. 접지피뢰설비검사, 31. 경보설비공사, 32. 피난설비공사, 33. 소화활동설비공사, 34. 발전기설비공사, 35. 무정전전원(UPS)설비공사
직무수행내용	○ **(전기설비설계)** 가로등, 신호등, 송전철탑, 배수펌프장 등과 같은 도시 및 건축물 내외부 전력을 공급하기 위한 수변전설비, 예비전원설비, 배선설비, 동력설비, 조명설비, 전기방재설비, 정보통신설비, 스마트시티 등에 대한 설계 업무 수행 ○ **(내선공사)** 전기사용장소에 안전하고 편리하게 전기에너지를 사용할 수 있도록 인입 전선로, 전원설비(수변전, 예비전원), 전기공급설비(배전, 간선, 배선), 부하설비(동력, 조명, 전열 등), 정보통신 및 방재설비 등을 시공, 시운전, 유지보수 등을 수행
필요지식	○ **(전기설비설계)** 각 설비의 설계 분석에 필요한 관련 법령, 설비 관련 과업지시서에 대한 이해, 설계대상물에 대한 공정 관련 지식, 전기설비 설계를 위한 용량 계산 관련 지식, 정보통신기술 등 ○ **(내선공사)** 건축전기설비기술 설계기준, 발주처의 관급자재관리지침, 건축전기설비공사 표준시방서, 공사와 관련된 원가산출 방법, 국가화재 안전기준, 내선규정, 수변전설비 관련 전기공학이론, 한국전기안전공사 검사지침, 정보통신공학 이론 등
필요기술	○ **(전기설비설계)** 전기설비 설계에 필요한 기술계산 능력, 설계지침서 해독능력, 배선도 작성 능력, 설계 프로그램 활용 능력, 설계대상물의 용도에 맞는 설계 기술, 구조물의 손상 및 전기전자시스템의 손상보호 기술 등 ○ **(내선공사)** 내선공사 설계도서 검토능력, 배선 및 배관 시공 기술, 시공절차서 작성/검토능력, 공사의 종류 및 자재의 규격 검토 능력, 접지설비 시설기술, 조명기구 설치/정보통신설비 시설기준, 하자 발생 시 원인 및 조치기술 등
직무수행태도	○ 전문가로서 성실히 임하고자 하는 태도, 현장 여건을 철저히 분석하고 최신 기술 습득 및 효과적 활용을 위해 노력하는 적극성, 관련 제도 및 타 분야 업무에 대해 정확하게 해석하고 적용하려는 태도, 긍정적이고 능동적인 태도, 전기설비기술기준/법규 준수의지, 타 분야 기술자들과 원만하게 협업하려는 태도, 전문성을 바탕으로 한 정확하고 세심한 업무처리 태도, 분쟁발생 시 원만한 해결을 위해 노력하는 자세 등

● 한국토지주택공사 토목직 직무기술서

능력단위	○ **(단지설계)** 01. 단지설계 사전자료 검토, 02. 단지설계 현황조사, 03. 단지설계 사업개요 분석, 04. 단지설계 기준 수립, 05. 단지설계 공급처리시설 검토, 06. 단지설계 부지정지계획 검토, 07. 단지설계 공종별 세부설계, 08.단지설계 도면 작성, 09. 단지설계 시방서 작성, 10. 단지설계 공사비 산정, 11. 단지설계 보고서 작성, 12. 단지설계 인 · 허가서류 작성 ○ **(토목건설 사업관리)** 01. 건설사업관리계획 검토, 02. 건설사업관리 업무수행계획 수립, 03. 설계도서 검토, 04. 시공관리, 05. 자원관리, 06. 품질관리, 07. 공정관리, 08. 안전 · 위험 관리, 09. 환경관리, 10. 준공검사 · 인수인계
직무수행내용	○ **(단지설계)** 국토종합 개발계획 및 각종 상위계획 등을 토대로 토지이용의 합리성을 도출하여 주택, 산업, 물류, 관광 · 휴양시설 등 융 · 복합 공간 조성에 필요한 기반시설을 계획하고, 친환경적이며 이용자의 편의성을 고려한 종합적인 시설을 설계하는 업무 수행 ○ **(토목건설 사업관리)** 공사가 설계도서, 그 밖의 관계서류의 내용대로 시공되는지의 여부를 확인하고 품질관리, 시공관리, 공정관리, 안전 · 환경관리 등에 대한 기술지도 및 공사관리, 공사 전반에 걸쳐 발생하는 공사 기획 및 계약, 공사현장의 운영, 설계변경, 기성관리, 견적업무, 공사비 및 공사자원관리, 준공 후 사후관리 등 성공적인 건설공사 수행을 위한 기술적, 관리적 업무 수행
필요지식	○ **(단지설계)** 건설 관련법 및 상위 계획에 대한 지식, 도로, 철도, 건축물, 교량, 터널, 댐, 항만 등 각종 기반시설의 합리적인 설계 및 시공법 제시를 위해 지반조사와 시험결과에 대한 지반공학적 지식, 흙막이 가시설, 옹벽 등 토목 구조물의 경제적이고 안전한 설계를 위한 재료역학, 구조역학적 지식, 지진 · 해일 등 각종 재난으로부터 국민을 보호하기 위해 수리수문학 분야에 대한 지식 등 ○ **(토목건설 사업관리)** 공사 시행과 관련한 각종 법규 및 사업 인허가 사항, 계약내용 이행확인을 위한 설계도서(공사계약조건, 설계도면, 시방서 등)에 대한 이해능력, 주어진 공사기간 내 소요의 품질을 확보하면서 안전하게 목적물을 완성할 수 있도록 공정 · 품질 · 안전 · 환경 등 공사 전반에 걸친 관리능력, 사업계획의 변경이나 현장여건 변동 등의 상황에 적절히 대처할 수 있도록 재료 · 역학 · 수리 · 토질 등에 대한 전공지식 등
필요기술	○ **(단지설계)** 설계 관련 조사 실시 및 종합적 분석 기술, 설계 내용 및 성과 문서화 능력, 적절한 자재 · 공법을 판단하는 기술, 설계도서(설계도면, 시방서, 물량 및 단가산출서, 예산내역서, 구조 및 수리계산서 등) 작성 및 검토기술, 설계용 S/W 활용 능력 등 ○ **(토목건설 사업관리)** 갈등의 관리 · 조정 · 해소에 대한 능력, 합리적인 민원 대처 능력, 관계기관 협의 등 문제해결 능력, 관련 매뉴얼 및 지침에 따른 시설물 인수 · 인계 협의 능력, 협력 업체들과의 의사소통 능력, 현장여건에 따른 설계도서의 적정성 검토 능력, 민원인과 기타 이해관계자와의 원만한 갈등 해소 및 문제해결을 위한 대화 · 협상 기술 등
직무수행태도	○ 전문가로서 성실히 임하고자 하는 태도, 각 공종을 이해하고 이해관계 발생 시 합리적으로 조정하려는 태도, 타 분야 기술자들과 원만하게 협업하려는 태도, 현장 여건을 철저히 분석하고 최신 기술 습득 및 효과적 활용을 위해 노력하는 적극성, 관련 제도 및 타 분야 업무에 대해 정확하게 해석하고 적용하려는 태도, 긍정적이고 능동적인 태도, 납기준수 태도, 문제해결을 위한 창의적이고 적극적인 태도, 전문성을 바탕으로 한 정확하고 세심한 업무처리 태도, 다양한 측면을 고려하는 개방적 사고, 적절한 자료 활용을 위한 분석적 태도, 분쟁발생 시 원만한 해결을 위해 노력하는 자세, 청렴하고 윤리적인 업무자세 등

● 한국토지주택공사 건축직 직무기술서

능력단위	○ **(설계기획관리)** 03. 기본계획 수립, 06. 설계단계 관리계획 수립, 07. 시공단계 관리계획 수립, 08. VE 수행 계획 수립, 10. 건설정보체계 구축계획, 11. 건설기술용역 종합평가 계획 ○ **(건설공사공정관리)** 01. 해당 공사 분석, 02. 공정계획 수립, 05. 공정관리를 위한 자료관리, 06. 공정관리 절차수립, 07. 공정관리 Tool 활용, 08. 공정표 작성, 09. 진도 관리, 10. 공정관리 성과분석, 11. 지연공기 만회 대책 수립 ○ **(건설공사품질관리)** 01. 품질관리 분석, 02. 품질관리 계획수립, 03. 품질관리 교육, 04. 품질관리 조직구성, 05. 품질관리 경비관리, 06. 품질관리 자료관리, 07. 자재 품질관리, 08. 품질관리 점검, 09. 품질사고 예방 관리, 10. 품질관리 성과분석 ○ **(건설공사환경관리)** 01. 공사환경 특성파악, 02. 환경관련 규정검토, 03. 환경관련 인·허가이행, 04. 환경영향평가서 이행, 05. 환경오염 저감시설물 설치·유지관리, 06. 현장 환경 점검, 07. 환경관리비 집행, 08. 에너지 및 온실가스 저감, 09. 환경오염물질 측정·분석, 11. 환경교육 계획수립 및 실시 ○ **(건설공사공무관리)** 01. 현장착공관리, 02. 설계적정성 검토, 03. 실행예산관리, 04. 계약관리, 05. 현장자원 관리, 06. 하도급관리, 07. 공사원가관리, 08. 현장준공관리, 09. 고객관리, 10. 하자관리 ○ **(건축설계)** 03. 건축설계 기획, 05. 건축설계 프레젠테이션, 07. 관계사 협력설계, 08. 건축설계 설계 도서작성, 10. 건축평,입,단면 계획, 11. 건축배치 계획, 12. 건축조형 설계, 14. 건축설계 조사 확인, 15. 건축설계 분석 검토 ○ **(건축구조설계)** 01. 프로젝트 파악, 02. 자료조사, 03. 업무관리, 05. 하중검토, 06. 골조해석, 08. 경제성 검토, 11. 구조계획, 12. 구조시스템 계획
직무수행내용	○ **(설계기획관리)** 건설공사의 체계적인 사업관리와 설계 품질 확보를 위하여 프로젝트에 대한 요구조건, 설계 목표 등을 분석하여 건설공사 기획 및 설계에 대한 전반적인 사항을 관리하는 업무 수행 ○ **(건설공사공정관리)** 공사의 목적물을 계약된 공사 기간 내에 완성하기 위해 합리·경제적인 공정계획을 수립하여 공사가 원활히 수행될 수 있도록 관리하고, 계획공정에 미달 시 이에 대한 만회대책을 수립·조정하는 업무 수행 ○ **(건설공사품질관리)** 발주자의 요구에 맞추어 소정의 품질을 확보, 합리적·경제적·내구적인 시설물을 만들기 위하여 예상되는 하자를 미연에 방지하고, 건설공사 품질에 대한 신뢰성을 확보, 원가 및 운영관리 비용 등을 절감하는 업무 수행 ○ **(건설공사환경관리)** 불가피하게 환경의 질을 저하시키는 항목에 대하여 그 영향이 법적 기준이나 협의 기준 이하로 될 수 있도록 환경 저해 요인별로 대책 수립 후 공종별로 환경관리를 시행하는 업무 수행 ○ **(건설공사공무관리)** 건설공사 전반에 걸쳐 발생하는 공사기획 및 계약, 공사현장의 운영, 설계변경, 기성관리, 견적업무, 공사비 및 공사자원관리, 준공 후 사후관리 등 성공적인 건설공사 수행을 위한 기술적, 관리적 업무 수행 ○ **(건축설계)** 건축주의 요구 및 기능에 맞는 창의적 건축물을 만들기 위하여 건축계획 및 조형에 대한 지식·기술을 가지고 계약, 조사분석, 기획, 계획, 프레젠테이션, 협력설계, 설계 도서작성 등의 업무 수행 ○ **(건축구조설계)** 건축물의 안전을 위하여, 구조계획 및 역학에 대한 지식·기술을 가지고, 프로젝트 파악, 자료조사, 업무관리, 구조계획, 하중검토, 골조해석, 부재설계, 경제성 검토, 등의 업무 수행

필요지식	○ **(설계기획관리)** 국가정책 및 관련법에 대한 이해, 설계부터 시공·준공까지 공사 전반에 대한 지식, 환경오염 발생 요인별 발생 방지 및 저감기법 이해, 시설물 안전점검 규칙 및 법령 지식 등
	○ **(건설공사공정관리)** 계약 관련 절차 및 법규에 대한 지식, 공정 단계/적용 공법/설계도서 등 공정관리 업무 관련 제반 지식, 공정관리 성과 분석 기법(EVMS) 지식, WBS에 대한 개념 이해 등
	○ **(건설공사품질관리)** 공종별 품질관리의 특성에 대한 지식, 건설기술진흥법 및 건설공사 품질관리지침 등 관련 법령 및 규정에 대한 지식, 품질관리 관련 법규 및 지침, 품질사고 사례에 대한 지식, 통계적 품질관리 (SQC) 기법에 대한 지식 등
	○ **(건설공사환경관리)** 지자체 환경 조례 등 관련 법령 및 적용 사례에 대한 지식, 환경 관리 또는 분쟁 사례에 관한 지식, 환경관리 업무공정에 대한 이해 등
	○ **(건설공사공무관리)** 건설기술진흥법 및 환경 관련 법규에 대한 지식, 설계도서, 현장여건 및 시공에 대한 지식, 공종별 공법의 특성에 대한 지식 등
	○ **(건축설계)** 정보처리·지형 환경·건축 관련 법규, 건축물의 용도·기능·성능 관련 지식, 설계 및 시공 관련 제반 지식, 프로젝트 사업성 검토에 필요한 지식, 마스터플랜 작성에 필요한 구성요소 관련 지식, 건축 관련 법규 및 공적문서에 대한 지식, 프레젠테이션 기획 및 구성, BIM 활용, 타 분야 시스템 관련 지식 등
	○ **(건축구조설계)** 건축물 용도 및 사례에 대한 기본 지식, 관련 법적 기준에 대한 지식, 건축구조 및 시공 관련 설계 기준에 대한 지식, 지반조사서 및 지중 주변 환경 조사 및 분석 관련 지식, 가용자원 파악 및 운용에 필요한 지식, 구조시스템 계획 관련 세부 지식, 하중 산정 및 검토에 대한 이론 및 법적 기준 관련 지식, 구조 부재 설계 및 적합성 판단에 필요한 지식, 시공방법 판단에 필요한 지식 등
필요기술	○ **(설계기획관리)** 국가정책 및 관련법에 대한 이해, 설계부터 시공·준공까지 공사 전반에 대한 지식, 환경오염 발생 요인별 발생 방지 및 저감기법 이해, 시설물 안전점검 규칙 및 법령 지식 등
	○ **(건설공사공정관리)** 계약 관련 절차 및 법규에 대한 지식, 공정 단계/적용 공법/설계도서 등 공정관리 업무 관련 제반 지식, 공정관리 성과 분석 기법(EVMS) 지식, WBS에 대한 개념 이해 등
	○ **(건설공사품질관리)** 공종별 품질관리의 특성에 대한 지식, 건설기술진흥법 및 건설공사 품질관리지침 등 관련 법령 및 규정에 대한 지식, 품질관리 관련 법규 및 지침, 품질사고 사례에 대한 지식, 통계적 품질관리 (SQC) 기법에 대한 지식 등
	○ **(건설공사환경관리)** 지자체 환경 조례 등 관련 법령 및 적용 사례에 대한 지식, 환경 관리 또는 분쟁 사례에 관한 지식, 환경관리 업무공정에 대한 이해 등
	○ **(건설공사공무관리)** 건설기술진흥법 및 환경 관련 법규에 대한 지식, 설계도서, 현장여건 및 시공에 대한 지식, 공종별 공법의 특성에 대한 지식 등
	○ **(건축설계)** 정보처리·지형 환경·건축 관련 법규, 건축물의 용도·기능·성능 관련 지식, 설계 및 시공 관련 제반 지식, 프로젝트 사업성 검토에 필요한 지식, 마스터플랜 작성에 필요한 구성요소 관련 지식, 건축 관련 법규 및 공적문서에 대한 지식, 프레젠테이션 기획 및 구성, BIM 활용, 타 분야 시스템 관련 지식 등
	○ **(건축구조설계)** 건축물 용도 및 사례에 대한 기본 지식, 관련 법적 기준에 대한 지식, 건축구조 및 시공 관련 설계 기준에 대한 지식, 지반조사서 및 지중 주변 환경 조사 및 분석 관련 지식, 가용자원 파악 및 운용에 필요한 지식, 구조시스템 계획 관련 세부 지식, 하중 산정 및 검토에 대한 이론 및 법적 기준 관련 지식, 구조 부재 설계 및 적합성 판단에 필요한 지식, 시공방법 판단에 필요한 지식 등
직무수행태도	○ 업무 담당자와의 상호 협력 및 원활한 소통 태도, 전체 업무의 흐름을 이해하려는 태도, 최신 법령 및 기준을 숙지하고 이를 적용하려는 태도, 객관적이고 논리적인 태도, 유연한 상황대처 자세, 세밀한 검토 자세, 분석적이고 융합적인 사고 자세, 비판에 대한 수용적 태도 등

● 한국토지주택공사 기계직 직무기술서

능력단위	○ **(건축설비설계)** 01. 설비설계 계획, 02. 설비시스템 검토, 06. 열원설비 설계, 07. 환기설비 설계, 08. 위생설비 설계, 11. 설계도서 작성, 12. 설비적산 ○ **(건축설비 유지관리)** 03. 설비유지관리, 06. 건축설비 유지관리 안전환경 관리, 07. 건축설비 유지관리 보수공사 관리, 08. 건축설비유지관리 고객지원 관리 ○ **(기계설계기획)** 01. 요구사항분석 02. 설계 기술자료 수집 03. 설계일정 수립 05. 설계조건 분석 07. 설계원가산정 08. 경제성 검토 09. 신뢰성 검토 ○ **(기계요소설계)** 11. 2D도면작업, 12. 2D도면관리, 13. 3D형상모델링작업, 14. 3D형상모델링검토, 15. 도면분석, 16. 도면검토 ○ **(냉동공조설계)** 01. 설계검증, 02. 기본계획수립, 03. 기본설계, 10. 원가산출, 11. 원가관리, 16. 공조급배수설비 설계도면 작성, 17. 냉동냉장 설비 설계도면 작성, 19. 매뉴얼 시방서 작성
직무수행내용	○ **(건축설비설계)** 건물용도에 따른 쾌적한 실내 환경 조성을 위한 최적의 설비시스템을 구성하기 위하여 기본계획을 수립, 설계 도서 작성 및 검토 등 건축설비설계 제반 업무 수행 ○ **(건축설비 유지관리)** 건축설비 유지관리란 운전, 점검, 진단을 통하여 최상의 성능과 효율을 관리하여 에너지 절감과 설비수명을 연장시키는 업무 ○ **(기계설계기획)** 작업 목적 및 고객의 요구사항에 맞는 기계를 설계하기 위하여 경제성, 기술성, 신뢰성 등을 분석하고 기획하는 업무 ○ **(기계요소설계)** CAD 프로그램을 활용하여 2D 도면을 작성하고, 3D 형상을 모델링하고 설계 오류 검증 및 수정하여 형상에 관한 정보를 도출하며, 도면에 대한 주요 정보를 분석 및 검토하는 업무 ○ **(냉동공조설계)** 최적의 냉동공조시스템을 구성하기 위하여 기본계획을 수립하고, 계획에 따라 설계 도서를 작성하며 검증하는 업무
필요지식	○ **(건축설비설계)** 설비시스템 설계를 위한 현장 분석 지식, 용도별 기계설비시스템 및 자재에 대한 지식, 관련 법규에 대한 지식(에너지, 건축, 소방, 환경 등), 인증제도 및 타 분야 업무 등에 대한 이해, 용도별 기계설비시스템의 설계 및 시공 관련 제반 지식 등 ○ **(건축설비 유지관리)** 건축물 유지관리에 대한 이해, 공정별 품셈에 대한 지식, 건축설비의 제어이론과 실무에 대한 지식, 열역학, 유체역학에 대한 기초 지식, 공조설비 설계도서에 대한 이해, 설비용 장비/자재 종류 및 특성 이해, 건축기계설비 및 관련법규 이해, 기계설비의 제원, 특징 및 구조의 이해 등 ○ **(기계설계기획)** 기계공학에 대한 기초 지식, 기계설계기준 및 규격, 생산관리와 원가관리에 관한 지식, 제품 관련 법규에 관한 지식, 기계설비 및 장비 특성에 관한 지식 등 ○ **(기계요소설계)** 2D 도면작성 및 3D형상모델링에 관한 기초지식, 제도규격에 관한 지식, 상향식 설계 및 하향식 설계에 관한 지식, 기계요소부품의 특성 및 재료 선정에 관한 지식, KS 및 ISO 규격 등 산업규격의 이해와 활용방법 등 ○ **(냉동공조설계)** 시장동향에 대한 지식, 시뮬레이션 항목별 이론 지식, 열원장비의 종류와 특성에 대한 지식, 냉동공조 시스템에 대한 전반적인 지식, VE기법 및 표준품셈에 대한 지식, 장비의 기능, 사양에 대한 지식, 원가산정 방법에 대한 지식 등, 설치 전반에 대한 지식 등

필요기술	○ **(건축설비설계)** 건축물 현장의 기반시설 및 환경에 대한 분석능력, 법규 적용능력 및 위법성 판단 능력, 2D/3D CAD와 BIM, 도면 프로그램 등 관련 컴퓨터 프로그램 활용 기술, 보고서 등 문서작성능력, 공사원가 산출 관련 기술 등 ○ **(건축설비 유지관리)** 건축물 도면 이해 능력, 법정검사계획 및 일정표 파악 능력, 계측장비활용 기술, 감시반, 제어반의 운전·보수 기술, 설비 사고유형별 대처 능력, 상시 사고 예방관리 활동 및 대처 능력, 기계설비의 제원, 운전 및 정비 매뉴얼 판독 능력, 민원의 원인파악에 대한 분석 능력, 고객지원관리 능력 등 ○ **(기계설계기획)** 사양서 작성 기술, 설계기준 및 도면 작성/분석 기술, 일정 및 조직 관리 기술, 부품을 역할에 따른 적용 가능성 검토 기술, 관련기술에 관한 법적 해석 능력, 자료관리 능력, 제품 원가검토 및 분석 기술 등 ○ **(기계요소설계)** CAD 프로그램 활용 능력, 조립 형상의 구속 형태 판단 능력, 기계요소부품의 기능 및 작동원리 파악 능력, 부품도 파악 능력 등 ○ **(냉동공조설계)** 문서작성 및 관리 능력, 도면작성 프로그램 활용 능력, 표준품셈에 의해 산출된 품에 노임단가를 적용하여 계산하는 능력, 적산프로그램 운용 능력, 견적 계산 기술, 유사 설계사례 조사를 통한 기술자료 분석 기술 등
직무수행태도	○ 객관적이고 합리적 태도, 분석적이고 융합적인 사고 자세, 세밀하게 도면과 규격서를 검토하려는 자세, 관계자와의 협력적 태도, 기술 기준·일정계획을 준수하려는 태도, 사전 예방 점검하려는 태도, 법규와 규정에 관한 분석적 태도, 신기술 도입에 적극적인 자세, 고객 대응에 대한 적극적인 태도, 사고 상황 및 위험요소 파악에 대한 정확한 판단력 등

한국토지주택공사의 자기소개서 문항에 대하여 전기직 직무기술서의 내용을 바탕으로 키워드를 도출해 보도록 하자.

1:1 밀착 코칭　　**2022년도 한국토지주택공사 자기소개서 문항**

문항 3	본인보다 나이나 경험이 아주 많은 사람에게 내 의견을 전달하고, 소통했던 경험을 아래 순서에 따라 기술해 주십시오.(가족 제외) (600자) ① 당시 의견 전달 및 소통해야 했던 상황과 이유에 대해 기술 ② 사용한 방법과 그 방법을 선택한 이유에 대해 기술
	10대 직업기초능력: 의사소통능력
문항 4	주변 지인과 원만하지 못한 관계를 회복하기 위해서 노력했던 사례를 아래 순서에 따라 기술해 주십시오.(가족 제외) (600자) ① 원만한 대인관계를 유지하기 위해 평소 견지하고 있는 원칙이나 좌우명을 기술 ② 주변 지인과의 평소 관계를 간단하게 기술하고, 그 사람과의 관계가 소홀해졌던 계기 또는 이유에 대해 기술 ③ 원만하지 못한 관계를 회복하기 위해 본인이 취한 노력 및 성과에 대해 기술
	10대 직업기초능력: 대인관계능력
문항 5	지원자 개인의 편의와 공공의 이익 사이에서 고민했던 경험을 아래 순서에 따라 소개해 주십시오. (500자) ① 고민되었던 상황을 기술 ② 당시 대처 방안과 그 이유를 기술
	10대 직업기초능력: 공동체윤리(조직이해)

3~5번의 자기소개서 문항의 경우에는 직무기술서의 직무수행태도를 적극적으로 공략하여 어떻게 관련 역량을 가지게 되었는지 스토리텔링으로 작성하면 된다. 지원자들이 가지고 있는 경험은 다양하지만, 경험에서 유추할 수 있는 키워드는 제한적이라는 점이 한국토지주택공사 자기소개서의 특징이다. 조금은 효과적인 자기소개서 작성을 위해 키워드 도출의 가이드를 잡으면 다음과 같다.

자기소개서 문항	추천키워드
3번 공동체 윤리	전문가로서 성실히 임하고자 하는 태도, 전기설비기술기준/법규 준수의지
4번 대인관계능력	현장 여건을 철저히 분석하고 최신 기술 습득 및 효과적 활용을 위해 노력하는 적극성, 긍정적이고 능동적인 태도, 분야 기술자들과 원만하게 협업하려는 태도
5번 문제해결능력	전문성을 바탕으로 한 정확하고 세심한 업무처리 태도, 분쟁발생 시 원만한 해결을 위해 노력하는 자세

직무기술서의 전체 내용을 가져가는 것보다는, 직무기술서에 등장하는 단어를 많이 사용한다고 생각하며 자기소개서를 작성하면 된다. 문항별로 추천 키워드를 제시할 수 있는 스토리를 선택하고, 스토리텔링(What?형) 기법으로 자기소개서를 완성하면 높은 점수를 받을 수 있다.

한국토지주택공사 기업 이슈 분석

한국토지주택공사의 자기소개서에서는 다른 공공 기관보다 기업분석의 중요성이 높은 편이다. 자기소개서 1번 항목인 지원포부를 작성하기 위해서는 공사의 주요 사업에서부터 사업의 전개를 유도하는 다양한 시장 이슈에 대한 합리적 접근이 필요하다. 신년사의 주요 이슈들을 살펴보며 공사가 가고자 하는 전략의 방향성을 정확히 이해하고 관련 사업을 연결 지어 답을 제출해야 하기 때문이다. 취업준비생에게는 부담스러울 수밖에 없는 문항이지만, 정확히 이해하고 원하는 답을 제시한다면 다른 지원자와의 경쟁에서 경쟁력을 가지게 된다.

한국토지주택공사의 2022년 신년사를 바탕으로 비전을 살펴보면, 공사의 주요 사업과 연계시키기에 좋은 내용은 '주택공급 확대, 국토균형발전 등 성공적인 정책수행에 전사적 역량을 결집'과 '생애주기 · 가구 · 지역별 수요맞춤형 주택 공급을 넘어 새로운 도시 · 주택의 사업모델 개발' 등을 들 수 있다. 좋은 표현이라고 자기소개서에 적기보다는 관련 사업이 대외적으로 잘 이루어지고 있는지를 확인한 후에 자기소개서를 작성해야 한다.

📝 ✏️ 🗄️ 🕐

● 2022년 한국토지주택공사 신년사

첫째, 주택공급 확대, 국토균형발전 등 성공적인 정책수행에 전사적 역량을 결집
둘째, 생애주기 · 가구 · 지역별 수요맞춤형 주택 공급을 넘어 새로운 도시 · 주택의 사업모델 개발
셋째, 국민이 만족할 수 있는 수준 높은 주거복지 서비스를 제공하도록 노력
넷째, 2022년을 ESG 경영의 원년으로 삼아 ESG 경영을 통해 지속가능성 제고

신년사를 통해 공사의 비전이 정리되었다면, 관련된 사업을 확인하여 그중 관심이 있는 사업을 정해야 한다. 당연히 지원을 위해 기업분석을 하기 전에는 사업에 관한 관심을 가지기 힘들다는 것을 잘 알고 있다. 하지만 자기소개서 작성과 향후 이루어질 면접에 대비하기 위해서는, 다섯 가지 방향에서 제시한 한국토지주택공사의 주요 사업 중 한 가지 이상을 선택해야 한다. 그리고 구체적인 내용과 현재의 진행 현황을 확인하며 자기소개서를 적어야 한다. 공공 기관 정보 사이트 '알리오'를 활용하여 정보를 찾아보기 바란다.

● 한국토지주택공사 주요 사업

#1. 경제활성화 ⇒ 올해 사업비 24조 9,000억 원
  – 1, 2, 3차 수도권 신규택지 발표지구의 광역교통대책
  – 수도권 30만 호 주택 및 택지 공급
  – 혁신창출 공간과 일자리 거점 조성 등 경제활력과 균형발전 지원

#2. 사업 플랫폼 구축 ⇒ 지역경제 연계성 강화
  – 협치포럼, 균형발전지원센터 활성화
  – 지역사회와 긴밀한 협업네트워크를 구축해 이슈 발굴 & 주민의 니즈와 지역특성에 맞는 사업 추진
  – 지역 현안사업 및 관련법 제·개정 건의 & 제도 개선

#3. 재무 건전성 확보 ⇒ 안정적인 재무관리
  – 용지비를 비롯한 토지, 주택 원가관리
  – 미분양 자산 등 투자와 회수의 선순환 구축
  – 전사적 리스크 관리체계 관리
  – 균형 있는 자금조달

#4. 홍보와 데이터의 비축 및 개방 ⇒ 올바른 정보전달
  – 정확한 데이터 분석 및 제시: 부동산 시장불안 해소
  – 빅데이터 구축 및 공개: 국민의 신뢰/공기업의 위상 향상

#5. 조직시스템 정착 ⇒ 주도적인 성과 창출
  – 지역본부의 자율성과 책임성 강화한 '조직개편'
  – 인사시스템 구축: 균형 있는 '승진시행', 효율적 인력 운영

할 수 없는 이유는 수없이 많지만
할 수 있는 이유는 단 한 가지입니다.
당신이 하기로 결정했기 때문입니다.

당신이 결정하면 온 세상이
그 결정을 따라 움직입니다.

- 조정민, 『사람이 선물이다』, 두란노

6

전공/비전공에 따른
자기소개서 작성 사례

:

01

10대 공기업 자기소개서 문항 분석

앞에 PART 4까지 공기업 전기직에 지원하고자 하는 취업준비생을 위한 최신 취업 트렌드, NCS 블라인드 채용의 의미 및 대응 전략 등에 대해서 알아봤다. 그리고 PART 5에서는 전기 · 기계 · ICT 등 기술 직렬에 해당하는 주요 10대 공기업에 대하여 채용공고 분석, 기업분석, 직무기술서 분석 등을 바탕으로 목표로 하는 기업의 자기소개서 작성 전략에 대해 중점적으로 알아보는 시간을 가졌다.

취업준비생은 학창 시절 자신이 준비한 다양한 경험과 경력을 바탕으로 지원 기업이 요구하는 직무 역량에 최적화된 이력서와 자기소개서를 작성해야 한다. 하지만 기존에 자신이 준비한 역량은 새롭게 준비하지 않는 이상 변하지 않는다. 따라서 채용 시즌에 다양한 공기업에 지원하면서 적절하게 자신의 역량을 어필하기 위하여 효과적인 자기소개서를 작성해야 한다.

본 PART에서는 전기직에 지원하는 2명의 지원자 A, B를 가정하여 각각 확보한 역량을 바탕으로 10대 공기업에 한 지원자가 자기소개서에 대응하는 방법에 관해서 설명하도록 하겠다. 취업준비생은 자신이 준비한 역량을 여러 기업에 지원할 때 어떤 방식으로 대응하면 효과적인지 간접 체험함으로써, 보다 효과적인 대응 전략을 수립할 수 있을 것이다.

먼저 지원자 A는 전기공학을 전공하였으며, 다수의 전기공학 관련 이론 수업을 이수했다. 특히 전공 수업 이외에도 전기설비 설계 및 운영 관련 실무자 교육과 다수의 공기업에서 도입한 SixSigma 문제해결 관련 교육을 이수했다. 또한, 두 곳에서 진행한 인턴 경력과 3개의 아르바이트뿐 아니라 동아리, 팀 프로젝트 관련 경험들도 보유하고 있다. 지원자 A의 경우 취업준비생들이 부러워할 수 있는 취업 스펙을 확보한 지원자라 할 수 있다.

다음으로 지원자 B는 화공신소재공학을 전공했으며, 신소재 관련 전공 외에 전기공학 관련 수업을 함께 이수한 상태이다. 목표로 하는 전기직에 지원 자격을 확보하기 위해 전기기사 자격증을 취득한 상태이며, 플랜트 전문인력 양성과정과 데이터 분석 관련 외부교육을 이수했다. 인턴 경력은 없지만, 전자제품 설치 아르바이트 경력과 학생회/봉사활동 등의 다양한 대외활동 경험을 보유하고 있다. 지원자 B의 경우 전기공학을 전공하지 않았고, 아주 높은 취업 스펙을 확보하지는 못했다. 하지만, 공기업 전기직 지원을 위해 기본적인 여건을 마련하였고, 어느 정도 직무와 관련된 역량을 확보한 상태이다.

● 전기공학을 전공한 지원자 A의 스펙

■ 지원자 A의 전기직 관련 교육 사항

학교교육	공업수학, 전기기초실험, 전자기학, 현대물리학, 회로이론, 신호와 시스템, 전자회로, 회로망이론, 수치해석, 시스템해석, 전력공학, 확률통계론, 신호처리, 전기기기, 전력시스템공학, 전력전자, 제어공학, 에너지변환공학, 전기공학세미나, 산업플라즈마공학, 신재생분산전원
직업훈련	전기설비 설계 및 운용 전문가 양성과정(384시간) Six Sigma Green Belt 과정(24시간) 비즈니스 엑셀 데이터 분석 과정(16시간)
기타	2019 추계 한국신재생에너지학회

■ 지원자 A의 경험 및 경력 사항

활동명	기관	기간	역할	주요 에피소드	확보능력	경험/경력
인턴	○○ 화학㈜	2019.07 ~ 2019.08	연구보조	장비 조립 및 관리 실험데이터 정리 제품 품질검사	조직이해능력 – 1 수리능력 – 2 문제해결능력 – 3	경력
	○○ 기술연구원	2019.01 ~ 2019.02	행정보조	발전산업 시장 조사 다른 조직의 행사 지원 교육프로그램 진행 업무 매뉴얼 작성	문제해결능력 – 4 조직이해능력 – 5 자원관리능력 – 6 의사소통능력 – 7	경력
아르바이트	○○ 마트	2017.01 ~ 2017.02	사은품 지급	고객의 불편 접수 및 관리 사은품 재고관리	의사소통능력 – 8 자원관리능력 – 9	경력
	○○ 마트	2016.07 ~ 2016.08	영수증 발급	고객관리 및 행정 처리	자기개발능력 – 10	경력
	○○ 식당	2018.12 ~ 2019.02	서빙	매장 및 고객관리 마감정리	의사소통능력 – 11 자원관리능력 – 12	경력
교내활동	○○ 학술단	2016.03 ~ 2016.12	설명회 기획	행사 운영 및 기획	직업윤리 – 13	경험
	○○ 실험실	2017.10 ~ 2018.12	연구보조	회로 설계 및 제작	수리능력 – 14	경험
	○○ 동아리	2016.03 ~ 2018.12	기획	동아리 행사기획	자원관리능력 – 15	경험
	○○ 팀과제 발표수업	2019.03 ~2019.06	정보 수집 및 발표	에너지시스템설계	대인관계능력 – 16	경험

● 화공신소재공학을 전공한 지원자 B의 스펙

■ 지원자 B의 전기직 관련 교육 사항

학교 교육	재료역학, 재료열역학, 나노소재기기분석, 전기화학재료, 에너지환경재료, 전기화학응용, 초전도재료 및 응용, 전자기학, 현대물리학, 회로이론, 전력공학, 제어공학, 수치해석, 시스템해석, 확률통계론, 신호처리, 전력시스템공학, 에너지변환공학, 재료공학세미나
직업 훈련	화공/공정 플랜트 전문인력 양성과정(한국플랜트산업협회) Minitab을 활용한 공정 데이터 분석 과정
기타	무기 소재를 이용한 제품 및 사업 설계 구상 프로젝트(논문)

■ 지원자 B의 경험 및 경력 사항

활동명	기관	기간	역할	주요 에피소드	확보능력	경험/경력
아르바이트	○○랜드	2018.07 ~ 2018.08	에어컨 설치보조	방문 고객 불만 처리 설치기사 업무 지원	의사소통능력 − 1 대인관계능력 − 2	경력
	○○건설	2017.07 ~ 2017.08	현장 작업	건설 자재 운반 안전망 설치	직업윤리 − 3 대인관계능력 − 4	경력
교내 활동	학과 학생회	2017.01 ~ 2017.12	총무	학회 예산 편성 및 운영 행사 물품 구입 및 관리 운영비 결산 및 보고	자원관리능력 − 5 직업윤리 − 6 수리능력 − 7	경험
	경로당 봉사활동	2017.04 ~ 2017.05	팀장	주민센터 업무 협조 경로당 청소 및 시설보수	의사소통능력 − 8 대인관계능력 − 9	경험
	밴드 동아리	2016.03 ~ 2017.02	총무	공연 기획 및 운영 훈련 계획 수립 및 지원	문제해결능력 − 10 자기개발능력 − 11	경험
	○○ 실험실	2018.02 ~ 2018.12	연구 지원	필터 설계 폴리우레탄폼 제조	의사소통능력 − 12 문제해결능력 − 13	경험
교외 활동	○○ 공모전	2018.03 ~ 2018.05	팀장	주제 선정 회의 운영 현황 자료 수집 및 분석	조직이해능력 − 14 정보활용능력 − 15	경험

공채 시즌 다수의 목표 기업 자기소개서를 효과적으로 대응할 수 있을까?

두 지원자 A, B는 공기업에 지원하기에 앞서, 각 공기업 자기소개서에 효과적으로 대응하기 위해 전략을 세워야 한다. 이에 두 지원자 A, B는 자신이 목표로 하는 기업의 자기소개서 문항을 분석할 필요가 있다. 그러니 우선적으로 자신의 준비된 경력과 경험을 바탕으로 공채 시즌 다수의 공기업에 자기소개서를 효과적으로 쓰는 방법에 대해서 알아보도록 하자.

PART 4에서 설명한 것처럼 기업들의 자기소개서 문항은 지원동기(Why?형), 스토리텔링(What?형), 입사 후 포부(How?형)로 분류된다. 지원동기 문항을 작성할 때 해당 기업을 선택한 이유에서는 산업 특성이나 기업의 주요 활동을 제시해야 한다고 설명했다. 따라서 목표 기업이 에너지 공기업, SOC 공기업 등에 따라 지원동기의 '기업 선택 이유'는 조금 달리 접근해야 한다. 하지만 지원동기 중 직무 관련 강점이나 준비 상태를 제시해야 하는 부분에 대해서는 동일하게 작성할 수 있다.

또한, 스토리텔링 자기소개서 문항은 10대 직업기초능력을 기반으로 관련 경력이나 경험을 매칭하여 단계별 구조에 따른 작성 방법을 적용한다. 매칭 작업을 진행한 이후에는 공기업별로 같은 역량을 질문하는 문항에 하나의 스토리를 대비시켜 함께 대응할 수 있다.

예를 들어, 인턴 생활에서 사업 기획 프로젝트를 지원하는 업무를 통해 문제해결능력을 확보했다면, 한국서부발전, 한국남동발전, 한국남부발전에 등장하는 문제해결능력 관련 자기소개서 문항을 하나의 스토리로 모두 대응할 수 있다.

따라서 어느 정도 이력서와 자기소개서 작성 방법에 대해 익혔다면 다음으로는 주요 공기업의 자기소개서 문항을 분석하여 각각의 문항이 어떤 유형인지 분류하고, 문항별로 적합한 역량을 연결하는 작업을 진행해야 한다. 이와 같은 작업이 선행되면 다양한 기업에 대하여 자기소개서를 효과적으로 작성할 수 있을 것이다.

● 10대 공기업 자기소개서 문항 분석 시트

기업명	자기소개서 문항	유형
한국 전력 공사	1. 한국전력공사의 4가지 인재상(기업가형 인재, 통섭형 인재, 도전적 인재, 가치창조형 인재) 중 본인과 가장 부합된다고 생각하는 인재상을 두 가지 선택하여 그렇게 생각하는 이유를 본인의 가치관과 연계하여 교육사항, 경험/경력 등 구체적인 사례를 들어 기술하여 주십시오. (700자)	스토리 (역량×)
	2. 한국전력공사에 지원하게 된 동기, 희망 직무를 선택한 이유 그리고 입사 후 포부를 본인의 교육사항, 경험/경력 등과 연계하여 구체적으로 기술하여 주십시오. (700자)	동기 (기업+직무)
	3. 다른 사람들과 함께 일을 했던 경험에 대해 설명하고, 팀의 목표를 달성하는 과정에서 팀원들과 의견 차이를 보였던 사례와 갈등을 해결하기 위해 기울인 노력과 방법, 결과를 구체적으로 서술해 주십시오. (600자)	스토리 (대인관계)
한국 수력 원자력	1. 본인이 지원한 직무와 관련한 경험(금전적 보수 없음) 혹은 경력(금전적 보수 있음)에 대해 기술해 주시기 바랍니다. 다양한 활동(학교, 회사, 동아리, 동호회 등)을 통해 지원한 직무와 관련하여 쌓은 경험 또는 경력사항에 대해 작성해 주십시오. 1-1. 언제, 어디서 활동했던 경험인지 기술해 주십시오. (200자) 1-2. 해당 활동에서 본인이 맡았던 역할에 대해 기술해 주십시오. (400자) 1-3. 해당 활동의 결과와 이를 통해 본인이 배운 점은 무엇인지 기술해 주십시오. (400자)	스토리 (역량×)
	2. 정직, 남을 위한 봉사, 규칙 준수 등 윤리적인 행동으로 좋은 결과를 얻었던 경험을 아래 세부 항목에 따라 구체적으로 작성해 주십시오. 2-1. 언제, 어디서 있었던 일이며, 본인이 맡았던 역할은 무엇이었는지 기술해 주십시오. (300자) 2-2. 구체적으로 한 행동과 그렇게 행동했던 이유는 무엇인지 기술해 주십시오. (300자) 2-3. 그러한 행동이 당신과 타인에게 미친 영향은 무엇인지 기술해 주십시오. (200자)	스토리 (직업윤리)
	3. 집단(학교, 회사, 동아리, 동호회 등)의 원만한 화합, 또는 공동의 목표 달성을 위해 남들보다 더 많이 노력하고 헌신했던 경험을 아래 세부 항목에 따라 구체적으로 작성해 주십시오. 3-1. 언제, 어디서 있었던 일이며, 당시 갈등상황이나 목표는 무엇이었는지 기술해 주십시오. (200자) 3-2. 당신의 역할은 무엇이었으며, 집단의 화합 또는 목표 달성을 위해 구체적으로 어떤 노력을 하셨는지 기술해 주십시오. (400자) 3-3. 본인이 노력한 결과는 어떠하였고, 이 일이 집단 혹은 공동체에 미친 영향은 무엇인지 기술해 주십시오. (200자)	스토리 (대인관계)
	4. 본인이 한국수력원자력의 인재상에 맞는 인재가 되기 위해 어떤 면에서 준비가 되어 있으며, 해당 능력을 개발하기 위해 어떠한 노력을 하였는지 구체적인 사례를 아래 세부항목에 따라 작성해 주십시오. 4-1. 어떤 능력을 개발하였고, 이러한 능력개발을 위해 어떤 목표를 세웠는지 기술해 주십시오. (200자) 4-2. 목표 달성을 위해 어떤 계획을 세웠고, 계획을 실천하는 과정에서 가장 어려웠던 점과 이를 어떻게 극복하였는지 기술해 주십시오. (400자) 4-3. 향후 자신의 능력을 향상시키고 이를 잘 활용하기 위해 어떻게 노력할 것인지 기술해 주십시오. (200자)	스토리 (자기개발)
	5. 단체(학교, 회사, 동아리, 동호회 등)에서 대화나 토론을 통해 상호 입장과 상황을 정확히 이해함으로써 건설적으로 문제를 해결해 본 경험에 대해 아래 세부 항목에 따라 작성해 주십시오. 5-1. 구성원들이 의견차이를 보였던 견해에는 어떤 것들이 있었고 그 이유는 무엇인지, 그리고 본인의 입장은 어떠했는지 기술해 주십시오. (200자) 5-2. 상대방을 이해하기 위해 어떤 노력을 하셨는지, 상대방을 설득하기 위해 본인이 사용한 방법이 무엇이고 그 결과는 어떠했는지 기술해 주십시오. (400자) 5-3. 대화를 진행하는 과정에서 가장 중요하게 생각한 점은 무엇이었는지 기술해 주십시오. (200자)	스토리 (문제해결)

한국 동서 발전	1. 귀하가 한국동서발전㈜에 지원하게 된 계기를 아래 내용에 맞춰 기술해 주시기 바랍니다. 가) 당사의 인재상과 본인이 얼마나 부합하는지를 기술 나) 당사가 추진하는 주요 사업내용 중 가장 관심이 있는 분야와 본인이 어떤 부분에서 기여할 수 있을 지를 구체적으로 기술 (최소 100자, 최대 500자 입력 가능)	동기 (기업)
	2. 귀하가 지원한 분야의 전문성에 대해서 아래 내용에 맞춰 본인의 생각을 기술해 주시기 바랍니다. 가) 지원한 분야에서 가장 중요하다고 생각하는 전문성은 무엇인지 기술 나) "가)"에서 기술한 내용 중 본인이 보유하고 있는 전문성의 수준은 어느 정도인지 구체적으로 기술 (최소 100자, 최대 500자 입력 가능)	동기(직무) 직무이해력
	3. 귀하가 자신의 전문성을 높이기 위해 노력한 것을 아래 내용에 맞춰 기술해 주시기 바랍니다. 가) 자신의 분야에서 뛰어난 전문가가 되기 위해 본인이 "노력한 것" 기술 나) 자신의 분야에서 뛰어난 전문가가 되기 위해 "준비하고 있는 것" 기술 (최소 100자, 최대 500자 입 력 가능)	동기(직무) 직무준비역량
	4. 기존 업무 방식의 비효율적인 측면을 발견하고, 이를 개선했던 경험에 대해 아래 내용에 맞춰 기술 해 주시기 바랍니다. 가) 당시 진행했던 업무에 대해서 간략히 기술 나) 본인이 제시한 개선 방법과 그 결과에 대해 구체적으로 기술	스토리 (문제해결)
	5. 동료(친구) 등과 입장차이로 대립했던 경험에 대해 아래 내용에 맞춰 기술해 주시기 바랍니다. 가) 당시 갈등상황에 대해서 간략히 기술 나) 본인이 갈등상황을 어떻게 대처하였는지를 구체적으로 기술 (최소 100자, 최대 500자 입력 가능)	스토리 (대인관계)
	6. 공공의 이익(환경보호, 사회적 약자배려, 공동체 발전 등)을 위해 자발적으로 노력한 경험에 대해 아래 내용에 맞춰 기술해 주시기 바랍니다. 가) 당시 상황을 간략히 기술 나) 자신이 한 행동의 내용과 이유를 구체적으로 기술 (최소 150자, 최대 500자 입력 가능)	스토리 (직업윤리)
한국 서부 발전	1. 기존 방식이나 현상에 대해 문제의식을 갖고 전략적으로 해결한 경험을 다음의 세부항목에 따라 작 성해 주십시오. 1) [Situation & Task] 언제, 어디서 가지게 된 경험이었으며 그러한 문제의식을 가지게 된 계기는 무엇 입니까? (350자) 2) [Action & Result] 어떤 방식으로 해당 문제를 해결하였으며, 본인의 노력으로 개선된 결과를 구체적 으로 작성해 주십시오. (500자)	스토리 (문제해결)
	2. 조직 또는 팀의 목표를 이해하고 이를 달성하기 위해 노력했던 경험을 다음의 세부항목에 따라 작 성해 주십시오. 2-1. [Situation & Task] 해당 조직의 성격과 당시 자신의 역할에 대해 간단히 작성해 주십시오. (350자) 2-2. [Action & Result] 조직의 목표달성을 위해 귀하가 노력하였던 점과 그에 따라 조직이 달라졌던 부분을 구체적으로 제시해 주십시오. (500자)	스토리 (조직이해)
	3. 조직 또는 팀의 구성원으로서 팀원 간의 갈등을 해소하고 협력하는 분위기를 조성하였던 경험을 다 음의 세부항목에 따라 작성해 주십시오. 3-1. [Situation & Task] 당시 조직의 구성원 간의 갈등이 벌어졌던 상황에 대해 간단히 작성해 주십시 오. (350자) 3-2. [Action & Result] 구성원 간의 갈등을 해소하기 위해 어떤 노력을 하였으며, 그에 따른 결과는 무 엇이었는지 구체적으로 제시해 주십시오. (500자)	스토리 (대인관계)

	4. 업무 또는 과제를 수행하면서 본인의 부족한 점을 발견하고, 이를 개선하기 위해 노력하여 성과를 낸 경험을 다음의 세부항목에 따라 작성해 주십시오. 4-1. [Situation & Task] 본인이 맡았던 업무 또는 과제와 이를 달성하는 데 부족했던 점은 무엇이라고 판단하였는지 간단히 작성해 주십시오. (350자) 4-2. [Action & Result] 부족하다고 판단한 이유와 이를 개선하기 위해 노력했던 방법은 무엇이었으며, 그 결과 본인의 업무나 과제에 어떤 영향을 미쳤는지 구체적으로 제시해 주십시오. (500자)	스토리 (자기개발)
한국 남동 발전	1. 본인의 직업관에 대하여 설명하고, 남동발전이 그에 부합하는 이유와 남동발전에 입사하기 위하여 본인이 특별히 노력한 경험(학과목, 자격증 등)에 대하여 상세하게 기술해 주십시오. (어떻게 노력했는지, 어떤 발전이 있었는지, 입사에 도움이 될 것이라고 생각하는 근거가 무엇인지 등) (최소 1,200bytes)	동기(직무)
	2. 국내외 에너지 산업 및 남동발전의 사업환경 분석을 통하여 앞으로 남동발전이 나아가야 할 목표 및 목표 달성을 위한 전략을 제시하고, 그렇게 제시한 이유를 구체적으로 기술해 주십시오. (최소 1,400bytes)	포부 (논술형-견해)
	3. 당면한 문제를 해결하기 위해 시도했던 경험 중 원인을 철저히 규명하여 문제를 해결했던 사례에 대해 구체적으로 기술해 주십시오. 당시 문제가 되는 상황은 무엇이었으며, 어떠한 과정을 통해 원인을 규명하였는지, 그렇게 문제를 해결한 이유는 무엇이었는지 상세하게 기술해 주십시오. (최소 1,200bytes)	스토리 (문제해결)
	4. 귀하가 속한 조직 또는 집단에서 구성원들과 갈등이 발생했을 때, 이를 극복했던 경험을 당시 상황, 본인이 한 행동, 특별히 노력한 점, 노력의 결과, 느낀점 등을 구체적으로 기술해 주십시오. (최소 1,200bytes)	스토리 (대인관계)
	5. 남동발전 입사 후 업무를 수행함에 있어 가장 중요한 원칙과 사회생활을 함에 있어 가장 중요한 원칙은 각각 무엇이며, 그렇게 생각하는 이유를 본인의 가치관과 경험을 바탕으로 구체적으로 기술해 주십시오. (최소 1,200bytes)	포부
한국 중부 발전	1. 지원자가 한국중부발전 및 지원분야에 관심을 가지게 된 계기는 무엇이며, 이를 위해 그동안 어떤 노력을 했는지 기술해 주시기 바랍니다. (500자 이내)	동기 (기업)
	2. 지원자 본인이 현실과 타협하거나 편법을 사용하지 않고, 원칙대로 일을 처리하는 사람임을 가장 잘 나타내는 최근 5년 이내의 사례를 기술해 주시기 바랍니다. (500자 이내)	스토리 (직업윤리)
	3. 지원자 본인이, 변화를 두려워하지 않고 통찰력과 창의적인 사고로 꾸준히 혁신하고 변화를 주도하는 사람임을 가장 잘 나타내는 최근 5년 이내의 사례를 기술해 주시기 바랍니다. (500자 이내)	스토리 (문제해결)
	4. 지원자 본인이, 진정성과 소통을 바탕으로 신뢰를 구축하는 사람임을 가장 잘 나타내는 최근 5년 이내의 사례를 기술해 주시기 바랍니다. (500자 이내)	스토리 (의사소통)
	5. 지원자 본인이, 자신의 소속 집단뿐만 아니라 주변 사람/집단까지 고려하고 배려하는 사람임을 가장 잘 나타내는 최근 5년 이내의 사례를 기술해 주시기 바랍니다. (500자 이내)	스토리 (조직이해)
한국 남부 발전	1. 한국남부발전 지원동기에 대해 기술해 주시고, 자신의 직무역량과 관련하여 한국남부발전의 미래 발전 및 성장동력 확보에 기여할 수 있는 바에 대해 아래 내용을 포함해 작성해 주시기 바랍니다. (한국남부발전에 관심을 갖게 된 계기/지원자의 회사 선택 기준/ 한국남부발전이 해당 기준에 어떻게 부합하는지/한국남부발전의 발전 방향/본인이 가지고 있는 직무역량/해당 역량을 활용한 구체적 기여 방안) (800자)	동기 (기업)

	2. 지원 직무에 필요한 역량 중 지원자에게 부족하다고 느껴지는 역량을 극복하기 위해 교육/실습/체험/연구/프로젝트 참여 등의 방법으로 역량을 향상시킨 경험에 대해 아래 내용을 포함해 작성해 주시기 바랍니다. (부족하다고 느꼈던 직무 역량과 그렇게 생각한 이유/부족함을 극복하기 위한 계획/역량 향상을 위한 활동의 내용/구체적인 역량향상 과정/과정 중의 어려움과 극복 과정/극복 후 지원자의 직무 역량 수준/현재 지속하고 있는 노력을 포함하여 작성) (800자)	동기 (직무)
	3. 과제나 업무를 수행하던 중 발생한 내·외부 환경의 변화에 적극적으로 대응한 경험에 대해 아래 내용을 포함해 작성해 주시기 바랍니다. (수행하고자 했던 과제나 업무와 본인의 역할/내·외부 환경 변화/환경의 변화가 과제나 업무에 미친 영향/구체적인 변화에 대한 대응 방법/해당 방법이 변화 대응에 적합하다고 생각한 이유/변화 대응 과정 중에 발생한 문제와 해결 방법/창출한 성과와 느낀 점을 포함하여 작성) (800자)	스토리 (문제해결)
	4. 사회적 책임감을 가지고 공동체에 변화를 일으키거나 선한 영향력을 전달하기 위해 노력했던 경험에 대해 아래 내용을 포함해 작성해 주시기 바랍니다. (사회적 책임감의 내용/해당 사회적 책임감을 가지게 된 이유/해당 책임감을 실현하기 위한 지원자의 노력/과정 중에 발생한 갈등 및 어려움/갈등 및 어려움을 극복하기 위한 행동/본인이 미친 영향력의 범위를 포함하여 작성) (800자)	스토리 (직업윤리)
한국 철도 공사	1. 한국철도공사 직원으로서 가장 중요하게 생각해야 할 가치는 무엇이라고 생각하며, 지원자는 평소 해당 가치를 실현하기 위해 어떤 노력을 하는지 구체적으로 작성해 주십시오. (800byte)	스토리 (역량×)
	2. 팀의 막내 또는 신입으로서 다른 팀원들과 좋은 관계를 맺어 팀에 빨리 적응했던 경험을 작성해 주십시오. (800byte)	스토리 (대인관계) 팀워크
	3. 한국철도의 사업분야 및 특성을 고려했을 때 고객만족을 위해 필요한 역량은 무엇이라고 생각하며, 지원자가 해당 역량을 발휘했던 경험을 작성해 주십시오. (800byte)	스토리 (대인관계) 고객서비스
	4. 지원분야에 필요한 지식, 기술, 태도 중 지원자가 가장 중요하게 생각하는 점은 무엇이며 이를 갖추기 위해 구체적으로 어떤 노력을 했는지 작성해 주십시오. (800byte)	동기 (직무)
한국 전기 안전 공사	1. (솔선수범) 관리, 감독 없이도 스스로 업무를 처리하며 남들이 꺼리는 업무나 궂은일도 주도적으로 나서서 해결한다. (A, B 중 택1) − 1,500byte A. 자신이 공동 목표 달성을 하는 과정에서 솔선수범하는 사람임을 입증할 수 있는 사례(경험)와 그 근거를 구체적으로 작성해 주시기 바랍니다. B. 소속 조직을 위해 주도적으로 나서서 문제를 해결하기 위해 노력했던 경험에 대해 구체적으로 작성해 주시기 바랍니다.	스토리 (조직이해)
	2. (자기개발) 현재뿐만 아니라 향후에 필요한 지식, 경험, 기술 등을 적극적으로 습득하여 미래를 준비하여 꾸준히 발전한다.(A, B 중 택 1) − 1,500byte A. 자신이 자기개발을 꾸준히 하는 사람임을 입증할 수 있는 사례(경험)와 그 근거를 구체적으로 작성해 주시기 바랍니다. B. 자신이 지원한 분야에서 뛰어난 전문가가 되기 위해 기울이고 있는 노력에 대해 구체적으로 작성해 주시기 바랍니다.	동기 (직무)

	3. (자기통제력) 대인관계, 과도한 업무량, 고난과 외압 등의 스트레스가 주어져도 자기감정을 조절하며 업무를 수행하고 중심을 유지한다. (A, B 중 택 1) – 1,500byte A. 자신이 스트레스를 받는 상황에서도 자신의 감정을 잘 다스리는 사람임을 입증할 수 있는 사례(경험)와 그 근거를 구체적으로 작성해 주시기 바랍니다. B. 최근 3년 이내 스트레스를 받는 상황에서 효과적으로 대처했던 경험에 대해 구체적으로 작성해 주시기 바랍니다.	스토리 (자기개발)
	4. (안전/위험관리) 위험이나 사고에 영향을 주는 상황들을 인식하고 사전에 이를 예방하기 위한 조치를 취한다. (A, B 중 택1) – 1,500byte A. 자신이 규정이나 기준을 잘 지키는 사람임을 입증할 수 있는 사례(경험)와 그 근거를 구체적으로 작성해 주시기 바랍니다. B. 최근 3년 이내 규정이나 기준을 지키기 어려운 상황임에도 불구하고, 그것을 지키기 위해 많은 노력을 기울였던 경험에 대해 구체적으로 작성해 주시기 바랍니다.	스토리 (직업윤리)
한국 토지 주택 공사	1. (지원포부) 한국토지주택공사의 어떤 사업에 관심이 있으며 어떤 부분에 기여하고 싶은지, 본인의 주요 직무 역량 및 강점을 기반으로 기술해 주십시오. (500자)	포부 (논술형–견해)
	2. (경험 및 경력활동) 본인의 전문성 또는 역량 향상에 가장 도움이 되었던 경험, 경력, 활동을 먼저 기술하고, 귀하가 지원한 직무를 수행하는 데 어떻게 활용(도움)이 될 수 있는지 기술해 주십시오. (500자)	동기 (직무)
	3. (준법정신 및 윤리의식) 본인의 편의(이익)와 공공의 이익 사이에서 고민했던 경험을 아래의 순서에 따라 기술해 주십시오. (700자) – 본인의 편의(이익)와 공공(공동체)의 이익이 상충되었으나 두가지를 적절하게 조율하여 해결하였던 사례 – 본인의 손해나 불편함을 감수하고 공익적 선택을 했던 사례와 그 이유	스토리 (직업윤리) 공동체윤리
	4. (대인관계) 대인관계에 있어서 본인의 특장점을 아래의 순서에 따라 기술해 주십시오. (600자) – 대인관계에 있어서 본인의 특장점이 무엇이며, 그 특장점이 돋보였던 사례 – 해당 특장점이 회사생활 및 직무수행에 어떻게 도움이 될 수 있는지	스토리 (대인관계)
	5. (문제해결) 본인 또는 속해있는 단체(집단)가 당면했던 문제를 본인의 창의적인 방법으로 해결했던 경험을 기술해 주십시오. (600자)	스토리 (문제해결)

10대 공기업 자기소개서 문항을 유형별로 분류하였다면, 기업별 문항 분류 현황을 표로 정리하여 한눈에 보기 쉽게 파악해 보자.

● 10대 공기업 자기소개서 문항 분석표

구분	동기			스토리							포부		문항수
	기업+직무	기업	직무	의사소통	문제해결	대인관계	자기개발	조직이해	직업윤리	역량X	논술형견해	일반	
한국전력공사	○					○				○	△		3
한국수력원자력					○	○	○		○	○			5
한국동서발전		○	○/○		○	○			○				6
한국서부발전					○	○	○	○					4
한국남동발전			○		○	○					○	○	5
한국중부발전		○		○	○			○	○				5
한국남부발전		○	○		○				○				4
한국철도공사			○			○/○				○			4
한국전기안전공사			○				○	○	○				4
한국토지주택공사			○	○		○			○			○	5
문항수	1	3	7	2	6	8	3	3	6	3	2	1	45

※ 한국동서발전은 동기 중 직무 역량을 묻는 문항 총 2문항이, 한국철도공사는 대인관계능력 중 팀워크, 고객서비스 역량을 묻는 문항 총 2문항이 출제됨

　10대 공기업의 자기소개서 문항을 확인하면 지원동기가 입사 후 포부 문항보다 많이 등장한다는 것을 알 수 있으며, 지원동기 문항은 최신 트렌드에 따라 기업을 선택한 이유를 작성하는 문항과 직무 관련 강점이나 준비 상태를 제시해야 하는 문항으로 분리되어 출제되는 경우가 많다.

　지원자의 경험을 평가하기 위한 스토리텔링 자기소개서 문항은 10대 직업기초능력 중 대인관계 능력과 관련된 경험을 평가하는 문항이 가장 많이 출제되고 있으며, 다음으로 문제해결능력, 직업 윤리 관련 문항이 많이 출제된 것을 알 수 있다.

　이처럼 목표 기업의 자기소개서 문항을 사전에 정리하고 분석하면 기업들의 자기소개서 평가 기준이나 최신 트렌드를 파악할 수 있으며, 기업이 요구하는 주요 역량을 중심으로 직무역량을 사전에 준비한다면 효과적으로 자기소개서를 작성할 수 있다.

　자기소개서 문항을 정리했다면 다음으로 목표 기업에 대한 채용공고, 직무기술서, 기업분석 등의 내용을 정리하여 자기소개서 작성 시 활용해야 한다. 10대 공기업을 기준으로 각각의 이슈에 대한 분석 내용을 정리한 PART 5를 참고하기 바란다.

02

전기공학을 전공한 지원자 A의
7대 공기업 자기소개서 작성 전략

전기공학을 전공한 지원자 A는 한국전력공사와 6대 발전 공기업(한국동서발전, 한국서부발전, 한국남동발전, 한국중부발전, 한국남부발전, 한국수력원자력)의 전기직 취업을 목표로 잡았다. 그동안 준비된 직무 역량을 교육 사항과 경험/경력으로 구분하여 정리했고, 각 공기업의 채용공고, 직무기술서, 기업분석 등을 통해 기업이 요구하는 역량을 정리했다.

이제 기업별 자기소개서를 작성해야 한다. 우선 목표로 정한 7개 기업의 자기소개서 문항을 분석하여 지원동기 문항(기업 선택 이유, 직무 관련 준비상태), 스토리텔링 문항(10대 직업기초능력), 입사 후 포부 문항을 기준으로 유형을 분류하고 각 기업의 공통되는 문항을 정리한다.

특히 스토리텔링 문항은 사전에 정리한 자신의 스토리보드에서 확보한 역량을 문항이 요구하고 있는 역량과 매칭하여 자기소개서 작성 전략을 수립한다.

입사 지원동기 문항 작성 전략

한국전력공사와 6대 발전 기업의 자기소개서 문항 중 입사 지원동기에 해당하는 문항을 출제한 기업은 한국수력원자력과 한국서부발전을 제외한 5개 기업이다.

PART 4에서 설명한 것과 같이 입사 지원동기는 기업을 선택한 이유와 직무 관련 강점이나 준비상태 2가지를 어필해야 한다. 한국전력공사의 경우 2번 문항이 지원동기 문항이며, 한 문항에 이 기업선택 이유와 직무 관련 준비 상태 두 가지 모두를 작성해야 하는 구조로 출제되었다. 특히 지원동기 문항에 한국전력공사의 사업 이슈와 관련된 본인의 견해와 기여할 수 있는 내용을 제시해야 하는 포부 문항에 함께 결합된 문항이다. 또한 한국동서발전은 1번 문항에 기업 선택 이유, 2번과 3번 문항에 직무 관련 필요 역량과 준비 상태를 구분해야 자세하게 작성해야 하는 구조로 각기 다른 문항으로 구성하여 출제했다.

따라서 각 기업의 자기소개서 문항을 입사 지원동기 세 가지 유형으로 구분하여 각 유형에 맞는 적절한 방법론을 적용하여 작성하는 것이 효과적이며, 같은 에너지 공기업이기 때문에 공통적으로 적용될 수 있는 부분을 고려한 표준 자기소개서를 사전에 미리 작성한 이후 기업마다 맞춤형으로 조금씩 변경하여 작성하면 보다 효과적으로 입사 지원동기 문항을 작성할 수 있을 것이다.

● 지원자 A가 지원할 4대 공기업 입사 지원동기 문항

기업명	자기소개서 문항	유형
한국 전력공사	한국전력공사에 지원하게 된 동기, 희망 직무를 선택한 이유 그리고 입사 후 포부를 본인의 교육 사항, 경험/경력 등과 연계하여 구체적으로 기술하여 주십시오. (700자)	동기 (기업+직무)
한국 동서발전	1. 귀하가 한국동서발전㈜에 지원하게 된 계기를 아래 내용에 맞춰 기술해 주시기 바랍니다. 가) 당사의 인재상과 본인이 얼마나 부합하는지를 기술 나) 당사가 추진하는 주요 사업내용 중 가장 관심이 있는 분야와 본인이 어떤 부분에서 기여할 수 있을지를 구체적으로 기술(최소 100자, 최대 500자 입력 가능)	동기 (기업)
	2. 귀하가 지원한 분야의 전문성에 대해서 아래 내용에 맞춰 본인의 생각을 기술해 주시기 바랍 니다. 가) 지원한 분야에서 가장 중요하다고 생각하는 전문성은 무엇인지 기술 나) "가"에서 기술한 내용 중 본인이 보유하고 있는 전문성의 수준은 어느 정도인지 구체적으로 기술 (최소 100자, 최대 500자 입력 가능)	동기 (직무) 직무이해력
	3. 귀하가 자신의 전문성을 높이기 위해 노력한 것을 아래 내용에 맞춰 기술해 주시기 바랍니다. 가) 자신의 분야에서 뛰어난 전문가가 되기 위해 본인이 "노력한 것" 기술 나) 자신의 분야에서 뛰어난 전문가가 되기 위해 "준비하고 있는 것" 기술(최소 100자, 최대 500자 입력 가능)	동기 (직무) 직무준비역량
한국 중부발전	지원자가 한국중부발전 및 지원분야에 관심을 가지게 된 계기는 무엇이며, 이를 위해 그 동안 어 떤 노력을 했는지 기술해 주시기 바랍니다. (500자 이내)	동기 (기업)
한국 남동발전	본인의 직업관에 대하여 설명하고, 남동발전이 그에 부합하는 이유와 남동발전에 입사하기 위하 여 본인이 특별히 노력한 경험(학과목, 자격증 등)에 대하여 상세하게 기술해 주십시오.(어떻게 노력했는지, 어떤 발전이 있었는지, 입사에 도움이 될 것이라고 생각하는 근거가 무엇인지 등) (최소 1,200bytes)	동기 (직무)
한국 남부발전	1. 한국남부발전 지원동기에 대해 기술해주시고, 자신의 직무역량과 관련하여 한국남부발전의 미 래 발전 및 성장동력 확보에 기여할 수 있는 바에 대해 아래 내용을 포함해 작성해 주시기 바 랍니다. (한국남부발전에 관심을 갖게 된 계기/지원자의 회사 선택 기준/ 한국남부발전이 해당 기준에 어떻게 부합하는지/한국남부발전의 발전 방향/본인이 가지고 있는 직무역량/해당 역량 을 활용한 구체적 기여 방안) (800자)	동기 (기업)
	2. 지원 직무에 필요한 역량 중 지원자에게 부족하다고 느껴지는 역량을 극복하기 위해 교육/실 습/체험/연구/프로젝트 참여 등의 방법으로 역량을 향상시킨 경험에 대해 아래 내용을 포함해 작성해 주시기 바랍니다. (부족하다고 느꼈던 직무 역량과 그렇게 생각한 이유/부족함을 극복 하기 위한 계획/역량 향상을 위한 활동의 내용/구체적인 역량향상 과정/과정 중의 어려움과 극 복 과정/극복 후 지원자의 직무 역량 수준/현재 지속하고 있는 노력을 포함하여 작성) (800자)	동기 (직무)

① 입사 지원동기(기업+직무) 문항 자기소개서 작성 전략: 한국전력공사

한국전력공사의 입사 지원동기에는 먼저 기업을 선택한 이유를 작성해야 한다. 세부적으로는 발전 산업의 특징이나 시장의 이슈를 간략하게 작성하고, 다음으로 전기직무와 연계성이 높은 주요 사업을 제시한다. 이때 기업분석에서 확인한 중점 사업이나 사업 전략 등을 제시한 뒤, 전기직무에 대한 중요성을 간략한 업무 소개와 성과 중심으로 제시한다.

기업을 선택한 이유를 작성한 다음에는 지원한 전기직무에 대하여 자신의 강점이나 준비 사항들을 지식, 기술, 태도로 구분하여 작성해야 한다. 하지만 한국전력공사는 700자를 써야 하므로 상대적으로 중요도가 낮은 태도는 제외하는 것도 좋다.

끝으로, 입사 후 업무 계획에 대하여 자신이 언급한 직무 강점이나 준비 상태를 제시하면서 마무리한다.

PART 4의 '자기소개서 작성 전략'에서 입사 지원동기 문항을 단계별로 구분하여 작성하는 방법에 관해 설명했었다. 학습한 자기소개서 작성 단계에 맞추어 한국전력공사의 입사 지원동기(기업+직무) 문항을 작성한 사례를 알아보도록 하겠다.

우선 Step 1은 전기 판매업 중심의 사업을 진행하는 한국전력공사의 사업 구조에 따라 다르게 작성해야 한다. 하지만 Step 2는 전기직 관련 업무에 필요한 자신의 준비된 역량을 지식과 기술 관점에서 어필하는 구조로 작성한다. 마지막 단계인 Step 3은 기업의 사업 현황에 따라 전기직 엔지니어로서 어떻게 업무를 추진할 것인지 서로 다른 내용으로 작성하고 소제목을 만들어 마무리한다.

단계	세부 내용
Step 1. 기업과 직무를 선택한 이유	S1-1. 산업 특성 및 시장의 이슈 제시 S1-2. 기업의 주요 사업 및 활동 제시(직무 연계) S1-3. 지원 직무의 중요성 제시(성과 중심)
Step 2. 확보한 직무 역량 제시	S2-1. 지식: 전공 수업, 외부 교육, 자격증, 저널, 박람회, 논문 등 S2-2. 기술: 인턴, 단기계약직, 아르바이트, 현장실습, 팀 과제(프로젝트), 공모전, 자격증 등 S2-3. 태도(대외활동): 학생회, 동아리, 봉사활동, 해외연수 등
Step 3. 향후 업무 계획	S3-1. Step 2에서 제시한 역량 기반 입사 후 목표와 업무 계획 제시 S3-2. 소제목 달기: S3-1에서 키워드 발굴

● 입사 지원동기(기업+직무) 문항 자기소개서 작성 사례: 한국전력공사

S1-1. 산업 및 시장의 동향/이슈 제시

한국전력공사	재생에너지 3020 정책에 따라 재생에너지 비중을 확대하여 전력계통의 안정성을 유지하기 위한 새로운 계통 운영 방법이 강구되고 있습니다.

S1-2. 지원 기업의 사업 구조/활동 제시(직무연계)

한국전력공사	이에 한국전력공사는 '맞춤형 분리막 공정설계', '디지털변전소 상호운영성 검증' 등 새로운 기술 개발을 통해 전력 생산량 증가 및 안정화를 위해 노력하고 있습니다.

S1-3. 지원 직무의 중요성 제시(성과 중심)

한국전력공사	따라서 계통의 효율적 운영을 통한 전력 생산량 증가를 위해서는 체계적인 전력계통 분석을 통한 통합 시스템 개발에 기여하는 담당자의 역할이 중요해지고 있습니다.

S2-1. 지식: 전공과목, 외부 교육, 자격증, 저널, 논문 등

한국전력공사	효율적인 송배전설비(화력발전설비운영) 운영 담당자가 되기 위해 먼저 회로이론, 전력공학, 송배전공학 등을 수강하여 계통의 구조와 규정전압 구성에 대해 배웠습니다. 이를 바탕으로 한국전력거래소교육원의 '초급계통운영반'과 '초급계통보호반' 교육을 통해 실제 송배전설비 및 발전설비 운영방법, 고장 발생 시 복구방법 등을 배워 효율적인 발전관련 설비운영에 대한 역량을 키웠습니다.

S2-2. 기술: 인턴, 현장실습, 아르바이트, 프로젝트, 공모전, 자격증 등

한국전력공사	다음으로 발전연구 회사의 인턴 활동을 통해 현장의 설비를 전산화하였습니다. 당시 아두이노를 활용하여 실제 계통을 축소한 회로에서 계통 고장 시 차단기 동작으로 최적의 상태로 계통을 운영하도록 하였습니다.

S3-1. S2 제시 역량 기반 입사 후 목표와 업무 계획 제시

한국전력공사	이러한 준비를 기반으로 한국전력공사의 '5대 핵심전략기술' 중 공급안전 및 고장감소를 위해 실시하고 있는 '계통 유연성 확보 및 고정밀 계통 감시제어' 관련 기술 및 운영을 담당하고 싶습니다. 앞으로 안정적인 전력 공급과 사고예방을 최우선 목표로 삼고 전력계통을 최상의 상태로 운영하는 관리자가 되겠습니다.

S3-2. 제목 달기 → S3-1에서 키워드 발굴

한국전력공사	소제목(1): 5대 핵심전략기술 소제목(2): 계통 유연성 확보 소제목(3): 고정밀 계통 감시

② 입사 지원동기(기업) 문항 자기소개서 작성 전략: **한국동서발전, 한국중부발전, 한국남부발전**

한국동서발전과 한국남부발전은 입사 지원동기 문항을 '기업을 선택한 이유'와 '직무 관련 준비 상태'를 2개의 문항으로 분리하여 출제하였으며, 한국중부발전은 '기업을 선택한 이유'와 관련된 입사 지원동기 문항만 출제하였다. 지원동기 중 기업을 선택한 부분만 작성할 때는 입사 지원동기 작성 프로세스 중 Step 1에 해당하는 기업 선택 이유와 Step 3에 해당하는 입사 후 업무 수행 계획을 제시하는 구조로 작성하는 것이 효과적이다.

📝 ✏️ 🗂️ 🕐

● 입사 지원동기 작성 프로세스(기업 선택 이유: Step 2 제외)

단계	세부 내용
Step 1. 기업과 직무를 선택한 이유	S1-1. 산업 특성 및 시장의 이슈 제시 S1-2. 기업의 주요 사업 및 활동 제시(직무연계) S1-3. 지원 직무의 중요성 제시(성과 중심)
Step 2. 확보한 직무 역량 제시 〈제외〉	S2-1. 지식: 전공수업, 외부교육, 자격증, 저널, 박람회, 논문 등 S2-2. 기술: 인턴, 단기계약직, 아르바이트, 현장실습, 팀 과제(프로젝트), 공모전, 자격증 등 S2-3. 태도(대외활동): 학생회, 동아리, 봉사활동, 해외연수 등
Step 3. 향후 업무 계획	S3-1. Step 2에서 제시한 역량 기반 입사 후 목표와 업무 계획 제시 S3-2. 소제목 달기: S3-1에서 키워드 발굴

특히 세 개 회사는 기업을 선택한 이유를 작성할 때 세부적으로 S1-1과 관련한 내용에 대해서는 같은 내용으로 구성해도 무관하고, S1-2와 관련한 내용에 대해서는 두 기업의 현황에 맞도록 서로 다르게 구성해야 한다. 또, S1-3, S3-1, S3-2와 관련하여 전기직 지원 분야가 동일하기 때문에 같은 내용으로 구성해도 무방하다.

● 입사 지원동기(기업) 문항 자기소개서 작성 사례: **한국동서발전, 한국중부발전, 한국남부발전**

S1-1. 산업 및 시장의 동향/이슈 제시

공통	에너지 산업은 다양한 대외적 환경변화에 영향을 받고 있습니다. 또한 에너지원의 다변화와 전력수급 안정화에 대한 정부의 전원개발 계획에 따라 새로운 발전 기술 개발을 통한 원가와 품질관리 수준을 높여 경쟁력을 확보해야 합니다.

S1-2. 지원 기업의 사업 구조/활동 제시(직무연계)

한국동서발전	이러한 상황에서 한국동서발전은 발전설비 확충을 위해 당진에코 1, 2호기의 LNG 연료 전환, 수상태양광과 육/해상풍력 등의 대규모 신재생에너지 프로젝트 등을 추진하며, 전력 생산량 증가와 원가 절감을 위해 노력하고 있습니다.
한국중부발전	이러한 상황에서 한국중부발전은 최근 산화/환원 소재를 이용한 연료 전지 발전용 블루수소 생산기술 개발과 미세먼지 저감 기술 등을 새롭게 개발하여 전력 생산성 향상과 친환경 발전사업을 위해 노력하고 있습니다.
한국남부발전	이러한 상황에서 한국남부발전은 발전 설비의 안정화 및 신재생 에너지 활성화를 위해 D11 고중압 증기터빈 케이싱 크랙 조기검출 기술개발, 집광-비집광 복합형 태양전지 모듈 시제품제작 및 실증시험 등을 추진하고 있습니다.

S1-3. 지원 직무의 중요성 제시(성과 중심)

공통	따라서 에너지 생산의 안정성을 확보하기 위해서는 발전설비의 효율적 관리와 운영 방안을 수립하고, 발전 사고율 감소에 기여하는 엔지니어의 역할이 중요합니다. 전기공학 관련 다양한 이론학습과 발전설비 운영에 필요한 제어계측과 전기회로 설계 등의 실습 과제를 이수하면서 효과적으로 화력발전설비를 운영하고 관리하기 위한 기본 역량을 확보해 왔습니다.

S3-1. 입사 후 목표와 업무 계획 제시

공통	앞으로 체계적인 발전설비 운영 시스템을 개발하여 안정적인 전력의 공급과 사고 예방을 최우선 가치로 삼고 발전환경을 최상의 상태로 유지/관리하는 전문가가 되겠습니다.

S3-2. 제목 달기 → S3-1에서 키워드 발굴

공통	소제목: 최적의 발전환경 구축

③ 입사 지원동기(직무) 문항 자기소개서 작성 전략: 한국동서발전, 한국남동발전, 한국남부발전

다음은 입사 지원동기 문항 중 직무 관련 전문성 확보를 위한 내용을 작성하는 방법에 대해 알아보겠다. 앞서 한국전력공사의 입사 지원동기 작성 전략과 사례에서 알아본 것과 같이 기업 관련 지원동기와 직무 관련 지원동기 모두를 작성하는 입사 지원동기를 풀 버전이라고 한다면, 직무 관련 내용을 작성하는 문항에서는 Step 2 '확보한 직무 역량 제시' 내용을 중심으로 작성한다. 직무 관련 준비 내용은 NCS에서 직무별 업무 수행에 필요한 능력을 구분하는 기준인 지식-기술-태도 기반으로 구분하여 작성한다.

● 입사 지원동기 작성 프로세스(직무 관련 내용: Step 2 중점 기술, Step1-1, Step1-2 제외)

단계	세부 내용
Step 1. 기업과 직무를 선택한 이유 〈제외〉	S1-1. 산업 특성 및 시장의 이슈 제시 S1-2. 기업의 주요 사업 및 활동 제시(직무연계) S1-3. 지원 직무의 중요성 제시(성과 중심)
Step 2. 확보한 직무 역량 제시 〈중점 기술〉	S2-1. 지식: 전공 수업, 외부 교육, 자격증, 저널, 박람회, 논문 등 S2-2. 기술: 인턴, 단기계약직, 아르바이트, 현장실습, 팀 과제(프로젝트), 공모전, 자격증 등 S2-3. 태도(대외활동): 학생회, 동아리, 봉사활동, 해외연수 등
Step 3. 향후 업무 계획	S3-1. Step 2에서 제시한 역량 기반 입사 후 목표와 업무 계획 제시 S3-2. 소제목 달기: S3-1에서 키워드 발굴

● 입사 지원동기(직무) 문항 자기소개서 작성 사례: 한국동서발전, 한국남동발전, 한국남부발전

S1-3. 지원 직무의 중요성 제시(성과 중심)

한국동서발전	화력발전설비의 효율적인 운영을 위해서는 안전하고 신뢰성 높은 발전소 설비에 대한 최적의 설계안을 바탕으로 체계적인 시스템 관리 및 운영 방안을 수립해야 합니다. 이를 위해서는 주요 기기의 전기적 특성을 이해하고 계통 관린 지식을 바탕으로 설계 및 운영에 대한 실무능력을 확보하는 것이 중요합니다.
한국남동발전 한국남부발전	화력발전설비의 효율적인 운영을 위해서는 주요 기기의 전기적 특성을 이해하고 체계적인 관리 방안을 수립해야 합니다.

S2-1. 지식: 전공 수업, 외부 교육, 자격증, 저널, 박람회, 논문 등

공통	이를 위해 전력공학, 제어공학 등의 전공을 이수하며 발전설비 운영에 필요한 원리/구조/특성 등을 익혔습니다. 또한, 전기기사 자격 취득을 통해 전기/전자 및 제어에 대한 종합적인 공학 역량을 개발했으며, 전기설비 설계 및 운영 전문과 과정을 이수하여 설비관리에 필요한 다양한 방법론을 실무 관점에서 익혔습니다.

S2-2. 기술: 인턴, 단기계약직, 아르바이트, 현장실습, 팀과제(프로젝트), 공모전, 자격증 등

공통	다음으로 ○○화학 연구보조 인턴경험을 통해 제품 생산에 필요한 장비의 조립 및 관리, 실험 데이터 정리, 품질검사 보조 업무를 수행하며 공정 운영에 대한 역량을 키웠습니다. 또한, 발전 모터의 전기회로 설계 및 제작 실습 경험을 통해 이론으로 학습한 지식을 현실에 반영했습니다.

S2-3. 태도(대외활동): 학생회, 동아리, 봉사활동, 해외연수 등

공통	끝으로 학과 학술단, ○○ 동아리 등에서 임원 활동을 하면서 다양한 사람들과 소통하고 협력하면서 다양성과 개방성이 조직을 이루는 중요한 요소라는 것을 깨달았습니다. (→ 글자 수가 부족할 경우 S2-3은 제외)

S3-1. 입사 후 목표와 업무 계획 제시

공통	항상 현실에 안주하지 않고 보다 효율적인 업무 추진을 위해 개선적 사고를 바탕으로 안정적인 전력공급에 기여하는 전문가가 되겠습니다.

S3-2. 제목 달기 → S3-1에서 키워드 발굴

공통	소제목: 전력 안정화를 위한 개선

스토리텔링 자기소개서 문항 작성 전략

지원자의 직무 능력을 평가할 때, 기업이 필요로 하는 역량과 관련성이 있는 경험이 있는지가 핵심이다. 그래서 기업들의 자기소개서 문항 중 빈도가 높은 문항이 바로 경험을 사례로 기술해야 하는 스토리텔링 자기소개서 문항이다.

앞서 전기공학을 전공한 지원자 A의 스펙을 제시하면서 스토리보드를 활용하여 학창 시절 경험과 경력을 구분하였다. 그리고 각각의 활동(스토리)에서 주요 에피소드를 도출한 후 10대 직업기초능력과 매칭한 내용을 확인했다.

자신의 스토리보드가 정리되었다면 목표 기업의 자기소개서 문항을 분석하여 각각의 문항이 요구하고 있는 10대 직업기초능력과 자신의 에피소드에서 확보한 역량을 1:1로 매칭하는 것이 중요하다.

'10대 공기업 자기소개서 문항 분석표'를 참고하여 지원자 A가 목표로 하는 한국전력공사와 6대 발전 공기업의 자기소개서 문항에서 요구하고 있는 스토리텔링 문항별 주요 직업기초능력을 정리했다.

● 지원자 A의 목표 기업 스토리텔링 자기소개서 문항 분석표

구분	스토리텔링 문항별 직업기초능력 출제 현황							문항수
	의사소통	문제해결	대인관계	자기개발	조직이해	직업윤리	역량×	
한국전력공사		○					○	2
한국수력원자력		○	○	○		○	○	5
한국동서발전		○				○		3
한국서부발전		○	○	○	○			4
한국남동발전		○	○					2
한국중부발전	○	○			○	○		4
한국남부발전		○				○		2
문항수	1	6	5	2	2	4	2	22

분석표를 확인해보면 10대 직업기초능력 중 문제해결능력(6개 기업), 대인관계능력(5개 기업), 직업윤리(4개 기업), 조직이해능력(2개 기업), 자기개발능력(2개 기업), 의사소통능력(1개 기업) 등 총 6개 직업기초능력이 출제된 것을 알 수 있다. 이 6가지 능력을 기반으로 자신의 스토리보드에서 가장 적합한 에피소드를 매칭하고, 6개의 스토리텔링 자기소개서를 작성하여 해당 문항을 출제한 기업에 대응하면 효과적일 것이다.

한국전력공사와 한국수력원자력의 경우 10대 직업기초능력을 기준으로 지원자의 경험을 파악하기 위한 문항은 출제되지 않았다(분석표상에서 '역량(×)'으로 표시). 하지만 실제 문항을 파악해 보면 한국전력공사의 경우 인재상 4가지 중 2가지를 선택하여 관련 경험을 제시하라고 표현되어 있다.

● 한국전력공사 스토리텔링 자기소개서 문항(역량×)

문항1	한국전력공사의 4가지 인재상(기업가형 인재, 통섭형 인재, 도전적 인재, 가치창조형 인재) 중 본인과 가장 부합된다고 생각하는 인재상을 두 가지 선택하여 그렇게 생각하는 이유를 본인의 가치관과 연계하여 교육사항, 경험/경력 등 구체적인 사례를 들어 기술하여 주십시오. (700자)
	Type 2. What?형

지원자 A는 한국전력공사의 4가지 인재상(기업가형 인재, 통섭형 인재, 도전적 인재, 가치창조형 인재) 중에서 지원자와 가장 부합되는 인재상 2가지를 선택하여 관련 경험을 제시해야 한다. 이럴 때, 실제 인재상 내용을 분석하여 10대 직업기초능력과 매칭하는 것이 효과적이다. 다음의 표는 한국전력공사의 인재상을 10대 직업기초능력과 매칭한 사례이다.

● 한국전력공사 인재상과 직업기초능력 매칭 사례

인재상	주요 내용	직업기초능력 매칭
기업가형 인재	회사에 대한 무한책임과 주인의식을 가지고 개인의 이익보다는 회사를 먼저 생각하는 인재	조직이해능력
통섭형 인재	융합적 사고를 바탕으로 Multi-specialist를 넘어 오케스트라 지휘자와 같이 조직의 역량의 시너지를 극대화하는 인재	대인관계능력
도전적 인재	뜨거운 열정과 창의적 사고를 바탕으로 실패와 좌절을 두려워하지 않고 지속적으로 새로운 도전과 모험을 감행하는 역동적 인재	문제해결능력 & 자기개발능력
가치창조형 인재	현재 가치에 안주하지 않고 글로벌 마인드에 기반한 날카로운 통찰력과 혁신적인 아이디어로 새로운 미래가치를 충족해 내는 인재	

　4가지 인재상에 대한 구체적인 정의를 확인한 후 각각의 키워드를 도출하여 10대 직업기초능력과 관련지으면 '기업가형 인재 → 조직이해능력', '통섭형 인재 → 대인관계능력', '도전적인재&가치창조형 인재 → 문제해결능력&자기개발능력'으로 정리할 수 있다.

　만약 지원자 A가 한국전력공사의 인재상 중 기업가형 인재(조직이해능력)와 도전적 인재(문제해결능력)를 선택했다면 나머지 6대 발전 공기업의 자기소개서 문항과 역량 매칭을 보다 효과적으로 진행할 수 있다.

　또한, 한국수력원자력의 경우 총 5개의 자기소개서 문항 중 2~5번 문항은 10대 직업기초능력과 대비시켜 대응할 수 있는 문항이지만, 1번 문항은 지원 직무와 관련된 경험이나 경력을 문항에서 요구하는 스토리텔링 구조에 맞게 작성해야 한다. 이러한 경우 2~5번에서 매칭한 직업기초능력 이외 다른 직업기초능력 한 가지를 추가로 선택하여 스토리보드와 매칭하는 것을 추천한다.

　그래서 지원자 A의 경우 한국수력원자력 2~5번 문항에 매칭한 문제해결능력, 대인관계능력, 자기개발능력, 직업윤리 이외에 추가로 조직이해능력을 매칭하여 1번 문항에 대응하기로 했다.

● 지원자 A의 목표 기업 자기소개서 문항별 스토리 매칭표

구분	의사소통	문제해결	대인관계	자기개발	조직이해	직업윤리	문항수
한국전력공사		○ - 인재상 1	○		○ - 인재상 2		문항 3개
한국수력원자력		○	○	○	○ - 직무이해	○	문항 5개
한국동서발전		○	○			○	문항 3개
한국서부발전		○	○	○	○		문항 4개
한국남동발전		○	○				문항 2개
한국중부발전	○	○			○	○	문항 4개
한국남부발전		○				○	문항 2개
활동명	○○기술원 인턴	○○기술원 인턴	팀과제 발표	○○마트 아르바이트	○○화학 인턴	○○학술단	
스토리 보드 역량 매칭	의사소통 - 7	문제해결 - 4	대인관계 - 16	자기개발 - 10	조직이해 - 1	직업윤리 - 13	

목표 기업별 스토리텔링 자기소개서 문항에 적합한 에피소드가 매칭되었다면, 다음으로는 PART 4에서 설명한 자기소개서 작성 단계에 따라 실제 자기소개서를 작성한다.

단계	세부 내용
Step 1. 자신의 역량을 먼저 제시	S1-1. 자기소개서 문항 분석 후 스토리보드에서 정리된 역량 매칭 S1-2. 자신의 준비된 역량을 구체적으로 제시(두괄식)
Step 2. 설득력 향상을 위한 스토리 전개	S2-1. 스토리텔링의 시작: 자신이 경험한 상황 소개 S2-2. 스토리텔링의 이슈: 어떠한 문제/과제가 발생했는지 기술 S2-3. 스토리텔링의 핵심: 자신의 주요 행동 기술(구체적) S2-4. 스토리텔링의 결과: 성과(수치화), 느낀 점 기술
Step 3. 직무 관련 업무 수행 계획	S3-1. 지원 직무에서 자신의 역량을 어떻게 발휘할 것인지 제시 S3-2. 제목 달기 → S2-3 or S2-4에서 키워드 발굴

지원자 A가 한국전력공사와 6대 발전소 자기소개서 문항 전략을 수립한 내용을 바탕으로 6가지 직업기초능력에 대응하는 스토리텔링 자기소개서 문항 작성 사례를 알아보도록 하겠다.

① 의사소통능력 관련 스토리텔링 자기소개서 문항 작성 사례(1개 기업 적용): **한국중부발전**

Step 1. 자신의 역량을 먼저 제시

S1-1. 자기소개서 문항 분석 후 스토리 보드에서 정리된 역량 매칭						
활동명	기관	기간	역할	주요 에피소드	확보능력	경험/경력
인턴	○○ 기술연구원	2019.01 ~ 2019.02	행정보조	발전산업 시장 조사 다른 조직의 행사 지원 교육프로그램 진행 업무 메뉴얼 작성	문제해결능력 – 4 조직이해능력 – 5 지원관리능력 – 6 의사소통능력 – 7	경력

S1-2. 자신의 준비된 역량을 구체적으로 제시(두괄식)
보다 효과적인 업무 수행과 사실에 입각한 논리적인 소통을 위해 노력하는 과정에서 타인에게 높은 신뢰를 얻었습니다.

Step 2. 설득력 향상을 위한 스토리 전개(STAR 구조 활용)

S2-1. 스토리텔링의 시작: 자신이 경험한 상황 소개
○○ 기술원에서 행정보조 인턴 당시 최신 기술현황 자료를 조사하고 정리하는 업무를 담당하게 되었습니다.

S2-2. 스토리텔링의 이슈: 어떠한 문제/과제가 발생했는지 기술
국내외 자료 현황을 파악하여 정리하는 과정에서 정해진 자료 정리 기준이 없어 작업 시간이 오래 걸리는 문제가 발생했습니다.

S2-3. 스토리텔링의 핵심: 자신의 주요 행동 기술(구체적)
이 같은 문제를 해결하기 위해 산업분야, 예산, 기간 등에 대한 기준을 설정하고 MS Excel 시트를 활용하여 변수별 자료를 정리했습니다. 이후에는 다른 사람들이 자료를 쉽게 파악할 수 있도록 매뉴얼을 만들어 활용 방법을 팀원들에게 공유하였으며, 이후 새롭게 진행했던 업무 내용에 대해서는 인턴 활동 종료 후 다른 담당자가 업무를 대처할 때 그동안 진행한 업무를 쉽게 파악할 수 있도록 업무 인수인계서도 제작하였습니다.

S2-4. 스토리텔링의 결과: 성과(수치화), 느낀 점 기술
이후 제작한 자료 정리 시트가 다른 팀원들에게도 적극 활용되면서 업무 효율성을 높이고 팀원 간의 정보 공유에 대한 효율성을 높일 수 있는 성과를 창출했습니다.

Step 3. 직무 관련 업무 수행 계획

S3-1. 지원 직무에서 자신의 역량을 어떻게 발휘할 것인지 제시
항상 타인을 배려한 정보 공유와 문서작업을 통해 조직의 효율적인 의사소통 구조를 구축할 수 있는 실무자가 되어 조직의 업무 성과를 높이는데 기여하는 실무자가 되겠습니다.

S3-2. 제목 달기 ➡ S2-3 or S2-4에서 키워드 발굴
소제목: Work Guidebook

② 문제해결능력 관련 스토리텔링 자기소개서 문항 작성 사례(7개 기업 동시 적용): **한국전력공사, 한국수력원자력, 한국동서발전, 한국서부발전, 한국남동발전, 한국중부발전, 한국남부발전**

Step 1. 자신의 역량을 먼저 제시

S1-1. 자기소개서 문항 분석 후 스토리보드에서 정리된 역량 매칭						
활동명	기관	기간	역할	주요 에피소드	확보능력	경험/경력
인턴	○○ 기술연구원	2019.01 ~ 2019.02	행정보조	발전산업 시장 조사 다른 조직의 행사 지원 교육프로그램 진행 업무 매뉴얼 작성	문제해결능력 – 4 조직이해능력 – 5 자원관리능력 – 6 의사소통능력 – 7	경력

S1-2. 자신의 준비된 역량을 구체적으로 제시(두괄식)
주어진 일에 어려움이 발생했다고 포기하지 않고 다양한 각도에서 해결책을 모색한다면 기대 이상의 성과를 얻을 수 있습니다.

Step 2. 설득력 향상을 위한 스토리 전개(STAR 구조 활용)

S2-1. 스토리텔링의 시작: 자신이 경험한 상황 소개
○○기술원에서 행정 보조 인턴 당시 오지 지역의 태양광발전 프로젝트 사업계획을 지원했습니다.
S2-2. 스토리텔링의 이슈: 어떠한 문제/과제가 발생했는지 기술
해외 오지 지역의 전력소모량 현황자료를 수집하는 과정에서 낯선 외국 담당자를 섭외하고 협조를 구하기가 쉽지 않았습니다.
S2-3. 스토리텔링의 핵심: 자신의 주요 행동 기술(구체적)
이를 극복하기 위해 다른 부서 담당자에게 협조공문을 보내 현지 실무자를 연결 후 담당자 입장에서 이해하기 쉽게 필요한 자료 항목을 정리한 문서를 발송하였습니다. 공유 받은 자료는 지역, 인구, 전력량 등을 기준으로 분리하고 정리했습니다.
S2-4. 스토리텔링의 결과: 성과(수치화), 느낀 점 기술
그 결과 D-day보다 2일 먼저 자료를 확보할 수 있었고, 남은 시간에는 다른 업무를 지원하며 업무 효율을 높였습니다.

Step 3. 직무 관련 업무 수행 계획

S3-1. 지원 직무에서 자신의 역량을 어떻게 발휘할 것인지 제시
앞으로 업무 수행 과정에서 발생할 수 있는 다양한 문제들에 대해서 적극적인 자세로 해결책을 모색하고 대안을 실행해 나가면서 업무 개선이 힘쓰는 실무자가 되겠습니다.
S3-2. 제목 달기 ➡ S2-3 or S2-4에서 키워드 발굴
소제목 : Two Channel Communication

③ 대인관계능력 관련 스토리텔링 자기소개서 문항 작성 사례(5개 기업 동시 적용): 한국전력공사, 한국수력원자력, 한국동서발전, 한국서부발전, 한국남동발전

Step 1. 자신의 역량을 먼저 제시

활동명	기관	기간	역할	주요 에피소드	확보능력	경험/경력
교내 활동	○○팀과제 발표수업	2019.03 ~2019.06	정보수집 및 발표	에너지시스템설계	대인관계능력 - 16	경험

S1-1. 자기소개서 문항 분석 후 스토리 보드에서 정리된 역량 매칭

S1-2. 자신의 준비된 역량을 구체적으로 제시(두괄식)

공동의 목표를 달성하기 위해 서로의 역할을 배분하고 최상의 결과를 얻기 위해 맡은 일에 최선을 다한다는 과정에서 진정한 팀워크를 발휘할 수 있습니다.

Step 2. 설득력 향상을 위한 스토리 전개(STAR 구조 활용)

S2-1. 스토리텔링의 시작: 자신이 경험한 상황 소개

에너지 시스템설계 수업에서 각기 다른 전공의 학생들과 팀 프로젝트에서 조장을 맡았습니다.

S2-2. 스토리텔링의 이슈: 어떠한 문제/과제가 발생했는지 기술

교내 계통 연계형 마이크로 그리드를 설계하여 전력 피크타임에 기존의 전력 요금보다 절감된 요금을 산정하는 주제를 선정하였습니다.

S2-3. 스토리텔링의 핵심: 자신의 주요 행동 기술(구체적)

과제 해결을 위해 태양광발전 장비의 설치 대수를 판정 후 파워 월드를 통해 계통을 가상화하였습니다. 또한, 과거와 현재의 전력사용량 데이터를 통해 증가율을 계산하고, 사용증가까지 예측하여 설계하였습니다. 당시 관련 지식이 부족한 팀원들은 데이터 수집과 발표 자료 작성을 맡았고, 계통 가상화 과정에서 어려운 용어들은 따로 정리하여 공유하면서 지원했습니다.

S2-4. 스토리텔링의 결과: 성과(수치화), 느낀 점 기술

그 결과 예측값과 실제 사용량의 기대오차를 5% 이내로 확보할 수 있었고, 다양한 전공의 학생들과 협력하여 성과를 창출하기 위한 팀워크의 중요성을 깨달았습니다.

Step 3. 직무 관련 업무 수행 계획

S3-1. 지원 직무에서 자신의 역량을 어떻게 발휘할 것인지 제시

항상 개인보다는 팀을 먼저 생각하고 상대방 입장에서 사고하고 배려하여 팀의 업무 성과를 높이는데 기여하겠습니다.

S3-2. 제목 달기 ➡ S2-3 or S2-4에서 키워드 발굴

소제목: '계통 가상화 용어' 또는 '전공별 담당 업무'

④ 자기개발능력 관련 스토리텔링 자기소개서 문항 작성 사례(2개 기업 동시 적용): 한국수력원자력, 한국서부발전

Step 1. 자신의 역량을 먼저 제시

S1-1. 자기소개서 문항 분석 후 스토리 보드에서 정리된 역량 매칭						
활동명	기관	기간	역할	주요 에피소드	확보능력	경험/경력
아르바이트	○○마트	2016. 07. ~ 2016. 08.	영수증 발급	고객 관리 및 행정 처리	자기개발능력 – 10	경력

S1-2. 자신의 준비된 역량을 구체적으로 제시(두괄식)
새로운 분야에 대해 호기심을 갖고 탐구하고 학습하는 과정에서 한 단계 발전한 자아를 발견할 수 있습니다.

Step 2. 설득력 향상을 위한 스토리 전개(STAR 구조 활용)

S2-1. 스토리텔링의 시작: 자신이 경험한 상황 소개
○○마트에서 명절 성수기 아르바이트를 하면서 영수증 발급 및 관리 업무를 맡게 되었습니다.

S2-2. 스토리텔링의 이슈: 어떠한 문제/과제가 발생했는지 기술
하루에도 수십 명의 고객이 영수증 분실, 현금 영수증 미발급 등과 관련하여 영수증 재발급 방법 문의가 있어 업무가 지연되었습니다.

S2-3. 스토리텔링의 핵심: 자신의 주요 행동 기술(구체적)
공학도로서 영수증 발급이나 회계 관리에 대한 이해도가 부족한 상태에서 고객을 대응하는 것이 쉽지 않다고 판단하였습니다. 첫 출근 이후 국세청 홈페이지 '홈텍스'에서 현금 영수증 재발급 관련 안내 자료를 확인하며 방법을 익혔고, 고객 문의에 보다 효과적으로 대처하기 위해 주요 내용은 문서로 만들어 보기 쉽게 정리했습니다.

S2-4. 스토리텔링의 결과: 성과(수치화), 느낀 점 기술
이후로는 고객 문의에 효과적으로 대처하고 다양한 사례를 경험하며 빠르게 고객을 대응하여 대기 시간을 줄일 수 있었습니다. 또한, 잘 모르는 분야에 대해서 적극적인 자세로 익히고 공부하면서 한 단계 성장하는 자아를 발견할 수 있었습니다.

Step 3. 직무 관련 업무 수행 계획

S3-1. 지원 직무에서 자신의 역량을 어떻게 발휘할 것인지 제시
앞으로 화력발전 분야의 새로운 기술 동향을 파악하고 연구하면서 보다 효율적인 설비 운영방법을 개발하는 데 앞장서는 전문 엔지니어가 되겠습니다.

S3-2. 제목 달기 ➡ S2-3 or S2-4에서 키워드 발굴
소제목: '현금 영수증 정리의 달인' 또는 '고객 문의로 찾은 홈택스'

⑤ **조직이해능력 관련 스토리텔링 자기소개서 문항 작성 사례(4개 기업 동시 적용): 한국전력공사, 한국수력원자력, 한국서부발전, 한국중부발전**

Step 1. 자신의 역량을 먼저 제시

S1-1. 자기소개서 문항 분석 후 스토리 보드에서 정리된 역량 매칭						
활동명	기관	기간	역할	주요 에피소드	확보능력	경험/경력
인턴	○○ 화학㈜	2019. 07. ~ 2019. 08.	연구보조	장비 조립 및 관리	조직이해능력 – 1	경력
				실험데이터 정리	수리능력 – 2	
				제품 품질검사	문제해결능력 – 3	

S1-2. 자신의 준비된 역량을 구체적으로 제시(두괄식)
조직에서 함께 일하는 데 있어 문제 발생 시 관련자들에게 협조를 구하고 서로의 역할을 충실히 수행한다면 개인과 조직이 함께 성장할 수 있다고 확신합니다.

Step 2. 설득력 향상을 위한 스토리 전개(STAR 구조 활용)

S2-1. 스토리텔링의 시작: 자신이 경험한 상황 소개
○○화학에서 인턴으로 근무할 당시 제품 제조에 필요한 화학성분 합성 설비의 저항, 전류, 전압을 측정하게 되었습니다.

S2-2. 스토리텔링의 이슈: 어떠한 문제/과제가 발생했는지 기술
하지만 측정 과정에서 해당 장비에서 오류가 자주 발생하여 측정할 때마다 회로를 재설계하여 재측정하는 일이 빈번해서 측정 시간이 오래 걸리는 문제가 있었습니다.

S2-3. 스토리텔링의 핵심: 자신의 주요 행동 기술(구체적)
이를 해결하기 위해 측정 전에 브레드보드에 간단한 회로를 설계한 후 예상 결과를 얻지 못하는 경우 설비관리팀에 요청하여 장비를 교체하고 측정 데이터값을 일별로 관리하여 오차 발생 시 참고 자료로 활용하였습니다.

S2-4. 스토리텔링의 결과: 성과(수치화), 느낀 점 기술
그 결과 측정 오차를 기본보다 90% 이상 줄일 수 있었고, 주인 의식을 갖고 적극적으로 업무에 임하는 것이 조직의 발전에 기여할 수 있다는 것을 알게 되었습니다.

Step 3. 직무 관련 업무 수행 계획

S3-1. 지원 직무에서 자신의 역량을 어떻게 발휘할 것인지 제시
앞으로 발전설비를 운영하는 데 있어 기계, 통신, 토목 등 다양한 부서의 실무자들과 유기적인 협력을 통해 효율적인 업무 프로세스를 구축해 나가겠습니다.

S3-2. 제목 달기 ➡ S2-3 or S2-4에서 키워드 발굴
소제목: '설비 변경을 통한 오차 감소' 또는 '측정 오차를 줄이자!'

⑥ 직업윤리 관련 스토리텔링 자기소개서 문항 작성 사례(4개 기업 동시 적용): **한국수력원자력, 한국동서발전, 한국중부발전, 한국남부발전**

Step 1. 자신의 역량을 먼저 제시

S1-1. 자기소개서 문항 분석 후 스토리 보드에서 정리된 역량 매칭						
활동명	기관	기간	역할	주요 에피소드	확보능력	경험/경력
교내 활동	○○ 학술단	2016. 03. ~ 2016. 12.	설명회 기획	행사 기획 및 운영	직업윤리 – 13	경험

S1-2. 자신의 준비된 역량을 구체적으로 제시(두괄식)
공동체를 효율적으로 운영하기 위해서는 모두가 납득할 수 있는 기준과 규칙을 만들고 이를 이행하기 위한 노력이 필요합니다.

Step 2. 설득력 향상을 위한 스토리 전개(STAR 구조 활용)

S2-1. 스토리텔링의 시작: 자신이 경험한 상황 소개
학창 시절 학과 학술단 임원으로 활동하며 교내에 방문한 후배들에게 대학 생활에 대한 설명회를 기획하고 운영했습니다.

S2-2. 스토리텔링의 이슈: 어떠한 문제/과제가 발생했는지 기술
설명회 기획 단계에서 운영이 필요한 예산을 편성하고 집행하는 과정에서 오류가 발생하여 임원진의 갈등이 생겼습니다.

S2-3. 스토리텔링의 핵심: 자신의 주요 행동 기술(구체적)
이를 해결하기 위해 오류 사항이 무엇인지 먼저 파악하는 것이 중요했습니다. 예산 계획과 집행 영수증을 하나하나 꼼꼼히 비교하여 확인해 본 결과 총무 담당자가 설명회에 필요한 물품 구입 비용을 많이 지출한 부분에서 문제라는 것을 발견했습니다. 다음으로 문제 원인을 찾기 위해 총무 담당자와 면담을 진행한 결과 구입처에 대한 비교 없이 일괄 구매하면서 과다 지출이 발생한 것을 발견했습니다. 앞으로 행사에서도 이 같은 문제가 지속될 것이라 판단하여 물품 구입 시 기준서를 작성하는 것이 필요했고, 계획서 안에는 구입 품목, 수량, 3개 이상의 가격 비교, 조교 승인 등의 기준을 만들었습니다. 물품 구입 이후에는 영수증 보관 및 엑셀로 정리된 구입 결과서를 작성해야 하는 기준을 만들어 임원진에게 공유했습니다.

S2-4. 스토리텔링의 결과: 성과(수치화), 느낀 점 기술
새로운 규칙과 기준을 만들고 구성원들에게 공유하는 일이 번거로운 일일 수 있었지만, 공동체의 운영 규칙을 만드는 것이 중요하다는 것을 깨달았고, 이후 예산 집행과 관련된 오류는 발생하지 않았습니다.

Step 3. 직무 관련 업무 수행 계획

S3-1. 지원 직무에서 자신의 역량을 어떻게 발휘할 것인지 제시
앞으로 조직의 효율적 운영을 위해 기존 업무 규칙은 더욱 효율적으로 보완하고, 새로운 업무는 기준을 만들어나가면서 조직이 함께 공유하고 성장하는 데 기여하도록 노력하겠습니다.

S3-2. 제목 달기 ➡ S2-3 or S2-4에서 키워드 발굴
소제목: 물품 구입의 기준을 마련하다.

입사 후 포부 자기소개서 문항 작성 전략

　입사 후 포부 문항은 최근 들어 자주 등장하지 않는 편이다. 지원자의 목표 기업 중 입사 후 포부 문항은 한국전력공사와 한국남동발전 2사에서만 출제되었다.

　PART 4에서 설명한 것과 같이 일반적 형태의 입사 후 포부 문항(How?-1형)과 지원자의 견해를 제시해야 하는 논술형(How?-2형)으로 구분해서 작성해야 한다.

　일반적 형태의 입사 후 포부 문항(How?-1형)은 한국남동발전에서만 출제되었으며, 회사 생활에서 자신이 기업을 위해 어떤 성과를 창출해 줄 것인지 목표를 제시하고, 이를 실현하기 위해 구체적인 업무 계획을 제시하는 구조로 작성하는 것이 일반적이다.

한국남동발전 (문항5)	한국남동발전 입사 후 업무를 수행함에 있어 가장 중요한 원칙과 사회생활을 함에 있어 가장 중요한 원칙은 각각 무엇이며, 그렇게 생각하는 이유를 본인의 가치관과 경험을 바탕으로 구체적으로 기술해 주십시오. (1,400byte)
	Type 3. How?-1형: 입사 후 포부

　입사 후 포부 문항(How?-1형) 프로세스는, 핵심성과지표(KPI)를 기준으로 자신의 업무 목표를 먼저 제시하고 목표 달성을 위한 구체적인 업무 추진 계획을 제시하는 구조로 작성해야 한다. 일반적 형태의 입사 후 포부 문항은 PART 4의 사례를 참고하길 바란다.

단계	세부 내용
Step 1. KPI 관점에서 목표 제시	S1-1. 직무 관련 업무 성과를 파악하여 목표를 KPI로 제시 S1-2. 목표 달성 시 회사에 어떠한 영향을 줄 것인지 제시
Step 2. 목표 달성 계획 제시	S2-1. 신입사원으로서 업무 파악을 위한 수행 계획 제시 S2-2. 주요 업무에 대한 조사를 통한 업무 계획 제시 S2-3. 향후 이루고 싶은 업무 성과 제시 → 성과 창출을 위한 업무 개선 방향 제시 S2-4. 제목 달기 → S2-3의 업무 성과에서 키워드 발굴

　하지만 최근 기업의 입사 후 포부 문항 중에는 지원자가 기업의 사업 현황이나 시장의 이슈를 얼마나 잘 이해하고 있는지 평가하거나, 새로운 성과 창출을 위한 사업 제안이나 목표 제시 등 지원자의 견해를 확인하기 위한 논술형 문항이 등장하기 시작했다.

　특히 한국전력공사의 경우 과거 3번 문항에 출제된 입사 후 포부 문항이 최근에는 기존 입사지원동기 문항이었던 2번 문항에 함께 포함되어 출제되었으며, 한국남동발전은 전통적인 입사 후 포부 문항과 논술형 입사 후 포부 문항 2개를 출제했다.

앞서 설명한 한국전력공사의 입사 지원동기 작성 사례처럼 지원동기 마지막 부분에 향후 업무 계획을 작성하는 내용을 최근 사업 현황과 관련하여 이슈를 선택하고 작성하는 방법이 소개되었다. 아래 사례에서는 입사 후 포부 문항(How?-2형)을 기준으로 작성하는 방법으로 참고하면 좋겠다.

● **논술형 구조의 입사 후 포부 문항: 한국전력공사, 한국동서발전, 한국남동발전 사례**

한국전력공사 (문항2)	한국전력공사에 지원하게 된 동기, 희망 직무를 선택한 이유 그리고 입사 후 포부를 본인의 교육사항, 경험/경력 등과 연계하여 구체적으로 기술하여 주십시오. (700자)
	Type 3. How?-2형: 입사 후 포부 – 견해(논술형)
한국남동발전 (문항2)	국내외 에너지 산업 및 남동발전의 사업환경 분석을 통하여 앞으로 남동발전이 나아가야 할 목표 및 목표달성을 위한 전략을 제시하고, 그렇게 제시한 이유를 구체적으로 기술해 주십시오. (최소 1,400bytes)
	Type 3. How?-2형: 입사 후 포부 – 견해(논술형)

지원자의 견해를 확인하기 위한 논술형 구조의 입사 후 포부 문항에 대응하기 위해서는 기업분석을 통해 기업의 최근 사업 현황이나 이슈를 명확하게 이해하는 것이 중요하다. 논술형 입사 후 포부 문항(How?-2형)도 프로세스 관점에서 접근하여 작성하는 것이 효과적이며 단계별 작성 방법은 아래와 같다.

단계	세부 내용
Step 1. 기업의 최근 이슈 제시	S1-1. 기업 분석을 통한 직무 연계성 높은 이슈 발굴 S1-2. 이슈 제시 후 이유 및 근거 등을 제시(두괄식)
Step 2. 기업의 영향 및 대응 제시	S2-1. 이슈(사건, 사고, 정책, 전략) 등이 기업에 미치는 영향 제시 S2-2. 이슈의 주요 원인 제시 후 구체적 대응 방안 제시 → 자신의 입장이 아닌 기업의 주요 　　　사업 활동으로 제시 → 전기 직렬의 경우 관련된 최근 연구개발 실적으로 제시
Step 3. 관련 업무 수행 계획 제시	S3-1. 제시한 이슈 관련하여 향후 업무 추진 방향 제시 S3-2. 제목 달기: S2-2에서 제시한 기업 활동에서 키워드 발굴

● 논술형 입사 후 포부 문항 자기소개서 작성 사례: 한국전력공사, 한국남동발전

S1-1. 기업분석을 통한 직무 연계성 높은 이슈 발굴

→ 기업분석 방법론에서 설명한 '알리오-연구보고서' 확인

S1-2. 이슈 제시 후 이유 및 근거 등을 제시(두괄식)

공통	발전소 전기설비의 실증 인프라 구축과 과열감시 기술개발을 통한 고장 발생에 대한 전력 생산성 저하의 위험 요소를 줄여야 합니다. 최근 ○○제철소는 정전으로 인해 화재가 발생하면서 막대한 재산 피해가 발생하였으며 제철소 인근 주민들의 피해 보상이 이루어지는 중입니다.

S2-1. 이슈(사건, 사고, 정책, 전략) 등이 기업에 미치는 영향 제시

공통	현재 발전소에 설비 고장이 발생하면 원인 파악 후 이에 적합한 조치를 통해 재가동하지만, 원인이 불분명하여 장기간 정지될 경우 안정적인 전력공급에 차질이 발생합니다.

S2-2. 이슈의 주요 원인 제시 후 구체적 대응 방안 제시

한국전력공사	최근 한국전력공사에서 개발한 'AC–DS 복합전력망 정밀해석을 위한 시뮬레이터 구축 및 해석기술개발' 등은 발전소의 전기설비와 유사한 인프라를 구축하고 고장 시험 등을 통해 발전소의 신뢰를 확보하고 안정적인 전기 공급을 가능하도록 하는 기술이라 할 수 있습니다.
한국남동발전	최근 한국남동발전은 '노후 발전구조물 내 발전설비의 내진안전도 평가기술 개발'을 통해 실제 발생한 지진파의 데이터베이스화, 내진거동 시뮬레이션 등으로 발전소에 최적화된 안전 운용 프로그램 확보를 위해 노력하고 있습니다.

S3-1. 제시한 이슈 관련하여 향후 업무 추진 계획 제시

한국전력공사	앞으로 문제 발생 시 해결이 가능한 스마트 센서 기술을 더욱 발전시켜 AI를 통한 문제 진단과 해결 방법을 사용한다면 작업자의 안전과 전기설비의 고장 예방으로 더욱 안정적인 전력공급이 가능할 것입니다.
한국남동발전	이러한 노력은 발전설비 운영의 최적화를 통한 안정적 전력 생산을 위한 한국남동발전의 끊임없는 노력을 엿볼 수 있는 주요 활동입니다. 앞으로 발전설비에 대한 체계적인 관리 시스템과 다양한 외부 변화에 대응할 수 있는 안전 관리 프로그램을 운영하는 엔지니어로 성장해 나가겠습니다.

S3-2. 제목 달기: S2-2에서 제시한 기업 활동에서 키워드 발굴

한국전력공사	소제목: AC–DS 복합전력망 정밀해석
한국남동발전	소제목: 내진안전도 평가 시스템

03

화공신소재공학을 전공한 지원자 B의
4대 공기업 자기소개서 작성 전략

화공신소재공학을 전공한 지원자 B는 전기직을 지원하면서 대표적인 에너지 공기업인 한국전력공사와 한국전기안전공사, 주요 SOC 공기업인 한국철도공사, 한국토지주택공사의 총 4개 공기업에 지원하려 한다. 그동안 준비된 직무 역량을 교육 사항과 경험/경력으로 구분하여 정리했고, 각 공기업의 채용공고, 직무기술서, 기업분석 등을 통해 기업이 요구하고 있는 역량을 정리했다.

이제 기업별 자기소개서를 작성해야 한다. 지원자 A가 했던 것과 마찬가지로 4개 기업의 자기소개서 문항을 분석하여 지원동기 문항(기업 선택 이유, 직무 관련 준비상태), 스토리텔링 문항(10대 직업기초능력), 입사 후 포부 문항을 기준으로 유형을 분류하고 각 기업의 공통되는 문항을 정리한다.

그리고 사전에 정리한 자신의 스토리보드에서 확보한 역량을 스토리텔링 문항이 요구하고 있는 역량과 관련지어 자기소개서 작성 전략을 수립한다.

입사 지원동기 문항 작성 전략

지원자 B가 목표로 하는 4개 공기업에서 입사 지원동기를 묻는 문항은 모든 기업에서 출제하고 있다.

PART 4에서 설명한 것과 같이 입사 지원동기는 기업을 선택한 이유와 직무 관련 강점이나 준비상태 2가지를 어필해야 한다. 한국전력공사는 한 문항에 이 2가지 모두를 작성해야 하는 구조로 출제되었고, 한국철도공사와 한국전기안전공사, 한국토지주택공사는 직무 역량과 관련된 지원동기 문항만 출제했다.

● 지원자 B가 지원할 4대 공기업 입사 지원동기 문항

기업명	자기소개서 문항	유형
한국 전력공사	한국전력공사에 지원하게 된 동기, 희망 직무를 선택한 이유 그리고 입사 후 포부를 본인의 교육 사항, 경험/경력 등과 연계하여 구체적으로 기술하여 주십시오. (700자)	동기 (기업+직무)
한국 철도공사	지원분야에 필요한 지식, 기술, 태도 중 지원자가 가장 중요하게 생각하는 점은 무엇이며 이를 갖 추기 위해 구체적으로 어떤 노력을 했는지 작성해 주십시오. (800byte)	동기 (직무)
한국전기 안전공사	(자기개발) 현재뿐만 아니라 향후에 필요한 지식, 경험, 기술 등을 적극적으로 습득하여 미래를 준비하여 꾸준히 발전한다. (A, B 중 택 1) - 1,500byte A. 자신이 자기개발을 꾸준히 하는 사람임을 입증할 수 있는 사례(경험)와 그 근거를 구체적으로 　작성해 주시기 바랍니다. B. 자신이 지원한 분야에서 뛰어난 전문가가 되기 위해 기울이고 있는 노력에 대해 구체적으로 　작성해 주시기 바랍니다.	동기 (직무)
한국토지 주택공사	(경험 및 경력활동) 본인의 전문성 또는 역량 향상에 가장 도움이 되었던 경험, 경력, 활동을 먼저 기술하고, 귀하가 지원한 직무를 수행하는 데 어떻게 활용(도움)이 될 수 있는지 기술해 주십시 오. (500자)	동기 (직무)

📄 ✏️ 💼 🕐

① 입사 지원동기(기업+직무) 문항 자기소개서 작성 전략: 한국전력공사

한국전력공사의 입사 지원동기에는 먼저 기업을 선택한 이유를 작성해야 한다. 세부적으로는 기업이 속해 있는 산업(한국전력공사–에너지/발전 산업)의 특징이나 시장의 이슈를 간략하게 작성하고, 다음으로 전기직무와 연계성이 높은 주요 사업을 제시한다. 이때 기업분석에서 확인한 중점 사업이나 사업 전략 등을 제시한다. 다음으로 전기직무에 대한 중요성을 간략한 업무 소개와 성과 중심으로 제시한다.

기업을 선택한 이유를 작성한 다음에는 지원한 전기직무에 대하여 자신의 강점이나 준비 사항들을 지식, 기술, 태도로 구분하여 작성해야 한다.

끝으로, 입사 후 업무 계획을 자신이 언급한 직무 강점이나 준비 상태를 제시하면서 마무리해야 한다.

PART 4의 '자기소개서 작성 전략'에서 입사 지원동기 문항을 단계별로 구분하여 작성하는 방법에 관해 설명했었다. 학습한 자기소개서 작성 단계에 맞추어 한국전력공사의 입사 지원동기(기업+직무) 문항을 작성한 사례를 알아보도록 하겠다.

단계	세부 내용
Step 1. 기업과 직무를 선택한 이유	S1-1. 산업 특성 및 시장의 이슈 제시 S1-2. 기업의 주요 사업 및 활동 제시(직무연계) S1-3. 지원 직무의 중요성 제시(성과 중심)
Step 2. 확보한 직무 역량 제시	S2-1. 지식: 전공 수업, 외부 교육, 자격증, 저널, 박람회, 논문 등 S2-2. 기술: 인턴, 단기계약직, 아르바이트, 현장실습, 팀 과제(프로젝트), 공모전, 자격증 등 S2-3. 태도(대외활동): 학생회, 동아리, 봉사활동, 해외연수 등
Step 3. 향후 업무 계획	S3-1. Step 2에서 제시한 역량 기반 입사 후 목표와 업무 계획 제시 S3-2. 소제목 달기: S3-1에서 키워드 발굴

● 입사 지원동기(기업+직무) 문항 자기소개서 작성 사례: 한국전력공사

S1-1. 산업 및 시장의 동향/이슈 제시

한국전력공사	경제발전에 따른 고급 에너지에 대한 수요가 지속해서 증가하면서 안정적인 전력 생산을 위한 발전 시설 및 기술개발이 요구되는 상황입니다.

S1-2. 지원 기업의 사업 구조/활동 제시(직무연계)

한국전력공사	이러한 상황에서 한국전력공사는 기존 화력/원자력 중심의 발전 시스템의 안정화는 물론 신재생에너지 개발을 위해 노력하고 있습니다. 특히 디지털시대 미래전력산업을 선도하기 위해 에너지 플랫폼, 디지털 전력 시스템 등 8대 핵심전력 기술을 개발하기 위해 집중하고 있습니다.

S1-3. 지원 직무의 중요성 제시(성과 중심)

한국전력공사	따라서 발전소와의 유기적 협력을 통해 안정적인 송배전 설비 시스템을 구축하여 발전 사고율을 낮춤으로써 전력 생산량 증가에 기여하는 전문 엔지니어의 역할이 중요합니다.

S2-1. 지식: 전공과목, 외부 교육, 자격증, 저널, 논문 등

한국전력공사	이를 위해 전력공학, 제어공학, 전력 시스템 공학 등의 전공을 이수하며, 전기 공학적 기초 역량을 습득했습니다. 다음으로 전기기사 자격 취득을 통해 발전설비 운영에 대한 전문성 확보를 위해 노력했고, 공정 데이터 분석 과정을 통해 기업 실무에서 발생할 수 있는 다양한 공학적 데이터를 Minitab을 활용하여 분석할 수 있는 역량을 키웠습니다. 또한, 화공/공정 플랜트 전문인력 양성 프로그램을 이수하며, Six Sigma, Primavera, WBS 등 교육을 통해 효율적인 공정계획 및 관리에 관해 공부했습니다.

S2-2. 기술: 인턴, 현장실습, 아르바이트, 프로젝트, 공모전, 자격증 등

한국전력공사	다음으로 $CO_2/NO_2/SO_2$를 흡착하는 필터 설계 프로젝트를 수행하며, 저비용 고효율 소재 개발에 관해 연구하면서 보다 효과적인 방안을 모색하기 위한 연구를 수행했습니다. 또한, ○○랜드 에어컨 설치 보조와 ○○건설 현장 업무 등의 아르바이트를 통해 함께 일하는 동료와의 소통과 협력, 안전수직 준수 등의 중요성을 몸소 경험했습니다.

S3-1. S2 제시 역량 기반 입사 후 목표와 업무 계획 제시

한국전력공사	송배전 설비 운영 업무를 수행하는 데 있어 그동안 학습한 전기/제어에 대한 종합적인 역량을 활용하며 효율적인 설비 운영 및 관리 체계를 구축하기 위해 노력하겠습니다. 또한, 다양한 부서의 실무자와 원활하게 소통하며 협력구조를 만들어 최상의 전력공급 시스템을 구현하는 전문 엔지니어로 성장해 나가겠습니다.

S3-2. 제목 달기 → S3-1에서 키워드 발굴

한국전력공사	소제목: 최적의 전력공급 시스템

② 입사 지원동기(직무) 문항 자기소개서 작성 전략: 한국철도공사, 한국전기안전공사, 한국토지주택공사

다음은 입사 지원동기 문항 중 직무 관련 전문성 확보를 위한 내용을 작성하는 방법에 대해 알아보겠다. 앞서 한국전력공사의 입사 지원동기 작성 전략과 사례에서 알아본 것과 같이 기업 관련 지원동기와 직무 관련 지원동기 모두를 작성하는 입사 지원동기를 풀 버전이라고 한다면, 직무 관련 내용을 작성하는 문항에서는 S1-1과 S1-2를 제외하고 Step 2 '확보한 직무 역량 제시' 내용을 중심으로 작성한다. 물론, 직무 관련 준비 내용은 NCS에서 직무별 업무 수행에 필요한 능력을 구분하는 기준인 지식-기술-태도 기반으로 구분하여 작성한다.

● 입사 지원동기 작성 프로세스(직무 관련 내용: Step 2 중점 기술, Step1-1, Step1-2 제외)

지원동기 작성 단계	세부 내용
Step 1. 기업과 직무를 선택한 이유 〈S1-1 / S1-2 제외〉	S1-1. 산업 특성 및 시장의 이슈 제시 S1-2. 기업의 주요 사업 및 활동 제시(직무연계) S1-3. 지원 직무의 중요성 제시(성과 중심)
Step 2. 확보한 직무 역량 제시 〈중점 기술〉	S2-1. 지식: 전공 수업, 외부 교육, 자격증, 저널, 박람회, 논문 등 S2-2. 기술: 인턴, 단기계약직, 아르바이트, 현장실습, 팀 과제(프로젝트), 공모전, 자격증 등 S2-3. 태도(대외활동): 학생회, 동아리, 봉사활동, 해외연수 등
Step 3. 향후 업무 계획	S3-1. Step 2에서 제시한 역량 기반 입사 후 목표와 업무 계획 제시 S3-2. 소제목 달기: S3-1에서 키워드 발굴

● 입사 지원동기(직무) 문항 자기소개서 작성 사례: **한국철도공사, 한국전기안전공사, 한국토지주택공사**

S1-3. 지원 직무의 중요성 제시(성과 중심)

한국 철도공사	새롭게 변화하는 기술의 흐름을 파악하고 차량의 전기 공급 체계의 효율성과 안정성을 확보하는 전문 엔지니어의 역할이 중요합니다. 더욱더 빠르고 안전한 차량 운행을 위해서는 신속하고 정확한 설비 운영을 통해 시설 사고율을 낮추는 것이 중요합니다.
한국 전기안전공사	에너지 사용에 대한 사회적 요구와 중요성이 높은 상황에서 전기 사고 및 재해는 개인 및 공공 사회에 막대한 손실을 발생시킵니다. 따라서 전기설비에 대한 전기안전에 대한 체계적인 방안을 구축하고 주요 시설의 상시점검을 통해 사고 예방에 기여하는 실무자의 역할이 중요합니다.
한국 토지주택공사	공동주택의 내/외부 환경을 고려한 최상의 전력공급 설비를 구축하고 효율적인 에너지 관리 및 운영 방안을 수립하기 위한 전문 엔지니어의 역할이 중요합니다. 앞으로 입주민에게는 안정적 주거 환경을 제공하고 기업에는 브랜드 가치를 높이는 데 기여하는 실무자가 되도록 노력하겠습니다.

S2-1. 지식: 전공 수업, 외부 교육, 자격증, 저널, 박람회, 논문 등

공통	전기분야 실무 전문가가 되기 위해 전력공학, 제어공학, 전력 시스템 공학 등의 전공을 이수하며, 전기 공학적 기초 역량을 습득했습니다. 다음으로 전기기사 자격 취득을 통해 발전설비 운영에 대한 전문성 확보를 위해 노력했고, 공정 데이터 분석 과정을 통해 기업 실무에서 발생할 수 있는 다양한 공학적 데이터를 Minitab을 활용하여 분석할 수 있는 역량을 키웠습니다. 또한, 화공/공정 플랜트 전문인력 양성 프로그램을 이수하며, Six Sigma, Primavera, WBS 등 교육을 통해 효율적인 공정계획 및 관리에 관해 공부했습니다.

S2-2. 기술: 인턴, 단기계약직, 아르바이트, 현장실습, 팀 과제(프로젝트), 공모전, 자격증 등

공통	다음으로 $CO_2/NO_2/SO_2$를 흡착하는 필터 설계 프로젝트를 수행하며, 저비용 고효율 소재 개발에 관해 연구하면서 보다 효과적인 방안을 모색하기 위한 연구를 수행했습니다. 또한, ○○랜드 에어컨 설치 보조와 ○○건설 현장 업무 등의 아르바이트를 통해 함께 일하는 동료와의 소통과 협력, 안전수직 준수 등의 중요성을 몸소 경험했습니다.

S2-3. 태도(대외활동): 학생회, 동아리, 봉사활동, 해외연수 등

공통	끝으로 동아리, 공모전, 봉사활동 등 다양한 대외활동을 경험하며 여러 사람과 함께 효율적으로 업무를 수행하기 위해 기존의 방식을 탈피한 새로운 방안을 모색하면서 개선의 중요성을 깨달았습니다. (→ 글자 수가 부족할 경우 S2-3은 제외)

S3-1. 입사 후 목표와 업무 계획 제시

한국 철도공사	항상 효율성을 최우선의 가치로 여기면서 보다 체계적인 설비 및 장비의 관리 계획을 수립하여 변화하는 흐름에 발맞춘 한국철도공사의 전문 엔지니어로 성장해 나가겠습니다.
한국 전기안전공사	사고는 예방할 수 있다는 신념을 갖고 안전관리를 업무의 최우선 가치로 여기며, 철저한 관리 체계를 확립하였습니다. 이를 통해 전기사고율 감소에 기여하는 전문 엔지니어로 성장해 나가겠습니다.
한국 토지주택공사 (3번 문항)	LH공사의 주요 사업인 임대주택 사업의 특성상 입주민의 다양한 지원 서비스가 요구됩니다. 이를 위해서는 공공주택 에너지 자립도를 높이거나 전기 소모량을 낮추기 위한 디지털 기술이 반영된 스마트시티 구현이 중요합니다. 따라서 효율적인 에너지 공급 및 절감 기술과 공공주택 전체의 시스템을 통합 관리하고 제어할 수 있는 기술이 필요합니다. 이를 실현하기 위해서는 최신 전기 관련 기술에 대한 동향을 파악하고 현장 실사를 통해 다양한 환경에서 필요한 각종 기술과 운영체계에 관한 연구가 진행되어야 합니다. 앞으로 지역별, 단지별 에너지 공급 및 운영현황을 파악하여 최적의 전기설비 운영 시스템을 구축하는 실무자가 되어 공공주택의 관리 비용을 줄여 입주민의 주거 만족도 향상에 기여하는 데 최선을 다하겠습니다.

S3-2. 제목 달기 → S3-1에서 키워드 발굴

한국 철도공사	소제목: 변화에 발맞춘 엔지니어
한국 전기안전공사	소제목: '가슴 속에 새겨진 네 글자' 또는 '사고 예방과 안전관리의 가치'
한국 토지주택공사	소제목: 최적의 전기 설비 운영 시스템 구축

스토리텔링 자기소개서 문항 작성 전략

앞서 PART 6 도입부에서 화공신소재공학을 전공한 지원자 B의 스펙을 제시하면서 스토리보드를 활용하여 학창 시절 경험과 경력을 구분하였다. 그리고 각각의 활동(스토리)에서 주요 에피소드를 도출한 후 10대 직업기초능력과 매칭한 내용을 확인했다.

자신의 스토리보드가 정리되었다면 목표 기업의 자기소개서 문항을 분석하여 각각의 문항이 요구하고 있는 10대 직업기초능력과 자신의 에피소드에서 확보한 역량을 1:1로 매칭하는 것이 중요하다.

'10대 공기업 자기소개서 문항 분석표'를 참고하여 지원자 B가 목표로 하는 한국전력공사, 한국철도공사, 한국전기안전공사, 한국토지주택공사의 자기소개서 문항에서 요구하고 있는 스토리텔링 문항별 주요 직업기초능력을 정리했다.

● **지원자 B의 목표 기업 스토리텔링 자기소개서 문항 분석표**

구분	스토리텔링 문항별 직업기초능력 출제 현황						문항수
	문제해결	대인관계	자기개발	조직이해	직업윤리	역량×	
한국전력공사		○				○	2
한국철도공사		○/○				○	3
한국전기안전공사			○	○	○		3
한국토지주택공사	○	○			○		3
문항수	1	4	1	1	2	2	11

분석표를 확인해 보면 10대 직업기초능력 중 대인관계능력(3개 기업, 4개 문항), 직업윤리(2개 기업), 문제해결능력(1개 기업), 자기개발능력(1개 기업), 조직이해능력(1개 기업) 등 총 5개 직업기초능력이 출제된 것을 알 수 있다. 이 5가지 능력을 기반으로 자신의 스토리보드에서 가장 적합한 에피소드를 매칭하고, 5개의 스토리텔링 자기소개서를 작성하여 해당 문항을 출제한 기업에 대응하면 효과적일 것이다.

📝 ✏️ 🗂 🕐

한국전력공사와 한국철도공사의 경우 자기소개서 문항을 보았을 때 10대 직업기초능력을 바로 매칭하기 어려운 문항이 1개씩 출제되었다. 따라서 지원자 A의 사례를 참고하여 한국전력공사의 인재상 4가지 중 2가지를 선택하여 관련 직업기초능력(조직이해능력, 대인관계능력, 문제해결능력, 자기개발능력)을 기준으로 적합한 스토리를 연결하여 작성하거나, 한국철도공사의 경우에는 지원 직무 수행에 필요한 가치를 관련 기업기초능력(문제해결능력)으로 선택하여 작성하면 효과적이다.

● 지원자 B의 목표 기업 자기소개서 문항별 스토리 매칭표

구분	문제해결	대인관계	자기개발	조직이해	직업윤리	문항수
한국전력공사	○ – 인재상 1	○		○ – 인재상 2		문항 3개
한국철도공사		○/○				문항 2개
한국전기안전공사			○	○	○	문항 3개
한국토지주택공사	○	○			○	문항 3개
활동명	○○실험실	○○랜드 아르바이트	밴드 동아리	○○공모전	○○건설 아르바이트	
스토리보드 역량 매칭	문제해결능력-13	대인관계능력-2	자기개발능력-11	조직이해능력-14	직업윤리-3	

목표 기업별 스토리텔링 자기소개서 문항에 적합한 에피소드가 매칭되었다면, 자기소개서 작성 단계에 따라 자기소개서를 작성하면 된다.

단계	세부 내용
Step 1. 자신의 역량을 먼저 제시	S1-1. 자기소개서 문항 분석 후 스토리보드에서 정리된 역량 매칭 S1-2. 자신의 준비된 역량을 구체적으로 제시(두괄식)
Step 2. 설득력 향상을 위한 스토리 전개	S2-1. S2-1. 스토리텔링의 시작: 자신이 경험한 상황 소개 S2-2. 스토리텔링의 이슈: 어떠한 문제/과제가 발생했는지 기술 S2-3. 스토리텔링의 핵심: 자신의 주요 행동 기술(구체적) S2-4. 스토리텔링의 결과: 성과(수치화), 느낀 점 기술
Step 3. 직무 관련 업무 수행 계획	S3-1. 지원 직무에서 자신의 역량을 어떻게 발휘할 것인지 제시 S3-2. 제목 달기 → S2-3 or S2-4에서 키워드 발굴

지원자 B가 지원할 목표 기업 4개의 자기소개서 문항별 작성 전략을 수립한 내용을 바탕으로 5가지 직업기초능력에 대응하는 스토리텔링 자기소개서 문항 작성 사례를 알아보도록 하겠다.

① 문제해결능력 관련 스토리텔링 자기소개서 문항 작성 사례(2개 기업 동시 적용): 한국전력공사, 한국토지주택공사

Step 1. 자신의 역량을 먼저 제시

| | S1-1. 자기소개서 문항 분석 후 스토리 보드에서 정리된 역량 매칭 |

활동명	기관	기간	역할	주요 에피소드	확보능력	경험/경력
교내 활동	○○ 실험실	2020. 03. ~ 2020. 12.	연구 지원	필터 설계	의사소통능력 – 12	경험
				폴리우레탄폼 제조	문제해결능력 – 13	

S1-2. 자신의 준비된 역량을 구체적으로 제시(두괄식)
문제해결에 대한 의지로 다른 시각에서 생각하며, 작은 변화를 통해서도 큰 성과를 이룰 수 있다고 확신합니다.

Step 2. 설득력 향상을 위한 스토리 전개(STAR 구조 활용)

S2-1. 스토리텔링의 시작: 자신이 경험한 상황 소개
○○실험실 연구원으로 활동하면서 PolyEthylene Glycol(PEG), Silicon Oil, DTBL, MDI, 증류수를 사용하여 폴리우레탄폼을 제조하는 프로젝트를 진행하게 되었습니다.

S2-2. 스토리텔링의 이슈: 어떠한 문제/과제가 발생했는지 기술
당시 실험 조건에 제시되어 있는 시료의 양으로 실험을 진행한 결과, 예상보다 product의 양이 현저하게 적은 문제가 발생했습니다.

S2-3. 스토리텔링의 핵심: 자신의 주요 행동 기술(구체적)
이전 결과가 잘못될 시 똑같은 방법으로 다시 진행해 보았지만, 팀원 간 회의결과 재실험 시 시료의 양과 반응시간을 변경하여 진행하기로 했습니다. 모노머인 PEG를 130%, 폼 형성을 방해하는 증류수는 50%, 섞는 시간은 70%로 변경하는 것이 최적이라 판단하여 최정 실험을 진행했습니다.

S2-4. 스토리텔링의 결과: 성과(수치화), 느낀 점 기술
최종 실험 결과 1차 실험보다 약 3배의 폴리우레탄폼이 제조되었습니다. 제시된 방법으로 실험에 임한 다른 팀들에 비해 2배 이상 좋은 결과를 얻었습니다.

Step 3. 직무 관련 업무 수행 계획

S3-1. 지원 직무에서 자신의 역량을 어떻게 발휘할 것인지 제시
이러한 경험을 바탕으로 문제해결능력 및 도전정신이 배양되었고, 앞으로 업무 수행 중 발생하는 문제의 원인 및 해결 방안을 적극적이고 주도적으로 실천하여 업무 효율성을 높이는 데 기여하겠습니다.

S3-2. 제목 달기 ➡ S2-3 or S2-4에서 키워드 발굴
소제목: 300% PUF 또는 300% 폴리우레탄폼

② 대인관계능력 관련 스토리텔링 자기소개서 문항 작성 사례(3개 기업 동시 적용): 한국전력공사, 한국철도공사, 한국토지주택공사

Step 1. 자신의 역량을 먼저 제시

S1-1. 자기소개서 문항 분석 후 스토리 보드에서 정리된 역량 매칭						
활동명	기관	기간	역할	주요 에피소드	확보능력	경험/경력
아르바이트	○○랜드	2018. 07. ~ 2018. 08.	에어컨 설치보조	방문 고객 불만 처리	의사소통능력 - 1	경력
				설치기사 업무 지원	대인관계능력 - 2	

S1-2. 자신의 준비된 역량을 구체적으로 제시(두괄식)

일에 대한 지식과 함께 일하는 타인의 입장에서 사고하고 행동하는 자세가 성공의 열쇠라는 것을 한여름 아르바이트를 하며 땀으로 익혔습니다.

Step 2. 설득력 향상을 위한 스토리 전개(STAR 구조 활용)

S2-1. 스토리텔링의 시작: 자신이 경험한 상황 소개

평소 기계조립이나 분해를 좋아해 즐겁게 에어컨 설치 아르바이트를 시작했습니다.

S2-2. 스토리텔링의 이슈: 어떠한 문제/과제가 발생했는지 기술

하지만 처음에는 설치 순서나 작동원리를 정확히 알지 못하고 기사님과의 호흡이 맞지 않아 잘못된 공구나 부품을 준비했던 때가 있었습니다.

S2-3. 스토리텔링의 핵심: 자신의 주요 행동 기술(구체적)

부적절한 공구 지원으로 인한 작업 지연을 보완하기 위해 작업이 진행되는 과정을 주의 깊게 살피면서 설치 순서와 기사님의 작업 스타일을 파악하기 위해 노력했습니다. 다음으로 작업순서에 따라 적절한 공구 및 부품 조달을 할 수 있었으며, 기사님이 실내기를 설치하는 동안 실외기의 간단한 부분을 분해하거나 설치하는 등 작업 효율이 향상되었습니다.

S2-4. 스토리텔링의 결과: 성과(수치화), 느낀 점 기술

이를 통해 처음보다 작업 시간이 1시간 정도 줄면서 작업량도 높아지고 수당도 더 많이 받으며 일에 대한 성취감을 느꼈습니다.

Step 3. 직무 관련 업무 수행 계획

S3-1. 지원 직무에서 자신의 역량을 어떻게 발휘할 것인지 제시

앞으로 조직의 일원으로서 업무 성과에 기여하기 위해 맡은 업무를 빠르게 습득하고 실무자분들과 협업할 수 있도록 최선을 다하겠습니다.

S3-2. 제목 달기 ➡ S2-3 or S2-4에서 키워드 발굴

소제목: '적합한 공구 조달' 또는 '작업 기사의 요구 사항'

③ 자기개발능력 관련 스토리텔링 자기소개서 문항 작성 사례(1개 기업 적용): **한국전기안전공사**

Step 1. 자신의 역량을 먼저 제시

S1-1. 자기소개서 문항 분석 후 스토리 보드에서 정리된 역량 매칭						
활동명	기관	기간	역할	주요 에피소드	확보능력	경험 /경력
교내 활동	밴드 동아리	2016. 03. ~ 2017. 02.	총무	공연 기획 및 운영	문제해결능력 – 10	경험
				훈련 계획 수립 및 지원	자기개발능력 – 11	

S1-2. 자신의 준비된 역량을 구체적으로 제시(두괄식)
부족한 능력을 키우기 위해 끊임없이 노력하고 발전한 자아를 찾는다면 누구나 행복한 삶을 살 수 있다고 확신합니다.

Step 2. 설득력 향상을 위한 스토리 전개(STAR 구조 활용)

S2-1. 스토리텔링의 시작: 자신이 경험한 상황 소개
학창 시절 평소 관심 있는 곡을 직접 연주하고 싶다는 생각으로 밴드 동아리에 가입하여 드럼 파트에 지원했습니다.

S2-2. 스토리텔링의 이슈: 어떠한 문제/과제가 발생했는지 기술
막연히 드럼을 치고 싶다는 생각만 했지, 한 번도 드럼을 배운 경험이 없는 상태에서 밴드 연습을 따라가기가 쉽지 않았습니다.

S2-3. 스토리텔링의 핵심: 자신의 주요 행동 기술(구체적)
연주 실력을 향상하기 위해 먼저, 동아리에서 연습하는 어려운 연주곡보다는 저에게 익숙한 어린 시절 배운 피아노 연주곡으로 연습하기로 했습니다. 연습할 연주곡을 선배에게 부탁하여 드럼 반주 악보로 바꾸고 공강 시간 때마다 연습실에 가서 혼자 연습하며 연주 감각을 익혔습니다. 이후에는 조금씩 어려운 곡을 연습하고 동시에 여러 악기를 빠르게 다루어야 하는 곡은 부분별로 나누어 연습하면서 훈련량을 높였고, 드럼을 처음 시작한 지 세 달이 지난 후에는 동아리 공연에서 다루는 곡 대부분을 연주할 수 있는 수준까지 실력이 향상했습니다.

S2-4. 스토리텔링의 결과: 성과(수치화), 느낀 점 기술
평소 관심과 호기심으로 시작한 드럼 연주가 이제는 남들 앞에서 문제없이 공연할 수 있는 수준으로 향상했습니다. 연주 실력을 키우기 위해 노력했던 시간이 새로운 영역에서 능력을 발휘할 수 있는 또 다른 자아를 만들어 주었습니다.

Step 3. 직무 관련 업무 수행 계획

S3-1. 지원 직무에서 자신의 역량을 어떻게 발휘할 것인지 제시
배움을 끝으로 새롭게 시작하는 전기분야 실무자로서 항상 적극적인 자세로 업무를 익히면서 한 단계씩 발전해 나가는 실무자가 되겠습니다.

S3-2. 제목 달기 ➡ S2-3 or S2-4에서 키워드 발굴
소제목: '또 다른 자아 Drummer' 또는 '혼자 찾은 연습실'

④ 조직이해능력 관련 스토리텔링 자기소개서 문항 작성 사례(2개 기업 동시 적용): **한국전력공사, 한국전기안전공사**

Step 1. 자신의 역량을 먼저 제시

S1-1. 자기소개서 문항 분석 후 스토리 보드에서 정리된 역량 매칭						
활동명	기관	기간	역할	주요 에피소드	확보능력	경험/경력
교내 활동	○○ 공모전	2018. 03. ~ 2018. 05.	팀장	주제 선정 회의 운영	조직이해능력 – 14	경험
				현황 자료 수집 및 분석	정보활용능력 – 15	

S1-2. 자신의 준비된 역량을 구체적으로 제시(두괄식)
함께 일하는 구성원들의 특성을 파악하고 효율적 업무분배를 통해 협업의 중요성과 조직에서 함께 일하는 방법을 익혔습니다.

Step 2. 설득력 향상을 위한 스토리 전개(STAR 구조 활용)

S2-1. 스토리텔링의 시작: 자신이 경험한 상황 소개
학창 시절 동아리에서 '병역정보 공공 데이터 활용' 공모전에 참여하였고 '면회'에 포커스를 맞추어 경쟁에 참여하였습니다.

S2-2. 스토리텔링의 이슈: 어떠한 문제/과제가 발생했는지 기술
그러나 학교 과제 기간이 맞물려 각자의 업무 분장에 대해 소극적인 상황이 발생했고 게다가 많은 시간이 소요되는 자료수집에는 더더욱 참여를 꺼렸습니다.

S2-3. 스토리텔링의 핵심: 자신의 주요 행동 기술(구체적)
과거 전자제품 유통회사의 고객 불만 처리 및 모니터링업무를 경험했던 저는 모두가 꺼렸던 자료수집 부분을 맡으며 팀원을 독려하였고 뒤이어 한 팀원이 "군 생활 경험으로 질의응답에 자신 있다.", 또 다른 팀원은 "수백 명 앞에서 발표해도 떨리지 않는다." 등의 서로의 강점에 대해 의견 소통을 하며 본인 스스로들의 역할분담을 시작하였습니다. 이후 온라인 채널 스크랩, 통계 프로그램을 활용한 데이터 처리, 워드 클라우드를 활용한 시각화작업으로 데이터를 분석하여 면회, 신청, 부대 위치 파악 등을 골자로 하는 면회 서비스 앱 [와줬으…면회] 기획안을 제출하였습니다.

S2-4. 스토리텔링의 결과: 성과(수치화), 느낀 점 기술
분업을 통해 활동 시간을 단축하고, 다양하게 확보한 자료를 분석한 결과 기획안의 정확성을 높이는 성과를 얻었습니다.

Step 3. 직무 관련 업무 수행 계획

S3-1. 지원 직무에서 자신의 역량을 어떻게 발휘할 것인지 제시
앞으로 조직의 일원으로서 팀의 업무와 팀원의 능력을 고려한 효율적인 업무 프로세스 구축을 통해 업무 성과를 높이는 데 기여하는 실무자로 성장해 나가겠습니다.

S3-2. 제목 달기 ➡ S2-3 or S2-4에서 키워드 발굴
소제목: '협업으로 이룬 [와줬으…면회]' 또는 '헌신으로 얻은 협동심'

⑤ **직업윤리 관련 스토리텔링 자기소개서 문항 작성 사례(2개 기업 동시 적용): 한국전기안전공사, 한 국토지주택공사**

Step 1. 자신의 역량을 먼저 제시

S1-1. 자기소개서 문항 분석 후 스토리 보드에서 정리된 역량 매칭						
활동명	기관	기간	역할	주요 에피소드	확보능력	경험/경력
아르 바이트	○○건설	2017. 07. ~ 2017. 08.	현장 작업	건설 자재 운반	직업윤리 − 3	경력
				안전망 설치	대인관계능력 − 4	
S1-2. 자신의 준비된 역량을 구체적으로 제시(두괄식)						
정해진 규칙과 기준을 이행할 때, 주어진 상황과 조건을 함께 일하는 사람들과 공유하면서 효과적으로 일을 마무리했습니다.						

Step 2. 설득력 향상을 위한 스토리 전개(STAR 구조 활용)

S2-1. 스토리텔링의 시작: 자신이 경험한 상황 소개

건설 현장 아르바이트 당시 사용했던 건설 자재를 건물 밖으로 운반하는 작업을 담당했습니다.

S2-2. 스토리텔링의 이슈: 어떠한 문제/과제가 발생했는지 기술

다른 건설 현장에서 자재가 급하게 상황에서 서둘러 작업을 마무리하기 위해 다른 작업자들은 빠른 작업에만 열중하여 현장에서의 안전은 신경 쓰지 않았습니다.

S2-3. 스토리텔링의 핵심: 자신의 주요 행동 기술(구체적)

이를 해결하기 위해 현장 관리자를 찾아가 빠른 업무지시로 인해 직원들이 안전을 생각하며 일을 하고 있지 않아, 안전사고가 발생할 수 있다고 설명했습니다. 그리고 시간이 지날수록 자연스럽게 작업속도가 붙어 예상 시간 안에 마무리할 수 있다고 말씀드리며, 작업 절차에 맞게 작업을 하고, 작업 전에 계단에 있는 위험 요소를 제거하겠다고 제안했습니다. 저의 의견은 받아들여졌고 다른 현장 작업자에게 찾아가서 현재 진행 중인 작업내용을 설명하며 충돌의 위험이 있으니 서로 안전을 주의할 것을 약속했습니다. 마지막으로 같은 조 직원들에게 내용을 종합하여 전달했습니다.

S2-4. 스토리텔링의 결과: 성과(수치화), 느낀 점 기술

그 결과 절차에 맞는 작업, 직원 간의 작업공유, 위험요소제거로 안전한 환경에서 정해진 시간 안에 작업을 완료할 수 있었습니다.

Step 3. 직무 관련 업무 수행 계획

S3-1. 지원 직무에서 자신의 역량을 어떻게 발휘할 것인지 제시

이러한 경험은 사고 예방을 위한 안전의식을 확보하는 기반이 되었으며, 전기설비의 점검 작업에 있어 안전을 최우선으로 하고 규정을 잘 지키기 위해 노력하겠습니다.

S3-2. 제목 달기 ➡ S2-3 or S2-4에서 키워드 발굴

소제목: '적절한 현장 상황 보고' 또는 '안전 관리 작업 표준'

입사 후 포부 자기소개서 문항 작성 전략

지원자B가 지원할 4대 공기업 중 입사 후 포부 문항은 한국토지주택공사에서만 출제되었다. 특히 PART 4에서 설명한 것과 같이 일반적 형태의 입사 후 포부 문항(How?-1형)과 지원자의 견해를 제시해야 하는 논술형(How?-2형) 중 논술형 포부 문항으로 출제되었다.

● 논술형 구조의 입사 후 포부 문항: 한국토지주택공사 사례

한국 토지주택공사 (문항1)	(지원포부) 한국토지주택공사의 어떤 사업에 관심이 있으며 어떤 부분에 기여하고 싶은지, 본인의 주요 직무 역량 및 강점을 기반으로 기술해 주십시오.
	Type 3. How?-2형: 입사 후 포부 - 견해(논술형)

지원자의 견해를 확인하기 위한 논술형 구조의 입사 후 포부 문항에 대응하기 위해서는 한국토지주택공사의 기업분석을 통해 최근 사업 현황이나 이슈를 도출하고 논술형 입사 후 포부 문항(How?-2형) 작성 프로세스 관점에서 단계별로 작성하는 것이 효과적이다.

단계	세부 내용
Step 1. 기업의 최근 이슈 제시	S1-1. 기업 분석을 통한 직무 연계성 높은 이슈 발굴 S1-2. 이슈 제시 후 이유 및 근거 등을 제시(두괄식)
Step 2. 기업의 영향 및 대응 제시	S2-1. 이슈(사건, 사고, 정책, 전략) 등이 기업에 미치는 영향 제시 S2-2. 이슈의 주요 원인 제시 후 구체적 대응 방안 제시 → 자신의 입장이 아닌 기업의 주요 　　　　사업 활동으로 제시 → 전기 직렬의 경우 관련된 최근 연구개발 실적으로 제시
Step 3. 관련 업무 수행 계획 제시	S3-1. 제시한 이슈 관련하여 향후 업무 추진 방향 제시 S3-2. 제목 달기: S2-2에서 제시한 기업 활동에서 키워드 발굴

● 논술형 입사 후 포부 문항 자기소개서 작성 사례: 한국토지주택공사

S1-1. 기업분석을 통한 직무 연계성 높은 이슈 발굴

→ 한국토지주택공사의 경영 목표 및 전략(직무 연계성 높은 내용으로 선택)

한국 토지주택공사 경영 목표	1. 국민 주거권을 보장하는 주거복지 2. 삶의 변화를 창조하는 도시재생 3. 성장동력을 창출하는 균형발전 4. 국민중심의 사회적 책임경영
한국 토지주택공사 경영 전략	2-1. 도시재생사업 성과 확대 2-2 공공 디벨로퍼 역량 강화 2-3 융/복합 재생사업 기반 확대

→ 기업분석 방법론에서 설명한 '알리오-연구보고서' 확인

S1-2. 이슈 제시 후 이유 및 근거 등을 제시(두괄식)

한국 토지주택공사	사회발전에 따른 고객의 삶의 질 향상과 재생 에너지 비중 확대정책 등 시장의 변화에 대응하기 위해서는 '삶 의 변화를 창조하는 도시재생'에 대한 경영목표를 실현해야 합니다.

S2. 기업의 영향 및 대응 제시
S2-1. 이슈(사건, 사고, 정책, 전략) 등이 기업에 미치는 영향 제시

한국 토지주택공사	기후변화에 따른 온실가스 저감을 위한 건물의 에너지 절약은 필수이며, 단열/고효율 설비 등 제로에너지 구현 을 위한 기밀성능 향상이 필요합니다.

S2-2. 이슈의 주요 원인 제시 후 구체적 대응 방안 제시

한국 토지주택공사	최근 한국토지주택공사는 '제로에너지 공동주택 구현을 위한 기밀성능 향상' 등의 활동으로 관련 기술 개발을 위해 노력하고 있습니다.

S3. 관련 업무 수행 계획 제시
S3-1. 제시한 이슈 관련하여 향후 업무 추진 계획 제시

한국 토지주택공사	앞으로 새로운 에너지원의 개발과 시스템 구축을 위해서 스마트 센서 기술을 더욱 발전시켜 AI를 통한 문제 진단과 해결 방법을 사용한다면 제로에너지 공동주택 구현이 가능할 것입니다.

S3-2. 제목 달기: S2-2에서 제시한 기업 활동에서 키워드 발굴

한국 토지주택공사	소제목: 제로에너지 공동주택

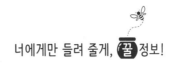

너에게만 들려 줄게, 꿀정보!

면접관 SAY!

순위가 바뀌었잖아?

작년에 있었던 모 공공 기관의 면접관으로 갔을 때의 일이다. 당시 약 2배수의 경쟁에서 합격자와 불합격자의 점수 분리를 이야기하던 중에, 한 내부 면접위원이 가장 낮은 점수의 합격자와 예비합격자의 점수 차이를 크게 벌리지 않아 당락이 뒤바뀌는 경우가 있는지를 인사담당자에게 물어본 적이 있다.

당시 해당 기관이 어떠한 채용 전형에서부터 점수를 누적시켰는지에 대해서는 말하지 않았지만, 인사담당자는 그러한 사례가 있었고, 최종면접에서 합격점수를 받은 친구가 누적점수를 극복하지 못하고 예비합격되는 경우가 가끔 있다고 말해주었다. 하나의 허들을 넘으면 원점에서 다시 시작하는 채용 방식도 있지만, 그렇지 않은 예도 있다는 이야기가 성립되는 것이다.

취업은 합격의 확률을 높여가는 경쟁으로 보이지만, 한편으로는 불확실성(Risk)을 줄여가는 경쟁이기도 하다. 만에 하나 발생할 수 있는 문제는 사전에 차단하고 없애는 것이 유리할 수밖에 없다. '통과'를 목적에 두는 것이 아니라 '최고'를 목적에 둔다면, 만에 하나 발생할 문제를 없앨 수 있다.

연은 순풍이 아니라 역풍에 가장 높이 난다.

– 윈스턴 처칠(Winston Churchill)

7

면접 유형별
대응 전략

·
·
·
·
·

블라인드 채용과 역량구조화 면접

공기업 블라인드 면접의 이해

NCS를 중심으로 공공 기관의 채용구조가 바뀌고 블라인드 면접이 진행되기 전에는 공공 기관의 채용은 지금의 모습과 비교하여 상상할 수 없는 형태였다. 면접대기실 앞에는 지원자의 이름과 면접번호 그리고 출신학교까지 인쇄되어 붙어있었고, 소위 말하는 SKY나 지역거점 국립대 출신이 아닌 이상 면접이 진행되기 전부터 의기소침해질 수밖에 없었다. 꼰대라고 표현되는 기성세대가 많이 쓰는 말이지만 "라떼는~". 즉, 예전에는 정말 그러했었다.

블라인드 채용은 면접장의 구조와 흐름을 많이 바꾸어 놓았다. 지원자가 아닌 면접관으로 참여한 여러 번의 면접에서 지원자의 이름과 학교, 출신 지역을 알기가 불가능했고, PT 면접의 경우에는 면접 번호만 알고 있는 상태에서 면접자를 평가하는 방식으로 변해 있었다. 현재의 공공 기관을 지원하는 취업준비생은 블라인드 면접 덕분에 채용에 있어서 편견을 일으키는 모든 요소가 사라졌다고 보면 된다.

다만, 어려운 부분은 지원자의 구체적인 정보를 모르는 상태에서 면접장에 들어서야 하는 면접관들에게 있다. 사전에 정보의 공유도 없이 면접장에서 블라인드 된 정보만으로 지원자를 판단해야 하는 과정이 생각보다 매우 힘들기에, 종종 어려움을 호소하는 면접관들도 있다. 그래서 면접관을 배려하는 방법으로, 공공 기관들은 편견을 초래하는 내용이 기재되지 않은 자기소개서에서부터 인성검사 결과와 AI 면접을 통해 나온 성향 분석 정보까지 최대한 합리적인 판단을 위한 도구들을 제공하려 노력하고 있다.

블라인드 면접은 이러한 공공 기관의 모습을 기반으로 준비하는 것이 좋다. 질문은 지원자의 답변을 기준으로 꼬리를 물 수밖에 없고, 직무를 수행하기 위한 직업기초능력을 기반으로 목록을 만들어 활용해야 한다. 역량구조화 면접은 블라인드 되어 지원자의 기본적인 정보를 알지 못하는 상황에서 순수하게 면접장에서 보이는 모습만으로 판단하기 위한 면접방식이라고 보면 된다. 또한, 자기소개서 기반의 질문이 아닌 경우에는 직업기초능력을 중심으로 한 질문이 나온다.

과거와는 달리 지원자의 직무 역량을 확인하기 위해 구체적인 질문들이 연속적으로 나올 수밖에 없고, 모든 면접관이 귀 기울여 지원자의 답변에서 역량을 확인하며 다음 질문을 준비하는 형태로 면접이 진행된다. 지원자는 자신과 공공 기관 직무와의 매칭 포인트를 사전에 준비하여 면접장으로 향하지 않으면 많은 부분에서 어려움을 느낄 것이다.

면접장의 질문은 "지원자의 문제해결 경험에 대하여 말씀해 주세요." 가 아닌

"지원자의 자기소개서에 있는 정보수집능력과 분석력이 ○○직무에서 일하는데 어떤 방법으로 활용할 수 있을지 구체적으로 말씀해 주세요."

"자기소개서에 있는 프로젝트 경험에서 지원자의 기여도에 대한 정도를 100점 기준으로 말씀하시고 그 이유도 말씀해 주세요."

라고 구체적으로, 그리고 정확히 역량을 확인하는 방향으로 바뀌었다. 정보가 부족한 블라인드 채용이 만든 면접장의 새로운 모습이라고 볼 수 있을 것이다.

공기업 면접을 대표하는 역량구조화 면접

2015년 정부에서 개발하고 공기업 채용의 근간이 된 NCS는 면접에도 큰 변화를 주기 시작했다. 지원자의 직무 역량을 평가하여 채용 후, 해당 지원자가 얼마나 직무를 잘 수행하여 성과를 창출할 수 있는지 판단하기 위해 다양한 평가 시스템을 개발하고 운영하고 있다.

공기업 면접을 대표할 수 있는 역량구조화 면접은 직무 역량을 평가하기 위해서 지원자가 과거 경험을 바탕으로 당시의 상황에서 발생한 문제나 과제를 해결하기 위해 어떻게 행동했으며, 그로 인한 성과가 무엇인지를 검증하는 구조로 설계되었다.

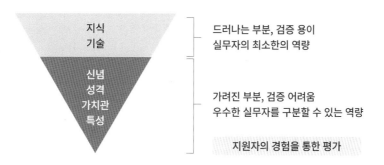

지원자의 경험에서 역량을 평가하는 이유는 이력서나 자기소개서에 제시한 지식이나 기술이 명확하게 드러나기 때문이다. 하지만 지원자의 신념, 성격, 가치관, 특성 등은 잘 드러나지 않는 영역

이어서 검증하기가 어렵다. 따라서 지원자의 경험을 통해 이러한 역량을 평가하려는 것이다.

특히 구조화된 형식으로 설계된 면접은 기업으로서 저비용에 높은 효율을 낼 수 있는 도구라 할 수 있다. 고용노동부와 한국산업인력공단에서 운영하는 기업 인사담당자 또는 면접관 교육 내용을 확인해보면 역량 면접의 효과와 중요성을 잘 알 수 있다.

고려요구	지원서	작업표본	적성검사	인성검사	전공시험	구조화된 면접	평가센터
비용	낮음	높음	중간	중간	중간	중간	높음
타당도	중간	높음	높음	중간	중간	높음	높음
공정성	알려지지 않음	높음	중간	높음	중간	중간	높음
적용 가능성	높음	낮음	높음	중간	낮음	높음	낮음
단위 시간당 적용 가능 지원자	많음	많음	많음	많음	많음	적음	적음
평가의 정교성	낮음	중간	높음	중간	중간	높음	높음

*출처: 고용노동부/한국산업인력공단 '2019년 NCS 기반 능력중심 채용모델 면접관 교재'

대부분 대기업의 역량 면접은 비구조화된 면접으로 지원자의 역량을 평가하기 위한 면접관의 질문이 자유롭다. 그리고 면접관의 성향이나 주관적 판단에 따른 질문과 채점이 이루어지는 경우가 많다. 하지만 공기업의 역량구조화 면접은 직무 관련성이 높은 지원자의 과거 경험을 바탕으로 정형화된 구조에 따라 면접관이 질문을 구성하고 표준화된 채점 체계에 따라 평가하는 방식이다.

면접 교육을 받는 면접관들

최근 공기업과 일부 대기업들은 면접의 공정성과 객관성을 유지하기 위해 면접 방법을 표준화시키고, 내부 직원 중 전문 면접관을 선발하여 철저한 면접관 교육을 통해 구조화된 면접 운영을 위해 노력하고 있다.

실제 면접관 교육 교재를 보면 면접 유형별 운영 방법을 단계별로 구분하여 상세하게 안내하고, 면접 상황에서 나올 수 있는 사례를 시뮬레이션 하듯이 면접관을 교육하고 있다.

● 면접관 교육의 면접 진행 예시

| 시작 | ➡ | 질문 | ➡ | 관찰 | ➡ | 평가 | ➡ | 종료 |

단계	예시	비고
지원자 확인	"금번 ○○번 지원자 맞습니까?"	
인사	"반갑습니다. 금번 공개 채용에 지원해 주셔서 감사합니다."	
긴장 완화	"아침 일찍부터 준비하고 오셨을 것 같은데… 고생이 많으십니다." "너무 긴장하지 마시고 편안한 마음으로 면접에 임해주시면 좋겠습니다."	
면접 설명	"면접은 앞으로 ○○분 진행될 예정입니다." "면접관들이 돌아가면서 질문할 예정이며, 솔직하고 구체적인 답변 부탁드립니다." "그럼 지금부터 면접을 시작하겠습니다."	

● 면접관 교육의 면접 진행 예시

| 시작 | ➡ | 질문 | ➡ | 관찰 | ➡ | 평가 | ➡ | 종료 |

단계	예시	비고
질문	질문은 지원자의 자기소개서 내용을 확인한 후 STAR 구조에 따라 질문한다. S: 제시한 경험에 대한 상황 질문(경험 선택 이유, 기간, 경험 목적 등) T: 당시 지원자가 과제 및 상황에서 발생한 문제 질문 A: 지원자가 제시한 과제나 문제를 해결하기 위한 행동 질문 　→ 구체적인 방법론 적용 사례, 도출한 아이디어 등에 대해 상세 질문 R: 과제나 문제 해결을 위한 행동에서 나온 성과와 느낀 점 질문 ※ 주의사항: 공격적인 질문은 피하고, 면접관의 주관적 생각이나 설명 금지	
관찰	지원자의 답변 내용을 확인하면서 직무 역량과 관련성 높은 내용을 도출한다. 지원자의 답변 태도(행동, 말투 등)를 관찰하며, 답변의 사실 여부를 파악한다. 지원자의 답변 중 객관적인 근거나 설명이 필요할 시 추가 질문한다.	
평가	지원자의 답변과 행동을 간략하게 기록한다. 평가 시스템의 기준에 따라 점수로 부여한다.	

또, 면접관의 전문성과 객관성을 높이기 위해 내부 직원들로 구성된 면접관 이외에 외부 전문가들을 면접관으로 초청하여 면접을 진행하는 공기업도 증가하고 있다. 특히 외부면접관은 해당 공기업의 내부 사업 구조나 세부적인 업무 내용에 대한 이해도가 낮은 상태에서 지원자의 순수한 직무역량을 평가하는 장점이 있어 면접의 객관성을 높일 수 있다.

역량구조화 면접에 임하는 지원자의 자세

앞으로도 공기업의 면접은 점점 구조화된 형태로 발전할 것이며, 더욱 체계적인 면접관 교육과 선발을 통해 기업이 필요한 인재를 선발하기 위한 노력은 계속될 것이다.

공기업 면접의 기본은 직무 역량 파악과 업무에 필요한 기초 능력을 평가하는 것이라 할 수 있다. 따라서 취업준비생은 지원 기업의 직무기술서 분석을 통해 지원 직무가 필요로 하는 직무 역량이 무엇인지 정확하게 인지하고 면접을 준비해야 한다. 또한, 10대 직업기초능력을 기준으로 자신의 경험이나 경력에서 확보한 역량을 정확하게 매칭시키고 대응하는 방안을 모색해야 한다.

면접은 면접관을 설득하여 자신이 기업에 꼭 필요한 인재라는 것을 입증하는 과정이다. 면접관을 설득하기 위해서는 논리적 접근이 필요하다. 논리적 접근은 정확한 근거를 제시하여 면접관을 이해 시킬 수 있는 가장 강력한 도구이다.

또한, 기본적인 역량구조화 면접은 STAR 구조를 바탕으로 면접관이 지원자가 제출한 이력서와 자기소개서를 기반으로 질문을 이어가는 형태이다. 취업준비생들은 STAR 구조를 이해하고 구조화된 질문에 대응하기 위한 답변을 만드는 것이 중요하다.

기본적인 역량구조화 면접 이외에도 직무와 인성 면접이 결합한 BEI(Behavioral Events Interview) 면접, 상황 면접, 발표(PT) 면접, 토론 면접 등의 구조를 정확하게 이해하고 준비할 필요가 있다.

02

1분 자기소개로 만드는 면접 이미지

면접의 가장 큰 핵심은 짧은 시간 안에 자신의 역량을 발휘해야 한다는 것이며, 처음 면접관에게 자신의 모습과 목소리를 통해 전해지는 첫인상은 매우 중요하다. 면접에 있어 첫인상은 2번의 결정 요소를 가지게 되는데, 입장할 때부터 보이는 '1차 외적인 요소'의 첫인상과 목소리와 함께 결정되는 '2차 외적인 요소'의 첫인상이다. 누구나 사람을 판단하는 데 첫인상의 선입견을 품고 시작하기에 기분 좋은 면접을 위해서는 좋은 출발을 가져가야 한다.

따라서 면접에서 첫 대화의 시작인 1분 자기소개는 철저한 준비를 통해 지원자 스스로 기분 좋게 출발해야 한다. 그리고 면접관에게 좋은 첫인상을 심어주어 1석2조의 효과를 챙겨야 한다.

1분 자기소개는 다음과 같은 작성 프로세스를 따르면 효율적으로 만들 수 있다.

짧은 시간 안에 나만의 1분 자기소개를 만들기 위해서는 정확한 절차에 의해 본인만의 장점을 잘 살릴 수 있도록 고민해야 한다.

Step 1. 초안 만들기

자기소개는 기본적으로 기업의 인재상보다는 직무와의 매칭이 중요하다. 기업 인재상의 경우 짧은 시간에 핵심을 전달하기도 어려울 뿐만 아니라, 모호한 성격의 이야기들이 주를 이루기 때문에 듣는 사람으로서는 판단이 어려워지는 단점이 있다.

다음의 세 가지 핵심을 지켜 나만의 1분 자기소개를 만들면 좋다.

 1:1 밀착 코칭　　**1분 자기소개 만드는 방법**

❶ 직무에 필요한 역량과 내가 가진 경험을 연결한다.

❷ 내용의 일관성이 아닌 성향의 일관성을 가지는 것이 좋다.

❸ 서론 → 본론 → 결론의 순서를 지키고, 내용으로는 '나의 역량' → '역량을 확보하게 된 경험' → '업무 활용계획'으로 한다.

대부분의 취업준비생들이 다양한 경험을 가질 수는 없기에, 가진 경험들이 정확히 어떤 역량을 만들어 주었는지 분류하는 것은 매우 중요하다. 취업준비생들이 가질 수 있는 역량의 종류에는 도전정신, 적극성, 친화력을 포함하여 아주 많은 종류가 있다. 하지만 공기업은 10대 직업기초능력을 채용 전 과정에서 평가 기준으로 활용하고 있으므로, 자신이 확보한 역량을 최대한 지원 직무와 연관성이 높은 직업기초능력과 연결하여 정리하는 것이 효과적이다. 1분 자기소개에 활용할 필요 역량들도 이력서나 자기소개서 준비와 같이 철저한 직무분석을 통해 선별하는 것이 좋다.

특히 직무에 대한 전문성을 어필할 수 있는 경험과 직무 수행에 필요한 태도를 어필할 수 있는 경험을 구분하여 정리하면 훨씬 효과적으로 1분 자기소개 소재를 찾을 수 있다.

● 사례: 직무 전문성(지식/기술)이 만들어지는 과정

직무 전문성	학창 시절 전공 관련 수업 / 인턴경험 및 현장실습경험 / 직무관련 대외활동 / 자격증 / 동아리 활동 / 직무 관련 스터디 / 공모전 / 직무관련 프로젝트 / 신문 스크랩이나 블로그 활동 등

● 사례: 직무수행태도(직업기초능력)가 만들어지는 과정

직무수행태도	다양한 아르바이트 활동 / 판매경험과 계약직 활동 / 대외활동 / 동아리 활동이나 여러 모임 / 행동을 성과로 만든 경험들 모두 해당 / 대인관계 속에서 만들어진 나에게 특별한 것들

자신이 가진 역량을 두 가지 또는 세 가지 정도 정리해서 관련 경험을 미리 정리해 놓으면 훨씬 수월하게 1분 자기소개를 만들 수 있다. 위의 사례는 대략 취업준비생들이 가질 수 있는 경험을 나열한 것이며, 모든 경험을 다 가진 사람은 없으니 부담가지지 말고 본인이 가진 것만 정확하게 나열하면 된다. 전문성과 직무수행태도 이외에도 자신의 직무에서 필요한 역량이라면 그에 맞는 경험을 제시하기만 하면 된다.

직무에 관련된 자신의 경험이 정리되면 [서론] → [본론] → [결론]의 순서에 맞춰 초안을 만들어 보자.

서론	– 자기소개서에 작성한 내용 중 자신을 가장 잘 표현해 줄 수 있는 핵심을 앞으로 가져온다. – 향후 본론의 전개와 연계시킨다. – 너무 길면 전달이 어려우므로 짧고 간결하게 작성한다.
본론	– 직무를 소화하기 위한 역량을 만든 경험을 나열한다. – 너무 많은 역량을 어필하기보다는 핵심적인 2~3가지 정도를 어필한다.
결론	– 본론의 역량이 해당 기업의 직무에서 일하며 어떻게 발휘될 것인가를 중심으로 어필한다. – 전체적인 글의 일관성을 만들어 준다.

위의 내용에 맞춰 나만의 1분 자기소개를 만들어 연습하자. 아래의 예시는 모 공기업의 전기 직렬 지원자의 1분 자기소개를 만든 예시이다.

● 한국전력공사 전기직 1분 자기소개 초안 작성 예시

서론	안녕하세요! 지속 가능한 친환경에너지 공급을 함께하고 싶은 지원자 ○○번입니다. 공사의 일원이 되어 발전소에서 생산된 전력을 수요지점까지 안전하게 수송하기 위한 설비 운영으로 모두가 편리한 에너지 세상을 만들고 싶습니다.
본론	저는 효율적인 송배전설비 운영 담당자가 되기 위해 먼저 회로이론, 전력공학, 송배전공학 등을 수강하여 계통의 구조와 규정전압 구성에 대해 배웠습니다. 또한, 인턴 활동을 통해 현장의 설비를 전산화하였습니다. 당시 아두이노를 활용하여 실제 계통을 축소한 회로에서 계통 고장 시 차단기 동작으로 최적의 상태로 계통을 운영하도록 하였습니다. 다양한 대외활동을 통해 여러 사람과 소통하고 함께 일하는 것의 중요성을 인식하게 되었습니다. 봉사활동을 하며, 다양한 계층의 사람들과 소통하고 다양성과 개방성이 조직을 이루는 중요한 요소라는 것을 느꼈고, 6개월간의 해외연수 경험에서는 다른 문화 다른 계층의 사람들과 생각을 공유하고 소통할 수 있는 글로벌 마인드를 키울 수 있었습니다.
결론	이러한 저의 준비를 기반으로 안정적인 계통 운영 관리자로서 안정적인 전력의 공급과 사고 예방을 최우선시하여 전력계통을 최상의 상태로 운영하겠습니다.

작성된 초안을 보면 서론과 결론이 비슷한 내용으로 구성되어 글 전체에 일관성이 있음을 알 수 있다. 또한, 서론은 전체 글의 핵심으로 구성하여 내가 1분 동안 하고 싶은 말을 요약하고 있다.

본론은 말하고 싶은 직무 전문성과 직업기초능력 기반의 직무수행태도 등을 가지고 있음을 증명하는 부분이다. 어떤 경험들이 역량을 가지게 해 주었는지의 증명과 동시에 해당 기업에서 직무를 수행함에 있어 충분한 능력을 갖추고 있음을 언급하여 면접관들을 설득해야 한다.

Step 2. 강조하기

기본적인 초안이 만들어지고 나면 듣는 사람의 관점에서 나를 빠르게 이해할 수 있도록 강조하는 작업이 필요하다. 1분 동안 자신의 소개가 이루어지는 과정은 쌍방향 소통이 아닌 단방향 소통이기에, 말하는 사람과 듣는 사람이 따로 존재한다. 지원자가 말하는 사람이라면 면접관은 듣는 사람의 역할을 해야 하는데, 듣는 사람이 결정권을 가졌으므로 듣는 사람의 관점에서 정리되는 것이 좋다.

우선 서론을 강조하는 화법으로 바꾸어 보자. 인사를 먼저 하는 일반적인 시작보다는 훨씬 강렬하게 자신을 소개하며 인사하는 것이 좋다. 또한, 본론의 내용이 길기 때문에 복선을 미리 설치해서 듣는 사람이 좀 더 편안히 들을 수 있도록 도와주자.

● 돋보이는 시작 만들기

초안	안녕하세요! 지속 가능한 친환경에너지 공급을 함께하고 싶은 지원자 ○○번입니다. 공사의 일원이 되어 발전소에서 생산된 전력을 수요지점까지 안전하게 수송하기 위한 설비 운영으로 모두가 편리한 에너지 세상을 만들고 싶습니다.
수정	친환경에너지를 고객의 안방까지 안전하게 전달하는 송배전 담당자가 되겠습니다. 안녕하십니까? 지원자 ○○번입니다. 재생에너지 3020의 핵심은 안전한 전력공급에 있습니다. 공사의 일원이 되어 발전소에서 생산된 전력을 수요지점까지 안전하게 수송하기 위한 설비 운영에 함께할 저만의 두 가지 무기가 있습니다.

1분간 누군가의 이야기에 집중하는 것은 생각보다 어려운 일이다. 가장 집중도가 높은 시점인 첫 문장은 자신이 어떤 사람인지 정확히 알리는 것이 포인트이다. 또한, 일반적인 인사 중심의 시작보다 두괄식 구조로 자신을 표현하는 방법이 더 강렬하게 다가갈 수 있다. 그리고 향후 본론에서 전개될 자신의 역량에 대한 복선으로 몇 가지 이야기를 할 것인지 미리 알려주면 좀 더 효과적으로 자신을 소개할 수 있다. '전기공학적 이해력'과 '함께의 가치' 그리고 '두 가지 무기'는 향후 자신이 할 이야기의 전개를 도와주는 도구가 된다.

이후에 이어지는 본론에서는 서론에서 말한 두 가지 무기를 서술하며 정리하는 것이 좋다. 다만, 두서없이 말하는 것보다는 정확히 '첫째', '둘째'와 같이 말하고자 하는 이야기를 짚어주는 것이 좋다. 일반적으로 CEO들이 많이 쓰는 '3의 법칙'을 응용한 방법인데, 상대방이 좀 더 효과적으로 청취하도록 도와주는 도구가 된다. 제시할 역량은 2~3가지 정도가 좋으며, 너무 많거나 적으면 비효율적이다. 만약 역량의 정리가 힘들다면 자신이 가진 경험을 중심으로 분류하여 2~3가지 정도의 큰 역량을 그룹 단위로 만들면 좋다.

본론의 정리는 미니 두괄식으로 구성하여 경험을 나열한다. '첫째'와 '둘째'가 들어가는 문장이 잘 들리는 것은 너무나 당연하므로, 해당 문장을 두괄식 구조로 구성하여 면접관에게 효과적으로 나를 소개하자.

● 잘 들리는 본문 구성하기

초안	저는 효율적인 송배전설비 운영 담당자가 되기 위해 먼저 회로이론, 전력공학, 송배전공학 등을 수강하여 계통의 구조와 규정전압 구성에 대해 배웠습니다. 또한, 인턴 활동을 통해 현장의 설비를 전산화하였습니다. 당시 아두이노를 활용하여 실제 계통을 축소한 회로에서 계통 고장 시 차단기 동작으로 최적의 상태로 계통을 운영하도록 하였습니다. 다양한 대외활동을 통해 여러 사람과 소통하고 함께 일하는 것의 중요성을 인식하게 되었습니다. 봉사활동을 하며, 다양한 계층의 사람들과 소통하고 다양성과 개방성이 조직을 이루는 중요한 요소라는 것을 느꼈고, 6개월간의 해외연수 경험에서는 다른 문화 다른 계층의 사람들과 생각을 공유하고 소통할 수 있는 글로벌 마인드를 키울 수 있었습니다.
수정	첫째, 전공과 인턴활동이 만들어 준 전기공학적 이해력입니다. 회로이론, 전력공학, 송배전공학 등을 수강하여 계통의 구조와 규정전압 구성에 대해 배웠습니다. 또한, 인턴 활동을 통해 현장의 설비를 전산화하였습니다. 당시 아두이노를 활용하여 실제 계통을 축소한 회로에서 계통 고장 시 차단기 동작으로 최적의 상태로 계통을 운영하였습니다. 둘째, 다양한 사람들이 알려준 함께의 가치입니다. 봉사활동을 하며, 다양한 계층의 사람들과 소통하고 다양성과 개방성이 조직을 이루는 중요한 요소라는 것을 느꼈고, 6개월간의 해외연수 경험에서는 다른 문화 다른 계층의 사람들과 생각을 공유하고 소통할 수 있는 글로벌 마인드를 키울 수 있었습니다.

결론이 새로운 이야기의 시작이 되어서는 안 된다. 전체적으로 글이 일관성 있게 마무리될 수 있도록 하는 것이 좋고, 서론의 반복이라고 생각하는 것이 효과적이다. 글의 결론이 완성되면 최종 마무리 연습을 하면 된다.

● 일관성 있는 마무리하기

초안	이러한 저의 준비를 기반으로 안정적인 계통 운영 관리자로서 안정적인 전력의 공급과 사고 예방을 최우선시하여 전력계통을 최상의 상태로 운영하겠습니다.
수정	안전한 친환경 전기의 연결고리가 되고 싶은 저의 꿈은 한국전력공사에서만 실현 가능합니다. 함께 할 기회를 주신다면 '전기공학적 이해력'을 바탕으로 '함께의 가치'를 실천하는 송배전 담당자가 되겠습니다.

Step 3. 마무리하기

1분 자기소개는 하루 만에 완성되고 결론지어지는 것이 아니다. 하지만 면접의 준비과정에서 가장 시간 소모가 덜한 편이고, 그에 따른 효과는 크기에 꼭 신경 써야 하는 대상이다. 기본적으로 2~3일 정도의 시간을 가지고 준비하는 것이 좋다. 1분 자기소개를 한 번도 만들어 보지 않은 상태에서 연습하더라도 충분한 시간이 될 수 있다. 다음의 네 가지 변수를 대비하여 1분 자기소개를 연습하자.

❶ 모든 것이 완성된 후 연습을 시작해야 꼬이지 않는다.

❷ 만들고 나면 조금 더 차별화시킬 방법을 고민한다.

❸ 쳐다보지 않아도 웃으면서 말하고 밝은 톤을 연습하자.

❹ 변수를 대비한다. (준비하지 않은/20초 등)

면접의 과정에서 외웠던 것을 바꾸어 다른 것으로 수정하기는 쉽지 않은 일이다. 면접장의 상황은 매우 긴장된 상황의 연속이기에 생각보다 실수가 자주 발생한다. 그렇기에 기존의 내용에 수정을 가하여 연습하게 되면 말하는 과정에서 꼬이는 경우가 발생한다. 긴장감이 최고조에 이르는 면접 시작에 활용되는 1분 자기소개는 수정 없이 완성본을 외워 그대로 가는 것이 좋다. 그렇기에 완성의 판단을 보수적으로 가져간다.

다 외운 뒤에는 제스처나 톤 등을 차별화시킬 방법을 고민하는 것이 좋다. 너무 딱딱한 말투는 역효과를 가져오니 '솔' 톤의 밝은 화법을 연습하자. 그 후에는 1분 자기소개 과정에서 발생할 수 있는 변수에 대비한다.

'준비하지 않은' 자기소개나 '20초짜리' 자기소개는 충분히 예측이 가능한 변수이다. 충분한 예측을 통해 당황하거나 위축되지 않고 당당하게 면접에 임할 수 있도록 하자.

'20초' 버전	친환경에너지를 고객의 안방까지 안전하게 전달하는 송배전 담당자가 되겠습니다. 안녕하십니까? 지원자 ○○번입니다. 공사의 일원이 되어 발전소에서 생산된 전력을 수요지점까지 안전하게 수송하기 위한 설비 운영에 함께할 저만의 두 가지 무기가 있습니다. 첫째, 전공과 인턴활동이 만들어 준 전기공학적 이해력입니다. 둘째, 다양한 사람들이 알려준 함께의 가치입니다. 안전한 친환경 전기의 연결고리가 되고 싶은 저의 꿈은 한국전력공사에서만 실현 가능합니다. 함께 할 기회를 주신다면 '전기공학적 이해력'을 바탕으로 '함께의 가치'를 실천하는 송배전 담당자가 되겠습니다.
'준비하지 않은' 버전	안녕하십니까? 지원자 ○○번입니다. 오늘 아침에 일어나 면접 준비를 하기 위해 씻고 나와 보니, 어머니께서 만들어 주신 된장찌개가 식탁에 놓여 있었습니다. 작은 쪽지 속에 쓰여 있던 '아들 힘내!'라는 메모는 제가 공단의 일원이 되어야 한다는 또다른 동기부여를 만들어 주었습니다. 면접장으로 가는 버스 안에서 어떻게 하면 어머니의 된장찌개에 미소로 보답할 수 있을까 고민하였는데 방법은 제가 가진 것을 최대한 보여주는 수밖에 없다고 생각했습니다. … (중략) …

면접 유형별 전략

① 인성 면접

"달라진 공공 기관의 면접에서도 꼭 진행되는 면접!"

　최근 공공 기관의 면접은 단계가 줄어들고 면접의 횟수가 줄어드는 대신에 지원자 개개인에 집중된 형태의 면접이 진행되는 경우가 많다. 특히 여러 명의 면접관과 여러 명의 지원자가 참여하여 지원자 간의 비교가 가능한 '다대다 면접'이 아닌, 한 명의 지원자를 집중적으로 분석하는 '다대일 면접'이 점점 늘어나고 있다.

　이러한 면접 구조의 변화는 블라인드 채용을 통해 편견을 가질 요소를 제거하여 공정한 채용을 진행하겠다는 정부의 의도를 생각하면 이해가 되는 부분이다. 이러한 시대적 흐름에도 1차 면접전형에서는 다양한 유형의 면접이 시도되지만 바뀌지 않는 부분도 있다. 어느 기관이든지 2차 면접전형을 통해 인성 면접을 진행한다는 것이다.

"지원자는 잘 모르는 인성 면접장의 비밀"

　대부분 지원자는 인성 면접장의 구체적인 분위기와 상황을 기억하기 어렵다. 긴장된 상황에서 여러 명의 면접관이 던지는 수많은 질문에 대응하다가 면접장을 나오게 되면 머릿속이 백지상태가 되기 때문이다. 필자가 외부면접관으로 참여한 대부분의 인성 면접장의 분위기는 생각보다 단순하고 체계적인 편이다.

　우선, 면접 당일 면접관들이 지원자의 자기소개서와 인성검사 결과지를 오리엔테이션 시간에 받게 된다. 당연히 개인정보보호를 위해 중요한 정보는 가려져 있고, 서류를 외부로 유출하는 것은 불가능하다.

면접위원은 보통 내부 임직원과 외부면접관이 1:1 비율로 구성되어 있고, 면접관의 테이블에는 면접 평가 시트, 자기소개서, 인성검사 결과지, 직업기초능력 기반 질문지 등이 올려져 있다. 사전 조율을 통해 자기소개서 기반의 질문을 하는 면접관과 직업기초능력 기반 질문을 하는 면접관으로 역할을 나눈다. 여기에서 면접 준비의 포인트가 발생한다. 지원자는 10대 직업기초능력 중 면접에서 활용되는 직업기초능력 기반의 질문을 List-up 한 후에 스터디를 통해 답변을 연습하고, 자기소개서의 질문 요점을 확인하여 관련 답변을 키워드 중심으로 정리하는 것이다.

다른 전형과는 다르게 인성 면접의 경우에는 동점으로 인해 합격자가 늘어나지는 않는다. 면접관은 무조건 정해진 인원을 선별해야 하고, 합산 점수가 동점일 때는 면접이 종료된 후에 서로의 조율을 통해 최종합격자를 선별한다. 면접관 대부분이 50대가 넘는 기관의 중역이거나 대학 교수 정도의 지위를 가지고 있기에 선호하는 스타일이 크게 다르지는 않다. 마지막 조율과정에서는 좋은 첫인상을 전해준 지원자가 최종합격으로 연결되는 편이다.

1:1 밀착 코칭 　　　인성 면접을 위한 Tips

1. 외부면접관 대부분은 사이드에 위치한다. 상대적으로 질문의 난도가 낮은 내부면접관이 자리하는 가운데를 더 많이 응시하는 것이 여유가 생긴다. 그러나 전반적으로 면접관들을 고르게 응시해야 하며, 질문한 면접관에 대하여 눈맞춤(Eye Contact)하는 것을 잊으면 안 된다.
2. 철저하게 준비된 1분 자기소개를 통해 좋은 첫인상을 만들고, 최종 판단과정에서 기억에 남아야 한다.
3. 인성 면접은 역량에 대한 증명이자, 함께하기 위한 소양에 대한 적합도 검증이다. 돋보이기 위한 돌발 행동은 최대한 자제한다.
4. 면접관은 짧은 질문을 통해 지원자의 생각을 듣고자 하는 목적이 있다. 적어도 질문에 대하여 30초 정도의 답변을 통해 적극성을 보여주는 것이 좋다.

답변의 방법은 역량구조화 면접이나 자기소개서에서 제시한 '두괄식+STAR' 구조의 형태로 하되 너무 짧거나 길지 않은 30초 내외의 시간으로 답변하는 것이 좋다. 또한, 답변의 과정에서 제시하는 사례나 스토리는 먼저 자기소개서와 이력서에 작성한 내용으로 하여 면접관의 집중도를 높이는 것이 좋다. 사람이기에 실수로 말하게 되는 블라인드 채용의 금지사항은 감점 요소로 적용되지 않기에 너무 자책하지 않아도 된다. 또한 '○○번 지원자가 대인관계에서 중요하게 생각하는 요소는 무엇입니까?'라는 식의 직업기초능력이 포함된 질문을 받게 된다면 인성검사에서 해당 항목의 점수가 낮을 수 있다는 뜻이므로 적극적인 방어를 해야 한다.

인성 면접에 나오는 10대 직업기초능력 관련 질문별 대응 전략

● 직업윤리 in 인성 면접

> – 상사의 잘못된 행동을 목격하였을 때 어떻게 행동하시겠습니까?
> – 공적인 업무를 위해 법규를 위반해야 하는 상황에서 어떻게 행동하시겠습니까?
> – 잘못된 민원으로 업무에 피해를 주는 민원인이 발생하면 어떻게 대응하시겠습니까?

면접에서는 채용을 준비하는 과정에서 크게 생각하지 않던 직업윤리 관련 질문이 가장 난도가 높은 편이다. 그나마 과거에 '야근을 부탁하는 선배'에 대한 내용과 같이 정답이 있는 질문으로 진행된다면 매우 다행스러운 일이다. 한편, 대부분 공공 기관은 위의 질문에 대한 답을 '개인의 판단'이 아닌 '조직의 판단'에 맡기겠다는 형태로 답변하는 것을 선호한다. 너무 뻔한 답일 수 있어도, 기관에 있는 매뉴얼을 확인하고 정해진 절차를 통해 조직과 공유하겠다고 답변하면 무난히 넘길 수 있는 질문들이다.

혹여라도 정해진 매뉴얼이 없으면 어떻게 할 것이냐는 추가 질문이 들어온다면, 개인적으로 상사와 대화를 하겠다는 답변보다는 더 높은 상급자에게 상황을 공유하고 윗선의 판단에 맡기는 것이 내가 판단하는 것보다 나을 것이라고 답변하는 것이 좋다. 내가 판단을 하려는 뉘앙스가 나오는 순간, 판단의 기준부터 또다시 발생할 경우의 책임소재까지 계속된 공격적 질문을 받게 될 확률이 높다.

● 대인관계(갈등관리능력) in 인성 면접

> – 주변 사람들과 갈등이 생겼을 때 어떻게 해결하시나요?
> – 조직 내에서 상대방의 의견보다 본인의 의견이 옳음에도 불구하고, 상대방이 잘못된 의견을 관철하려고 할 때 어떻게 하겠는가?
> – 다른 사람이 내게 어떤 실망을 한 적이 있는가? 문제는 뭐였고, 어떻게 해결하였는가?

면접에서 꼭 나오는 질문 중의 하나가 주변 사람들과 갈등 발생 시에 나만의 해결 방법을 묻는 것이다. 이런 형태의 질문은 일을 하면서 겪게 되는 여러 가지 갈등 상황에 대하여 어떻게 대처하는지를 알아보기 위한 것이다. 그런데 이 또한 개인의 관점이 아닌 조직의 관점에 맞춰 갈등을 잘 관리하게 되면 합리적인 의사결정을 이끌어낼 수 있다는 방향으로 답변하면 좋다.

질문들이 갈등 또는 의견 차이에 대한 것이므로 상대방 관점으로 생각하기, 상대방의 말을 적극적으로 경청하기, 존중하는 자세로 조직에 있는 사람들을 대하기, 자신의 의견을 명확하게 밝히되 조율할 수 있는 부분은 수용하기 등으로 답변하는 것이 좋다. 즉, 상대방을 대할 때 서로 신뢰하고, 갈등이 발생하여도 긍정적인 방향으로 조정해 나갈 수 있도록 답변하면 된다.

여러 사람과 업무를 진행하다 보면 사소한 감정적인 문제와 업무적 갈등은 일어날 수밖에 없다.

갈등 문제가 발생했을 때 무조건 피하기보다는 갈등을 잘 해결하는 방법을 모색하여 즉각적으로 해결하는 것이 합리적임을 기억하면 좋다.

● 대인관계(팀워크) in 인성 면접

> – 자신과 살아온 환경이나 배경이 다른 사람과 업무를 수행해본 경험이 있는가?
> – 여러 사람과 우호적인 관계를 형성하기 위해 노력했던 경험을 말씀해 주세요.
> – 팀의 이익을 위해 개인적으로 중요한 것을 양보했던 적이 있는가?

기업에서는 사람과의 관계 능력을 기본적인 태도로 가장 중요하게 생각한다. 입사한 순간부터 단독으로 해결하는 일은 거의 없기 때문이다. 혼자가 아닌 팀으로서 감당할 일이 대부분이니 팀워크 능력은 꼭 짚어본다.

혹시 의도를 잘못 파악하여 자신의 역량과 성과 위주로 답변했다면 팀워크를 저하하는 요인으로 비춰질 수 있으니 조심해야 한다. 팀의 구성원으로서 팀의 목표를 함께 달성하기 위해 얼마나 협조적이었는지, 배려하고 양보하며 자신의 역할과 책임을 다하였는지 등을 확인하는 것이 해당 질문을 하는 이유이다.

외향적인 성격을 요구하는 것은 아니지만 그렇다고 혼자 집중해서 해결하는 성향이 크게 느껴지는 것도 좋지 못하다. 팀의 구성원으로서 조직 내에서 갈등을 원만히 해결하고 협조적인 관계를 유지하는 자세가 중요하다. 시너지 효과를 발휘했던 순간을 말하는 것도 좋은 전략이다.

● 자원관리(시간자원관리능력) in 인성 면접

> – 주어진 시간을 최대한 활용하여 효율적인 성과를 낸 경험이 있는가?
> – 한꺼번에 많은 일이 주어졌을 때는 어떻게 진행하는 편인가?
> – 업무가 과중할 때 어떻게 해결할 것인가?

목표하는 성과를 달성하기 위해서 중요한 것은 의사결정, 기획, 실행이다. 하지만 갑자기 들어오는 업무와 긴급으로 처리해야 하는 일들이 빈번히 발생한다. 그러다 보면 목표를 달성하기 위해 기존의 계획대로 업무를 수행하기가 쉽지 않다. 한정된 시간 안에 주어진 업무를 최대한 처리하기 위해서는 시간을 효율적으로 활용하는 것이 무엇보다 중요하기에 종종 위와 같은 질문이 나온다.

이러한 형태의 질문이 들어온다면, 구체적으로 나에게 주어진 업무들을 열거하고 업무별로 시급성 또는 중요성에 따라 처리할 우선순위 및 계획을 메모장 혹은 수첩에 작성하여 순차적으로 진행해 나간다는 식으로 답변하도록 한다. 계획에 따른 시간 관리를 한다는 점을 부각하여 시간 자원을 가치 있게 활용한다는 내용이 전달되도록 구성하면 좋다.

● 의사소통 in 인성 면접

> – 자신의 의견이나 대화에서 요점을 정확히 파악하는 편인가?
> – 자신의 의견이나 생각을 상대방에게 정확히 전달해 본 적이 있는가?
> – 다양한 입장을 가진 사람들의 이견을 조율하여 합의를 이끈 적이 있는가?

　의사소통할 때는 언어 즉, 말의 내용뿐만 아니라 비언어적인 요소를 통해서도 정보를 공유하는 능력이 필요하다. 우선 글과 말을 읽고 들음으로써 다른 사람이 뜻한 바를 파악할 줄 알아야 하며, 나의 의견 또한 효과적으로 전달해야 복잡한 업무의 연속에서 살아남을 수 있다.

　직장생활에서는 메모와 같이 간단한 업무부터 주문서나 매뉴얼 등에 대한 문서이해능력이 요구된다. 또, 공문이나 제안서, 프레젠테이션처럼 문서를 논리적으로 작성해야 하는 문서작성능력도 필요하다. 또한, 다른 사람의 말을 주의 깊게 들으며 공감대를 형성하여 내용을 종합적으로 파악하고 수집하는 경청능력도 요구되니, 이를 갖춘 사람이라면 매우 바람직한 답변을 할 수 있다.

● 조직이해능력 in 인성 면접

> – 팀 내에서 어떤 모습으로 일할 것 같은가?
> – 왜 이 회사에서 일하고 싶습니까?

　지원자가 조직과 환경에 어떻게 적응할 수 있는지 알고 싶어서 사용하는 질문 중 하나이다. 지원하는 회사의 이해를 기반으로 본인이 이전 활동이나 경험에서 스토리를 가져와서 답변하면 된다. 이때 본인이 선호하는 부분을 강조하는 것보다는 회사에서 선호하거나 친숙한 것들에 관해 이야기하면 된다. 회사의 다양한 사업내용이나 문화에 관하여 얼마나 숙지하고 있는지도 언급하면 좋다.

● 자기개발능력 in 인성 면접

> – 1년 전의 자신과 현재의 자신이 달라진 부분이 있다면?
> – 본인의 과거는 어떠했고 앞으로 10년 후와 20년 후 자신의 미래를 말해주세요.
> – 주말 혹은 쉬는 날에 주로 무엇을 하며 시간을 보내는가?

　기업은 열심히 자기개발하며 평생 배우려는 지원자를 찾고 있다. 프로젝트, 과제, 공모전, 자격증 등을 가지고 목표를 이루기 위해 노력한 점과 그 결과를 말하는 방식으로 답변하면 된다. 이때 꼭 성공적인 결과물에 기준을 잡아서 답변할 필요는 없다. 결과물이 나쁠 때도 있지 않은가! 이때 결과물이 좋지 못했던 원인을 찾아서 앞으로 보완할 수 있는 방향으로 진행하고 있다는 식의 답변도 괜찮다.

● 문제해결능력 in 인성 면접

– 살면서 창의적인 아이디어로 문제를 해결한 적이 있습니까?
– 본인이 수행하기 어려운 일이 있을 때 어떻게 대처하겠는가?

이러한 형태의 질문은 지원자의 문제해결능력을 파악하기 위한 필수 질문이다. 답변을 통해 면접관은 문제를 어떻게 해결하는지 파악하고, 지원자가 입사하게 된다면 함께 일할 때 업무 중 여러 문제가 발생할 시에 어떻게 대처할 수 있는지 가늠해 볼 수도 있기 때문이다. 이 질문의 포인트는 '어떻게 해결할 것이다'가 아니라 자신의 경험을 통해서 '이런 식의 프로세스로 진행을 했더니 문제를 해결할 수 있었다'는 식으로 답변해야 한다.

② 발표(PT) 면접

나에게 집중하는 시간 'PT 면접'

대부분의 면접이 다수의 면접관과 다수의 지원자가 존재하는 '多:多'형태로 이루어진다. 하지만 PT 면접의 경우에는 지원자 한 명에 면접관 여러 명이라는 특이한 상황이 존재하는 면접이다. 주어진 시간에 발언을 완료해야 한다는 점, 자신의 주장이 아닌 자료를 기반으로 이야기하는 점, 면접관의 시선을 한 몸에 받으며 발표를 진행하는 점 등의 많은 부담감이 존재는 면접이지만, 철저한 준비를 통해 우수한 평가를 받는다면 상대적으로 노력 대비 큰 성과를 낼 수 있는 면접이다. 특히 모든 면접관이 나에게만 집중해 준다는 점은 비교라는 상대적인 불합리성을 제거하여 자신의 역량을 드러내기 좋다.

특히 철저한 준비를 한다면 다른 면접들과 달리 준비에 대한 성과를 보여줄 수 있기에, 개인의 재능이 아닌 준비와 노력에 비례하여 성과가 나는 PT 면접에 노력을 기울이도록 하자.

● PT 면접이란?

> PT 면접은 발표자가 준비한 주제에 관해 면접관을 대상으로 일정 시간 동안 말하는 형태의 면접을 말한다. 주제는 현장에서 주어지는 것이 일반적이며, 발표 자료를 직접 만들어 진행하는 경우가 많다.

효과적인 PT 면접을 진행하기 위해서는 철저한 준비가 필요하다. PT 면접은 세 가지 방향에서 단계적으로 준비하는 것이 좋다.

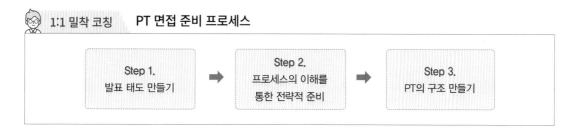

1:1 밀착 코칭   **PT 면접 준비 프로세스**

Step 1. 발표 태도 만들기 ➡ Step 2. 프로세스의 이해를 통한 전략적 준비 ➡ Step 3. PT의 구조 만들기

Step 1. 올바른 PT 발표 태도 만들기

모든 면접의 과정은 커뮤니케이션이라고 할 수 있다. 다만 PT 면접은 지원자 중심의 일방적인 커뮤니케이션이 진행된다. 모두가 나에게 집중을 하고 있기에 상대방에게 비춰질 자신의 모습을 생각하면서 면접을 준비하는 것이 중요하다.

첫째, 미소는 매우 중요하기에 거부감이 없는 표정으로 PT하는 것을 연습하자.

면접을 지도하는 많은 강사나 컨설턴트들이 면접장에서의 미소를 강조한다. 하지만 모든 과정에서 웃는 것은 오히려 가식적이거나 가볍게 느껴지기 마련이다. 면접에서 큰 성과를 만들어 내기 위해서는 자신이 대화하는 과정에서 어떤 표정을 짓고 있느냐가 중요하다. 가능하다면 웃으면서 말하는 습관을 들이는 것이 좋다. 친구들과 스터디하거나 발표하는 과정에서 나의 표정이나 행동에 대해 적극적으로 피드백을 받도록 하자.

둘째, 인사부터 전체 PT 과정에서의 에티켓을 정확히 지켜가며 PT를 진행해야 한다.

인사 예절에서부터 얼굴의 각도와 발표 자세까지 정확히 지켜가며 발표를 진행해야 면접관이 호감을 갖는다. 우선 인사는 30도 정도의 가벼운 인사를 통해 주의를 환기하고 "발표를 시작하겠습니다.", "이상으로 발표를 마칩니다." 등으로 정확하게 시작과 끝을 짚어 주어야 한다. PT 면접의 대부분은 일어서서 진행되므로 발표 과정에서 얼굴의 각도를 살짝 숙여 면접관과 자연스러운 눈맞춤을 하는 것이 좋다. 또한, PT 자료와 발표자인 자신이 하나의 시야에 들어올 수 있도록 정확하게 자리를 선정해야 한다.

셋째, 올바른 스피치 연습으로 PT 면접에 맞는 목소리를 만들어야 한다.

면접이 진행되면 면접 과정에서 긴장하거나 흥분하면서 목소리가 작아지거나 떨리게 된다. 작은 목소리와 큰 목소리는 발음이나 발표의 속도가 크게 다르기 때문에, 준비 과정에서부터 큰소리로 연습해야 본인의 단점을 확인할 수 있다. 평소 많은 발표를 하거나 여러 사람 앞에서 혼자 큰 소리로 말하는 시간이 많았다면 문제가 되지 않지만, 그렇지 않을 때는 스터디를 통해 친구들로부터 본인의 PT 과정에서의 문제점을 자주 피드백 받으며 수정하고 개선해야 한다. 특히 평소에 친구들과의 스터디보다는 관계가 없는 사람들과 어려운 자리에서 말하고 발표하는 연습을 많이 하면 효과가 더욱 좋다.

1:1 밀착 코칭　　PT 면접 시 주의사항

❶ 부적절한 문장의 마무리('~했어요', '~그랬는데요')를 하지 않는다.
❷ 자신감 있는 표현을 자주 사용하자. ('~라고 생각합니다'보다 '~입니다')
❸ 주어진 시간을 적당히 활용하자. (너무 길어도 문제! 짧아도 문제!)
❹ 자료를 바라보는 시간보다 면접관을 바라보고 말하는 시간이 2배 이상 길어야 한다.
❺ 너무 많은 움직임은 혼잡스럽게 느껴진다. (발을 적당히 고정하고 발표하는 연습을 하자.)

Step 2. PT 면접 프로세스를 이해한 전략적 준비

면접을 준비하는 과정에서 간과하기 쉬운 부분은 주어지는 시간에 대한 활용이다. 평소 면접을 연습하며 긴 시간을 가지고 편하게 연습을 하는 것은 PT 면접의 성공을 방해하는 요소이다. 일반적인 PT와는 달리 주어진 시간이 존재하는 PT 면접이기에 준비하는 과정에서부터 실제 면접처럼 준비하는 것이 좋다.

일반적으로 기업의 PT 면접은 30~60분 정도의 시간이 주어지는 게 보통이다. 자료를 작성하거나 내용의 복잡함이 덜한 면접의 경우에는 5~10분 정도의 간단한 발표형 면접이 진행된다. 대부분의 취업준비생들이 긴 시간 자료 준비에 익숙하다 보니 당일 처음 보는 주제를 활용하여 면접하는 과정에서 시간이 부족함을 느끼는 경우가 많기에 시간 활용을 잘 해야 한다.

● **PT 면접 운영 프로세스**

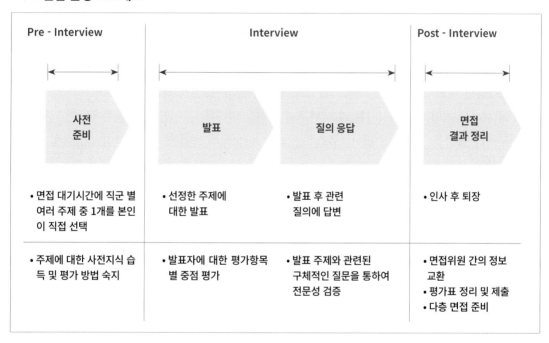

사전 준비 과정에 있어 시간의 배분은 3:4:3의 비율로 나누는 것이 효과적이다. 하지만 많은 취업준비생들이 좋은 자료를 만드는 것에 초점을 맞추고 자료 작성에 집중하는 경향이 많다. 그러다 보니 발표 연습에 주어진 시간을 투자하지 않는 경우가 많은 편인데, 면접관에게 주어지는 PT 면접 평가 점수표는 자료의 질적 요소에만 초점을 맞추지 않는다는 점을 기억하자. 특히 대학생 수준의 발표는 면접관이 예측할 수 있거나 한 번쯤 들어본 내용이기에, 자료 작성 이외의 다른 부분들에 시간을 투자해서 인과관계와 논리 구조를 탄탄하게 만드는 것이 좋은 결과를 가져올 수 있는 비결이다.

● 사전 준비 과정의 시간 배분

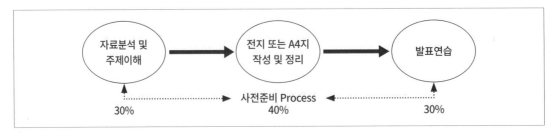

Step 3. PT의 구조화와 발표 자료 만들기

발표 자료는 PT의 목적에 맞게 구조화하는 것이 중요하다. 전체적으로 기업이 원하는 방향에 맞춰 구조화하면 발표의 흐름이 논리적으로 흐르게 되는 장점이 있다.

PT의 구성을 기업과 연계시키는 것은 너무도 당연한 일이다. 주어진 주제를 활용하여 기업과 연계된 구조화 작업을 진행하면 된다. 구조화는 크게 4-Step의 흐름을 가지게 되는데, 작성 방법은 다음과 같다.

● 구조화된 PT 작성 방법

주제 이해	주제 선정은 자신의 최대한 이해하고 설명하기 쉬운 주제로 정한다.
상황 분석	자료의 구성과 설명은 최대한 기업과 연계시킨다. (장/단, 강/약)
대안 제시	상황에 맞는 창의적이고 논리적인 대안을 제시한다.
기대 효과	결론이 아닌 기대효과 관점에서 접근하면 쉽다.

● 구조화된 PT 발표 자료

주제 이해	– 주제에 대한 나의 이해와 전체적인 상황 분석을 제시 – 정확히 알고 있는 주제의 경우에는 정의를 내려도 좋으나, 잘 모르면 짧게 언급하고 넘어갈 것 – 발표 시에는 청중을 집중시킬 만한 첫 마디도 고민하기
상황 분석	– 주어진 주제를 해당 기업에 연관 지어서 고민하기 – 발표 주제에 대한 자료조사를 기반으로 향후 벌어질 상황에 대한 주관적 판단 제시 – 분석에 따라 위기/기회, 장점/단점, 강점/약점, 어려움 등 다양한 관점에서의 상황 분석

대안 제시	– 상황 분석을 기반으로 한 인과관계에 맞는 대안 제시 – 창의적일수록 좋지만 짧은 시간에 떠올리기 어렵다면 논리적으로 접근 – 듣는 사람의 관점에서 생각하고 PT를 구성 – 발표는 먼저 핵심을 언급하고 그에 대해 설명하는 형태로 발표
기대 효과	– 제시된 대안과 연계된 기대효과로 인과관계 확보 – 전체적인 글의 정리와 마무리 – 자료가 있다면 좀 더 구체적인 지표 제시

처음에는 쉽지 않은 방법이지만 연습하다 보면 분명히 효과가 있다. 기업이 가장 문제시하는 부분은 논리적이지 못한 대안의 제시와 접근이므로 글에 대한 논리를 부각하도록 한다.

대부분 기업의 PT 주제는 전략 도출에 관련된 것들이 일반적이다. 전공 관련하여 학술적인 PT 주제가 등장하기도 하지만, 그런 경우에는 기존에 가지고 있는 지식을 설명하는 관점에서 PT의 구성과 발표가 이루어지면 되기에 크게 어렵지 않다. 위의 발표 자료처럼 구조화하여 풀어서 설명한다는 생각으로 PT를 구성하면 훨씬 좋은 결과를 얻을 수 있다.

PT 면접의 준비와 주의사항

- 자료 해석은 침착하게 하자.

주제를 받으면 침착하게 분석하자. 정확한 의도가 무엇이고 어떤 방식으로 풀어나갈지 간단히 개요를 짜보는 것도 좋다. 시간에 쫓겨 큰 그림을 보지 못하면 발표 전체를 망칠 수도 있다. 기업 관련 주제인지, 경제/사회 일반 주제인지, 혹은 자신을 어필하는 주제인지 먼저 파악해 기존에 준비한 내용을 토대로 발표의 내용을 잡도록 하자.

- 자료 정리는 채용 담당자의 관점에서 정리해야 한다.

발표 자료는 지원자 본인의 발표를 돕기 위한 것이기도 하지만, 내 발표를 들어줄 면접관들을 위한 자료이기도 하다. 따라서 가독성이 떨어지는 발표 자료는 지양해야 한다. 시간을 들여 예쁘게 꾸밀 필요까지는 없지만, 한눈에 주제와 본문이 잘 들어오게 작성해야 한다. 글씨에 자신이 없더라도 큰 글씨로 쓰는 것이 중요하다.

PPT로 제작하는 경우 역시 마찬가지이다. 지나치게 많은 페이지를 제작하는 것은 자칫 제작 및 발표 시간에 지장을 줄 수 있으므로 주의해야 한다.

- 구조적으로 접근하라.

PT에도 분명한 구조가 있어야 한다. 그래야 글을 통해 전달하고자 하는 메시지를 일관되게 보여줄 수 있다. 출제자의 의도를 파악하여 기획서의 구성 방향을 정한 후 작성을 시작하자. 글의 구조를 정하지 않으면 기획서가 요구하는 일관성을 제대로 유지하기 어려워진다.

- 질문의 요지를 파악하지 못했다면 다시 한번 물어보자.

채용 담당자가 질문 내용을 정확히 정리하지 않은 상황에서 질문을 던질 때도 있고, 애매하게 질문할 때도 있다. 이럴 때는 '다시 한번 질문해 주시겠습니까?'라고 되짚어야 한다. 질문의 요지를 정확히 파악하지 못한 상황에서 잘못된 대답을 한다면 모두가 난감해질 수 있다.

면접의 기본은 자신을 소개하고 회사와 업무를 이해하며 두 개체 간의 교집합을 찾아 나가는 과정이다. 서로를 융합하는 사고가 필요하다. 또한, 기업이 원하는 인재에 나의 모습을 맞추는 과정임을 잊어서는 안 된다.

③ 토론 면접

토론 면접에 임하는 자세

토론 면접을 시작할 때 진행되는 면접관의 첫 코멘트는 대부분 이런 식으로 흘러간다.

"저희는 가장 잘하는 사람 1명을 뽑겠습니다."

순진한 면접자들은 기존의 준비를 잊게 되고, 자신을 돋보이게 하려고 규칙과 예절을 망각하게 되는 경우가 많다. 위의 발언에 휩쓸리면 결과적으로 실패할 수밖에 없다. 토론 면접의 목표는 회사 내에서 회의 참여가 가능한 소양을 가졌는지에 관한 확인이다. 토론 면접에 임하는 과정에서 우선순위는 두 가지로 잡으면 된다.

 1:1 밀착 코칭 　　토론 면접의 우선순위

❶ 돋보이지 않는다.
❷ 상대방을 존중하고 서로의 대화를 경청하는 모습을 끝까지 유지한다.

기존의 면접과는 다른 모습이지만 면접의 유형에 따라 방향성을 다르게 가져가는 것이 올바른 전략이다. 우선 돋보이지 않도록 발언의 순서를 첫 번째로 하지 않는 것이 중요하다. 면접관의 재촉에도 처음으로 발언하는 것은 무조건 지양한다. 또, 너무 튀는 언사는 조직에 융화되는 모습을 보이기 힘들기에 편안하게 대화의 과정에 섞이는 모습이면 좋다. 그리고 상대방의 말을 잘 듣고 있음을 보여주기 위해 내 대화의 시작은 "앞서 ○○번 지원자가 말씀하신 ~이러한 내용은 잘 들었습니다. 충분히 공감되는 내용입니다."라는 식으로, 내가 경청했음을 보여주고 시작하는 것이 좋다. 또, 두괄식의 효과적인 화법으로 설득력 있게 내 생각을 전달하는 것이 좋다.

● **토론 면접 진행 프로세스**

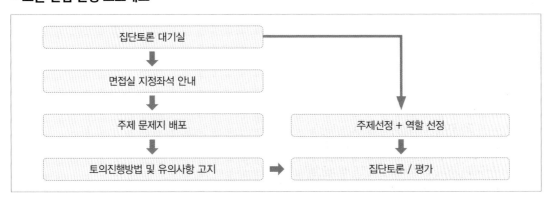

토론 면접의 진행 프로세스를 보면 참여자들이 사전에 규칙을 합의하는 과정이 존재함을 알 수 있다. 먼저 정해진 규칙이 있다면 그것을 지키는 것이 중요하다. 면접관들이 전체 운영 규칙을 어느 정도 예측하고 있으므로 나 혼자 룰을 깨는 모습을 보이는 것은 좋지 않다.

👤 1:1 밀착 코칭　　토론 면접시 지켜야 하는 것들

❶ 입사 후, 회의할 때의 자세와 태도를 유추하는 과정이므로 에티켓이 우선이다.

❷ 'Hearing vs Listening' 단순히 듣는 것이 아닌 경청을 한다.

❸ 반복과 살붙이기의 개념으로 접근 "첨언하기"

❹ 주장에 절대성이 느껴지는 단어는 사용하지 않는다.

❺ 합리적인 의사결정의 과정임을 잊지 말고 감정을 배제해라.

❻ 객관적인 자료를 활용하면 할수록 유리하다.

❼ 다른 참가자를 적어도 한 번 이상 칭찬하는 것이 좋다.

한편, 토론 면접 시에 지켜야 하는 것들과 더불어 좋은 태도와 좋지 않은 태도를 정리한 다음의 내용 또한 확인해 보기 바란다.

● 토론 면접의 Good과 Bad

Good	– 다양한 시각과 관점을 통해 생각의 폭을 확장함 – 여러 개의 대안을 제시하여 아이디어의 다양성을 가져옴 – 분석에 근거한 객관적이고 합리적인 대안 제시 – 모두가 함께 할 수 있는 분위기를 만들어 감 – 타인을 배려하고 동료의 의견을 적극적으로 유도함 – 전체의 합의를 유도하려는 합리적인 자세
Bad	– 주제에 대한 이해가 부족하고 단편적인 의견에만 집착 – 기존의 대안에서 벗어나지 못한 대안을 반복함 – 동료의 의견에 무관심한 태도 – 독단적인 주장과 지나친 강요 – 팀 토론에서 벗어난 개인적인 모습 – 의사결정이 필요한 과정에서 우유부단한 모습

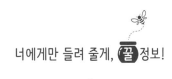

너에게만 들려 줄게, 꿀정보!

책상 위에 있는 것들

취업준비생이 되어 면접을 보러 다니면 긴장되고 정신이 없어 면접장의 구체적인 모습이나 분위기가 잘 기억나지 않는다. 대학원 졸업 당시 나름 성공적인 취업 준비 덕분에 모기업에 합격한 상태에서 다른 기업의 면접을 보러 간 적이 있다. 당연히 목표는 5만 원씩 쥐어 주는 면접비였다.

평소와는 다르게 편안한 분위기에서 면접을 보며 면접장의 모습 하나하나가 눈에 들어오기 시작했다. 가장 궁금한 것은 면접관의 책상 위에 놓여 있는 여러 서류였다. 무엇이 있을까 하는 궁금함에 면접관을 보지 않고 책상만 쳐다보면서 면접을 마무리한 기억이 있다.

직접 면접관이 되어 들어간 면접장에서 그 궁금증을 해결할 수 있었다. 면접의 유형에 따라 달라지는데, 인성 면접 때 가장 많은 서류가 놓여 있다. 기본적으로 블라인드 처리된 이력서/자기소개서, 인성검사 결과지, 면접평가표, 능력단위별 질문들이 책상 위에 올려져 있다. 가장 놀라웠던 부분은 인성검사의 결과가 면접장에서 영향을 미친다는 것이다.

면접관은 인성검사에서 부족한 부분들에 관련된 질문을 지원자에게 많이 던지게 되고, 팀워크 관련 성향이나 배려/희생 등에 대하여 점수가 낮은 지원자들이 공격을 많이 받게 된다. 최종면접에 들어가는 지원자라면 관련된 질문이 들어올 수 있음을 예상하고 미리 준비하면 좋다.

자기소개서에 배려나 희생에 관련된 스토리를 하나 정도 작성해 두자. 그리고 질문이 들어왔을 때 자기소개서에 적은 스토리를 중심으로 풀어주면 인성검사의 부족함을 보완할 수 있는 도구가 된다. 요즘에는 약식 인성검사를 해볼 수 있는 사이트도 있으니 미리 검사를 통해 자신이 부족한 부분이 무엇인지를 파악해 두는 것도 좋은 방법이다.

PT 면접이나 토론 면접은 모든 정보가 블라인드 되기 때문에 정확한 시간 부여를 위한 스톱워치나 노트북에 스톱워치 프로그램이 띄워져 있다. 평가표를 제외하면 정말 스톱워치밖에 없어서 더 놀라웠다.

ENERGY

실패는 우회로이지 막다른 길이 아니다.

– 지그 지글러(Zig Ziglar)

8

효과적인 면접
스터디 방법

면접관은 지원자 서류에서 질문을 찾는다!

PART 7에서 언급한 것과 같이 면접관은 지원자의 제출 서류를 보고 질문한다. 특히 면접관들은 평균적으로 절반 가까이 차지하는 스토리텔링 자기소개서 문항에서 지원자의 과거 경험을 통해 확보한 역량을 검증하기 위한 질문을 찾는다. 따라서 면접자는 자신이 제출한 자기소개서를 기준으로 STAR 구조의 예상 질문을 도출하여 적절한 답변을 미리 생각해 놓는다면 면접에 효과적으로 대응할 수 있을 것이다.

실제로 ○○기업 면접관으로 활동하고 있는 저자의 지인이 면접관 교육에서 받은 내용을 확인해 본 결과, 실제 지원자가 제출한 자기소개서 샘플을 보여주면서 STAR 구조로 질문을 구성하는 방법을 교육받았다고 한다.

● 면접관 교육 사례: STAR 구조 질문 도출법

두괄식을 통한 확보 능력 제시	[○○의 CD 20곡] 실패로 인해 주눅들지 않고 문제를 해결하기 위해, 해결 방안을 적극적으로 모색하여 성공으로 이어진 경험을 통해 개선적 사고의 필요성을 깨닫게 되었습니다.	**S** 정기 공연을 몇 명이 준비했습니까? 공연에 필요한 예산은 얼마 정도였습니까?
S(Situation)	학창 시절 활동하였던 합창동아리 ○○에서 해마다 개최되는 정기 공연을 위해 주변 상점이나 음식점 등의 스폰서가 필요하였습니다.	
T(Task)	하지만 축제 기간 후원 요청이 많았기 때문에 점주들은 동아리 스폰서 활동에 호의적이지 않았습니다.	**T** 며칠 동안 스폰서 모집 활동을 했습니까? 스폰서 활동에 점주들이 호의적이지 않았던 다른 이유가 있습니까?
A(Action)	이를 극복하기 위해 저는 기존에 확보한 회비로 공연 홍보 포스터를 제작하여 스폰서 확보 활동에서 점주들에게 공연에 대한 정확한 정보를 제공하고, 공연하게 될 노래 20여곡을 담은 CD를 추가로 함께 증정함으로써 스폰서 활동 의도에 대한 진정성을 보여주자고 제안하였습니다. 저의 제안이 받아들여져 포스터 및 공연 CD를 제작하였으며, 스폰서 활동 시 점주들에게 함께 증정하기로 하였습니다. 그 결과 두 번째 스폰서 활동에서 놀랍게도 훨씬 더 많은 후원금을 확보할 수 있었습니다.	**A** 포스터는 어떤 컨셉으로 제작했습니까? CD를 제작하는 것이 효과적이라고 판단한 이유가 무엇입니까? CD는 몇 장을 제작했습니까? 제작하는 데 비용이 얼마나 들었습니까? 지원자가 제시한 것에 대하여 반대 의견은 없었습니까?
R(Result)	확보된 후원금으로 공연 준비를 효과적으로 진행할 수 있었으며, 후원해주신 점주들께서 증정한 포스터를 자발적으로 가게에 게시해주신 덕분에 그 해에 150여 명이 넘는 관객을 유치하며 성공적으로 정기 공연을 할 수 있었습니다.	**R** 이전 공연에서는 몇 명의 관객을 유치했습니까? 다른 성공 요소는 무엇이라고 생각합니까? 당시 경험을 통해 무엇을 배우고 느꼈습니까?
설득형 마무리	이러한 경험은 개선적 사고를 위한 창의력을 확보하는 기반이 되었으며, 업무를 추친하는 데 있어 기존에 진행했던 업무에 대한 리스크를 철저히 통제하고 관리하여 보다 효율적인 업무 프로세스 구축을 위해 노력하겠습니다.	

따라서 면접을 효과적으로 준비하기 위해서는 자신이 제출한 자기소개서 내용을 STAR 구조로 구분한 후 면접관의 관점에서 질문 목록을 만들어야 한다. 앞의 사례에서 본 것과 같이 면접관의 예상 질문을 도출한 이후에는 답변도 함께 정리하는 것이 효과적이다.

답변은 1분 내외로 구성하는 것을 추천한다. 면접관은 오랜 시간 여러 명의 지원자를 평가하고 있으므로 육체적으로나 정신적으로 많이 지친 상태이다. 따라서 짧고 명료하게 답변하는 것이 효과적이다. 1분 정도의 답변을 글로 쓴다면 400자 내외가 될 것이다.

답변의 구조는, 먼저 질문에 대해서 명쾌하게 답변한 다음 근거를 제시하는 형식으로 한다.

● **면접 준비를 위한 질문과 답변 구성법**

질문 도출	제시한 역량의 키워드 발굴 역량 확보를 위한 근거 파악
답변 정리	제출한 이력서 및 자기소개서와 일치 확인 지원 직무와 연계성 여부 확인
표현 방법	질문에 대한 답을 먼저 제시(100자 이내) 근거 제시를 위한 경험 제시(300자 이내)

예상 질문을 도출하고 답변을 정리하여 글로 작성한 다음에는 말하기 연습이 필요하다. 여기서 주의할 부분은 글로 작성한 '문어체' 표현을 평상시 대화에서 사용하는 '구어체' 표현으로 바꾸어 연습하는 것이다.

예를 들어 "~같은 문제를 해결하기 위해 ○○ 및 ○○ 등과 같은 이론과 방법론을 적용하여~"라는 '문어체' 구조의 답변을 "~같은 문제를 해결하기 위해 ○○ 이론과 ○○ 방법을 적용해~" 등의 '구어체' 표현으로 바꾸어 말하는 것이다.

자기소개서 기반 면접 예상 질문 리스트 작성 및 답변 만들기

앞에서 제시된 한국전력공사 자기소개서 1번 문항을 기준으로 작성한 사례를 통하여, 면접 예상 질문을 만들고 답변을 정리하는 방법을 사례로 알아보도록 하겠다.

한국전력공사 문항 1	한국전력공사의 4가지 인재상(기업가형 인재, 통섭형 인재, 도전적 인재, 가치창조형 인재) 중 본인과 가장 부합된다고 생각하는 인재상을 두 가지 선택하여 그렇게 생각하는 이유를 본인의 가치관과 연계하여 교육사항, 경험/경력 등 구체적인 사례를 들어 기술하여 주십시오. (700자)

작성된 자기소개서 내용을 기반으로 면접관의 관점에서 기업의 현황이나 직무와 관련성이 높은 키워드를 먼저 도출하는 것이 중요하다. 아래 한국전력공사 자기소개서 1번 문항의 작성 사례에서 관련 키워드를 도출하고 질문 리스트를 만들어 보도록 하겠다.

👍 딱! 붙는 자기소개서

전력소비량이 증가하는 상황에서 안정적인 전력 공급은 국가 경제 및 국민의 삶의 질 향상에 매우 중요한 요소가 되었습니다. 이러한 상황에서 전력계통 안정화와 설비의 운영 자동화를 통해 전력품질 및 안전관리에 집중해야 하며, 주인의식을 통한 기업가형 인재와 조직의 역량을 극대화할 수 있는 통섭형 인재가 필요합니다.

[책임을 다하는 주인의식: 기업가형 인재]

○○화학에서 인턴으로 근무할 당시 ○○ 제조에 필요한 ○○ 설비의 저항, 전류, 전압을 측정하게 되었습니다. 해당 장비에서 오류 발생 시 회로를 재설계하여 측정하는 일이 빈번했습니다.

측정 전에 ○○에 간단한 회로를 설계한 후 예상 결과를 얻지 못하는 경우 ○○팀에 요청하여 장비를 교체하였습니다. 그 결과 측정 오차를 기존보다 90% 이상 줄일 수 있었고, 주인의식을 갖고 적극적으로 업무에 임하는 것이 조직의 발전에 기여할 수 있다는 것을 알게 되었습니다.

[조직의 역량 극대화: 통섭형 인재]

에너지시스템설계 수업에서 각기 다른 전공의 학생들 사이에서 팀 프로젝트의 조장을 맡았습니다. 교내 계통 연계형 마이크로그리드를 설계하여 전력 피크타임에 기존의 전력 요금보다 절감된 요금을 산정하는 주제를 선정하였습니다.

이를 위해 수치해석 강의에 배운 최적화 이론을 적용하고 옥타브 프로그램을 활용하여 태양광 발전 장비의 설치 대수를 판정 후 파워월드를 통해 계통을 가상화하였습니다.

이후 시뮬레이션을 통해 사용량을 예측하여 실제 사용량과 5%의 오차를 얻을 수 있었으며, 다양한 전공의 학생들과 협력하여 성과를 창출하기 위한 팀워크의 중요성을 깨달았습니다.

앞으로 송배전 도면과 지리정보 등 데이터를 통합적으로 관리하며 체계적인 설비 점검 시스템 구축을 통해 전력설비 사고를 줄이기 위한 관리자로 성장해 나가겠습니다.

● 사례: 자기소개서를 통한 예상 질문 및 답변

예상 질문 1	자기소개서 키워드	전력계통 안정화
	예상 질문	자기소개서에서 전력계통의 안정화를 언급하셨는데 이유가 무엇입니까?
	답변	전력생산량은 국가 경제와 소비자의 삶의 질에 큰 영향을 주기 때문입니다. 최근 경제와 기술 발전에 따라 전력 소비량이 증가하고 있는 상황에서 전력생산량을 늘리는 것이 중요하며, 이를 위해서는 계통의 안정화가 필수입니다. 특히 ○○, ○○ 등의 관련 기술을 확보하여 효율적으로 운영 한다면 안정적인 전력 생산이 가능하고 확신합니다.

예상 질문 2	자기소개서 키워드	전력품질 및 안전관리
	예상 질문	전력품질에 영향을 주는 변수들은 무엇이 있습니까?
	답변	대표적으로 전압, 주파수, 파형 등의 안정성을 통해 전력품질이 결정됩니다. 전력품질은 정해진 규격 범위내에서 전압이 안정되어 있고, 정격 주파수에 가깝게 교류 주파수를 보내고 있으며, 정현파와 같은 부드러운 곡선 형태의 파형으로 송전되는지를 확인하여 판단할 수 있습니다.
예상 질문 3	자기소개서 키워드	다른 전공의 학생들과 팀 프로젝트
	예상 질문	우리 기업의 인재상 중 기업가형 인재와 통섭형 인재를 언급하셨는데 둘 중 어느 인재상이 더 본인에게 적합하다고 생각하십니까?
	답변	기업가형 인재입니다. 전력공급을 담당하는 송배전 엔지니어로서 맡은 업무에 주인의식과 책임감을 갖고 임하는 것이 중요하기 때문입니다. 과거 인턴 활동에서 설비의 저항, 전압, 전류 등을 측정하는 업무를 담당하면서 측정 오차로 설비 운영에 문제가 발생했었습니다. 인턴으로서 단순 측정 업무를 담당했지만 오류 발생의 문제를 적극적으로 해결하기 위해 노력한 결과 실무 담당자의 업무를 효율적으로 진행할 수 있게 되었습니다. 이 같은 경험으로 기업에서 담당자의 책임의식이 중요하다는 것을 깨달았으며, 이는 한전의 기업가형 인재에 적합하다고 판단했습니다.
예상 질문 4	자기소개서 키워드	책임을 다하는 주인의식: 기업가형 인재
	예상 질문	학창시절 다른 전공 학생들과 팀 프로젝트를 진행하신 것 같습니다. 당시 본인의 역할과 프로젝트 진행 시 발생한 어려움은 무엇이었습니까?
	답변	프로젝트 조장 역할을 맡았습니다. 전기공학 관련 프로젝트에서 다른 학생보다 전공에 대한 이해도가 높았기 때문에 자진해서 역할을 수행했습니다. 아무래도 다른 전공 학생들이 전기 관련 지식이 부족하여 주제 선정, 자료 수집, 발표자료 제작 등 거의 모든 과정에서 어려움이 있었습니다. 하지만 최대한 팀원들의 능력을 고려해서 역할을 분담하고 효율적으로 프로젝트를 진행하기 위해 계획을 수립하고 진행 상황을 주기적으로 점검해 가면서 해결했습니다.

위의 사례에서 보는 것과 같이 자신이 작성한 자기소개서에서 기업 현황이나 직무와 관련성 높은 키워드를 도출하고, 예상 질문과 그에 대한 답변을 미리 준비하는 것이 면접을 효과적으로 대비하는 가장 좋은 방법이다.

이력서를 기반으로 예상 질문을 도출하고 답변을 만드는 구조도 같은 방식으로 진행하면 효과적이다. 특히 이력서에서 15~20개, 자기소개서 문항별로 5개 정도의 예상 질문을 도출하여 정리하는 것을 추천한다. 이렇게 준비하면 기업별로 약 30~40개 예상 질문을 도출할 수 있다.

대부분 기업에서 진행되는 1차 역량 면접은 多:多 형태로 진행되는 경우가 많으며, 약 40~60분 정도의 시간 동안 3~5명 정도의 지원자를 평가한다. 산술적으로 계산해 보면 면접 시간 내에 지원자 1인에게 부여되는 면접 질문은 5개 내외가 될 것이다.

사전에 준비한 30~40개 예상 질문과 그에 대한 답변을 준비했다면, 면접 과정에서 지원자가 받은 질문 중 최소 1~2개는 예상 질문에서 나올 확률이 높다.

지원자에게 면접은 극강의 압박감과 긴장감 속에서 진행된다. 이런 상황에서 만약 운이 좋게 첫 질문에 예상 질문이 나온다면 지원자는 자신이 준비한 답변을 자신 있게 논리적으로 설명할 수 있게 될 것이다. 이를 통해 긴장감이 조금씩 해소되고 자신감이 붙으면서 다음 질문도 효과적으로 대응할 수 있는 상황이 만들어질 것이다.

공기업 특성상 1:多 형태의 면접으로 진행되는 경우도 있다. 1:多 형태의 면접은 多:多 면접보다 지원자에게 부여되는 질문의 수가 많을 수밖에 없다. 이러한 경우에도 예상 질문을 미리 준비하고 면접 시뮬레이션을 사전에 준비했다면 훨씬 적극적인 자세로 면접에 임할 수 있을 것이다.

추가로, 예상 질문을 도출할 때 기술직의 경우 해당 분야의 전문성을 파악하기 위해 이론이나 기술적 질문이 출제될 때도 있다. 따라서 자기소개서상에서 제시한 이론이나 기술 등에 대해서는 꼭 예상 질문 리스트에 포함시키고, 자세한 설명을 통해 답변할 수 있어야 한다.

면접 준비는 여러 사람과 함께...

효과적인 취업 준비를 위해 최근에는 취업 스터디를 구성하여 여러 명과 함께 그룹으로 취업을 준비하는 취업준비생들이 늘어나고 있다. 스터디를 통한 취업 준비는 정보수집에 대한 장점이 있고, 다른 사람의 관점에서 자신을 평가할 수 있는 좋은 방법이다.

취업 스터디에서 모의 면접을 진행할 경우 대다수 취업준비생들은 역할극 형태로 운영한다. 면접관 역할을 하는 사람과 지원자로 구분하여 시뮬레이션을 진행한 후 서로 피드백을 주는 형태로 진행한다. 이러한 방법도 어느 정도 효과를 볼 수 있겠지만, 모의 면접 시뮬레이션은 1:多 형태로 한 명의 지원자와 나머지 스터디 구성원들이 면접관으로 진행하는 것을 추천한다.

지원자로 면접 시뮬레이션을 진행하는 사람은 사전에 자신이 작성한 이력서와 자기소개서를 면접관 수만큼 출력하고, 위에서 설명한 것과 같이 이력서와 자기소개서 기반의 예상 질문과 질문별 답변도 함께 정리한 출력물을 준비한다.

면접관 역할을 맡은 스터디 구성원들은 지원자가 준비해 온 예상 질문을 면접 상황을 가상하여 질문하고, 지원자 역할을 하는 스터디 구성원의 답변이 실제 답변 리스트와 동일한지 확인하면서 면접 시뮬레이션을 운영한다. 다음으로는 준비된 예상 질문 리스트 외에 추가로 나올 수 있는 예상 질문을 도출한다. 끝으로 각 예상 질문에 대하여 더 나은 답변 내용을 제시하거나 부족한 부분을 보완해 준다.

이와 같은 방법으로 한 명의 지원자를 대상으로 준비한 예상 질문과 답변 리스트를 기반으로 다른 스터디 구성원들이 면접관의 관점에서 시뮬레이션을 진행하고 세심하게 피드백을 진행한다면 효과적으로 면접을 준비할 수 있을 것이다.

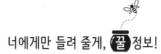

너에게만 들려 줄게, 꿀정보!

나이는 숫자에 불과하다?

NCS 기반 블라인드 채용이 공공 기관의 채용에서 가장 크게 바꾼 것은 지원자의 나이에 대한 인식이다. 2015년 NCS 채용이 막 도입되던 시기에 모 공공 기관의 응시자로서 면접에 참여한 적이 있었다. 당연히 합격을 목표로 하지는 않았고, 강사로서 생생한 현장의 분위기를 익히고 전략을 짜기 위한 행동이었다.

당시, 아는 사람을 만날까 봐 노심초사하며 면접장을 갔던 기억이 난다. 놀라웠던 것은 두 칸 옆에 앉아 있는 지원자가 적어도 나보다 10살은 많아 보였다는 것이었다. 2차 면접은 멀기도 하고 관심도 없었기에 가지 않았지만, 나중에 뉴스를 통해 해당 기관의 최고령 신입직원의 나이가 51세였다는 것을 확인하고 그 사람의 얼굴이 떠올랐다.

컨설팅을 하다 보면 많은 학생이 나이에 대해 잘못된 생각을 하고 있다고 많이 느낀다. 특히 여학생들의 경우 본인의 나이가 30에 가까울수록 취업에서 발목이 잡힐까 봐 조바심을 느끼는 경우가 많다.

내가 취업 현장에서 경험한 공공 기관의 채용은 적어도 나이가 발목을 잡지 않는다. 두려움을 느낄 필요가 없다. 최근 컨설팅했던 두 명의 여학생도 서른 살의 나이에 합격하여 회사를 잘 다니고 있다. 이런 모습은 사기업 채용에도 확대되고 있는 흐름인데, 구직이 어려운 현재의 취업준비생들을 기업들이 잘 이해하고 있다는 생각이 든다.

나이는 정말 숫자에 불과하다. 본인이 가지고 있는 경력의 공백은 당당히 취업 준비를 하였다고 어필하면 된다. 요즘 취업 준비가 대학 시절만으로 해결되지 않다 보니 크게 흠이 되지 않는다. 다만 무엇을 준비하였고, 왜 그것을 준비하였는지 답변만 명확히 해 주면 된다. 이제 나이가 만드는 편견은 없다.

ENERGY

우리는 모두 별이고, 반짝일 권리가 있다.

– 마릴린 먼로

여러분의 작은 소리
에듀윌은 크게 듣겠습니다.

본 교재에 대한 여러분의 목소리를 들려주세요.

공부하시면서 어려웠던 점, 궁금한 점,

칭찬하고 싶은 점, 개선할 점, 어떤 것이라도 좋습니다.

에듀윌은 여러분께서 나누어 주신 의견을

통해 끊임없이 발전하고 있습니다.

에듀윌 도서몰 book.eduwill.net
- 부가학습자료 및 정오표: 에듀윌 도서몰 → 도서자료실
- 교재 문의: 에듀윌 도서몰 → 문의하기 → 교재(내용, 출간) / 주문 및 배송

실제 면접관이 말하는 NCS 자소서와 면접_이공계

발 행 일	2022년 2월 9일
편 저 자	윤장섭, 윤성훈
펴 낸 이	이중현
펴 낸 곳	(주)에듀윌
등 록 번 호	제25100-2002-000052호
주 소	08378 서울시 구로구 디지털로34길 55
	코오롱싸이언스밸리 2차 3층

* 이 책의 무단 인용 · 전재 · 복제를 금합니다.   ISBN 979-11-360-1502-0(13320)

www.eduwill.net
교육상담 1600-6700

4년 연속 취업 교육 1위*

에듀윌 취업
공기업·대기업
전 강좌 300% 환급반

365일 0원 환급패스 하나로
오롯이 '나'를 위한 취업 준비

수강료 최대 300%
현금 환급

300%

강의 수강만 해도 100% 현금 환급
합격까지 하면 최대 300%
현금 환급

모든 기업·전형
한번에 대비

공기업   대기업

금융권   제약
바이오

기업별 채용 전형부터,
변화되는 채용 경향까지
맞춤형 대비

취업스펙
진단 평가 무료

소속
전문성
연계성
커뮤니티
준비성

꼭 필요한 강의만 효율적으로!
평가 결과 기반 맞춤
커리큘럼 설계

자세한 내용이 궁금하다면 1600-6700

2022, 2021 대한민국 브랜드만족도/2020, 2019 한국브랜드만족지수 취업 교육 1위 · 300% 환급: 제세공과금 제외 / 미션 달성 시

전 강좌 환급
이벤트

베스트셀러 1위!
에듀윌 취업 교재 시리즈

공기업 NCS | 쏟아지는 100% 새 문항*

월간NCS
NCS BASIC 기본서 | NCS 모듈형 기본서
NCS 모듈학습 2021 Ver. 핵심요약집

NCS 통합 기본서/봉투모의고사
피듈형 | 휴노형 | 행과연 봉투모의고사
PSAT형 NCS 수문끝
매일 1회씩 꺼내 푸는 NCS

한국철도공사 | 부산교통공사
서울교통공사 | 5대 철도공사·공단
국민건강보험공단 | 한국전력공사
한국전력+7대 에너지공기업

한수원+5대 발전회사
한국수자원공사 | 한국수력원자력
한국토지주택공사 | IBK 기업은행
인천국제공항공사

NCS를 위한 PSAT 기출완성 시리즈
NCS, 59초의 기술 시리즈
NCS 6대 출제사 찐기출문제집
NCS 10개 영역 찐기출문제집

대기업 인적성 | 온라인 시험도 완벽 대비!

대기업 인적성 통합 기본서

GSAT 삼성직무적성검사

LG그룹 인적성검사

SKCT SK그룹 종합역량검사
롯데그룹 L-TAB

농협은행
지역농협

취업상식 1위!

월간 시사상식

多통하는 일반상식
상식 통합대비 문제풀이집

공기업기출 일반상식
언론사기출 최신 일반상식
기출 금융경제 상식

자소서부터 면접까지!

NCS 자소서&면접
실제 면접관이 말하는 NCS 자소서와
면접_인문·상경계/이공계

끝까지 살아남는 대기업 자소서

* 에듀윌 취업 공기업 NCS 통합 봉투모의고사, 코레일 봉투모의고사, 서울교통공사 봉투모의고사 교재 해당 (2021년 출간 교재 기준)
* YES24 국내도서 해당 분야 월별, 주별 베스트 기준

더 많은
에듀윌 취업 교재

매달, 최신 NCS/시사상식을 배송 받으세요!

매달 만나는 최신 취업 트렌드 & 최신 기출 100% 새 문항

월간NCS
정기구독 신청

86개월 베스트셀러 1위! 취업에 강한 에듀윌 시사상식

시사상식
정기구독 신청

정기구독 신청 시
정가 대비 10% 할인+배송비 무료

정기구독 신청 시
선물 증정

구독 중 정가가 올라도
추가 부담 없이 이용

3개월*/6개월/12개월/무기한 기간 설정
(매월 자동 결제) 선택 가능

※ '3개월 한 번에 결제'는 [월간NCS]에 한해 가능합니다.
※ '매월 자동 결제'는 매달 20일 카카오페이로 자동 결제되며, 구독 기간을 원하는 만큼 선택할 수 있습니다.
※ 자세한 내용은 각 정기구독 페이지를 참조하세요.

* 알라딘 수험서/자격증 취업/상식/적성 월간 이슈&상식 베스트셀러1위 (2012년 5월~7월, 9월~11월, 2013년 1월, 4월~5월, 11월, 2014년 1월, 3월~11월, 2015년 1월, 3월
~4월, 10월, 12월, 2016년 2월, 7월~12월, 2017년 8월~2022년 1월 월간 베스트)

4년 연속 한국사능력검정 교육 1위* 에듀윌 한국사로 단기 1급 합격!

100만 권* 판매 돌파!
33개월* 베스트셀러 1위 교재

기본서

한국사 초심자도 확실한 고득점 합격

2주끝장

기출선지 빅데이터로 2주 만에 단기 합격

ALL 기출

합격 최적화 최신 기출문제, 강의를 뛰어넘는 첨삭 해설

우선순위50

3개년 기출빅데이터로 최최종 마무리 점검

취업, 공무원, 자격증 시험준비의 흐름을 바꾼 화제작!

에듀윌 히트교재 시리즈

에듀윌 교육출판연구소가 만든 히트교재 시리즈!
YES 24, 교보문고, 알라딘, 인터파크, 영풍문고 등 전국 유명 온/오프라인 서점에서 절찬 판매 중!

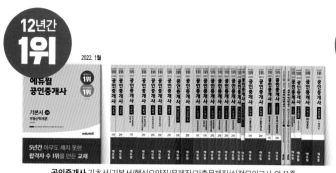

공인중개사 기초서/기본서/핵심요약집/문제집/기출문제집/실전모의고사 외 11종

주택관리사 기초서/기본서/핵심요약집/문제집/기출문제집/실전모의고사

7·9급공무원 기본서/단원별 기출&예상 문제집/기출문제집/기출팩/실전, 봉투모의고사

공무원 국어 한자·문법·독해/영어 단어·문법·독해/한국사 모의고사·흐름노트/행정학 요약노트/행정법 판례집/헌법 판례집

7급공무원 PSAT 기본서/기출문제집   계리직공무원 기본서/문제집/기출문제집   군무원 기출문제집/봉투모의고사   경찰공무원 기본서/기출문제집/모의고사/판례집/면접   소방공무원 기출문제집/실전, 봉투모의고사   맞춤형 화장품 조제관리사

검정고시 고졸·중졸 기본서/기출문제집/실전모의고사/총정리   사회복지사(1급) 기본서/기출문제집/핵심요약집   직업상담사(2급) 기본서/기출문제집   경비 기본서/기출/1차 한권끝장/2차 모의고사   전기기사 필기/실기/기출문제집   전기기능사 필기/실기

국사능력검정시험 기본서/2주끝장/기출/우선순위50/초등

조리기능사 필기/실기

제과제빵기능사 필기/실기

SMAT 모듈A/B/C

ERP정보관리사 회계/인사/물류/생산(1, 2급)

전산세무회계 기초서/기본서/기출문제집

어문회 한자 2급 | 상공회의소한자 3급

ToKL 한권끝장/2주끝장

KBS한국어능력시험 한권끝장/2주끝장/문제집/기출문제집

한국실용글쓰기

매경TEST 기본서/문제집/2주끝장

TESAT 기본서/문제집/기출문제집

스포츠지도사 필기/실기구술 한권끝장

산업안전기사 | 산업안전산업기사

위험물산업기사 | 위험물기능사

무역영어 1급 | 국제무역사 1급

운전면허 1종·2종

컴퓨터활용능력 | 워드프로세서

월간시사상식 | 일반상식

월간NCS | 매1N

NCS 통합 | 모듈형 | 피듈형

PSAT형 NCS 수문끝

PSAT 기출완성 | 6대 출제사 찐기출문제집

한국철도공사 | 서울교통공사 | 부산교통공사

국민건강보험공단 | 한국전력공사

한수원 | 수자원 | 토지주택공사

행과연 | 기업은행 | 인천국제공항공사

대기업 인적성 통합 | GSAT

LG | SKCT | CJ | L-TAB

ROTC·학사장교 | 부사관

꿈을 현실로 만드는
에듀윌

DREAM

공무원 교육
- 선호도 1위, 인지도 1위!
  브랜드만족도 1위!
- 합격자 수 1,800% 폭등시킨
  독한 커리큘럼

종합출판
- 4대 온라인서점 베스트셀러 1위!
- 출제위원급 전문 교수진이
  직접 집필한 합격 교재

공기업 · 대기업 취업 교육
- 브랜드만족도 1위!
- 공기업 NCS, 대기업 직무적성,
  자소서와 면접까지
  빈틈없는 온·오프라인 취업 지원

자격증 교육
- 6년간 아무도 깨지 못한 기록
  합격자 수 1위
- 가장 많은 합격자를 배출한
  최고의 합격 시스템

학점은행제
- 96.9%의 압도적 과목 이수율
- 14년 연속 교육부 평가 인정 기관 선정

부동산 아카데미
- 부동산 실무 교육 1위!
- 전국구 동문회 네트워크를 기반으로 한
  고소득 창업 비법
- 부동산 실전 재테크 성공 비법

직영학원
- 직영학원 수 1위, 수강생 규모 1위!
- 표준화된 커리큘럼과 호텔급 시설
  자랑하는 전국 50개 학원

콘텐츠 제휴 · B2B 교육
- 고객 맞춤형 위탁 교육 서비스 제공
- 기업, 기관, 대학 등 각 단체에 최적화된
  고객 맞춤형 교육 및 제휴 서비스

국비무료 교육
- 자격증 취득 및 취업 실무 교육
- 4차 산업, 뉴딜 맞춤형 훈련과정

에듀윌 교육서비스 **공무원 교육** 9급공무원/7급공무원/경찰공무원/소방공무원/계리직공무원/기술직공무원/군무원 **자격증 교육** 공인중개사/주택관리사/전기기사/
세무사/전산세무회계/경비지도사/검정고시/소방설비기사/소방시설관리사/사회복지사1급/건축기사/토목기사/직업상담사/전기기능사/산업안전기사/위험물산업기사/
위험물기능사/ERP정보관리사/재경관리사/도로교통사고감정사/유통관리사/물류관리사/행정사/한국사능력검정/한경TESAT/매경TEST/KBS한국어능력시험·실용글쓰기/
IT자격증/국제무역사/무역영어 **직영학원** 공무원학원/기술직공무원 학원/군무원학원/경찰학원/소방학원/공인중개사 학원/주택관리사 학원/전기기사학원/취업아카데미
종합출판 공무원·자격증 수험교재 및 단행본/월간지(시사상식) **공기업·대기업 취업 교육** 공기업 NCS·전공·상식/대기업 직무적성/자소서·면접 **학점은행제** 교육부
평가인정기관 원격평생교육원(사회복지사2급/경영학/CPA)/교육부 평가인정기관 원격사회교육원(사회복지사2급/심리학) **콘텐츠 제휴·B2B 교육** 교육 콘텐츠 제휴/
기업 맞춤 자격증 교육/대학 취업역량 강화 교육 **부동산 아카데미** 부동산 창업CEO과정/실전 경매 과정/디벨로퍼 과정 **국비무료 교육(국비교육원)** 전기기능사/
전기(산업)기사/소방설비(산업)기사/IT(빅데이터/자바프로그램/파이썬)/게임그래픽/3D프린터/실내건축디자인/웹퍼블리셔/그래픽디자인/영상편집(유튜브)
디자인/온라인 쇼핑몰광고 및 제작(쿠팡, 스마트스토어)/전산세무회계/컴퓨터활용능력/ITQ/GTQ/직업상담사

교육문의 1600-6700 www.eduwill.net

- 한국리서치 '교육기관 브랜드 인지도 조사' (2015년 8월)
- 2022 대한민국 브랜드만족도 공무원·자격증·취업·학원·부동산 실무 교육 1위 (한경비즈니스)
- 2017/ 2021 에듀윌 공무원 과정 최종 환급자 수 기준
- YES24 공인중개사 부문, 2022 에듀윌 공인중개사 1차 기본서 부동산학개론 (2022년 1월 월별 베스트) 그 외 다수
- 공인중개사 최다 합격자 배출 공식 인증 (KRI 한국기록원 / 2016, 2017, 2019년 인증, 2022년 현재까지 업계 최고 기록)